ALLIANCE DES MAISONS D'ÉDUCATION CHRÉTIENNE

ABBÉ EUGÈNE DURAND

COURS

DE

PHILOSOPHIE

CONFORME AU PROGRAMME DU BACCALAURÉAT ÈS LETTRES

PREMIÈRE PARTIE
—
PSYCHOLOGIE

PARIS

LIBRAIRIE CH. POUSSIELGUE

RUE CASSETTE, 15

1897

COURS DE PHILOSOPHIE

—

PSYCHOLOGIE

OUVRAGES DU MÊME AUTEUR

Cours de philosophie, conforme au programme du baccalauréat ès lettres. In-8° écu.

DEUXIÈME PARTIE................................... *(En préparation.)*

Philosophie scientifique et de philosophie morale (Éléments de), pour les classes de mathématiques élémentaires et de première-sciences. In-8° écu broché.................................... 3 fr. 50

Descartes. — Discours de la méthode, avec une notice biographique, une analyse, des notes, des extraits des autres ouvrages et un exposé critique des doctrines cartésiennes. Gr. in-18 broché........................ 1 fr.

ALLIANCE DES MAISONS D'ÉDUCATION CHRÉTIENNE

COURS

DE

PHILOSOPHIE

CONFORME AU PROGRAMME DU BACCALAURÉAT ÈS LETTRES

PAR

M. L'ABBÉ EUGÈNE DURAND

PROFESSEUR DE PHILOSOPHIE A L'ÉCOLE SAINT-SIGISBERT DE NANCY

PREMIÈRE PARTIE
—
PSYCHOLOGIE

PARIS

LIBRAIRIE CH. POUSSIELGUE

RUE CASSETTE, 15

1897

AVANT-PROPOS

On a bien voulu accueillir avec bienveillance nos *Éléments de philosophie scientifique et de philosophie morale* et notre édition du *Discours de la méthode*. Cet accueil et le désir de beaucoup de nos collègues de l'enseignement libre nous ont décidé à publier un cours de philosophie, préparatoire au baccalauréat ès lettres.

Les ouvrages de ce genre ne sont pas rares. Mais il en est peu dont les auteurs ont su éviter une brièveté voisine de l'obscurité ou des développements excessifs, et peu appropriés à l'enseignement secondaire. Un cours de philosophie pour le baccalauréat ne doit être ni un formulaire énigmatique, ni une excursion aventureuse à travers toutes les théories et tous les systèmes. Il faut savoir sacrifier l'originalité et l'érudition à la vérité et à l'utilité. Renoncer à cer-

taines témérités, ce n'est ni se défier de la nouveauté,
ni condamner tout progrès.

Ce livre a été conçu dans le même esprit que nos
Éléments. Donner des réponses précises, méthodiques, aussi classiques et aussi complètes que possible
à toutes les questions du programme, tel a été notre
premier but. Ainsi s'explique la part que nous avons
faite dans certaines questions à l'histoire des idées et à
l'exposé critique de théories qu'il est nécessaire aux
candidats de connaître. C'est pour des raisons de
même ordre que nous avons dû restreindre à d'étroites
limites la philosophie des grands docteurs de l'École.
Toutefois nous ne croyons pas avoir été infidèle à
leur pensée et nous espérons leur donner la place qu'ils
méritent dans l'*Histoire de la philosophie*.

Mais s'en tenir dans l'enseignement philosophique
aux exigences d'un programme, c'est méconnaître
étrangement l'importance de cet enseignement. C'est
pourquoi nous nous sommes attaché de préférence à
tout ce qui peut provoquer la réflexion des élèves,
leur donner la foi aux idées, fortifier leurs convictions
morales et mettre en lumière les grandes vérités
métaphysiques suspectes à tant de philosophes contemporains.

C'est pour nous un devoir en publiant ce livre,
d'exprimer notre gratitude à nos anciens maîtres. Nous
ne pouvons les rappeler tous. Mais il est un de ces
maîtres affectueux dont nous ne saurions taire le nom,

parce qu'il a été pour nous, pendant plus de dix ans, un excellent guide. Nous sommes heureux d'offrir à M. Egger, professeur à la Sorbonne, nos plus vifs remerciements. Plusieurs pages de ce livre sont inspirées de son enseignement. Le déclarer, c'est nous acquitter d'un devoir.

Après chaque chapitre nous avons indiqué des ouvrages et des articles de revues, utiles à consulter. Il va de soi que nous n'acceptons pas indistinctement toutes les idées contenues dans ces ouvrages et dans ces articles dont quelques-uns donnent prise à plus d'une critique. Mais tous peuvent être pour les maîtres une source de précieux renseignements.

Nancy, 29 juin 1897.

EUG. DURAND.

COURS DE PHILOSOPHIE

INTRODUCTION

CHAPITRE I

LA SCIENCE ET LES SCIENCES

I — LA SCIENCE

1. Origine de la science. — 2. Caractères de la science. — 3. Avantages de la science.

1. Origine de la science. — « Tout homme désire naturellement connaître, » lisons-nous dans l'*Imitation de Jésus-Christ.* La curiosité est une inclination de notre nature. Ce qui le prouve, ce sont les questions de l'enfant qui demande à chaque instant : pourquoi telle ou telle chose? ce sont les recherches patientes du savant que rien ne décourage, c'est la satisfaction que nous éprouvons tous à connaître [1].

Tout ce qui est nouveau ou plutôt tout ce qui a l'apparence de la nouveauté provoque notre curiosité. « L'étonnement, a dit Aristote, est le commencement de la science. » Mais tous n'ont pas au même degré la faculté de s'étonner. La plupart des hommes habitués au cours régulier des phénomènes de la nature ne s'en étonnent plus, parce qu'ils n'y voient rien de nouveau, et que la régularité leur tient lieu d'explication. Mais

---

1. « Ce qui prouve que nous désirons connaître, dit Aristote au début de sa métaphysique, c'est le plaisir que nous causent les perceptions de nos sens ; elles nous plaisent indépendamment de leur utilité, surtout celles de la vue ; c'est que celle-ci nous fait mieux connaître les objets, et nous découvre un grand nombre de différences. »

1

il y a des esprits plus observateurs ou plus réfléchis que les autres, dont l'étonnement persévère au milieu de la marche régulière des choses, et qui trouvent même dans l'uniformité de la nature un aliment à l'activité inquiète de leur pensée. Si la curiosité est vaine et frivole chez les enfants et chez un trop grand nombre d'hommes, il y a une noble curiosité qui ne s'attache pas indifféremment à tout objet, et que ne satisfait point n'importe quelle explication. C'est cette curiosité qui est l'origine de la science.

2. Caractères de la science. — La science a comme la connaissance vulgaire sa première origine dans la curiosité de l'esprit humain, mais la science diffère de la connaissance vulgaire par des caractères importants dont les principaux sont les suivants :

1. La science est *certaine*. La connaissance vulgaire est souvent vague et douteuse, et alors même que la certitude l'accompagne, cette certitude n'en augmente pas la valeur, parce qu'elle ne peut présenter ses titres, et qu'elle n'a pas subi l'épreuve de la critique. La science, au contraire, est certaine, car elle n'admet que des principes évidents et des conséquences qui en découlent nécessairement ; elle ne se contente pas de faits contestables et de lois hypothétiques ; tous ses jugements sont fondés en raison, et soit qu'elle induise, soit qu'elle déduise, les résultats qu'elle formule ont leurs preuves.

2. La science est *générale*. Ce caractère de la science avait déjà frappé les philosophes anciens. « Il n'y a pas de science du particulier, disent les Socratiques, il n'y a de science que du général. » *Non est fluxorum scientia*, disaient à leur tour les scolastiques. La curiosité du vulgaire s'arrête aux faits et à de simples notions plus ou moins obscures et confuses, elle ne s'étend pas au delà; celle du savant pénètre jusqu'aux raisons des choses : le *pourquoi* et le *comment* des faits et des idées, tel en est l'objet ; le pourquoi : c'est-à-dire la cause ou le principe ; le comment : c'est-à-dire la loi. La cause est la raison de l'effet, le principe est la raison de la conséquence, et la loi n'est que le rapport constant et invariable qui unit la conséquence au principe et l'effet à la cause. La science est la connaissance des causes ou des principes et des lois, et voilà pourquoi elle a une portée universelle.

3. La science est *méthodique*. Qui dit science, dit système de connaissances. Des connaissances isolées et sans lien entre elles ne constituent pas la science; il faut que les vérités y soient enchaînées dans un ordre tel qu'elles se soutiennent et s'expliquent les unes les autres, et ce qui produit dans la science cet enchaînement de vérités, nécessaire à son unité, c'est la méthode. Ainsi, c'est par un ensemble de déductions que le mathématicien ramène la multiplicité des théorèmes à l'unité de la définition et de l'axiome; c'est par des inductions que le physicien ramène la diversité des faits particuliers à l'unité des lois qui les régissent, et la diversité des lois particulières à l'unité de lois plus générales dont elles dépendent; c'est par la méthode que le savant s'élève à des généralisations de plus en plus hautes. Son rêve serait même de condenser dans une formule unique l'ensemble des principes et des causes et de trouver la loi généralissime de toutes choses. L'histoire de la science nous offre plus d'une tentative de ce genre.

Nous pouvons donc définir la science : la connaissance certaine et méthodique des vérités générales.

Remarquons que cette définition ne convient qu'à la science achevée et complète. L'enchaînement continu et sans interruption de vérités générales et absolument certaines dans un ensemble méthodique, c'est là un idéal que le savant doit chercher à réaliser, ou plutôt vers lequel il doit tendre sans y prétendre. Mais il y a des intermédiaires nombreux entre la perfection de la science et son extrême imperfection, et la connaissance est d'autant plus scientifique, elle mérite d'autant mieux le nom de science, qu'elle est moins éloignée de la méthode rigoureuse, de la généralité sans limites et de l'absolue certitude.

3. Avantages de la science. — La science offre au savant de nombreux avantages :

1. La science permet au savant de *comprendre* et par suite d'*expliquer* les phénomènes. On comprend et on peut expliquer les phénomènes quand on en connaît les raisons, c'est-à-dire les causes ou les principes et les lois. Le mathématicien, par exemple, comprend une vérité géométrique quand il sait le principe d'où elle découle et la démonstration qui la rattache à ce principe; un fait de la nature matérielle ou vivante

s'explique pour le physicien par la cause qui le produit et par le rapport qui l'unit à cette cause ; une loi particulière s'explique par une loi plus générale dont elle est l'application.

2. La science permet ensuite au savant de *prévoir* les phénomènes. Les lois, en effet, sont, comme nous l'avons déjà dit, des rapports constants et invariables. Grâce à la connaissance des lois, le savant n'est donc plus enfermé dans le présent ; il anticipe l'avenir et peut régler sa conduite et aider les autres à la régler en conséquence. Le don de prévision est tout à la fois un des effets les plus merveilleux de la science et une de ses meilleures preuves.

3. La science permet enfin d'*agir* sur la nature. Sans doute, à la différence de l'art et de l'industrie, la science est théorique ou spéculative, et le savant, en tant que savant, se désintéresse de l'utilité pratique des vérités qu'il découvre ; mais tôt ou tard, ces vérités, fussent-elles les plus abstraites, trouvent leur application. Savoir, c'est non seulement comprendre et prévoir, c'est encore pouvoir. Bacon exagère quand il dit que « la science et la puissance humaine coïncident, » car nos connaissances nous dépassent, et il y a des faits bien connus de nous sur lesquels nous ne pouvons rien. Mais il n'en est pas moins vrai que la puissance de l'homme sur la nature se mesure à sa science, et que plus il sait, plus il a d'instruments d'action à son service.

II — LES SCIENCES

La science et les sciences. — Classification des sciences ; classification d'Aristote ; classification de Bacon ; classification d'Auguste Comte ; classification d'Ampère. — Hiérarchie des sciences.

La science et les sciences. — A l'origine la philosophie prétendait être la science universelle. L'universalité des choses est bien, en effet, l'objet dernier de la science ; mais cet objet est trop vaste pour que l'esprit humain dont les facultés sont limitées l'embrasse dans ses détails et même pour qu'il puisse espérer s'en faire rapidement une idée d'ensemble. Il a donc fallu diviser l'objet de la science. D'ailleurs, quoi qu'en disent les philosophes monistes ou panthéistes, la réalité n'est pas partout identique dans la nature, les êtres qui la composent offrent des distinctions irréductibles et ils se manifestent dans une variété de phénomènes telle, qu'elle peut à juste titre donner lieu à des spéculations différentes. C'est ainsi qu'ont été créées les sciences particulières.

On peut définir une science particulière : un ens...ble de connaissances certaines, générales et méthodiques, relatives à un objet déterminé. L'arithmétique, par exemple, est l'ensemble des connaissances certaines, générales et méthodiques, relatives aux nombres, la physique est l'ensemble des vérités certaines, générales et méthodiques, relatives aux propriétés générales des corps.

Classification des sciences. — Des philosophes et des savants ont souvent essayé de dresser le tableau raisonné des différentes sciences, afin de nous donner ce que d'Alembert appelle « une mappemonde de l'univers scientifique. » Parmi ces essais de très inégale valeur, nous citerons ceux d'Aristote, de Bacon, d'Auguste Comte et d'Ampère.

1. *Classification d'Aristote.* — Aristote prend pour principe de sa classification des sciences le *but* qu'elles se proposent, et d'après ce principe, il distingue les sciences en sciences *spéculatives*, sciences *pratiques*, sciences *poétiques*.

Les sciences spéculatives ont un objet nécessaire et indépendant de la volonté humaine : leur but est la connaissance pure ; elles ne tendent qu'à la vérité sans aucune préoccupation pratique. Ces sciences sont au nombre de trois : la physique, les mathématiques, la philosophie première.

Les sciences pratiques et les sciences poétiques ont un objet contingent, c'est-à-dire qui peut être ou ne pas être, et qui dépend de la volonté humaine. Le but des sciences pratiques est de diriger nos actions et elles sont, comme les sciences spéculatives, au nombre de trois : l'éthique ou morale, l'économique, la politique.

Quant aux sciences poétiques, elles donnent des préceptes pour la réalisation d'œuvres extérieures : ce sont la poétique, la rhétorique et la dialectique.

Cette classification qui correspond aux trois modes possibles du développement intellectuel et moral : penser, agir, faire ou produire, ne manque pas de profondeur. Mais elle ne pourrait plus être en usage aujourd'hui. Outre qu'elle ne fait aucune place aux sciences historiques qui constituent pour nous un groupe de sciences très important, elle restreint trop le domaine des sciences spéculatives, qui ont pris depuis Aristote de merveilleux développements ; elle sépare sans raison suffisante la production de l'action, et même l'une et l'autre de la spéculation. Aucune science, en effet, n'est purement pratique ; toute science pratique suppose un idéal dont il faut faire la théorie avant de donner des préceptes pour sa réalisation.

2. *Classification de Bacon.* — Bacon, dans le *De augmentis et dignitate scientiarum*, prend pour principe de sa classification des sciences les facultés intellectuelles dont elles dérivent. Selon lui, l'esprit humain en quête de science s'applique ou à conserver, ou à reproduire, ou à combiner ; il y a donc trois facultés principales qui travaillent à l'édifice de nos connaissances : ce sont la mémoire, l'imagination et la raison. De là trois grandes divisions dans la science : l'*histoire*, tant naturelle que civile, qui est l'œuvre de la mémoire ; la *poésie*, qui est l'œuvre de l'imagination et dont les genres principaux sont la poésie narrative ou épique, la poésie dramatique, et la poésie parabolique ou allégorique ; la *philosophie*, qui est l'œuvre de la raison et dont l'objet est triple : Dieu, la nature et l'homme.

D'Alembert dans le Discours préliminaire de l'*Encyclopédie* adopte avec de légers changements la classification de Bacon.

Cette classification contient dans ses détails quelques vues originales que la science moderne a confirmées, mais en définitive elle est superficielle et inadmissible, car elle rapproche l'histoire naturelle et l'histoire civile, qui n'offrent entre elles aucune analogie ; elle ne reste pas toujours fidèle à son principe, et surtout ce principe est très discutable. Les diverses facultés de l'esprit sont inséparables dans leur exercice et aucune science n'est l'œuvre d'une seule faculté. Dans l'histoire, par exemple, outre la mémoire qui conserve le souvenir des faits, ne faut-il pas de l'imagination pour reconstituer les événements passés, avec des documents incomplets ? ne faut-il pas surtout de la raison, pour faire la critique des témoignages, pour juger les faits et en découvrir les causes et les lois ?

3. *Classification d'Auguste Comte.* — Auguste Comte, fondateur du positivisme, a proposé une classification des sciences

dont le principe est tout à la fois objectif et historique. Il groupe les sciences d'après leur ordre de complexité et de difficulté croissantes, de généralité et d'ancienneté décroissantes; d'où cette série de six sciences fondamentales : les mathématiques, l'astronomie, la physique, la chimie, la biologie et la sociologie [1].

Dans cette série, chaque science est plus simple, plus générale et par conséquent plus facile et plus ancienne que celles qui la suivent et dont elle est indépendante; et inversement chaque science est plus complexe, plus spéciale, et par conséquent plus difficile et plus récente que celles qui la précèdent et dont elle dépend. Les mathématiques sont placées au commencement de cette série, parce que ce sont les sciences dont l'objet est le plus simple, le plus général, le plus facile à connaître et le plus anciennement connu ; les sciences sociales sont placées au dernier rang, parce qu'elles ont l'objet le plus complexe, le plus particulier, le plus difficile à connaître et le plus récemment entré dans la science.

Cette classification échappe à la plupart des critiques qu'on peut faire aux classifications d'Aristote et de Bacon ; elle est remarquable à plusieurs points de vue; elle a surtout l'avantage de se fonder sur la distinction des objets, et de grouper les différentes sciences suivant l'ordre de complexité croissante de ces objets. Mais elle ne mérite pas tous les éloges qu'on en a faits, et on peut trouver excessif ce jugement de Stuart Mill : « Auguste Comte n'eût-il rien fait d'autre (que sa classification des sciences), cette merveilleuse systématisation l'aurait désigné à tous les esprits compétents pour apprécier cette œuvre, comme un des principaux penseurs du siècle [2]. »

La classification d'Auguste Comte implique de graves erreurs.

1. On ne peut admettre que les objets des diverses sciences n'offrent entre eux que des différences de complexité, qu'en conséquence les sciences puissent se ramener les unes aux autres, et en définitive se résoudre dans la science mathématique. Les phénomènes de l'âme sont irréductibles aux phéno-

1. Ce mot hybride dû à Auguste Comte est pleinement entré dans l'usage. (Littré, *Dictionnaire de la langue française*.)
2. *Auguste Comte et le positivisme*, traduction française, page 53.

mènes vitaux, et ceux-ci ne peuvent entièrement s'expliquer par le nombre, l'étendue et le mouvement, bien qu'ils aient leurs conditions dans ces propriétés. Le simple peut être la condition du composé, l'inférieur la condition du supérieur, le moins du plus, sans qu'on ait le droit d'affirmer qu'il en est la condition suffisante et totale.

2. La classification d'Auguste Comte ne fait pas de place spéciale à la philosophie. La philosophie, pour les positivistes, n'est que la systématisation des sciences ; elle a pour unique objet d'établir les liens de coordination et de subordination qu'ont entre elles les diverses sciences, et puisque toutes les sciences peuvent se résoudre dans la science mathématique, la science mathématique sera l'unique philosophie. Il est facile d'établir que la philosophie dépasse cet objet que lui assigne Auguste Comte, et qu'il y a en particulier une critique des lois de l'esprit et une recherche des causes premières qu'on ne peut lui interdire.

3. Enfin, la série hiérarchique de cette classification ne représente pas exactement l'ordre historique du développement des sciences. Il y a entre les sciences, comme l'a justement remarqué H. Spencer, une sorte de *consensus*, une action et une réaction mutuelles qu'Auguste Comte a eu le tort de méconnaître. Les découvertes d'une science influent sur les autres sciences, et leur progrès offre souvent un parallélisme dont il faut tenir grand compte, quand on recherche les lois de l'évolution de l'esprit humain. Les faits démentent la théorie positiviste. L'algèbre est plus générale que l'arithmétique et cependant elle est moins ancienne. Il y a une généralisation croissante de l'arithmétique au calcul différentiel dont la découverte est relativement récente. La physique et la chimie ont fait des progrès sans le secours de l'astronomie. La psychologie, dont Auguste Comte voudrait en vain faire un chapitre de la biologie nerveuse, bien avant que celle-ci devînt scientifique, avait enregistré de nombreuses et incontestables vérités. Et quoi qu'en disent les positivistes, ce n'est pas à Auguste Comte que nous sommes redevables de la sociologie ; tout n'est pas chimérique dans la politique d'Aristote et dans les œuvres du même genre que l'antiquité ou le moyen âge ont produites, et la science sociale peut encore trouver de nos jours quelque profit

à la fréquentation de ceux qui en ont traité autrefois.

4. *Classification d'Ampère*. — Dans un essai sur la philosophie des sciences publié en 1834, Ampère, abandonnant le point de vue finaliste d'Aristote, le point de vue subjectif de Bacon, et négligeant le point de vue historique où se place Auguste Comte, donne une classification des sciences uniquement fondée sur la distinction des objets de la science; le modèle qu'il prétend imiter est la classification naturelle et dichotomique de Bernard de Jussieu en botanique.

Il divise d'abord toutes les sciences en deux grandes classes ou règnes : les *sciences cosmologiques* qui ont pour objet le monde des corps, et les *sciences noologiques* qui ont pour objet le monde des esprits.

Il subdivise ensuite chacune de ces classes en deux sous-règnes; chacun des sous-règnes en deux embranchements; chacun des embranchements en ordres... Ainsi, les sciences cosmologiques sont des sciences cosmologiques proprement dites : sciences de la matière inorganique, ou des sciences physiologiques : sciences de la vie. De même, les sciences noologiques se partagent en sciences noologiques proprement dites et sciences sociales. Les sciences cosmologiques proprement dites sont mathématiques ou physiques; les sciences physiologiques sont naturelles ou médicales; les sciences noologiques proprement dites sont philosophiques ou dialegmatiques[1]; les sciences sociales sont ethnologiques ou politiques.

Ampère poursuit sa division dichotomique et arrive ainsi à distinguer cent vingt-huit sciences spéciales dites de troisième ordre qui embrassent, selon lui, toutes les connaissances accessibles à l'esprit humain.

Excellente dans son principe et dans ses lignes générales, la classification d'Ampère est trop compliquée et souvent arbitraire dans les détails. Ses subdivisions ne s'accordent pas assez avec celles qui se sont introduites naturellement dans le

1. Ampère entend par science dialegmatique la science des signes par lesquels les hommes se communiquent entre eux leurs pensées. Il se sert dans cette classification d'une terminologie toute personnelle et quelquefois bizarre; on y trouve, pour désigner des sciences spéciales, des noms tels que ceux-ci : la cœnolbologie, la cybernétique.

domaine de la science, et qui continueront à subsister en dépit des systèmes par lesquels on prétend les corriger. Enfin Ampère tient trop peu de compte de l'ordre dans lequel les sciences se subordonnent entre elles et des rapports qui les unissent.

Hiérarchie des sciences. — Nous proposons la classification suivante qui se fonde sur la nature même des objets des sciences, et qui les range, à l'imitation de la classification d'Auguste Comte, dans un ordre de complexité croissante, mais leur adjoint des spéculations légitimes que le positivisme frappe à tort d'exclusion.

1. Les sciences *abstraites*, celles dont l'objet est le plus simple, puisqu'il consiste non dans des réalités aux propriétés nombreuses et diverses, mais dans certaines qualités séparées par la pensée des êtres dont elles font partie, et portées au plus haut degré de généralisation possible. Ces sciences sont l'arithmétique, la géométrie et l'algèbre; l'arithmétique, science des nombres; la géométrie, science de l'étendue; l'algèbre, science des grandeurs simplifiées et généralisées. Le calcul des probabilités n'est qu'un cas particulier de l'algèbre, et le calcul intégral et différentiel n'est qu'une algèbre supérieure.

2. Les sciences *abstraites-concrètes*[1] qui sont en quelque sorte des sciences mixtes, participant à la fois des sciences abstraites et des sciences concrètes, moins abstraites que les unes, moins concrètes que les autres. Ces sciences sont la mécanique et l'astronomie, la mécanique qui a pour objet les forces et les mouvements par lesquelles elles se manifestent; l'astronomie qui, par une application de la géométrie et de la mécanique réunies, détermine les distances des corps célestes et les lois qui régissent leurs mouvements. La mécanique et l'astronomie ont leur point de départ dans l'observation, mais l'expérience joue un rôle secondaire dans ces sciences; c'est surtout par le calcul qu'elles parviennent à résoudre les problèmes qu'elles agitent.

3. Les sciences *concrètes*, dont l'objet consiste dans des

---

1. Nous empruntons ce terme composé à Spencer, sans y attacher le même sens que lui. Pour Spencer, les sciences abstraites-concrètes sont celles qui ont pour objet non des rapports comme les sciences abstraites, non des êtres comme les sciences concrètes, mais des phénomènes.

réalités, dans des êtres qui nous sont surtout connus par l'expérience. Ces êtres sont des corps ou des esprits, et les corps sont inorganiques ou organisés, d'où trois groupes de sciences distinctes : les sciences physiques, les sciences naturelles ou biologiques et les sciences psychologiques ou morales.

Les sciences physiques ont pour objet les êtres inanimés, les corps. La physique proprement dite les étudie dans leurs propriétés les plus générales, telles que la pesanteur, la chaleur, l'électricité, la lumière. La chimie les étudie dans leur constitution, dans leur structure intime, qui manifeste ou du moins semble manifester des propriétés nouvelles. Aux sciences physiques peuvent se rattacher la géologie et la minéralogie[1].

Les sciences naturelles ou biologiques ont pour objet les êtres vivants, végétaux ou animaux. Ce sont la botanique et la zoologie. Si elles étudient les organes, c'est l'anatomie végétale ou animale; si elles étudient les fonctions, c'est la physiologie végétale ou animale. L'extension considérable qu'ont prise les sciences biologiques dans notre siècle a donné lieu à beaucoup de sciences secondaires, telles que la pathologie, qui étudie les désordres des organes et des fonctions; l'ethnologie, qui s'occupe de l'origine des races et de leur distribution sur la surface du globe.

Les sciences psychologiques ou morales ont pour objet le monde des esprits, le monde moral. Ce sont les sciences qu'Ampère appelle sciences noologiques. Soit qu'elles s'occupent des phénomènes intérieurs de l'esprit humain, des sentiments, des pensées, des volitions, des habitudes, en un mot de ce qu'on nomme les phénomènes de conscience étudiés en eux-mêmes, ou qu'elles cherchent à comprendre les manifestations de l'âme dans le langage, dans la suite des événements, dans les sociétés, et à découvrir les lois de ces phénomènes tant extérieurs qu'intérieurs, des faits sociaux, historiques, linguistiques, aussi bien que des faits de sens intime; soit qu'elles se bornent à constater la réalité telle qu'elle s'offre à nous, sans chercher à la modifier, ou qu'elles proposent un idéal de

1. Spencer range la physique et la chimie parmi les sciences abstraites-concrètes; elles ont pour objet plutôt des phénomènes que des êtres, tandis que l'astronomie et la géologie sont pour lui des sciences concrètes.

l'homme individuel ou de l'homme social, en donnant des préceptes qui doivent diriger individus et sociétés dans le sens de cet idéal ; les sciences sociales forment un groupe de sciences plus complexes encore que les sciences physiques et naturelles, et dont l'objet est absolument irréductible à l'objet des autres sciences.

4. *La philosophie des sciences.* — L'esprit humain se fût-il élevé au plus haut degré de perfection possible dans la connaissance des différents objets de science que nous venons de parcourir, aurait-il pleinement satisfait son besoin de connaître ? Non, il a du mouvement encore pour aller au delà. Il y a, en effet, des questions générales communes à toutes les sciences, qui sans relever d'aucune science particulière exercent un grand attrait sur l'esprit, et dont la solution doit être considérée comme le couronnement naturel de l'édifice de nos connaissances.

D'abord toutes les sciences reposent sur certaines *notions fondamentales* et sur des *principes* qu'elles acceptent du sens commun sans les discuter. Ainsi l'arithmétique repose sur la notion de nombre, la géométrie sur la notion d'étendue, la mécanique et la physique reposent sur la notion de force, les sciences naturelles sur les notions d'espèce, de genre, de type ; les sciences morales sur les notions de libre arbitre, de bien..., toutes les sciences sur la notion de loi. Les mathématiques ne peuvent se passer d'axiomes, et les autres sciences trouvent, elles aussi, leur garantie dans des vérités nécessaires, telles que celles-ci : une même chose ne peut pas à la fois être et n'être pas, en même temps et sous le même rapport ; tout ce qui commence a une cause ; les mêmes causes produisent les mêmes effets ; tout a une fin. Ces principes, ces notions indispensables à la connaissance du monde physique et du monde moral, il importe de les préciser, d'en chercher l'origine et d'en déterminer la nature.

De plus, il faut à toute science une *méthode,* c'est-à-dire un ensemble de procédés réfléchis que l'esprit doit employer, sous peine de s'égarer dans la recherche ou dans la démonstration de la vérité. La méthode des sciences physiques et naturelles n'est pas la méthode des sciences mathématiques. Quel est le fondement de chacune de ces méthodes ? Quels sont les caractères qui les distinguent? Ont-elles la même valeur et la même portée? Les sciences particulières ne donnent pas de réponse à ces questions. Pour y répondre, il faut analyser l'esprit humain, connaître les lois de la pensée en elle-même et dans ses rapports avec la réalité.

Enfin, plus l'intelligence se développe et étend l'horizon de ses connaissances, plus elle a besoin d'unité. Chaque science nous donne un certain nombre de vérités, chaque science est relative à un objet spécial. On peut essayer de relier ces vérités entre elles, de subordonner et de coordonner tous les objets de la science. Au-dessus des sciences particulières, on conçoit donc une science des sciences qui unifie nos connaissances et les organise en un système où tout se tient et s'enchaîne.

L'ensemble de ces spéculations constitue la philosophie des sciences qui comprend, comme on le voit, les plus hautes généralités scientifiques.

Remarquons que la philosophie des sciences peut se fragmenter et que chaque science peut avoir sa philosophie. La philosophie d'une science a pour objet les notions fondamentales, les principes et la méthode de cette science, et elle s'applique à montrer les relations des diverses parties de cette science, et de cette science avec les autres sciences. C'est ainsi qu'il y a une philosophie des mathématiques, une philosophie du droit, de la grammaire. Chaque fois qu'un savant cherche un couronnement à ses travaux et à ses découvertes dans la discussion et la critique des généralités qui s'y rattachent ou en découlent, il fait la philosophie de sa science.

Geoffroy Saint-Hilaire a écrit une philosophie anatomique, J.-B. Dumas une philosophie de la chimie.

5. La *philosophie première* ou métaphysique. — La philosophie des sciences ne donne pas encore pleine satisfaction à l'esprit humain, elle appelle une autre spéculation dont elle se sépare difficilement et qui doit répondre à des questions qui surgissent naturellement dans la pensée de l'ignorant aussi bien que dans celle du savant. Le physicien détermine les propriétés générales des corps, le chimiste leurs propriétés plus intimes, le naturaliste détermine les lois des phénomènes de la vie, le psychologue celle des phénomènes de l'âme. Mais qu'est-ce que la matière qui constitue les corps? Qu'est-ce que

la vie? Qu'est-ce que l'âme en elle-même? D'où viennent la matière et le mouvement qui l'anime? D'où vient la vie? D'où venons-nous? Quelle est la destinée de toutes choses, mais surtout quelle est la nôtre? Où allons-nous? L'univers dans la variété de ses lois et dans leur merveilleuse harmonie, est-il un effet du hasard ou l'œuvre d'une intelligence supérieure qui l'a créé et qui le gouverne? Ces questions sur la nature, l'origine et la fin des choses sont celles que les premiers sages se sont posées tout d'abord, et l'esprit humain ne peut ni les éviter, ni s'en désintéresser. C'est à la philosophie première, qu'on est convenu d'appeler la métaphysique, qu'il appartient de chercher et de donner une solution à ces importants problèmes. On peut, avec Aristote, définir la philosophie première : la science des premiers principes et des premières causes.

On divise ordinairement la métaphysique en deux parties : la métaphysique générale et la métaphysique spéciale.

La métaphysique générale a pour objet les conditions essentielles, les premiers principes de toute connaissance et de toute existence. Elle s'occupe d'abord du problème de la connaissance : que vaut la connaissance? Quels sont les rapports de la pensée et de la réalité? C'est la *critique*. Elle s'occupe ensuite de l'être en lui-même, de l'être dans ses propriétés universelles, de l'être en tant qu'être, c'est l'*ontologie*.

La métaphysique spéciale a pour objet les différents êtres étudiés dans leur nature : elle comprend trois parties :

1. La comoslogie rationnelle, ou science de la nature des corps.

2. La psychologie rationnelle, ou science de la nature de l'âme.

3. La théologie rationnelle, ou science de Dieu, tel qu'il peut être connu par les lumières de la raison.

Tableau récapitulatif des différentes sciences

1. Sciences abstraites	{ Arithmétique. Géométrie. Algèbre.
2. Sciences abstraites-concrètes	{ Mécanique. Astronomie.
3. Sciences concrètes	{ Sciences physiques. Sciences naturelles ou biologiques. Sciences psychologiques ou morales.

4. Philosophie des sciences.

5. Philosophie première ou métaphysique
{
  1. Métaphysique générale { Critique, Ontologie.
  2. Métaphysique spéciale { Cosmologie rationnelle, Psychologie rationnelle, Théologie rationnelle.
}

Ouvrages à consulter

ADAM, — *Philosophie de F. Bacon*. liv. I.

D'ALEMBERT. — Discours préliminaire de l'*Encyclopédie*.

AMPÈRE. — *Essai sur la philosophie des sciences.*

ARISTOTE. — *Métaphysique*, liv. I, chap. I.

BACON. — *De augmentis et dignitate scientiarum*, liv. II.

COMTE. — *Cours de philosophie positive*, 1re leçon.

JANET. — *Principes de métaphysique et de psychologie.*

LIARD. — *La métaphysique et la science*, chap. I.

NAVILLE. — *Essai de classification des sciences.*

RAVAISSON. — *Essai sur la métaphysique d'Aristote*, tome I, page 250.

SPENCER. — *Classification des sciences.*

CHAPITRE II

LA PHILOSOPHIE

La philosophie avant Socrate. — La philosophie chez les socratiques et leurs
successeurs. — La philosophie au moyen âge. — La philosophie chez les
modernes. — Définition et objet de la philosophie. — Importance de la philosophie. — Division de la philosophie. — Méthode de la philosophie. — Ordre
des parties de la philosophie.

Pour déterminer l'objet de la philosophie, il n'est pas inutile
de se demander ce qu'en ont pensé les philosophes anciens et
les philosohes modernes.

La philosophie avant Socrate. — Le mot philosophie
signifie *amour de la sagesse.* Les premiers savants de la Grèce
s'appelaient sages (σοφοί). L'objet de leurs recherches était
double, à la fois théorique et pratique : la science et la vertu.
Suivant une tradition ancienne, ce serait Pythagore, qui, trouvant prétentieux le nom de sage, y aurait substitué celui de
philosophe. Interrogé par Léon, roi de Phlionte, sur l'art qu'il
professait, il lui répondit qu'il n'en savait aucun, mais qu'il
était philosophe : *Artem se scire nullam, sed esse philoso-
phum.* Φιλοσοφία remplaça σοφία.

Les premiers systèmes de philosophie furent des cosmogo-
nies : c'est à peu près exclusivement de l'origine et de la nature
du monde qu'il est question chez les philosophes de la première
période de la spéculation grecque. Dans ces recherches
l'homme n'occupait pas une place à part ; c'était un objet confondu au milieu de tous les autres.

**La philosophie chez les socratiques et leurs succes-
seurs.** — Après avoir marché quelque temps sur la trace de
ses devanciers, Socrate ne tarda pas à être frappé de la vanité
et de la stérilité de leurs recherches, qu'il abandonna pour se
livrer à l'étude de l'homme ; ce qui fit dire à Cicéron « qu'il fit

descendre la philosophie du ciel sur la terre et l'introduisit dans les cités et les maisons. » Prenant pour point de départ une maxime gravée sur le fronton du temple de Delphes : γνῶθι σεαυτόν, il ramena toute la philosophie à la morale, fondée sur la psychologie.

Les grands socratiques, Platon et Aristote, sans renoncer au point de vue du maître, ne se bornèrent pas à l'étude de l'homme. Ils reprirent la conception d'une science universelle, du moins par ses causes et ses principes : *Sapientia autem est, ut a veteribus philosophis definitum est, rerum divinarum et humanarum, causarumque quibus hæ res continentur, scientia.* La philosophie est pour Platon la science des réalités intelligibles (idées) que la raison seule peut atteindre et qui ne tombent pas sous les sens. Pour Aristote, c'est la science des premiers principes et des premières causes.

Les grandes spéculations ne survécurent pas en Grèce aux philosophes socratiques. La dernière période de la philosophie grecque fut plus pratique que spéculative. C'est surtout le problème moral qui préoccupe les épicuriens et les stoïciens.

La philosophie au moyen âge. — La philosophie du moyen âge ou la scolastique est caractérisée, surtout à son apogée, par l'union intime de la philosophie et de la théologie. La philosophie dispose à la foi, en établissant qu'elle est raisonnable, et la défend contre les objections des incroyants : *Fides quærens intellectum.* Sa méthode est déductive ; son objet est encore l'universalité des choses, envisagée au point de vue des premiers principes et des premières causes. Saint Thomas définit la philosophie : *Scientia rerum per altissimas causas.*

La philosophie chez les modernes. — La philosophie moderne s'annonça comme une réaction contre la scolastique. Avec Descartes et son école elle proclame l'indépendance de la raison dans la science et dans la philosophie, et à l'autorité elle substitue l'évidence. Avec les empiriques elle prétend ne relever que de l'expérience et elle nie ou met en suspicion tout ce qui dépasse le domaine des faits.

C'est une métaphysique nouvelle par la méthode et plus scientifique, que veulent les cartésiens. C'est la métaphysique même qui est mise en doute par les empiriques. Pour Locke, la philosophie se réduit à l'étude de l'entendement humain,

Pour Condillac, elle est tout entière dans le problème de l'origine des idées. Pour Auguste Comte, elle est la systématisation des sciences positives, et pour Spencer, le savoir complètement unifié.

Adversaire de l'empirisme, Kant n'en méconnaît pas moins la légitimité de la métaphysique. Pour lui, la philosophie se borne à la critique de la raison théorique et de la raison pratique. Elle étudie les lois *a priori* de l'entendement et de la volonté.

Définition et objet de la philosophie. — Certains faits mal interprétés peuvent paraître favorables à l'opinion qui restreint l'objet de la philosophie, ou qui en conteste la légitimité. A l'origine, la philosophie embrassait toutes les sciences ; c'était la science universelle. Peu à peu, des sciences particulières se sont détachées de la philosophie. Ce furent d'abord, dès l'antiquité, les mathématiques ; au XVIe siècle, la physique avec Galilée ; au XVIIIe, la chimie avec Lavoisier ; et de nos jours, la biologie. Si, chaque fois qu'une science se constitue, elle revendique son indépendance, ne faut-il pas en conclure que la philosophie s'oppose à la science et qu'elle n'a pour domaine que l'incertain et pour objet qu'un amas confus de connaissances vagues et inorganisées ? Ce serait là une très grande erreur. La certitude n'est pas le privilège des sciences séparées de la philosophie et déclarées indépendantes. Elle peut s'étendre au delà. De plus, ces sciences mêmes, bien que constituées en dehors de la philosophie, en restent tributaires par les notions fondamentales et les principes sur lesquels elles reposent, aussi bien que par leurs méthodes ; et elles appellent des solutions philosophiques comme couronnement des connaissances qu'elles nous fournissent (voir philosophie des sciences).

La philosophie des sciences n'est pas toute la philosophie. Il y a un objet d'étude qui ne rentre pas dans le cadre ordinaire des sciences : c'est l'esprit humain. Sans doute une certaine connaissance de l'esprit humain nous est fournie par un groupe de sciences, appelées morales, comme l'histoire, la philologie, la sociologie. Mais ces sciences nous font connaître les manifestations extérieures de l'esprit humain, plutôt que l'esprit humain lui-même. Les faits sociaux, historiques, linguistiques, ne sont que les dehors de l'esprit humain ; ils ne nous le révèlent pas dans sa nature intime et dans les phénomènes et les lois qui lui sont propres. N'eût-elle que cet objet, la philosophie ne se confondrait pas avec les autres sciences, et elle aurait sa raison d'être.

L'esprit humain n'est pas le seul objet de la philosophie. Toutes les sciences, nous l'avons dit, supposent des notions et des principes qui les dominent. Quelle est la valeur de ces notions et de ces principes ? Et d'une manière plus générale, quelle est la valeur de la connaissance ? Question importante qui ne relève d'aucune science particulière, et qui est le préambule obligé de toute métaphysique.

De plus, si les sciences concrètes ont pour objet des causes particulières, de causes en causes, ne faut-il pas s'élever à une cause première, principe et fin de toutes choses ? C'est à juste titre qu'Aristote désigne souvent sous le nom de Θεολογία la métaphysique. En effet la science de Dieu en est le point culminant. N'est-ce pas en Dieu qu'il faut chercher la raison dernière de toute connaissance et de toute existence ? « La sagesse, dit Bossuet, consiste à connaître Dieu et à se connaître soi-même. La connaissance de nous-mêmes nous doit élever à la connaissance de Dieu. » Ainsi l'ont entendu tous les grands philosophes. A leurs yeux, la philosophie a toujours été l'union étroite de la psychologie et de la métaphysique. Le point de départ est l'étude de l'âme ; le terme est l'étude de Dieu. « Il y a deux pôles de la connaissance humaine, dit Maine de Biran : le pôle moi d'où tout part, le pôle Dieu où tout aboutit. »

Nous pouvons donc définir la philosophie : La science de l'âme humaine et des premiers principes de toute connaissance et de toute existence, ou plus simplement encore, puisque comme nous l'établirons, Dieu est la source de la vérité et de l'être : La science de l'âme humaine et de Dieu.

Importance de la philosophie. — L'importance de la philosophie peut se déduire de l'excellence de son objet et de l'influence qu'elle exerce au point de vue intellectuel, moral et social.

1. *Excellence de l'objet de la philosophie.*

Felix qui potuit rerum cognoscere causas.

C'est cette connaissance des causes que poursuit la philosophie. Elle a un double objet. C'est d'abord l'âme humaine, avec ses phénomènes, ses facultés, sa nature, étudiés dans la psychologie ; avec les lois de l'intelligence dans la recherche du vrai, étudiées dans la logique; avec les lois de la volonté dans la recherche du bien étudiées dans la morale. C'est ensuite Dieu, principe de toute connaissance, cause première et fin dernière de toute existence. Comment contester l'importance d'une science qui a pour objet de si hautes et si intéressantes réalités ? « De toutes les sciences, dit Aristote, c'est la plus élevée, la plus excellente, la plus divine. »

Mais à quoi bon, dira-t-on, la philosophie pour nous, croyants, qui, en savons plus sur les grandes vérités, surtout celles de l'ordre moral, que la philosophie ne peut nous en apprendre avec certitude ? Nous avons la foi, elle nous suffit, et peut-être risquerions-nous de la perdre en nous livrant aux spéculations philosophiques.

Il est incontestable que la doctrine chrétienne renferme une philosophie, la plus haute, la plus pratique et qu'aucune autre ne peut remplacer. Aussi, tous ceux qui n'ont ni le temps ni les moyens nécessaires pour se mettre à l'école de la philosophie, font bien de s'en tenir aux données de la révélation. Mais ceux qui ont ce temps et ces moyens ne doivent pas se contenter de la foi simple du charbonnier. Si la philosophie n'ajoute rien à la certitude de la foi, elle peut l'affermir et aider à la défendre : « Peu de science, dit Leibnitz, éloigne de la religion, beaucoup de science y ramène. » Sans doute les jeunes esprits doivent se mettre en garde contre les séductions d'une fausse philosophie, et c'est uniquement de cette fausse philosophie conduisant au doute et à la négation, qu'il faut entendre le mot de Pascal : « La philosophie ne vaut pas une heure de peine. » Mais pour la vraie philosophie, loin de nuire à la foi, elle en est un précieux soutien, et l'enseignement philosophique est la meilleure préparation à toutes les sciences et à toutes les carrières.

2. *Influence de la philosophie.* — L'influence de la philosophie s'exerce au triple point de vue intellectuel, moral et social.

A. **Au point de vue intellectuel.** — La philosophie forme l'esprit à la réflexion. Point de philosophie sans beaucoup de réflexion. « La philosophie, disait à bon droit Cousin, c'est la réflexion en grand. » Et comme le domaine des questions philosophiques est très étendu, l'esprit qui le parcourt acquiert naturellement plus de souplesse et de sagacité. En donnant à l'homme des principes refléchis, la philosophie lui permet de penser par lui-même et avec méthode. Penser par soi-même, c'est se soustraire à l'empire des préjugés, c'est n'accepter les idées d'autrui qu'après s'en être rendu compte. Penser avec méthode, c'est être conséquent dans ses idées, c'est mettre de l'ordre et de l'enchaînement dans ses connaissances. De là vient ce qu'on appelle l'esprit philosophique, c'est-à-dire la disposition à rechercher les raisons des choses, l'habitude de remonter aux principes et aux causes, et d'envisager les questions par leur côté le plus général. L'esprit philosophique est un esprit de curiosité critique, avide de preuves et d'explications, comme l'esprit scientifique, mais il est plus universel, plus large, plus compréhensif.

La philosophie est utile même à la littérature et à l'éloquence, car pour bien écrire et pour bien parler, il faut d'abord bien penser.

Scribendi recte, sapere est et principium et fons.

Cicéron se flattait d'avoir plus profité dans les jardins de l'Académie que dans les officines des rhéteurs. *Aiebat se oratorem non ex rhetorum officinis, sed ex Academiæ spatiis extitisse.* L'écrivain ou l'orateur philosophe a sur celui qui ne l'est pas le double avantage de la méthode que donne l'habitude de la logique et de la précision qui s'acquiert surtout par la réflexion.

B. **Au point de vue moral.** — Comment une science qui a pour objet l'âme humaine et Dieu pourrait-elle être sans influence sur la conduite des hommes? *Noverim te, noverim me,* s'écriait saint Augustin demandant à Dieu de grandir dans le bien. La connaissance de soi-même est le commencement de la sagesse, et l'imitation de Dieu en est le principe. Or, pour imiter Dieu, il faut le connaître. Dans un sens plus général, l'action de la philosophie sur l'intelligence se continue dans la volonté. Elle concourt ainsi au perfectionnement moral. Il est toujours utile de vivre dans les régions supérieures de la pensée et si les vérités morales que met en lumière la philosophie ne suffisent pas pour rendre l'homme vertueux, elles peuvent du moins lui être d'un précieux secours. C'est un fait souvent constaté dans l'histoire que les fausses doctrines préparent le relâchement des mœurs. La morale est inconciliable avec les grandes erreurs philosophiques.

C. **Au point de vue social.** — Si l'influence de la philosophie est incontestable au point de vue intellectuel et moral, il est impossible qu'elle ne s'exerce aussi au point de vue social. Ce sont les idées qui mènent le monde, et le progrès moral est la condition et le gage du progrès social. Les doctrines se traduisent à la longue dans les actes, et ce sont les vertus des individus qui font vivre les nations, comme ce sont leurs vices qui les précipitent dans la décadence. Comme la philosophie a le privilège redoutable de toucher à tout, elle est éminemment propre, si elle est saine, à préparer le bien des sociétés, en établissant ou en affermissant les esprits dans la vérité. Que si, au contraire, elle dénature les principes de l'ordre social, domestique ou politique, elle doit inévitablement conduire aux pires ruines et aux plus affreux bouleversements.

Importante à toutes les époques, la philosophie acquiert de nos jours une importance particulière, appelée qu'elle est à prémunir les esprits contre des doctrines qui, sous le prétexte de science, combattent les croyances qui sont la sauvegarde et l'honneur de la raison humaine.

Division de la philosophie. — Chez les anciens philosophes, la division de la philosophie était celle de la science même (voir classification des sciences d'Aristote).

Les épicuriens et les stoïciens divisaient la philosophie en trois parties : la logique ou canonique, la physique et la morale : *Philosophiæ tres partes esse dixerunt et maximi et plurimi auctores, moralem, naturalem, rationalem.*

C'était déjà, suivant Cicéron, la division adoptée par Platon : *Fuit ergo jam accepta a Platone philosophandi ratio triplex, una de vita et moribus, altera de natura et rebus occultis, tertia de disserendo et quid verum et quid falsum.*

Pour les scolastiques, la philosophie comprend ordinairement la logique, la physique, la métaphysique, la morale ou éthique. La métaphysique se divise en métaphysique générale et en métaphysique spéciale. La première a pour objet les notions fondamentales de toutes les sciences ; la deuxième traite du monde, de l'âme et de Dieu.

Les cartésiens divisent généralement la philosophie en trois parties : la logique, la métaphysique et la morale. Descartes compare la science à un arbre dont la métaphysique est la racine, la physique le tronc, et dont les autres branches sont les autres sciences et surtout la mécanique, la médecine et la morale.

Le cours de philosophie classique doit comprendre la psychologie, la logique, la morale, et des éléments de métaphysique.

Méthode de la philosophie. — Deux méthodes opposées s'offrent au philosophe. Ou bien il partira de principes pour en tirer les conséquences, pour en dégager les phénomènes particuliers de la nature, ou bien il commencera par observer ces phénomènes particuliers, pour s'élever de là aux causes qui les produisent, aux lois qui les régissent. La première méthode est déductive, la seconde inductive.

La méthode déductive est plus facile, parce qu'elle n'est pas soumise aux lenteurs de l'observation et de l'expérimentation. Elle est séduisante par l'harmonie et l'unité des systèmes qu'elle élabore, mais, réduite à elle-même, elle ne peut donner que des résultats hypothétiques. Si les principes d'où l'on part ne sont pas bien établis, (et comment le seraient-ils par l'emploi exclusif de la déduction?) les conséquences qu'on en tire restent douteuses. On pourra édifier d'ingénieuses constructions ; mais elles seront sans aucune solidité. De plus, à procéder ainsi, on se condamne à d'inévitables erreurs. L'histoire de la philosophie en offre plusieurs exemples. Le panthéisme de Spinoza, avec le déterminisme qui en est la conséquence ; l'idéalisme de Fichte et de Hégel, furent les fruits de constructions a priori, œuvres de pure déduction. Quelle place, en effet, faire à la liberté dans des systèmes où tout est enchaîné par les liens rigoureux de la logique déductive? Comment échapper au panthéisme et à l'idéalisme, quand tout sort d'un principe unique posé par l'esprit?

Il faut donc employer tout d'abord cette méthode plus lente, mais aussi moins dangereuse, qui commence par l'observation et l'analyse des faits pour s'élever aux causes et aux lois. L'esprit ira ainsi graduellement du facile au difficile, du connu à l'inconnu. Chaque démarche nouvelle trouvera sa garantie dans celle qui précède. La construction sera peut-être moins belle, mais elle aura pour elle la solidité, parce que les fondements en seront assurés.

Toutefois, il ne faudrait pas en conclure que le philosophe doit renoncer au raisonnement déductif. La déduction trouve une place légitime dans toute science inductive. Lorsqu'une fois un principe est bien établi, on peut en tirer les conséquences, et ces conséquences ont la même valeur que le principe qui les implique. C'est ainsi que dans la morale particulière, on déduit les devoirs des principes établis dans la morale générale. C'est ainsi qu'en théodicée, on déduit la création de la notion de Dieu et de celle de la matière. « On se trompe, a dit Cousin, quand on dit que la vraie philosophie est une science de fait, si l'on n'ajoute aussitôt qu'elle est une science de raisonnement; elle repose sur l'observation, mais elle n'a d'autres limites que celles de la raison elle-même.... La philosophie abdique, elle renonce à sa fin qui est l'intelligence et l'explication de toute chose, quand elle renonce à l'emploi illimité de la raison; et d'un autre côté elle s'égare et égare la raison elle-même quand elle l'emploie au hasard, au lieu de la mettre au service de faits scrupuleusement observés et classés rigoureusement. »

Ajoutons que ce n'est pas avec son intelligence seule que le philosophe doit rechercher la vérité. C'est, suivant le mot de Platon, avec son âme tout entière, esprit, cœur et volonté. « La philosophie est une affaire d'âme, dit Jouffroy, si l'on n'y met que son esprit, il est possible qu'on devienne philosophe un jour, il est démontré qu'on ne l'est pas encore. » C'était la pensée de Pascal. « Le cœur, dit-il, a ses raisons que la raison ne connaît pas. » C'est aussi celle de M. Ravaisson dans le célèbre *Rapport sur la philosophie en France au XIXᵉ siècle* où il déclare « que la pensée ne suffit point à la philosophie, qu'il lui faut l'âme entière, et que, si l'on peut distinguer dans l'âme des parties, il lui faut surtout et avant tout ce qui semble en être le principal et le meilleur... Le cœur a comme la raison et plus qu'elle ses révélations. »

Ordre des parties de la philosophie. — Les considérations précédentes montrent que nous devons donner en philo-sophie la première place à l'étude de l'âme humaine. Nous suivrons ainsi le précepte de Descartes qui veut qu'on conduise par ordre ses pensées, en commençant par les objets les plus simples et les plus aisés à connaître. Toute certitude, d'ailleurs, a pour fondement une certitude psychologique. C'est toujours des données de la conscience qu'il faut partir pour établir l'existence des autres réalités. C'est dans l'analyse de l'âme humaine qu'on découvre les principes qui sont les fondements de toute science, et il n'est aucune question philosophique qui ne se rattache plus ou moins à la psychologie et qui ne vienne se résoudre dans quelques-uns des faits de l'esprit humain.

Quelques auteurs veulent donner la première place à la métaphysique et à la théodicée. La cause première, disent-ils, préexiste à toute chose. La connaissance de Dieu, principe de la vérité et de l'être, ne peut jeter que de vives lumières sur toute autre connaissance. Mais l'ordre de la connaissance n'est pas toujours l'ordre de la réalité. Dans la réalité, la cause précède l'effet, Dieu existe avant l'âme humaine. Mais au point de vue de la connaissance, nous remontons de l'effet à la cause, nous connaissons notre âme avant de connaître Dieu. La psychologie est à la base de la métaphysique.

D'autres philosophes commencent par la logique. La logique, disent-ils, est l'instrument de toute science, il faut d'abord savoir s'en servir. Toute science implique la connais-sance des lois directrices de l'esprit humain et des méthodes employées dans la recherche de la vérité. — Mais pour se servir d'un instrument, il faut le connaître. Avant de diriger les facultés intellectuelles dans la recherche de la vérité, il en faut constater l'existence, se rendre compte de leurs opérations et nous devons étudier l'intelligence en elle-même, avant de montrer ce qu'elle peut et doit être; c'est ce que fait la psycho-logie.

Il est naturel de placer la psychologie et la logique avant la morale; car il importe de connaître l'âme humaine et d'éclairer l'intelligence avant de tracer des lois à la volonté.

La morale n'est pas indépendante de la métaphysique et de la théodicée, et les vérités morales postulent des vérités méta-physiques. Il faut remonter à Dieu pour trouver le premier principe de nos devoirs. Toutefois, nous suivrons l'ordre du programme qui place la morale avant la métaphysique. Cet ordre a le double avantage de grouper les parties de la philosophie qui ont pour objet l'âme humaine et de réserver pour la fin du cours les questions les plus difficiles. D'ailleurs la morale n'est pas sans jeter quelques lumières sur la métaphysique.

Ouvrages à consulter

CARO. — *Philosophie et philosophes.*
FONSEGRIVE. — *Livres et idées (1894-95)* XII.
D'HULST. — *Mélanges philosophiques.*
JANET. — *Principes de psychologie et de métaphysique.*
NAVILLE. — *Définition de la philosophie.*
OLLÉ-LAPRUNE. — *La philosophie et le temps présent.*
REGNAULT. — *Cours de philosophie.*
RIBOT. — *Psychologie anglaise contemporaine* (Introd.)
SAINT THOMAS. — *Somme théologique*, I, I.

Articles de revues

BARTHÉLEMY SAINT-HILAIRE. — *La philosophie et les sciences.* (*Revue des Deux-Mondes*, 15 nov. 1887).
DUPANLOUP. — *La philosophie* (*Correspondant*, 25 oct. 1865).
SECRÉTAN. — *La religion, la philosophie et la science* (*Revue philosophique*, VI, 242).

PSYCHOLOGIE

CHAPITRE I

OBJET DE LA PSYCHOLOGIE

Définition et objet de la psychologie. — Caractères des faits psychologiques. — Les faits psychologiques et les faits physiologiques.

Définition et objet de la psychologie. — Au sens étymologique la psychologie est la science de l'âme. Le mot seul est moderne. Il a été employé pour la première fois au xvi⁰ siècle par Goclénius de Marbourg, et il n'est entré dans l'usage qu'au xv⁰¹⁰ siècle. Les philosophes anciens n'ont pas été sans faire de psychologie, mais pour eux la science de l'âme n'était pas séparée des autres sciences comme aujourd'hui. Elle était généralement mêlée aux différentes parties de la philosophie. Le περὶ ψυχῆς d'Aristote, par exemple, est autant un traité de physiologie qu'un traité de psychologie.

On peut étudier dans l'âme humaine soit ses différents phénomènes : sentiments, idées, résolutions et leurs lois, c'est la *psychologie expérimentale*, soit sa nature même : c'est la *psychologie rationnelle*. La psychologie rationnelle est une partie de la métaphysique. Nous pouvons donc définir la psychologie totale : la science de l'âme dans ses phénomènes et leurs lois, et dans sa nature.

Les phénoménistes Hume, Stuart Mill, Bain, Taine, et les psycho-physiologistes ou psycho-physiciens, Weber, Fechner, Wundt, M. Ribot réduisent la psychologie à la psychologie expérimentale. Les premiers se contentent d'étudier les phéno-

mènes de conscience et leurs lois; les seconds s'appliquent à
rechercher les rapports des faits psychiques et des faits physiologiques ou physiques. Les uns et les autres ne s'occupent pas
du principe substantiel des faits de conscience, principe qu'ils
nient ou déclarent inconnaissable. Nous prouverons l'existence
de ce principe, et nous croyons à la possibilité de la psychologie
rationnelle, mais elle ne doit venir qu'après la psychologie
expérimentale.

**Caractères des faits psychologiques. Les faits psy-
chologiques et les faits physiologiques.** — La première
question qui se pose avant d'aborder l'étude de la psychologie,
c'est la suivante : les faits qui constituent l'objet de la psychologie ont-ils des caractères propres? Forment-ils un ordre distinct de phénomènes, ou bien, comme le disent les matérialistes et les positivistes, ne sont-ils pas au fond de même nature
que les faits physiologiques, tels que la digestion, la circulation du sang, la sécrétion de la bile? La psychologie, science
de l'âme, diffère-t-elle essentiellement de la physiologie,
science du corps, ou n'en est-elle qu'un chapitre, comme le
prétend Auguste Comte?

Trois différences principales distinguent les phénomènes
psychologiques des phénomènes physiologiques.

1. Les phénomènes psychologiques et les phénomènes physiologiques diffèrent par leurs *caractères essentiels.* Inhérents à
des organes, les phénomènes physiologiques sont étendus; ils
ont des dimensions dans l'espace aussi bien qu'une situation
dans le temps. Ayant une forme plus ou moins définie, ils sont
mesurables; on peut en dessiner la figure. Abstraction faite de
la vie, les phénomènes physiologiques ne sont que des faits
physiques ou chimiques, plus ou moins complexes, qui se
ramènent en définitive à des mouvements.

Les phénomènes psychologiques, au contraire, sont inétendus
et ne se produisent pas dans l'espace; n'ayant aucune forme,
ils ne sont pas mesurables. Ils peuvent différer les uns des
autres par leur intensité et leur durée. Ce sont des états, des
changements; ils sont temporels, successifs, mais il est impossible de les ramener à des mouvements. Une blessure à la
main est un phénomène physiologique, la douleur qui en
résulte est un phénomène psychologique. La blessure a une

certaine étendue, on peut en mesurer la longueur, la largeur
et la profondeur. Mais il serait absurde de dire que la douleur
a tant de centimètres de longueur, de largeur et de profondeur.
On parle, il est vrai, de douleurs profondes, comme d'idées
larges, mais ce sont des métaphores.

2. Les phénomènes psychologiques et les phénomènes physiologiques diffèrent par leur *mode de connaissance*. Les phénomènes physiologiques sont connus par les sens et par des
instruments qui augmentent la portée des sens. On constate
une blessure par la vue et on peut s'aider du microscope et du
scalpel pour la mieux connaître. Ces phénomènes peuvent être
observés par plusieurs personnes à la fois. Ils existent indépendamment de la connaissance qu'on en a et en l'absence de
cette connaissance. La circulation du sang a été ignorée
jusqu'à Harvey.

Les phénomènes psychologiques sont connus par la conscience. Les sens peuvent percevoir les signes extérieurs de la
douleur, comme ceux de la joie, mais non ces sentiments eux-
mêmes. C'est la conscience seule, et la conscience de ceux-là
seuls qui les éprouvent, qui perçoit les phénomènes psychologiques. De plus la connaissance des phénomènes psychologiques est inséparable de ces phénomènes qui ne peuvent
exister sans elle. Il est impossible de souffrir sans savoir que
l'on souffre. Il n'y a pas de phénomène de conscience sans
conscience du phénomène. Ajoutons que les phénomènes psychologiques sont nécessaires à la connaissance des phénomènes
physiologiques. Ceux-ci seraient pour notre esprit comme
s'ils n'étaient pas, sans des sensations, c'est-à-dire, sans des
phénomènes de conscience qui nous révèlent leur existence.

3. Les phénomènes psychologiques et les phénomènes physiologiques diffèrent par leurs *fins*. La fin immédiate des
seconds, c'est la conservation et le bien du corps. On peut et
on doit dans une certaine mesure faire concourir les premiers à
cette même fin. Le plus grand penseur ne saurait se désintéresser des moyens de pourvoir à sa subsistance. Mais qui
soutiendrait que le sentiment, l'intelligence, le volonté ne nous
ont été donnés que pour une fin toute corporelle? La vie physique ne peut être le terme des nobles aspirations de l'homme.
C'est à une fin plus élevée, c'est à la connaissance de la

vérité, à la pratique du bien, à la possession du bonheur que tendent les facultés supérieures de l'âme humaine. La distinction de ces deux fins est si réelle qu'elles peuvent s'opposer et qu'il est des circonstances où il faut sacrifier l'une à l'autre.

Les phénomènes psychologiques sont donc irréductibles aux phénomènes physiologiques. La psychologie et la physiologie sont des sciences bien distinctes. Toutefois, quelque radicale que soit cette distinction, la psychologie et la physiologie peuvent se rendre de mutuels services, par suite de l'union étroite de l'âme et du corps. La physiologie est nécessaire au psychologue pour l'explication des faits de conscience qui ont des conditions organiques. Elle lui est, en particulier, nécessaire, nous le verrons, pour l'emploi si fécond de l'expérimentation. De même le physiologiste, s'il veut vraiment faire œuvre de science, doit recourir souvent aux informations de la psychologie. C'est surtout dans l'étude des rapports du physique et du moral que nous constaterons cette solidarité étroite de la psychologie et de la physiologie. L'homme n'est pas un pur esprit, accidentellement uni à un corps, c'est un tout naturel dont les parties agissent et réagissent l'une sur l'autre.

Ouvrages à consulter

BOUILLIER. — *La vraie conscience.*
EGGER. — *La parole intérieure.*
GARNIER. — *Traité des facultés de l'âme.*
HANNEQUIN. — *Introduction à la psychologie.*
JANET et SÉAILLES. — *Histoire de la philosophie.*
JOUFFROY. — *Mélanges philosophiques.*
LACHELIER. — *Psychologie et métaphysique.*
MAINE DE BIRAN. — *Essai sur les fondements de la psychologie.*
RABIER. — *Psychologie.*
RIBOT. — *Psychologie allemande et Psychologie anglaise* (Introduction).
WADDINGTON. — *De l'âme humaine.*

Articles de revues

Dr FERRAND. — *Le cerveau et la psychologie* (Quinzaine, 15 novembre 1896).
PAUL JANET. — *La psychologie et ses modernes critiques* (Revue des Deux-Mondes, 15 juillet 1892).

CHAPITRE II

MÉTHODE DE LA PSYCHOLOGIE

L'erreur spinoziste. — 1. Méthode subjective : la réflexion. — Objections. — 2. Méthode objective. — L'expérimentation en psychologie. — L'induction et la déduction en psychologie. — Légitimité de la psychologie.

L'erreur spinoziste. — Nous venons d'établir que la psychologie a un objet propre. Mais comment cet objet nous est-il connu ? Quelques philosophes ont fait de la psychologie une science toute déductive à la suite de Spinoza, qui applique la méthode mathématique à l'étude de l'âme et veut étudier « les actions et les appétits des hommes, comme s'il était question de lignes, de plans et de solides. »

Contre une telle conception, contentons-nous d'une simple observation, que nous avons déjà faite au sujet de la méthode de la philosophie. Pour qu'une déduction soit scientifique, il faut d'abord que le principe qui en est la majeure soit bien établi. Une psychologie entendue à la manière de Spinoza et des panthéistes allemands n'est que le développement d'une hypothèse. Elle ne peut prétendre à la valeur d'une science. La psychologie expérimentale est une science de faits. Pour connaître les faits, nous n'avons qu'un moyen, c'est de les observer. L'observation est donc le point de départ de la psychologie. L'observation peut être intérieure ou extérieure ; elle est intérieure, lorsque c'est le même sujet qui observe et qui est observé ; elle est extérieure, lorsque l'objet observé est étranger à celui qui observe. Dans le premier cas, la méthode de la psychologie est dite subjective, dans le second, elle est dite objective.

1. Méthode subjective : la réflexion. — Les phénomènes psychologiques nous sont connus sans intermédiaire par l'observation interne ou l'*introspection personnelle*, comme disent les philosophes anglais. L'observation interne est directe, car rien ne s'interpose entre l'objet observé et le sujet qui observe. Elle se fait par la conscience, inséparable, avons-nous dit, des phénomènes de l'âme, d'où leur nom d'états de conscience.

D'abord obscurs et confus, les phénomènes de l'âme deviennent clairs et distincts par la réflexion qui est une sorte de reploiement de l'âme sur elle-même, pour observer avec attention ce qui se passe en elle.

La réflexion est un procédé familier non seulement aux psychologues, mais aux moralistes, aux poètes dramatiques, aux romanciers, à tous ceux qui veulent à quelque degré connaître l'âme humaine. L'introspection personnelle est absolument indispensable à la psychologie. « Psychologie bien entendue commence par soi-même[1]. » Nous ne pourrions jamais deviner chez nos semblables le moindre état de conscience si nous ne l'avions éprouvé en nous-mêmes.

Objections. — On a fait plusieurs objections contre la méthode subjective.

A. Il est impossible, a-t-on dit, que l'esprit se dédouble en sujet qui observe et en objet observé. En effet, l'observation et l'objet de l'observation sont successifs ou simultanés. S'ils sont simultanés, ils s'excluent ; si j'agis, je ne peux pas m'observer, si je m'observe, je ne puis pas agir. Si je suis en colère et si j'essaie d'observer ma colère, elle s'évanouit aussitôt. La réflexion suspend ou altère les phénomènes auxquels elle s'applique. S'ils sont successifs, l'objet de l'observation n'existe plus lorsque commence l'observation ; on n'en a que le souvenir.

Il est vrai que la réflexion est toujours postérieure au fait sur lequel on réfléchit, qu'elle implique par conséquent la mémoire de ce fait ; mais cela ne prouve pas qu'elle n'ait aucune valeur. Pour nous observer, il faut nous dédoubler ; il faut être acteur et spectateur. Nous ne pouvons être les deux au même instant, car l'acteur et le spectateur se gêneraient l'un l'autre, il faut être les deux successivement, d'abord acteur, tout à notre action, ensuite spectateur tout au spectacle. La réflexion, c'est en réalité le souvenir, mais on peut se mettre en garde contre les altérations du souvenir et lorsqu'il vient immédiatement

1. V. EGGER, *Cours inédit.*

après le fait qu'il rappelle, il y a vraiment peu de dangers d'erreur.

De plus si cette objection avait de la valeur, elle condamnerait avec la psychologie toutes les sciences d'observation, car ce que celles-ci nous font connaître tout d'abord, ce ne sont pas les objets extérieurs en eux-mêmes, mais les sensations qu'ils produisent sur nous, c'est-à-dire des états de conscience.

B. La méthode subjective, a-t-on dit, ne peut faire connaître qu'une seule âme ; l'homme qui s'observe peut écrire ses mémoires et faire une monographie, mais d'observations personnelles il ne sortira jamais une science, car il n'y a de science que du général. Si l'observateur généralise ses observations personnelles, il s'expose à attribuer aux autres des faits qu'il n'a pas observés en lui-même. Cette généralisation est toujours hypothétique.

L'objection serait fondée, si l'observateur était seul au monde, mais il y a eu de tout temps des psychologues ; ils ont pu se communiquer leurs observations et ainsi les contrôler, les corriger, les compléter les unes par les autres.

Sans doute, la psychologie ainsi obtenue manquera encore de généralité, parce que les psychologues ne sont pas tous les hommes ; l'âme du psychologue, c'est l'âme d'un homme adulte, civilisé, lettré, philosophe ; ce n'est qu'un type d'âme, et il y aurait quelque inexactitude à lui assimiler toutes les autres âmes. Mais rien n'empêche le psychologue de consulter et de chercher à connaître les autres hommes, ceux qui ne sont pas psychologues. Il peut et il doit même le faire. La psychologie serait une science incomplète si elle n'avait recours à l'observation extérieure, si à la méthode subjective on ne joignait la méthode objective.

2. Méthode objective. — La méthode objective est une méthode d'interprétation. Nous ne pouvons percevoir les états de conscience de nos semblables, mais nous pouvons les deviner à l'aide de signes qui en sont l'expression ou la preuve. Notre expérience personnelle nous apprend que tel sentiment se traduit par tel jeu de physionomie. Lorsque nous observons chez nos semblables ce jeu de physionomie, nous croyons par analogie à l'existence du sentiment correspondant dans leur âme. Indiquons sommairement les principales sources d'information de la psychologie objective.

3

A. Il faut observer les autres hommes dans tout ce qui peut nous révéler leur âme, dans leur physionomie et leurs gestes, dans leur langage et leurs actes. Les gestes spontanés et la physionomie ne sont généralement pas trompeurs, toutefois il serait imprudent d'y croire en toute occasion. Les parfaits diplomates, les acteurs, certains criminels sont maîtres de leur physionomie. Les actes ont leur principe dans des états de l'âme, mais ils n'en sont pas toujours une claire révélation. Le langage parlé ou écrit est le plus analytique de tous les signes, il se prête merveilleusement aux nuances de la pensée qui se moule en quelque sorte dans les phrases. Mais si le langage a été donné à l'homme pour exprimer sa pensée, l'homme s'en sert quelquefois pour la déguiser. Un certain art est donc nécessaire pour interpréter les signes par lesquels se manifestent les états de conscience des autres hommes.

Le psychologue ne s'en tiendra pas à l'observation des hommes ordinaires, de ceux qui n'offrent rien d'exceptionnel dans leur caractère, il observera les natures originales, les plus incultes, les plus grossières comme les mieux douées ; il voudra connaître les phénomènes anormaux de l'âme, les maladies et les monstruosités mentales dont l'étude est quelquefois si instructive. Les étrangers, les enfants, les animaux mêmes seront l'objet de ses observations. La psychologie morbide, la psychologie ethnologique, la psychologie infantile, la psychologie animale peuvent jeter de grandes lumières sur l'âme humaine.

B. Il faut étudier les œuvres des hommes dans la suite des temps. L'histoire, les langues, les littératures sont pleines d'enseignements utiles à la psychologie. L'histoire nous fait assister au développement de l'humanité à travers les âges ; elle nous met sous les yeux les caractères des différents peuples, l'influence des grands hommes, celle des circonstances extérieures. La linguistique, la grammaire comparée peuvent être faites d'un point de vue psychologique, car les lois du langage reflètent celles de la pensée, dont elles dépendent. Les grandes œuvres littéraires contiennent une certaine psychologie de leur époque et de leurs auteurs. La comparaison de ces œuvres aide le psychologue à discerner ce qu'il y a de fixe et de mobile dans l'humanité. Les moralistes en particulier, qu'ils soient moralistes de profession, comme Théophraste, La Bruyère,

Pascal, Vauvenargues, ou qu'ils soient ces grands peintres du cœur humain qu'on appelle les poètes dramatiques Sophocle, Racine, nous donnent dans leurs œuvres sous une forme ou sous une autre avec plus ou moins de vérité les résultats de leurs observations personnelles : « Pour être bien préparé à faire de la psychologie, il faudrait, dit M. Rabier, avoir fait le tour du monde, de l'histoire et de la civilisation. »

C. Il faut étudier les états de l'âme dans leur union avec ceux du corps. La psychologie, toute différente qu'elle est de la physiologie, a des rapports étroits avec elle. De même que le moral agit sur le physique, le physique agit sur le moral, et la connaissance de cette action réciproque est nécessaire à la science du corps et à celle de l'âme. S'il n'y a pas de physiologie complète sans psychologie, il n'y a pas de psychologie vraie sans physiologie. Le psychologue qui n'aurait aucun souci du corps, et de la vie animale dont il est le théâtre, ne pourrait faire qu'une psychologie très imparfaite. L'école cartésienne l'a trop oublié. L'étude des rapports qui unissent les phénomènes psychologiques et les phénomènes physiologiques a de nos jours donné naissance à la psycho-physique et à la psycho-physiologie.

L'expérimentation en psychologie. — Le psychologue peut-il intervenir dans la production des phénomènes psychologiques et les susciter dans des conditions qui en rendent l'observation plus instructive ? L'expérimentation si féconde dans les sciences physiques et naturelles est-elle possible en psychologie ?

Des philosophes ont nié cette possibilité, alléguant comme raison que les faits de l'âme sont spontanés. On ne se procure pas un sentiment naturel ou tout autre phénomène psychologique, comme on se procure telle ou telle quantité de chaleur, de lumière ou d'électricité. Opérer sur les phénomènes de l'âme pour modifier les conditions de l'observation, ce serait en altérer la nature.

Sans doute l'expérimentation psychologique offre des difficultés qui tiennent soit à la nature délicate, subtile et complexe des phénomènes, soit aux causes extérieures ou intérieures dont ils subissent l'influence. De plus, le calcul qui précise les expériences dans les sciences physiques n'est d'aucun usage pour la mesure de ces phénomènes. Toutefois, malgré les difficultés, l'expérimentation psychologique est possible. Dans quelle mesure ? Cela dépend des phénomènes sur lesquels le psychologue expérimente.

Parmi les phénomènes psychologiques, il en est dont les causes sont physiques et physiologiques, peu complexes, bien connues, mesurables, ce sont des sensations. De véritables expériences, dont il ne faudrait pas pourtant exagérer la précision, sont possibles dans l'étude de ces phénomènes. Les psycho-physiciens et les psycho-physiologistes en ont fait un grand nombre. On a mesuré l'intervalle de temps qui sépare la sensation de l'excitation organique qui la produit. On a déterminé pour chaque sens le minimum d'excitation nécessaire pour la production de la sensation : ainsi il faut douze vibrations à la seconde pour produire un son. On a établi que la sensation ne croît pas d'une manière continue comme l'excitation. Fechner a cru pouvoir énoncer cette loi que l'intensité de la sensation croît non comme l'excitation, mais comme le logarithme de l'excitation. Flourens, Broca, Vulpian ont fait des expériences intéressantes sur les rapports du cerveau et de la pensée. La psycho-physiologie a enregistré d'importantes découvertes en ce qui concerne la mémoire. C'est surtout en Allemagne qu'on s'applique à ces études. Depuis quelques années, la Sorbonne a son laboratoire de psychologie physiologique.

Mais la plupart des phénomènes psychologiques ont des causes complexes, mal connues, non mesurables. Relativement à ces phénomènes, l'expérimentation ne peut être le plus souvent que très générale et plus ou moins incertaine. Je veux, par exemple, me rendre compte de l'association des idées et vérifier les lois qu'en donne la psychologie classique; j'évoque une idée dans ma conscience, et j'observe les idées qu'elle me suggère spontanément. La pédagogie, la politique, l'art oratoire ont souvent recours à des expériences. Les parents et les maîtres expérimentent, lorsqu'ils essaient sur leurs enfants ou leurs disciples un système d'éducation. Le législateur expérimente, lorsqu'il introduit dans le code une loi nouvelle. L'orateur expérimente lorsqu'il tente sur ses auditeurs un moyen de conviction ou de persuasion. Il y a dans toutes ces expériences un élément d'incertitude qui ne permet pas d'en tirer des conclusions rigoureuses : c'est l'intervention du libre arbitre dans notre vie mentale et dans notre vie extérieure, c'est l'influence qu'il exerce sur nos pensées, nos sentiments et nos actes. Les libres déterminations des volontés humaines peuvent souvent déconcerter les prévisions de l'expérimentateur.

Il faut pourtant remarquer que les difficultés de l'expérimentation psychologique, sont compensées dans une certaine mesure par le secours que nous fournit la mémoire et par l'observation des cas anormaux de l'âme humaine. « On peut évoquer, dit Cousin, un phénomène du sein de la nuit où il s'est évanoui, le redemander à la mémoire et le reproduire pour le considérer plus à son aise ; on peut en rappeler telle partie plutôt que telle autre, laisser celle-ci dans l'ombre pour faire paraître celle-là, varier les aspects pour les parcourir tous et mieux connaître l'objet tout entier. » La nature offre des cas pathologiques qui sont comme des expériences toutes faites ; c'est ainsi que l'observation des sourds-muets peut jeter quelques lumières sur l'origine du langage ; celle des aveugles-nés opérés de la cataracte peut renseigner sur les perceptions naturelles de la vue ; les maladies de la mémoire aident à déterminer les lois de cette faculté ; l'étude de l'hallucination, de la folie, du somnambulisme, de l'hypnotisme, apporte des données utiles au psychologue pour la solution de différents problèmes.

Induction et déduction en psychologie. — Il ne suffit pas au psychologue de bien connaître les faits psychologiques, il ne lui suffit même pas de les réunir d'après leurs ressemblances essentielles en un certain nombre de classes irréductibles et de faire une théorie des facultés de l'âme. Une psychologie qui s'en tiendrait à l'étude des phénomènes et de leur classification serait toute descriptive, comme celle des philosophes écossais. Pour que la psychologie devienne tout ensemble scientifique et pratique, il faut qu'elle ait recours à l'induction et à la déduction. Les phénomènes connus par l'observation et l'expérimentation, le psychologue en dégage les rapports constants et universels, c'est-à-dire les lois. C'est ainsi qu'on a pu déterminer les lois de la mémoire, de l'association des idées et de l'habitude. Lorsque ces lois sont bien établies, on peut, comme dans toute science inductive, en tirer par déduction d'autres lois moins générales ou des faits nouveaux. La mnémotechnie applique les lois de la conservation des idées, et celles-ci peuvent être déduites des lois de l'habitude. Beaucoup de sciences pratiques ont leur fondement dans des déductions psychologiques ; l'art de l'éducation, en particulier, est impossible sans psychologie déductive ou appliquée.

Légitimité de la psychologie. — Une science est légitime, lorsqu'elle remplit deux conditions, lorsqu'elle a un objet propre et lorsqu'on peut méthodiquement acquérir des connaissances certaines et générales sur cet objet. La psychologie remplit ces deux conditions. Les faits de conscience sont irréductibles aux faits physiologiques et l'observation aidée dans une certaine mesure de l'expérimentation peut nous les faire connaître avec certitude. Ces faits sont soumis à des lois qu'on peut dégager de la complexité des phénomènes. Par conséquent nous avons le droit de dire contre les matérialistes que la psychologie est une science aussi légitime que la physiologie et qu'elles doivent rester distinctes sans cesser d'être unies.

Ouvrages à consulter

BEAUNIS et BINET. — *L'année psychologique.*
BINET. — *Introduction à la psychologie expérimentale.*
BERGSON. — *Les données immédiates de la conscience.*
CHARAUX. — *De l'esprit philosophique.*
JOUFFROY. — *Mélanges philosophiques.*
MAINE DE BIRAN — *Essai sur les fondements de la psychologie.*
PAULHAN. — *Physiologie de l'esprit.*
SERGI. — *La psychologie physiologique.*
VAN BIERVLIET. — *Éléments de psychologie humaine.*
WUNDT. — *Psychologie physiologique.*

Articles de revues

FOUILLÉE. — *Le problème psychologique.* (Revue philosophique, 1891).
MAISONNEUVE. — *La psychologie scientifique.* (Annales de philos. chrét., 1895).
SÉAILLES. — *Les méthodes psychologiques et la psychologie expérimentale.* (Revue philos., XIII, 341).
SOURIAU. — *La conscience de soi.* (Revue philos., XXII, 449).
SOREL. — *La psycho-physique.* (Revue philos., 1888).

CHAPITRE III

CLASSIFICATION DES FAITS PSYCHOLOGIQUES
LES FACULTÉS DE L'AME

Écueils à éviter. — Diverses classifications. — Trois classes de faits psychologiques. — Cette classification ne pèche ni par excès ni par défaut. — Les facultés.

Les phénomènes psychologiques sont multiples et variés. Toutefois un peu d'observation suffit pour montrer qu'ils forment des classes bien distinctes.

Écueils à éviter. — Il y a deux écueils à éviter dans la classification des faits psychologiques. Le premier serait de mettre dans une même classe des faits essentiellement différents à cause de ressemblances apparentes ou secondaires. Par exemple, le désir et la volonté ne sont pas sans ressemblances, et pourtant ils sont bien distincts.

Le second défaut serait de mettre dans des classes différentes, des faits essentiellement semblables, à cause de différences apparentes ou secondaires. Ainsi le plaisir et la douleur s'opposent l'un à l'autre, mais ce ne sont que les deux extrêmes d'un même genre, et leur nature essentielle est la même.

La classification doit donc distinguer ou rapprocher les faits suivant leurs différences ou leurs ressemblances essentielles.

Diverses classifications. — Avant d'indiquer et de justifier la classification généralement adoptée, donnons les principales classifications que nous offre l'histoire de la philosophie.

Platon distingue trois parties dans l'âme humaine : la raison, ὁ νοῦς, principe des idées, qu'il place dans la tête; — l'appétit supérieur, ὁ θυμός, principe des passions généreuses qu'il place dans le cœur et qu'il compare à un lion; — l'appétit inférieur, ἡ ἐπιθυμία, qu'il place dans le ventre et qu'il compare à une hydre à cent têtes.

Aristote distingue quatre puissances dans l'âme humaine : la puissance nutritive ou végétative, — la puissance sensitive, — la puissance motrice, — la puissance raisonnable.

Bossuet distingue deux sortes d'opérations dans l'âme humaine : les *opérations sensitives* et les *opérations intellectuelles*. Les premières (sensations, plaisirs, douleurs, passions), immédiatement liées à la vie physiologique, nous sont plus ou moins communes avec les animaux; les secondes (conception, jugement, raisonnement, volonté) ne dépendent pas immédiatement de l'organisme et sont propres à l'homme. Suivant leur objet qui est le vrai ou le bien, les opérations sensitives et les opérations intellectuelles sont ou *cognitives* ou *appétitives*. Il y a une connaissance et un appétit sensibles, il y a une connaissance et un appétit intellectuels. La volonté est rangée parmi les opérations intellectuelles, ce qui n'implique nullement l'identité de l'entendement et de la volonté. Appliqué aux opérations de l'âme, le mot « intellectuel » a chez Bossuet le sens de spirituel.

Pour Descartes, la pensée est l'essence de l'âme et il rapporte toutes les manières de penser que nous remarquons en nous à deux générales, dont l'une consiste à percevoir par l'entendement, et l'autre à se déterminer par la volonté. Les premières sont les modes passifs de la pensée qui se subdivisent en idées ou passions, suivant qu'ils représentent avec clarté et distinction la nature des choses, ou qu'ils expriment confusément la nature de l'organisme. La sensibilité n'est que le plus bas degré de l'entendement. Les autres sont les modes actifs. Descartes attribue à la volonté des fonctions assez mal définies où le désir figure à côté du jugement et du libre choix.

Reid accepte la distinction cartésienne de l'entendement et de la volonté ou des facultés intellectuelles et des facultés actives « tout en reconnaissant que ces deux ordres de facultés concourent dans toutes ou presque toutes nos opérations et qu'il faut classer celles-ci selon que l'un ou l'autre y domine. » Sous le nom de facultés intellectuelles, Reid range neuf facultés secondaires et sept sous le nom de facultés actives.

Pour Jouffroy, disciple des Écossais, il y a six capacités irréductibles dans l'âme humaine : la faculté personnelle ou volonté; les penchants primitifs; la faculté locomotrice; la faculté expressive; la sensibilité; les facultés intellectuelles.

Trois classes de faits psychologiques. — On s'accorde généralement aujourd'hui à reconnaître trois classes de phénomènes psychologiques : les phénomènes sensibles, les phénomènes intellectuels et les phénomènes volontaires, et on distingue en conséquence trois facultés : la sensibilité, l'intelligence et la volonté.

Les faits *sensibles* (sensations, sentiments, inclinations, passions) sont subjectifs ou affectifs. Ce sont tous des états du sujet, qu'ils affectent d'une manière agréable ou pénible. Tout fait sensible est un plaisir ou une douleur, ou y conduit. Le fait sensible, de sa nature, est essentiellement individuel. Chacun a ses plaisirs et ses goûts, chacun sent à sa façon. *Trahit sua quemque voluptas.* La sensibilité varie, non seulement d'une personne à l'autre, mais encore dans la même personne, suivant les temps et les circonstances.

Les faits *intellectuels* (idées, images, jugements, raisonnements) sont objectifs ou représentatifs. Ils sont sans aucun doute, comme tous les faits psychologiques, des manières d'être du sujet, mais ils nous représentent tous quelque chose, ils ont tous un objet. Qu'on prenne n'importe quel fait intellectuel, on y trouve toujours un objet qui s'oppose au sujet dans le sujet. Il y a toujours dualité dans la connaissance : le sujet qui connaît et l'objet qui est connu, le sujet pensant et l'objet pensé. « Ὁ γιγνώσκων γιγνώσκει τὶ, » dit Aristote. De plus, les faits intellectuels sont impersonnels, et ils ne varient pas comme les faits sensibles. Un jugement vrai, un raisonnement exact, une démonstration rigoureuse valent pour tous les esprits, et cette valeur est indépendante des personnes, des temps et des circonstances.

Les faits *volontaires* (déterminations ou résolutions) sont libres. Dans un acte de volonté nous avons conscience d'être non seulement le sujet, mais la cause libre, et par conséquent responsable de cet acte. Les faits sensibles sont fatals : étant donnée une lésion de l'organisme, nous ne pouvons à notre gré supprimer la souffrance qui en résulte. Les faits intellectuels le sont aussi : « Ce ne sont pas nos connaissances qui font leurs objets, elles les supposent, » dit Bossuet. Lorsque la vérité se manifeste clairement à nous, elle s'impose à notre esprit qui ne peut refuser son adhésion. Nos déterminations, au contraire, sont notre œuvre propre. Nous sommes maîtres de les produire ou de ne pas les produire. Aucune force étrangère ne peut se substituer à ce pouvoir personnel qui n'a point d'équivalent dans la nature.

Cette classification ne pèche ni par excès ni par défaut. — Cette classification est nécessaire et suffisante. Elle est nécessaire, car les différences qui séparent les trois classes de phénomènes que nous venons d'énumérer sont des différences essentielles. On ne peut grouper ensemble des phénomènes fatals et des phénomènes libres, et l'objectivité s'oppose nettement à la subjectivité. D'ailleurs, l'expérience confirme ces distinctions, elle nous montre ces trois ordres de phénomènes plus ou moins indépendants les uns des autres, dans leur existence et dans leur développement. L'enfant peut éprouver du plaisir et de la douleur sans aucune représentation. Toute sensation n'est pas accompagnée de mouvements volontaires, tout désir n'est pas consenti. Les faits sensibles peuvent donc exister sans les faits intellectuels et sans les faits volontaires. Les faits intellectuels ne sont pas nécessairement accompagnés d'émotion. Une démonstration mathématique peut laisser indifférent. Une idée n'appelle pas toujours une détermination. Si les phénomènes volontaires supposent des phénomènes sensibles et des phénomènes intellectuels, des désirs et des idées, ces désirs et ces idées ne sont pas toujours suivis de détermination.

En outre, ces trois ordres de phénomènes se rencontrent rarement au même degré dans une âme. Telle âme est surtout sensible, telle autre intelligente, telle autre énergique ; d'où une division des caractères, suivant la faculté prédominante, en trois types : les *sensibles*, les *intellectuels*, les *volontaires*. L'âme sensible n'a pas nécessairement une grande intelligence et elle peut être sans énergie. L'esprit peut s'allier à un cœur froid, à une volonté faible, et une âme énergique n'est pas toujours soutenue par une vive sensibilité et éclairée par une intelligence pénétrante. Les hommes d'action ne sont pas nécessairement des hommes d'esprit et des hommes de cœur.

La classification généralement admise ne pèche donc pas par excès, et il faut admettre au moins les trois classes de phénomènes que nous avons distingués. Elle ne pèche pas non plus par défaut, et il n'est pas nécessaire d'admettre d'autres classes. On peut s'en rendre compte par l'analyse de tous les faits qui prennent place dans un cours de psychologie. Il n'en est aucun qui ne soit ou sensible, ou intellectuel, ou volontaire.

A ces trois ordres de faits, Jouffroy, avons-nous dit, en ajoute trois autres : les penchants primitifs, la faculté locomotrice et la faculté expressive. Mais les penchants primitifs rentrent dans les faits sensibles. C'est en quelque sorte le côté actif de la sensibilité, sans lequel le plaisir et la douleur ne sauraient se comprendre. La faculté locomotrice dépend de la physiologie ou de la volonté, suivant que les mouvements sont réflexes ou volontaires. La faculté expressive dépend de la physiologie par les organes corporels qu'elle met en jeu, de l'intelligence par les idées qu'elle exprime, de la sensibilité par le besoin naturel de parler, et de la volonté par la résolution de nous servir de la parole. La classification que nous avons adoptée n'est donc pas seulement nécessaire, elle est suffisante.

Les facultés. — On attribue d'ordinaire les trois classes de faits psychologiques à trois facultés correspondantes : la sensibilité, l'intelligence, la volonté; et on entend par faculté, le pouvoir qu'a l'âme de produire ou d'éprouver certains phénomènes. On oppose les facultés aux propriétés. Les corps ont des propriétés, c'est-à-dire des aptitudes à être modifiés par l'action de causes extérieures. La propriété implique donc la passivité et la fatalité. Les âmes ont des facultés qu'elles gouvernent à leur gré. Pour employer une expression de Malebranche, les corps sont agis, les âmes sont agents. Alors même que l'âme éprouve des phénomènes dont la cause lui est étrangère, elle manifeste son activité dans ces phénomènes. L'âme est essentiellement active et maîtresse de son activité. Les pouvoirs qu'elle possède deviennent sous son empire des instruments plus ou moins dociles. L'homme a conscience de sa volonté libre et celle-ci peut intervenir dans la production des faits intellectuels et des faits sensibles. « Mais, dit justement

M. Fonsegrive, il faut se garder de prendre ce mot faculté pour une explication. Nous ne connaissons les facultés que par les phénomènes qui les manifestent. Nous ne savons ce que nous pouvons que par ce que nous faisons. Par conséquent, les phénomènes nous sont mieux connus que les facultés, et rien n'est plus contraire à une bonne méthode que d'expliquer ce qui n'est pas clair, par ce qui l'est moins, *obscurum per obscurius*. Le mot faculté est un mot commode, qui correspond d'ailleurs à une vérité métaphysique, mais dont il ne faut se servir en psychologie (expérimentale) que comme d'une étiquette qui sert à désigner une certaine classe de phénomènes. »

Ajoutons que, si les facultés de l'âme sont distinctes, il ne faut pas y voir comme les parties d'un tout, comme trois âmes en une. L'âme est simple, c'est la même âme qui sent, qui pense, qui veut : « Quoique nous donnions à ces facultés des noms différents, dit Bossuet, par rapport à leurs diverses opérations, cela ne nous oblige pas à les considérer comme des choses différentes ; car l'entendement n'est autre chose que l'âme, en tant qu'elle conçoit ; la mémoire, l'âme en tant qu'elle retient et se ressouvient, la volonté, l'âme, en tant qu'elle choisit ; l'imagination, l'âme, en tant qu'elle imagine ; de sorte qu'on peut entendre que toutes ces facultés sont au fond la même âme qui reçoit différents noms, à cause de ses différentes opérations. »

Ouvrages à consulter.

BOUILLIER. — *La vraie conscience.*
GARNIER. — *Traité des facultés de l'âme.*
JOUFFROY. — *Mélanges philosophiques.*
RABIER. — *Psychologie.*
RIBOT. — *Psychologie anglaise* (Introduction).
TAINE. — *L'intelligence.*
WADDINGTON. — *De l'âme humaine.*

Articles de revues.

ACKERMANN. — *Les facultés de l'âme* (Annales de philos. chrétienne, 1892).
ERMONI. — *Classification des facultés de l'âme* (Ibid., 1894).

PREMIÈRE PARTIE

LA SENSIBILITÉ

Nous commençons par l'étude de la sensibilité, parce que des trois facultés de l'âme, elle est la première qui s'éveille en elle.

On rapporte généralement à la sensibilité deux groupes de phénomènes; les plaisirs et les douleurs (sensations ou sentiments), et les inclinations et les passions qui ne sont que des inclinations exaltées.

Plusieurs termes usités dans la psychologie de la sensibilité ont le double sens de plaisirs ou de douleurs et d'inclinations. Ainsi on parlera de sentiments agréables ou pénibles et de sentiments égoïstes ou généreux, pour désigner d'une part des plaisirs et des douleurs, et d'autre part des inclinations. C'est, qu'en effet, il y a des rapports étroits entre le plaisir ou la douleur et les inclinations qui en sont les causes ou les effets.

Si nous désignons par le terme commun d'émotions, les plaisirs et les douleurs, nous pouvons définir la sensibilité, la faculté d'éprouver des émotions et des inclinations. On peut dire que les émotions constituent le côté passif de la sensibilité, tandis que les inclinations en constituent le côté actif, en observant toutefois que, pour l'âme, il ne peut jamais être question de pure passivité.

Avant de commencer cette étude, nous devons dire que nous ne nous occuperons ici que de la psychologie de la sensibilité; nous renvoyons à plus tard les considérations morales.

CHAPITRE I

LE PLAISIR ET LA DOULEUR

Le plaisir et la douleur, modes essentiels et indéfinissables de la sensibilité. — Le plaisir, fait primitif. — Cause du plaisir et de la douleur ; l'activité. — Loi de Grote. — Relativité du plaisir et de la douleur. — Addition à la loi de Grote. — Effets du plaisir et de la douleur. — Diverses espèces de plaisirs et de douleurs.

Le plaisir et la douleur, modes essentiels et indéfinissables de la sensibilité. — Les émotions sont des plaisirs ou des douleurs et toutes les inclinations, suivant qu'elles sont satisfaites ou contrariées, engendrent des plaisirs ou des douleurs. Le plaisir et la douleur sont donc deux modes essentiels de la sensibilité. Il est tout à la fois impossible et inutile de définir le plaisir et la douleur; impossible, parce que la notion en est simple; inutile, parce que ce sont des termes clairs pour toute intelligence. Il n'est aucune âme qui n'ait fait l'expérience du plaisir et de la douleur. Le plaisir et la douleur peuvent prendre des aspects bien différents suivant leurs causes, mais ils accompagnent nécessairement l'exercice de notre activité soit physique, soit mentale. Toutes nos facultés ont des fins déterminées et, sitôt que ces fins sont atteintes ou manquées, le plaisir ou la douleur apparaissent dans l'âme. Mais si l'on ne peut définir le plaisir et la douleur, on peut du moins en déterminer les causes et les effets.

Le plaisir, fait primitif. — Tout d'abord le plaisir est-il un fait primitif? Quelques philosophes, entre autres Épicure chez les anciens, Kant, Schopenhauer et Hartmann chez les modernes, ont soutenu que le fait primitif est non le plaisir, mais la douleur. Pour Épicure, le plaisir n'est que la cessation de la douleur (*indolentia*). Pour Kant, agir, c'est faire effort, le plaisir est la conscience de cet effort. Mais tout effort suppose un obstacle, un empêchement, il est donc pénible, par conséquent il faut que la peine précède le plaisir.

Il est vrai qu'il y a des efforts pénibles; il est vrai aussi que le plaisir qui est précédé de la douleur est plus vif par contraste; on ne jouit jamais plus de la santé qu'après une longue maladie; mais tout effort n'est pas pénible et un effort mêlé de douleur peut être au fond un plaisir par l'excès de la jouissance sur la souffrance. S'il y a des plaisirs qui naissent de la cessation de la douleur, il y a aussi des douleurs qui naissent de la cessation du plaisir. De même qu'il y a des douleurs qui ne sont précédées d'aucun plaisir, il y a des plaisirs qui ne sont précédés d'aucune douleur. Je prends plaisir à la vue d'un beau spectacle, à l'audition d'une belle musique, s'en suit-il qu'auparavant je souffrais de ne rien entendre et de ne rien voir? Si la théorie pessimiste était vraie, il n'y aurait ni plaisirs consécutifs, ni plaisirs prolongés. Un plaisir qu'on éprouve après un autre n'est plus la cessation de la douleur, et si, au premier moment d'un plaisir durable, le plaisir est la cessation de la douleur, au second moment il est la suite d'un plaisir. Le plaisir n'est donc pas uniquement l'absence de la douleur; c'est un fait positif qui a son origine dans l'exercice de notre activité.

Cause du plaisir et de la douleur. — L'activité. — « C'est dans l'action, dit Aristote, que semble consister le bonheur, le plaisir n'est pas l'acte même, mais c'est un surcroît qui n'y manque jamais, c'est une perfection dernière qui s'y ajoute, comme à la jeunesse sa fleur. » Chaque action a son plaisir propre, et non seulement pour Aristote, le plaisir naît de l'acte, mais il se mesure à l'acte. « Tant vaut l'acte tant vaut le plaisir qui l'accompagne. » C'est l'activité, en effet, qui explique le plaisir et la douleur. Un être absolument inerte, ne peut ni jouir ni souffrir. La jouissance naît de l'activité qui s'exerce dans le sens de ses fins; la souffrance, de l'activité contrariée. « Il y a plaisir, toutes les fois que l'activité de l'âme ou bien celle d'un être vivant quelconque s'exerce dans le sens des voies de sa nature, c'est-à-dire dans le sens de la conservation et du développement de son être; il y a douleur, au contraire, toutes les fois que cette activité est détournée de son but, empêchée par quelque obstacle du dedans ou du dehors[1]. »

Mais l'activité d'un être peut être plus ou moins intense, tout en s'exerçant dans le sens de ses fins. Y a-t-il un certain degré d'activité requis pour le plaisir, en-deçà et au delà duquel il y aurait douleur, ou bien tout degré d'activité est-il accompagné de plaisir? Plusieurs philosophes ont soutenu que le plaisir naissait d'une activité moyenne et la douleur d'une activité trop faible ou surmenée. C'est déjà la pensée d'Aristote ; pour que l'activité procure du plaisir, selon lui, il faut qu'elle soit libre et modérée. Cette pensée a été reprise par Hamilton. « Le plaisir, dit-il, est le résultat de l'exercice spontané et libre d'un pouvoir, dont la conscience perçoit l'énergie, la douleur est le résultat d'une activité qui outrepasse sa puissance ou n'en atteint pas les limites. » C'est aussi l'opinion de Spencer. « S'il y a, dit-il, comme on ne peut le nier, des douleurs négatives qui naissent de l'inaction, et des douleurs positives qui ont leur origine dans l'excès d'activité, il en résulte que le plaisir accompagne les actions moyennes, c'est-à-dire, situées entre les deux extrêmes. »

Loi de Grote. — Un psychologue contemporain, Grote, résumant en quelque sorte les doctrines des philosophes dont nous venons de parler, a cru pouvoir formuler une loi suivant laquelle l'activité détermine le plaisir et la douleur, d'après la proportion entre l'activité disponible et l'activité exercée. L'activité disponible est grande ou petite. Dans le premier cas, si elle s'exerce librement, il y a plaisir positif, si elle est entravée dans son exercice, il y a douleur négative. Dans le second cas, si elle est forcée de s'exercer, il y a douleur positive, si elle peut suspendre son exercice, il y a plaisir négatif. En somme, « la douleur vient d'une activité comprimée ou surmenée, le plaisir d'une activité exercée avec mesure. »

Relativité du plaisir et de la douleur. — Il est incontestable, en effet, que le plaisir et la douleur sont essentiellement relatifs. Ils sont relatifs aux individus et à l'énergie dont ils disposent. Le plaisir de l'un n'est pas toujours le plaisir de l'autre. Tel aime la lecture, tel autre la peinture. Chacun a ses goûts. Ce qui est peine pour une nature faible, peut être plaisir

1. BOUILLIER. — *Le plaisir et la douleur*, 152.

pour une nature forte. Ils sont relatifs aux circonstances et varient dans le même individu avec les différents moments de la vie. Le mouvement qui est un plaisir pour l'enfant et pour l'homme bien portant est une peine pour le vieillard et pour l'homme fatigué ou malade.

Et pourtant la loi, telle que Grote l'a formulée, est incomplète, car elle ne tient pas compte de la qualité dans l'activité qui est le principe du plaisir et de la douleur. Chacune des énergies qui composent l'activité humaine a une fin naturelle et normale. Pour qu'il y ait plaisir, il ne suffit pas que l'activité atteigne tel ou tel degré en-deçà et au delà duquel pourrait naître la douleur, il faut encore qu'elle s'exerce dans le sens, dans la direction des fins naturelles. Si elle s'exerce dans un sens contraire, l'activité sera pénible, si faible qu'elle soit. Nous marchons naturellement avec nos pieds, et nous écrivons avec nos mains ; s'il nous fallait marcher avec celles-ci, et écrire avec ceux-là, il est douteux que cet exercice pût nous procurer quelque plaisir.

Addition à la loi de Grote. — De plus, il faut distinguer entre l'activité physiologique et l'activité psychologique. Notre activité physiologique liée aux organes du corps est limitée dans son développement. A ce genre d'activité s'applique très bien la règle du juste milieu ; trop ou trop peu engendre de la douleur, c'est à l'activité moyenne qu'est attaché le plaisir. Ainsi une marche trop lente ou trop rapide est pénible, tandis qu'une marche modérée est agréable. Mais il n'en est pas de même de l'activité purement psychologique, celle-ci est illimitée dans son développement : « L'homme, a dit Pascal, n'est produit que pour l'infinité. » Dans la recherche du beau, du vrai et du bien, plus les efforts sont énergiques, plus grande est la jouissance. Il peut y avoir trop de lumière pour les yeux, il n'y a jamais trop de vérité pour l'intelligence. On peut satisfaire sa faim et sa soif avec une quantité déterminée de nourriture et de boisson, mais rien ne peut satisfaire pleinement ici-bas les nobles aspirations que Dieu a mises au cœur de l'homme. C'est ce qu'avait bien compris Bossuet lorsqu'il définissait le plaisir « un sentiment agréable, qui convient à la nature, et la douleur un sentiment fâcheux, contraire à la nature. »

4

Effets du plaisir et de la douleur. — Le plaisir et la douleur ont des effets contraires.

1° Le plaisir excite naturellement celui qui l'éprouve à rechercher l'objet qui en est la cause. La douleur détourne naturellement de l'objet qui l'a fait naître. C'est ainsi que le plaisir et la douleur engendrent l'amour et le désir, ou la haine et l'aversion.

2° Si le plaisir et la douleur naissent de l'activité, par une merveilleuse réciprocité, ils la modifient à leur tour. Le plaisir l'entretient, la stimule, la fortifie; la douleur l'empêche, la déprime, la paralyse. Quelquefois il paraît se produire des effets opposés; le plaisir énerve, la douleur stimule et donne des forces. Mais le plaisir qui énerve, est celui qui ne se produit pas dans les conditons normales et trouble l'équilibre de l'âme, et, si la douleur stimule, c'est ou par la vivacité de l'aversion qu'elle fait naître pour l'objet qui la cause ou par l'intervention de la volonté qui fait effort contre la souffrance.

Divers espèces de plaisirs et de douleurs. — Les plaisirs peuvent se distinguer en plaisirs vrais et en plaisirs faux, en plaisirs honnêtes et en plaisirs honteux. Mais ces distinctions se rapportent plutôt à la morale qu'à la psychologie.

L'école cyrénaïque et l'école épicurienne ont rendu célèbre la distinction des plaisirs en plaisirs *stables* (ἡδονὴ καταστηματική) et en plaisirs *en mouvement* (ἡδονὴ ἐν κινήσει). Les premiers pourraient s'appeler plaisirs passifs; ils résultent d'un état, d'un équilibre, d'une habitude acquise de l'âme ou du corps; ce sont des plaisirs purs, c'est-à-dire des plaisirs sans mélange de douleur. Les seconds pourraient s'appeler plaisirs actifs; ils résultent de la satisfaction des désirs; plus vifs que les premiers, ils sont par contre mêlés de douleur.

La meilleure division est celle qui distingue les plaisirs et les douleurs d'après leurs causes en sensations et sentiments; il y a des plaisirs physiques et des plaisirs moraux, comme il y a des douleurs physiques et des douleurs morales.

Ouvrages à consulter

BAIN. — *Les émotions et la volonté.*
BOSSUET. — *Connaissance de Dieu et de soi-même*, liv. I, chap. vi.
BOUILLIER. — *Du plaisir et de la douleur.*
DARWIN. — *L'expression des émotions.*

DUMONT. — *Théorie scientifique de la sensibilité.*
GARDAIR. — *Les passions et la volonté.*
LANGE. — *Les émotions.*
MAILLET. — *L'essence des passions.*
PAULHAN. — *Psychologie des phénomènes affectifs.*
RICHET. — *L'homme et l'intelligence.*
RIBOT. — *Psychologie des sentiments.*
SPENCER. — *Principes de psychologie.*

Articles de revues

PAYOT. — *Sensations, plaisir et douleur.* (Revue philos., 1890, I. 491).
DUBOSQ. — *Les émotions d'après saint Thomas.* (Annales de philos. chrét., Avril 1896.)

CHAPITRE II

LES SENSATIONS ET LES SENTIMENTS

I — LES SENSATIONS

Définition de la sensation. — Analyse de la sensation. — Espèces de sensations. — Les sensations internes. — Les sensations externes. — Y a-t-il des sensations indifférentes? — Localisation des sensations.

Définition de la sensation. — Le terme sensation peut prêter à l'équivoque, aussi importe-t-il d'en fixer le sens. Prenons un exemple. Je me pique le pouce avec une épingle. Les extrémités des nerfs sensitifs ou afférents qui se terminent à cet endroit de mon corps sont aussitôt impressionnés, excités par ce contact. Cette excitation se transmet dans tout le parcours des nerfs jusqu'à la moelle épinière et par celle-ci jusqu'au cerveau. Si les nerfs sensitifs qui aboutissent à mon pouce et si mes centres nerveux sont à l'état normal, il se produit en moi un changement d'état qui m'est immédiatement connu, un phénomène de conscience qu'on appelle sensation. On peut définir la sensation : un phénomène de conscience qui a pour cause une impression nerveuse transmise au cerveau.

Analyse de la sensation. — Ce phénomène qui paraît très simple, peut être décomposé. Il comprend en effet, dans le cas pris comme exemple :

1° Une émotion désagréable, une douleur provenant de la piqûre d'épingle.

2° Une perception élémentaire de la forme pointue de l'épingle avec une notion vague de l'endroit de mon pouce où je crois sentir de la douleur.

Enfin, la sensation est ici suivie d'un mouvement instinctif qui retire le pouce du contact de l'objet qui l'a blessé.

La sensation suppose donc un antécédent physiologique qui porte généralement le nom d'impression ou d'excitation organique. Cette excitation se produit dans les nerfs et dans le cerveau. C'est l'excitation cérébrale qui est la plus importante. Un nerf séparé du cerveau peut être excité sans qu'il y ait sensation. Au contraire, dans certains cas, l'excitation du cerveau peut suffire pour faire naître une sensation. De plus, il y a pour chaque sens un minimum d'excitation organique nécessaire à la production des sensations. Une excitation trop faible n'est pas accompagnée de sensation.

L'excitation organique n'est pas la sensation. Il y a entre l'excitation organique et la sensation toutes les différences qui séparent les phénomènes physiologiques et les phénomènes psychologiques. L'excitation organique, étendue, mesurable, perçue par les sens, est au fond un mouvement. La sensation est inétendue, non mesurable, perçue par la conscience et absolument irréductible au mouvement. Ce serait une grave erreur de confondre des phénomènes si radicalement opposés.

La sensation proprement dite comprend deux éléments : un élément *affectif*, plaisir ou douleur, et un élément *représentatif* qui permet à l'intelligence de discerner dans une certaine mesure la nature de la cause de la sensation et le champ de son action. La sensation de piqûre d'épingle est douloureuse, c'est l'élément affectif. Mais elle offre quelque chose de spécial qui la distingue d'une autre sensation, qui est pour moi le signe de la présence d'un certain objet et qui, en outre, appelle une certaine localisation, c'est là l'élément représentatif.

Ces deux éléments de la sensation sont bien distincts. Le premier est d'ordre sensible ; il est tout subjectif. Le second, sans être vraiment ce qu'on peut appeler intellectuel, est objectif ; c'est le point de départ de la connaissance d'un objet.

D'ailleurs ces deux éléments ne varient pas dans la même proportion. Les sensations les plus affectives sont généralement les moins représentatives, et celles qui se prêtent le mieux à l'élaboration intellectuelle offrent d'ordinaire peu de plaisir ou de douleur. Si je regarde le soleil en plein midi, j'éprouve une sensation visuelle douloureuse et peu instructive ; avec une lumière moins vive la sensation cesse d'être douloureuse sans donner beaucoup de plaisir et devient bien instructive. D'où la loi posée par Hamilton : « La sensation et la perception sont en raison inverse l'une de l'autre. »

Quelques philosophes, les Écossais entre autres, ont réservé le mot sensation à l'élément affectif, au plaisir et à la douleur, et désigné par le mot perception l'élément représentatif. Mais cette acception étroite du mot sensation, s'écarte de la tradition philosophique. De plus, l'élément représentatif de la sensation n'est pas encore une véritable perception. Il vaut mieux employer un même mot pour désigner des faits qui sont si intimement liés et entendre par sensation toutes les données immédiates qui résultent de l'excitation organique.

La sensation est suivie, avons-nous dit, d'un mouvement instinctif vers l'objet, cause de la sensation, si elle est agréable, loin de l'objet, si elle est douloureuse. Jouffroy a fait de ces mouvements provoqués par la sensation une analyse très fine. « La sensation agréable est suivie d'expansion, de dilatation, d'attraction ; la sensation douloureuse est suivie de concentration, de contraction et de répulsion. » Traduisons ces métaphores en langage psychologique, nous aurons d'une part la joie, l'amour et le désir, d'autre part la tristesse, la haine et l'aversion.

Espèces de sensations. — Au point de vue affectif, les sensations sont *agréables* ou *pénibles*, ce sont des plaisirs ou des douleurs physiques. En appelant ces plaisirs et ces douleurs physiques, nous employons un terme consacré par l'usage ; mais en réalité, il n'y a ni plaisirs ni douleurs physiques, les plaisirs et les douleurs sont tous des états de conscience ; seulement, dans les sensations, la cause est physique.

A un point de vue plus général, les sensations sont *internes* ou *externes*, suivant que la cause est dans des excitations intérieures de l'organisme ou dans des agents physiques extérieurs.

Les sensations internes. — On range ordinairement parmi les sensations internes les sensations *musculaires* et les sensations *vitales* ou organiques. Les premières sont celles qui accompagnent la contraction et la tension des muscles et qui se produisent dans tout effort et dans tout travail corporel ; par exemple lorsqu'on soulève un poids, lorsqu'on fait une marche forcée. Les secondes sont celles qui sont attachées aux fonctions de nutrition, à la respiration, à la digestion, à la circulation du sang. L'étouffement, le mal de tête, la névralgie, sont des sensations vitales.

Les sensations internes sont surtout affectives, et encore l'élément affectif est peu conscient lorsqu'il n'est pas douloureux. Lorsque l'effort musculaire est modéré, lorsque les fonctions de nutrition s'accomplissent normalement, nous éprouvons sans doute des sensations de bien-être, mais elles sont assez vagues et nous laissent presque indifférents. Leibnitz les appelait des semi-plaisirs. Si, au contraire, l'effort musculaire est excessif, si les fonctions organiques s'accomplissent mal, par exemple, si la digestion s'interrompt, si le sang circule trop lentement, si la respiration s'accélère ou se ralentit, la souffrance s'impose à nous et elle peut devenir très vive. Toutefois les sensations vitales sont accompagnées de quelque obscure représentation de nombre, d'étendue et de durée, et il est impossible de nier l'élément représentatif des sensations musculaires depuis qu'on en connaît le rôle dans les perceptions tactiles ou visuelles.

Est-il nécessaire d'admettre pour expliquer ces sensations internes l'existence d'un sens musculaire et d'un sens vital? il ne le semble pas. Nos différents sens ont des appareils sensoriels bien distincts. La spécificité des nerfs est une vérité acquise à la science par les observations du physiologiste Müller. Or, on n'a pas trouvé, jusqu'aujourd'hui, de nerfs dont l'activité fût spécialement liée aux sensations musculaires ou vitales. Ce serait donc sans raison qu'on admettrait pour les expliquer l'existence de sens spéciaux.

Les sensations externes. — Les sensations externes sont celles qui accompagnent les fonctions des cinq sens, du toucher, de la vue, de l'ouïe, de l'odorat et du goût. Les unes sont surtout affectives, celles du goût et de l'odorat. Les autres sont surtout représentatives, celles de l'ouïe, de la vue et du toucher. Dans les sensations de ces trois derniers sens, l'élément affectif est souvent très faible. Elles en paraissent même parfois dépourvues. Si je touche un objet poli dont la température est à peu près celle de ma main, si j'ai sous les yeux des couleurs qui me sont habituelles, si j'entends des bruits ou des sons qui n'ont rien d'étrange, je n'éprouve ni plaisir ni douleur appréciables.

Y a-t-il des sensations indifférentes? — Un certain nombre de faits du genre de ceux que nous venons de citer paraissent prouver que le plaisir et la douleur sont accessoires dans la sensation, qu'ils peuvent s'y ajouter ou y manquer sans que celle-ci cesse d'exister; il y aurait alors des sensations indifférentes. Toutefois, il faut remarquer que :

1° Cette indifférence de certaines sensations n'est sans doute pas originelle et peut s'expliquer par l'habitude. Nous verrons, en effet, que l'habitude émousse la sensibilité, qu'une émotion fréquente finit par n'être presque plus sentie. S'il y a des contacts, des couleurs et des sons qui ne nous impressionnent pas, il n'en était sans doute pas ainsi à l'origine. C'est ce que paraît confirmer l'observation des enfants. Tout ce qu'ils touchent, tout ce qu'ils voient, tout ce qu'ils entendent est pour eux le principe d'émotions agréables ou pénibles.

2° Ces sensations qui nous trouvent impassibles peuvent retrouver leur caractère primitif. Le silence, l'obscurité, l'immobilité finissent par nous lasser. C'est donc que le bruit, la lumière, le mouvement sont pour nous toujours agréables et que, si nous ne les apprécions pas, c'est qu'ils ne nous manquent ni souvent, ni longtemps. Une observation attentive découvrirait peut-être dans les sensations prétendues indifférentes des émotions réelles, mais trop faibles pour frapper la conscience, surtout pour laisser après elles un souvenir. On peut donc admettre que toute sensation est de sa nature agréable ou pénible, que, si elle ne paraît pas l'être, elle l'a été à l'origine et peut encore le redevenir.

Localisation des sensations. — Les sensations sont localisables. Je localise la sensation de la piqûre d'épingle dans mon pouce. Mais il faut bien remarquer que ce n'est pas la sensation même qui est localisée, c'est l'excitation organique qui en est la cause. Localiser une sensation, c'est rapporter à une partie du corps l'excitation qui la produit. La sensation est un phénomène de conscience c'est l'âme qui l'éprouve. Or un phénomène de conscience n'est pas localisable. Il faut remarquer aussi que la localisation de la sensation est souvent tout d'abord plus ou moins vague. L'expérience est nécessaire pour lui donner de la précision. L'enfant qui souffre ne sait pas indiquer le siège de sa souffrance. Ceux qui ne sont pas instruits des choses de la physiologie se trompent souvent aussi dans la localisation des sensations. On peut même croire souffrir à un organe enlevé. L'amputé rapporte encore la souffrance à la jambe ou au bras qu'il n'a plus.

II — LES SENTIMENTS

Définition des sentiments. — Le mot sentiment est équivoque comme le mot sensation. On l'emploie tantôt pour désigner l'ensemble des faits sensibles; il est alors synonyme de sensibilité; tantôt pour signifier une sorte d'intuition; on dira de quelqu'un qu'il a le sentiment de sa force ou de sa faiblesse; il est alors synonyme de conscience psychologique. Tantôt on en fait l'équivalent des inclinations ou des affections. On parle de sentiments d'amour, de haine, de colère, de sentiments patriotiques. Quelquefois on réserve le mot sentiment pour exprimer les inclinations supérieures, celles qui nous portent au vrai, au beau, au bien, à l'infini.

Nous appelons ici sentiments : des états de conscience agréables ou pénibles qui ont pour cause d'autres états de conscience. Par exemple, la joie et la tristesse sont des sentiments.

Distinction des sentiments et des sensations. — Plusieurs différences distinguent les sensations des sentiments :

1° La cause des sensations est physiologique. C'est une excitation organique qui produit la sensation de piqûre d'épingle. La cause des sentiments est psychologique. La cause de la joie, par exemple, c'est la pensée d'un succès; la cause de la tristesse, celle d'un échec.

2° Les sensations agréables résultent de la satisfaction d'inclinations qui ont pour fin le bien du corps. Les sensations pénibles résultent de la contrariété de ces inclinations. Par exemple, le plaisir de manger et de boire, la douleur de la faim et de la soif. Les sentiments résultent de la satisfaction ou de la contrariété d'inclinations qui ont pour fin le bien de l'âme. Par exemple, les joies de la conscience, l'amitié, le sentiment religieux.

3° Les sensations sont localisables. On les localise, avonsnous dit, au siège des excitations organiques qui en sont les causes. Nous localisons, par exemple, la douleur de la piqûre dans le pouce. Les sentiments, n'étant pas liés à des excitations organiques, ne sont pas localisables. On ne demande pas à un homme triste où il est triste.

4° Les sentiments sont inséparables de l'intelligence. Une sensation ne suppose pas nécessairement la connaissance de la cause qui la produit. Je puis éprouver un malaise corporel sans en savoir la raison. Un sentiment suppose toujours une certaine connaissance des motifs qui l'ont fait naître. Si je suis triste, c'est que j'en connais les raisons. De plus, la connaissance de la cause de la sensation n'y change rien. La connaissance de la cause d'un malaise corporel ne le diminue pas plus qu'il ne l'augmente. Au contraire, le sentiment s'affaiblit ou grandit, suivant la connaissance des motifs. Par exemple, si je suis triste de la mort de mon père, le souvenir de son affection et en général de ses vertus ravive ma tristesse.

5° Les sentiments sont soumis à l'action de la volonté et c'est là, nous le verrons, une conséquence du rôle de l'intelligence dans leur production et dans leur développement. Si notre sensibilité physique ne dépend pas de nous, parce qu'elle a son principe dans notre organisme, notre sensibilité morale échappe à la fatalité des sensations. Elle est en grande partie notre œuvre. Nous pouvons la modifier. Si les hommes diffèrent peu les uns des autres par la sensibilité physique, ils sont très inégaux par la sensibilité morale, parce que chacun se la fait personnellement et peut être aidé par les autres à se la faire. Il y a une éducation possible des sentiments et ce n'est pas la moins efficace.

Alors même que les sensations et les sentiments s'associent dans l'âme, ils ne se confondent pas. Une sensation peut être l'occasion d'un sentiment, elle en reste toujours bien distincte. Dans un repas d'amis, il y a place pour des sensations et des sentiments agréables ; les deux espèces de plaisir se font valoir l'une l'autre. Elles n'en sont pas moins de nature bien diverse. Cela est si vrai que les sensations agréables peuvent être accompagnées de tristesse et que parfois des sensations douloureuses peuvent donner de la joie à l'âme. Parfois, les souffrances du corps n'ont rien de pénible pour des hommes de bien et les plaisirs physiques sont sans attrait pour des cœurs affligés. Il y a même toujours au sein des plaisirs les plus vifs, comme l'a remarqué le poète, quelque amertume qui tourmente l'âme :

Medio de fonte leporum,
Surgit amari aliquid quod in ipsis floribus angat.

Ajoutons que le souvenir d'un plaisir peut être une douleur, et le souvenir d'une douleur, un plaisir.

Espèces de sentiments. — On peut classer les sentiments, d'après les tendances ou les inclinations qui en sont l'origine, en sentiments personnels, sociaux et supérieurs (intellectuels, esthétiques, moraux, religieux).

Ouvrages à consulter

BEAUNIS. — *Les sensations internes.*
FÉRÉ. — *Sensation et mouvement.*
GODFERNAUX. — *Le sentiment et la pensée.*
RIBOT. — *Psychologie des sentiments.*
TAINE. — *L'intelligence.*

Articles de revues

HENRI JOLY. — *Psychologie des sentiments* (Correspondant, 5 mai 1897).
P. SOURIAU. — *Sensations et perceptions.* (Rev. philos. 1884.)

CHAPITRE III

LES INCLINATIONS

Rapport de l'inclination et de l'émotion. — Division des inclinations : — I. Les appétits. — Division des appétits. — II. Les inclinations morales. — Division des inclinations morales. 1. Inclinations personnelles. 2. Inclinations sociales. — Division des inclinations sociales. A. Inclinations électives. — L'amitié. — Conditions de l'amitié. — B. Inclinations domestiques ou affections de famille. — Caractères généraux des affections de famille. — Amour conjugal. — Amour fraternel et maternel. — Amour filial. — Amour fraternel. — C. Inclinations corporatives. — Le patriotisme. —. L'esprit de corps. — D. Inclinations philanthropiques. — Remarque : Inclinations malveillantes. — 3. Inclinations supérieures. — Sentiments intellectuels. — Sentiments religieux : Formes du sentiment religieux. — Irréductibilité des inclinations à l'unité.

Les émotions, sensations ou sentiments, ont leur origine dans des inclinations, c'est-à-dire dans des tendances qui portent à rechercher ou à fuir certains objets.

Rapport de l'inclination et de l'émotion. — Mais avant d'aborder l'étude des diverses inclinations, il importe de préciser les rapports de l'émotion avec les inclinations. Ces rapports sont incontestables. Tous les philosophes les reconnaissent, mais ils ne les comprennent pas de la même manière. Pour ceux qui considèrent l'âme humaine à son origine comme une pure réceptivité, comme une capacité vide, comme une table rase, selon l'hypothèse des sensualistes, c'est l'émotion qui est le fait primitif, c'est elle qui donne naissance à l'inclination. C'est une erreur. L'émotion est tout à la fois cause et effet de l'inclination ; mais elle est d'abord effet ; car elle suppose ayant elle l'activité de l'âme. Nous l'avons établi en déterminant la cause du plaisir et de la douleur. « Supposons un instant qu'au lieu d'être essentiellement active, notre nature soit absolument inerte, c'est-à-dire dépourvue de toute inclination ou ressort, de tout pouvoir d'agir ou de réagir, semblable à une pâte molle, à un morceau de cire qui reçoit indifféremment toutes les formes et empreintes. C'est en vain que vous lui feriez prendre toutes les figures, que vous la retourneriez dans tous les sens, rien ne lui étant conforme ou contraire, convenable ou opposé, rien ne saurait l'émouvoir, la douleur pas plus que le plaisir. » C'est donc dans les inclinations primitives de notre nature qu'il faut chercher l'origine de l'émotion. D'ailleurs, si l'émotion était tout d'abord absolument passive, comment pourrait-elle produire une inclination? Comment de la passivité, l'activité pourrait-elle naître?

Mais ces inclinations primitives sont très vagues, très générales, plus ou moins indéterminées, c'est l'émotion qui les précise et les détermine à une fin particulière. L'émotion, d'abord effet de l'inclination, en est ensuite la cause. On ne devient pas fumeur si l'on n'a jamais éprouvé de plaisir à fumer. Pour aimer la philosophie, il faut avoir connu les jouissances qu'elle procure. C'est de ces inclinations particulières nées de l'émotion, qu'on peut dire ce que Bossuet disait des passions : « qu'elles sont des mouvements de l'âme, qui touchée du plaisir ou de la douleur ressentie ou imaginée dans un objet le poursuit ou s'en éloigne. »

Division des inclinations. — On divise généralement les inclinations en inclinations physiques ou appétits et en inclinations morales ou inclinations proprement dites.

I. Les appétits. — Les appétits sont des tendances qui ont pour objet le bien-être corporel; s'ils sont absolument nécessaires à la conservation du corps, ils se nomment *besoins*. Les caractères principaux des appétits sont les suivants :

1° A l'état normal, les appétits sont accompagnés d'une sensation vague, d'une sorte d'inquiétude plutôt agréable que pénible. Dans la privation, cette sensation devient plus ou moins douloureuse suivant la nature de l'objet dont on est privé.

2° La plupart sont périodiques; satisfaits pour un temps, ils renaissent à des intervalles égaux, de là l'utilité de la régularité dans les repas, dans les exercices corporels, dans le sommeil.

1. Fr. Bouiller, *Du Plaisir et de la Douleur*, 36.

3° Liés à l'organisme, ils ne sont susceptibles que d'un développement limité et doivent être réglés par la raison, sinon ils dégénèrent en passions grossières. Par exemple, l'appétit de la faim et de la soif peuvent dégénérer en gourmandise et en ivrognerie.

Division des appétits. — Il y a autant d'appétits que de fonctions nécessaires à la vie. Aux fonctions de nutrition correspondent le besoin de l'aliment, l'appétit du bien-être en général. Aux fonctions de relation correspondent le besoin du mouvement et de repos, le besoin d'exercer les sens, etc.

Outre les *appétits naturels* qui résultent de notre constitution et qui sont indépendants de la volonté, l'homme peut se créer par la répétition des mêmes actes des *appétits factices*, par exemple le goût du tabac. Ces appétits sont soumis dans une certaine mesure, comme les appétits naturels, à la périodicité, ils sont plutôt dangereux qu'utiles; à mesure qu'on les satisfait, ils deviennent plus tyranniques et sont souvent la source de sensations pénibles.

II. Les inclinations morales. — Les inclinations morales sont relatives, non pas au corps comme les appétits, mais à l'esprit; elles ont pour fin le bien de l'âme, le plein épanouissement de la vie intellectuelle et morale. Elles sont susceptibles d'un développement illimité et ne sont pas soumises à la périodicité; satisfaites ou contrariées, elles engendrent les divers sentiments de l'âme.

Division des inclinations morales. — Les inclinations morales peuvent se diviser en trois classes :

Les inclinations *personnelles* qui, comme l'indique le nom, se rapportent à nous-mêmes, à notre propre personne.

Les inclinations *sociales* qui nous portent vers nos semblables.

Les inclinations *supérieures*, ainsi appelées parce qu'elles ont un objet supérieur à nous-mêmes et aux autres.

1° Inclinations personnelles. — Le fond commun des inclinations personnelles, c'est l'amour de soi. L'amour de soi est un fait universel. *Omne animal simul atque ortum est et se ipsum et suas partes diligit.* (Cicéron.)

La première manifestation de l'amour de soi, c'est l'*amour de l'être* ou de la vie, autrement dit l'instinct de conservation. L'idée de la mort fait horreur à l'homme qui n'y peut voir sa fin. Son attachement à la vie est tel qu'il n'est ébranlé par aucun raisonnement, et résiste à toutes les souffrances. C'est cet attachement que La Fontaine exprime dans sa fable : *La mort et le malheureux*.

Une seconde manifestation de l'amour de soi, c'est l'*amour du bien-être*, l'instinct du bonheur. Il n'est rien que l'homme ne fasse pour être heureux ; il peut se tromper dans les moyens, mais c'est toujours le but auquel il tend. Le bonheur est le grand ressort de l'activité humaine.

Une troisième manifestation de l'amour de soi, c'est le penchant qui nous porte à *étendre et à perfectionner notre être*. Nous voulons être le plus possible. Doués de sentiment, d'intelligence et de volonté, nous cherchons naturellement à développer toutes nos facultés.

Êtres sensibles, nous avons besoin d'émotions. Si elles nous manquent dans le présent, nous les demandons au passé par le souvenir, ou à l'avenir par l'espérance. Ce besoin d'émotions est tel que nous préférons des émotions pénibles, à l'absence d'émotions. On peut trouver du charme dans la douleur. C'est ce que Spencer a appelé la volupté de la douleur.

Êtres intelligents, nous avons besoin de connaître. « Tous les hommes, dit Aristote, sont naturellement avides de connaître, et cela indépendamment de l'utilité qui peut résulter de la connaissance. » C'est la curiosité vaine quand elle s'attache à des frivolités, grande et noble quand elle a pour objet la vérité dans tout ordre de sciences.

Êtres libres, nous avons besoin de manifester cette volonté qui est le propre de notre nature, et qui constitue notre personnalité. Nous aimons à déployer nos forces. Nous cherchons par tous les moyens à étendre notre activité sur les hommes et sur les choses. De là, l'amour de l'indépendance, l'amour du pouvoir et du commandement, l'amour de l'estime, de l'honneur et de la gloire, l'amour de la propriété.

L'amour de soi est légitime et nécessaire. Dieu l'a mis en l'homme, afin qu'il ne se désintéresse jamais de lui-même et de sa destinée. Bien compris, il engendre le sentiment de la dignité personnelle, il devient le principe d'une activité féconde et il est compatible avec les sentiments les plus élevés de l'âme humaine. Mais quand il dépasse certaines limites, il est illégitime et s'appelle l'égoïsme. L'égoïsme, en effet, transforme toutes les inclinations personnelles, légitimes, en inclinations coupables et en vices. L'amour de la vie devient lâcheté, l'amour du bonheur, mollesse et sensualité; l'amour de l'indépendance, esprit de révolte et d'insubordination ; l'amour du pouvoir, ambition; l'amour de la propriété, avarice. L'égoïsme corrompt tout dans le cœur humain et aboutit à l'orgueil le plus insociable.

2° **Inclinations sociales.** — Les inclinations sociales qui prennent quelquefois le nom d'affections, ont leur origine dans deux instincts primitifs et naturels à l'homme : l'instinct de sociabilité et la sympathie.

L'instinct de sociabilité. C'est l'instinct qui porte l'homme à rechercher la compagnie de ses semblables. Cet instinct, qui existe déjà à l'état rudimentaire chez certains animaux qui fondent entre eux des sociétés, est essentiel à l'homme. « L'homme, dit Aristote, est de sa nature un animal sociable. Ὁ ἄνθρωπος φύσει ζῷόν τι πολιτικόν. » Cet instinct se manifeste avant toute réflexion chez l'enfant qui recherche naturellement les autres enfants et se plaît en leur compagnie. L'homme fait, lui aussi, a besoin de société. « Le plus grand plaisir de l'homme, c'est l'homme lui-même », dit Bossuet. De toutes les souffrances, il n'en est pas de plus dure pour lui que la solitude. Ce qui le prouve bien, c'est la difficulté du régime cellulaire, qu'on est obligé d'adoucir si l'on veut que les malheureux condamnés à cet isolement ne perdent pas la raison ou la vie. Tout le monde connaît l'affection de certains prisonniers célèbres pour des insectes. Ils y cherchaient une sorte de compensation nécessaire à leur existence. L'assertion de Hobbes que « l'homme est sociable, non par nature, mais par accident, que l'homme est naturellement l'ennemi de l'homme, *homo homini lupus,* » est donc contredite par les faits.

On a objecté contre l'universalité de l'instinct de sociabilité la haine des peuplades sauvages entre elles, et leur férocité pour tout étranger. Mais d'abord ces peuplades forment chacune une société. De plus, cette haine et cette férocité tiennent aux nécessités de la lutte pour l'existence qui étouffe leur bonté native. « Quand Dieu fit le cœur de l'homme, dit Bossuet, il y mit d'abord la bonté. »

On a objecté quelquefois aussi le monachisme. On a vu aux premiers siècles du christianisme et même à des époques

païennes des hommes vivre dans le plus complet isolement. —
On peut répondre que ce sont là des exceptions. En outre, c'est
plutôt la vie cénobitique, la vie commune que la vie monacale
dans toute la force du terme, qui a rencontré des adeptes. Enfin,
c'est pour vivre dans un commerce intime avec Dieu que le
moine quitte le commerce des hommes, et peu sont appelés à
cette vie de contemplation : « Pour vivre dans la solitude, dit
Pascal, il faut être ange ou bête. »

La sympathie. — Non seulement nous aimons la société
de nos semblables, mais nous avons une tendance naturelle à
partager leurs émotions, lorsque nous en percevons les signes.
C'est la sympathie qu'Adam Smith définit : « Un instinct qui
nous porte à nous mettre en harmonie d'impression avec nos
semblables. » Qu'on mette d'accord deux instruments de
musique, une note donnée par l'un vibre à l'unisson sur l'autre.
Il en est de même des âmes humaines, elles vibrent à l'unisson.
C'est un fait qu'on remarque déjà dans les enfants qui sourient
ou pleurent quand ils voient sourire ou pleurer. Il y a une sorte
de contagion des sentiments agréables ou pénibles, qui les
propage avec rapidité d'une âme à une autre. Tous les hommes
sont naturellement portés à se réjouir du bonheur des autres et
à souffrir de leurs souffrances.

> *Ut ridentibus arrident, ita flentibus adflent*
> *Humani vultus.*

La sympathie comporte des degrés et il y a un degré supérieur de la sympathie qui a pour condition ou pour conséquence
l'oubli complet du moi, pour la personne d'autrui : « Quand
vous toussez, disait à sa fille Mme de Sévigné, j'ai mal à votre
poitrine. » — « Seigneur, dit la Chananéenne, ayez pitié de
moi, ma fille est malade. »

Nous sympathisons non seulement avec nos semblables,
mais avec les animaux, avec tout ce qui reflète ou représente
quelque sentiment, quelque vie, en un mot, une âme. L'amour
de la nature est dû en grande partie à la sympathie. Nous sympathisons avec des êtres purement imaginaires, avec des héros
de roman, avec des personnages de théâtre, et comme de la
sympathie naît l'imitation, c'est une des raisons pour lesquelles
les spectacles et la lecture des romans peuvent avoir une funeste

influence sur les mœurs. Il y a même une sorte de sympathie toute physiologique.

La sympathie est une tendance naturelle et universelle, mais il n'est pas inutile de remarquer que l'expérience peut l'accroître. On partage mieux les sentiments d'autrui quand on les a éprouvés pour son propre compte. Les douleurs personnelles ouvrent nos âmes à la compassion.

Haud ignara mali, miseris succurrere disco.

Les heureux de la vie sont naturellement peu sensibles aux souffrances d'autrui. L'intelligence et l'imagination ne sont pas non plus sans influence sur la sympathie. Celle-ci suppose la perception des signes extérieurs qui expriment les sentiments d'autrui. Mieux on comprend ces signes, mieux on devine les sentiments dont ils sont l'expression, et plus facilement on partagera ces sentiments. Le défaut de sympathie a souvent son origine dans un défaut d'intelligence et d'imagination.

« Il est probable, dit Dugald-Stewart, que la froideur apparente et l'espèce d'égoïsme qu'on observe dans beaucoup d'hommes, tiennent en grande partie à un défaut d'attention et d'imagination... Il faut être doué de l'une et de l'autre à un degré qui n'est pas commun pour comprendre pleinement la situation d'autrui ou pour se faire une idée des maux qui existent dans le monde. Si donc nous sentons vivement nos propres maux, et faiblement ceux d'autrui, cela tient en grande partie à ce que dans le premier cas les faits qui provoquent notre sensibilité nous sont bien plus immédiatement et complètement connus que dans le second. »

Contre l'universalité de la sympathie, on a objecté la misanthropie, la tendance de certains hommes à se mettre toujours en opposition de sentiments avec les autres. Mais la misanthropie est une exception. Elle n'est pas naturelle et primitive, car l'enfant n'est jamais misanthrope. Elle n'a pas pour objet tous les hommes, c'est même l'excès de sympathie pour un ou quelques-uns, qui provoque l'antipathie pour les autres.

Division des inclinations sociales. — Suivant le plus ou moins grand nombre de personnes auxquelles elles s'adressent, les inclinations peuvent se diviser en inclinations *électives* (amitié, amour) — inclinations *domestiques* ou affections de famille (amour conjugal, amour paternel, amour filial, amour fraternel) — inclinations *corporatives* (patriotisme, esprit de corps) — inclinations *philanthropiques*.

A. Inclinations électives. — Les inclinations électives, c'est-à-dire qui reposent sur un libre choix, ont leur racine commune dans l'amitié. Quand il s'y joint la différence des sexes, elle s'appelle l'amour.

L'amitié. — L'amitié a son origine dans une disposition naturelle qui porte l'homme à choisir un de ses semblables pour le confident de ses pensées, et l'objet d'un attachement spécial. Aussi l'amitié peut-elle naître subitement dans l'âme. « Si l'on me presse de dire pourquoi je l'aimais, dit Montaigne en parlant de la Boétie, je ne peux l'exprimer qu'en répondant parce que c'était lui, parce que c'était moi. » L'amitié est un besoin de l'homme, mais elle est essentiellement élective.

Aristote est un des philosophes qui ont le mieux parlé de l'amitié. Il en marque bien l'importance dans la vie, la beauté et les conditions. « L'amitié est un des biens les plus nécessaires de la vie. Personne ne voudrait vivre sans ami, eût-il d'ailleurs tous les autres biens. A quoi bon la richesse, la puissance et le bonheur, si l'on ne peut les partager avec ceux qu'on aime ? Et d'autre part est-il dans la misère et dans la disgrâce un asile plus sûr que l'amitié ? Dans la jeunesse, nous demandons à l'amitié de nous épargner des fautes par ses conseils, et dans la vieillesse, nous lui demandons soins et secours pour soulager notre activité défaillante. Enfin, quand nous sommes dans la plénitude de la force, nous avons encore besoin d'elle pour nous aider à faire des actions d'éclat. Non seulement l'amitié est nécessaire, mais elle est belle, nous louons ceux qui aiment leurs amis et selon quelques-uns, être bon ou être ami, c'est la même chose [1]. »

Conditions de l'amitié. — Les conditions de la véritable amitié sont la *vertu*, la *bienveillance réciproque* et l'*habitude*.

La première condition de la véritable amitié est la vertu. « Il y a trois sortes d'amitié, l'une fondée sur le plaisir, l'autre sur l'intérêt, la troisième sur la vertu ou l'honnêteté. » L'amitié fondée sur le plaisir n'est pas une véritable amitié ; c'est le

1. *Éthique à Nicomaque*, VIII.

plaisir que l'on aime et non celui qu'on nomme ami. Il faut en dire autant des amitiés fondées sur l'intérêt. Ces amitiés se font et se rompent facilement; le lien en est fragile comme l'intérêt et le plaisir qui en sont les principes. L'amitié véritable est celle des hommes vertueux. Ceux qui veulent du bien à leurs amis uniquement en vue des amis eux-mêmes sont de véritables amis (μάλιστα φίλοι).

La deuxième condition de la véritable amitié est la sympathie et la bienveillance réciproque. L'amitié, c'est une union d'âmes qui se conviennent. Pour qu'elle existe, il faut que chacun des amis reconnaisse dans l'autre la sympathie et la bienveillance qu'il éprouve pour lui. Entre amis, les joies et les tristesses, les jouissances et les privations sont partagées. Tout devient égal et cette égalité, c'est l'amitié. *Amicitia pares invenit, aut facit.* La véritable amitié est comme la fusion de deux âmes en une seule. « Quelqu'un a bien dit de son ami, observe saint Augustin, c'est la moitié de mon âme. » *Bene quidam dixit de amico suo : dimidium animæ suæ.*

La troisième condition de la véritable amitié, c'est l'habitude. « Il faut de l'accoutumance à la véritable amitié. » On ne peut contracter cette amitié avant de s'être montré l'un à l'autre qu'on est digne d'affection. L'amitié, avons-nous dit, peut naître tout d'un coup, mais, pour qu'elle soit véritable, il faut qu'elle soit mise à l'épreuve du temps et des circonstances.

> L'amitié demande un peu plus de mystère
> Et c'est assurément en profaner le nom
> Que de vouloir la mettre en toute occasion.
> Avec lumière et choix, cette union veut naître :
> Avant que nous lier, il faut nous mieux connaître.
> (*Misanthrope*, I, II).

B. **Inclinations domestiques ou affections de famille.** — De tous les groupes que forment les hommes, le plus naturel, celui qui sert d'origine à la société, c'est la famille. De là plusieurs inclinations ou affections réunies sous le nom d'inclinations domestiques ou affections de famille. Ces inclinations sont des faits trop connus pour qu'il soit nécessaire d'y insister longuement. Les notions que nous allons donner seront complétées, lorsque nous exposerons les devoirs qui constituent la morale domestique.

Les affections de famille ont pour objet les personnes, qui nous sont unies par les liens du sang. Ce sont, selon les rapports qui existent entre les différents membres de la famille, l'amour conjugal, l'amour paternel, l'amour filial et l'amour fraternel.

Caractères généraux des affections de famille. — Les affections de famille sont *naturelles* et *distinctes*. Il est dans la nature, par exemple, que les parents aiment leurs enfants, et que les enfants aiment leurs parents. Aussi dit-on de ceux qui résistent à cet amour instinctif, qu'ils sont des enfants et des parents dénaturés. Quand l'idée du devoir pénètre ces affections naturelles, elle en fait des vertus. Ces affections se soutiennent et se fortifient les unes les autres. Toutefois, chacune a quelque chose de propre et l'une peut exister sans l'autre. Andromaque, en aimant son fils, aimait en lui l'image d'Hector, mais il arrive que des parents aiment leurs enfants sans s'aimer entre eux. Ajoutons que ces affections, lorsqu'elles sont vraies, ont pour caractère essentiel le *désintéressement*. La vraie mère aime son enfant pour lui-même et non pour elle.

Amour conjugal. — L'amour conjugal est tout différent de l'instinct qui a pour but exclusif la conservation de l'espèce. Cet instinct qu'il faut ranger parmi les appétits ne suppose aucune estime, aucune bienveillance réciproque ; il peut même se concilier avec la haine et le mépris ; ce n'est que de l'animalité. L'amour conjugal est un amour de choix. Des circonstances de nature très diverse, telles que la jeunesse, la beauté, les qualités de l'esprit, du cœur et du caractère, peuvent le provoquer ; mais il a pour condition essentielle l'union étroite d'âmes qui ont pour but l'établissement d'une famille nouvelle et leur perfectionnement mutuel.

Amour paternel et maternel. — De toutes les affections naturelles, l'affection paternelle et l'affection maternelle sont les plus vives. Quels que soient les défauts et les vices des parents, à moins qu'ils ne soient des monstres, il leur reste toujours dans l'âme un fond de bonté et de tendresse pour leurs enfants. Cette affection est la plus durable ; elle persévère au delà des besoins des enfants. Les parents continuent à aimer leurs enfants, alors que ceux-ci peuvent se passer de leur assistance, et cette affection des parents s'étend des enfants, aux enfants des enfants. Cette affection est la plus naturellement désintéressée. Ce n'est pas dans les qualités des enfants qu'elle a son origine. L'enfant peut être disgracié de toutes manières. L'affection des parents n'en est souvent que plus forte et plus tendre. Ce n'est pas non plus dans l'intérêt. L'enfant ne peut rendre à ses parents des services égaux à ceux qu'il a reçus, et leur affection survit à son ingratitude.

Amour filial. — Comment n'aimerait-on pas ceux dont on a reçu la vie et tant d'autres bienfaits ? Naturel, comme l'amour paternel et l'amour maternel, l'amour filial a pourtant moins de force, et c'est providentiel. Les parents ont à se dévouer long-temps pour l'éducation physique, intellectuelle et morale de leurs enfants, et il leur faut une grande puissance d'amour pour les soutenir dans cette tâche laborieuse. Les enfants sont ordinairement appelés à quitter un jour ou l'autre leurs parents, et un amour filial aussi fort que l'amour paternel et maternel pourrait devenir un obstacle à leur vocation.

Amour fraternel. — Rien de plus naturel aussi que l'amour fraternel. Aussi sommes-nous plus révoltés des divi-sions et des haines entre frères, qu'entre personnes étrangères les unes aux autres. La famille n'est-elle pas un seul corps dont les différentes parties sont les membres ? « A voir deux frères en guerre, dit Socrate dans les *Mémorables* de Xénophon, je crois voir les deux mains, que les dieux ont faites pour s'entr'aider, oublier leur destination et chercher à se gêner l'une l'autre ; ou les deux pieds, que la Providence a formés pour se donner du secours, s'embarrasser réciproquement. » L'amour fraternel entretient et fortifie l'amour filial.

C. **Inclinations corporatives.** — Les inclinations corpo-ratives ont pour objet non pas les hommes en général, comme les inclinations philanthropiques, non pas quelques personnes choisies comme les inclinations électives et domestiques, mais des associations naturellement ou volontairement formées, qu'on peut appeler des corps. La principale de ces inclinations est le patriotisme.

Le patriotisme. — Entre la famille et la grande société humaine, il y a un groupe plus étendu que la famille, plus étroit que la société humaine, qui est l'objet d'une de nos incli-nations les plus puissantes. C'est la patrie.

Qu'est-ce que la patrie? La patrie, comme le nom l'indique,

est le *pays de nos pères*. C'est d'abord le sol natal, le village, la ville où on a passé son enfance. Il y a dans l'homme un amour naturel du sol natal, il est toujours heureux de le revoir, et souffre d'en être exilé. Mais si le sol natal est la première origine de la patrie, il n'est pas la patrie tout entière. Ce qu'on appelle l'amour du clocher est souvent opposé au patriotisme.

Au nombre des éléments qui constituent essentiellement la patrie, il faut ranger les habitants du sol, les concitoyens, les *compatriotes*. Un sol désert ne serait pas la patrie, et les compatriotes sans le sol ne la seraient pas non plus. Car pour des exilés en commun, la patrie est absente.

La réunion du sol et des compatriotes ne suffit pas encore pour constituer la patrie. Un peuple conquis comme la Pologne peut conserver son territoire et ses habitants et ne plus avoir sa patrie. Pour décider de l'existence d'une patrie, il faut d'autres éléments dont chacun, pris à part, ne peut suffire, mais qui concourent tous plus ou moins à former la nation. Les principaux sont l'unité de territoire, de race et de langue, la communauté d'intérêts, de mœurs, de gouvernement et de religion.

L'unité géographique ou l'*unité de territoire* est quelquefois un des éléments de la patrie. Mais tout en reconnaissant son utilité, il serait dangereux et faux de la juger indispensable. A l'heure actuelle, l'Angleterre et l'Italie jouissent de cette unité; mais la France, la Belgique, etc.., n'ont pas toutes leurs frontières naturelles. Le sentiment de l'unité nationale, le patriotisme y sont-ils moins vifs et moins forts?

A l'origine, l'*unité de race* a joué sans aucun doute un rôle important dans la formation des sociétés, et c'est un lien social incontestable. Mais ce lien peut être remplacé par d'autres sans que la patrie en souffre. Il y a en Suisse, en Allemagne, en Italie et en France des races bien distinctes. En revanche, malgré une parfaite unité de race, certaines nationalités restent séparées et indépendantes les unes des autres, par exemple les colonies espagnoles de l'Amérique du Sud.

L'*unité de langue* rapproche naturellement les esprits et tend à établir la communauté des pensées. Elle concourt aussi pour une large part à l'unité nationale. Le vainqueur le comprend, lorsqu'il impose sa langue au vaincu. Mais on parle, plusieurs langues en Suisse, on parle français en Belgique et allemand dans une certaine partie de la Russie. D'autre part, il y a des Bretons qui ne comprennent pas le français, sont-ils moins dévoués à la France?

La *communauté de mœurs, d'intérêts et de traditions* est aussi une puissante cause d'union. Quand les membres d'une même nation ont mêmes intérêts, mêmes coutumes, même passé historique, il y a de fortes présomptions pour qu'ils s'entendent entre eux et reconnaissent facilement la solidarité qui doit les rapprocher. Mais les intérêts peuvent être communs entre des hommes de diverses nations. Il y a bien peu de pays sans quelques provinces aux mœurs et aux traditions originales.

L'*unité de lois et de gouvernement* est nécessaire à la patrie. Sans elle l'action commune serait impossible, faute de centralisation, mais il faut que ces lois et ce gouvernement soient acceptés. De plus, cette unité politique serait insuffisante sans les autres liens sociaux. L'immense empire romain jouissait de l'unité politique, mais les nombreuses provinces qui le composaient ne formaient pas une véritable unité nationale.

Rien de plus fort que l'*unité des croyances religieuses* pour grouper les hommes, et les dissentiments en matière de religion sont quelquefois une cause puissante de division et un danger pour la nation. Toutefois, ce danger peut être prévenu par un gouvernement sage et prudent, et lorsque la patrie est menacée, tous les bons citoyens, sans distinction de croyances, sont prêts à la défendre.

Toutes les conditions que nous venons d'examiner peuvent concourir à la formation de la patrie, aucune n'est suffisante. C'est qu'il faut une autre condition, à la fois nécessaire et suffisante. Cette condition, c'est la *communauté de sentiments, de pensées et de volontés.*

Ce qui fait la patrie, c'est avant tout une *âme commune*. Une patrie est une personne morale, et, de même que la personne proprement dite n'existe pas sans l'unité fondamentale de ses facultés, ainsi la patrie a pour condition indispensable l'accord des individus qui la composent et qui sont volontairement unis pour accomplir en commun leur destinée. Aussi faut-il bien se garder de confondre la patrie naturelle et la patrie officielle;

celle-ci est la partie du territoire qui a été fixée par des traités avec les peuples voisins. Mais la patrie naturelle peut s'étendre au delà de la patrie officielle, comme elle peut aussi être moins étendue qu'elle. Une province annexée ne fait pas vraiment partie de la nation conquérante tant qu'elle lui demeure hostile et proteste contre la conquête. Une peuplade dont le territoire est enclavé dans celui d'une grande nation, si elle ne veut pas lui être incorporée, demeure de droit indépendante. L'unité de la patrie est surtout morale, l'âme de la patrie ce sont les âmes de tous les compatriotes réunies et comme confondues dans les mêmes sentiments, dans les mêmes pensées et dans les mêmes volontés.

S'il en est ainsi, si la patrie est avant tout une âme commune, le patriotisme ne se comprend pas sans le désintéressement, quoi qu'en disent certains théoriciens utilitaires ou pessimistes qui prétendent que la patrie c'est le champ qui nourrit son propriétaire, c'est la terre qui le fait vivre et jouir, c'est le lieu où l'on est bien : *ubi bene, ibi patria.* Cette théorie est fausse et démentie par les faits. On quitte son champ, sa terre, ses jouissances, pour défendre la patrie.

Dans sa *République*, Platon veut supprimer la famille sous prétexte que les affections domestiques affaiblissent le patriotisme. C'est dans un grand génie une illusion étrange et une grave erreur qu'Aristote, esprit plus observateur, a reconnue et réfutée. Le vrai patriotisme n'a pas à souffrir des affections de famille. L'expérience démontre, au contraire, que, plus la famille est forte, plus forte est la patrie. Il est même douteux qu'un homme puisse aimer la patrie et se dévouer pour elle, s'il n'a pas déjà fait dans la famille l'apprentissage du dévouement et de l'affection.

L'esprit de corps. — Il se forme dans la grande famille qu'on appelle la patrie des groupes plus restreints, des associations particulières qui donnent naissance à un ensemble d'inclinations et de sentiments qu'on peut désigner sous le nom d'esprit de corps. Lorsque des hommes exercent une même profession, lorsqu'ils travaillent à la même œuvre, qu'ils ont les mêmes vues, il résulte de cet accord une certaine solidarité qui les prédispose à la sympathie les uns pour les autres et au dévouement pour la corporation. Cet esprit, qui est une grande force, se manifeste surtout dans les sociétés religieuses; chaque ordre a le sien. Il y a aussi l'esprit de l'armée, l'esprit de la magistrature, l'esprit de telle ou telle école. Excessif ou trop exclusif, l'esprit de corps devient l'esprit de caste ou de coterie.

D. **Inclinations philanthropiques.** — L'homme fait partie d'une société plus étendue encore que la patrie : l'humanité. Cette grande société réunit tous les hommes, sans exception, par la communauté d'origine, de nature et de destinée. De là, l'affection naturelle que nous éprouvons pour tous ceux qui ont la qualité d'homme : *Ob eam causam, quod is homo sit* (CICÉRON).

On connaît le vers fameux de Térence :

Homo sum, humani nil a me alienum puto.

La philanthropie peut revêtir diverses formes et comporter plusieurs degrés. C'est d'abord la *sympathie* ou la *sociabilité*, dont nous avons parlé. C'est ensuite la *bienveillance*, disposition naturelle à vouloir du bien aux autres, et qui devient la *bienfaisance* si elle se traduit par des actes extérieurs. Lorsque la bienveillance a pour cause les douleurs d'autrui, c'est la *compassion* ou la *pitié* que Descartes définit « une tristesse mêlée d'amour et de bonne volonté envers ceux à qui nous voyons souffrir quelque mal, duquel nous les estimons indignes. » Quand la bienfaisance implique le sacrifice, c'est le *dévouement* et quelquefois l'*héroïsme*.

Remarque : les inclinations malveillantes. — Toutes les inclinations sociales que nous venons d'étudier ont pour fin naturelle le bien d'autrui : mais on trouve dans le cœur de l'homme d'autres inclinations d'un caractère tout différent et qu'on peut grouper sous le nom d'inclinations malveillantes. Les principales sont la *haine*, l'*envie*, la *jalousie*. La haine est une inclination qui porte à vouloir le mal d'autrui. Quand à la haine se joint le souvenir d'un grief, elle s'appelle *ressentiment*. Quand c'est un désir de rendre le mal pour le mal, elle prend le nom de sentiment de *vengeance*. L'envie est une disposition à s'attrister du bonheur d'autrui et à se réjouir de son malheur. La jalousie est une sorte d'envie, mais qui se rapporte aux affections dont on ne souffre pas le partage. Il faut bien se garder de confondre l'émulation avec l'envie ou la jalousie. L'émulation est une forme très légitime de l'amour de soi; c'est un des sentiments les plus favorables au perfectionnement intellectuel et moral. « L'émulation, dit La Bruyère, est un sentiment volontaire, courageux, sincère qui rend l'âme féconde, qui la fait profiter des grands exemples et la porte souvent au-dessus de ce qu'elle admire. La jalousie ou l'envie, au contraire, est un mouvement violent et comme un aveu contraint du mérite qui est hors d'elle; elle va jusqu'à nier la vertu où elle existe, passion stérile qui laisse l'homme dans l'état où il se trouve. »

Trois caractères principaux distinguent les inclinations malveillantes. Les inclinations bienveillantes sont de leur nature désintéressées. Leur fin, ce n'est pas nous-mêmes, c'est autrui. Quoi qu'en aient dit La Rochefoucauld et Hobbes, elles n'ont pas leur origine dans l'égoïsme. Les inclinations malveillantes sont, au contraire, *intéressées*; il n'en est aucune qui ne soit une forme de l'égoïsme. Dans la haine, on ne veut le mal d'autrui que dans le but d'atteindre ce qu'on croit être son propre bien.

Les inclinations bienveillantes sont primitives. Il ne faut pas y voir des transformations de sentiments antérieurs dont elles dériveraient comme le soutiennent les évolutionnistes. L'altruisme n'est pas un fruit tardif de l'égoïsme. L'amour maternel est amour maternel dès son origine, ce n'est pas une transformation de l'amour conjugal; celui-ci n'est pas une simple variété de l'amour de soi. Les inclinations malveillantes sont, au contraire, *ultérieures*; elles supposent toutes des sentiments bienveillants dénaturés. L'envie est de l'émulation travestie. La vengeance naît d'un faux sentiment de justice. La haine est une réaction de l'amour. « La haine que l'on éprouve pour un objet, dit Bossuet, ne vient que de l'amour qu'on a pour un autre. »

Les inclinations bienveillantes sont irréductibles entre elles. Ainsi l'amour conjugal n'est pas l'amour filial. Celui-ci n'est pas la philanthropie ou le patriotisme. Ces inclinations sont réellement distinctes l'une de l'autre; elles forment des espèces différentes suivant leurs objets. Les inclinations malveillantes, au contraire, sont *réductibles* entre elles. On ne peut les classer

suivant leurs objets, elles se ramènent l'une à l'autre et en définitive à la haine.

Ces inclinations malveillantes dont on ne peut nier l'existence dans le cœur de l'homme constituent un désordre. D'où
vient ce désordre? C'est un reste de l'animalité dont nous
sortons, disent les évolutionnistes. Cette assertion, comme nous
l'établirons, est dépourvue de preuves. Attribuer ce désordre à
Dieu, c'est impossible ; Dieu ne peut être l'auteur du mal.
Il faut reconnaître que, laissée à ses seules forces, la raison est
impuissante à trouver la solution de cette difficulté. Voici celle
que donne la Révélation. Le mal moral a son origine dans l'abus
du libre arbitre et l'abus du libre arbitre n'a d'autre explication
que dans la faute originelle.

3° Inclinations supérieures. — L'homme n'épuise pas
dans les inclinations que nous venons d'analyser toute sa puissance d'aimer. Il est appelé à une vie plus haute que la vie
sociale. Il est fait pour connaître la vérité, pour goûter la
beauté, pour pratiquer le bien, et, par tout son être, il aspire
à l'infini. D'où un ordre supérieur d'inclinations propres à
l'homme, auxquelles on réserve quelquefois le nom de sentiments : sentiments intellectuels, sentiments esthétiques, sentiments moraux, sentiments religieux.

Nous nous occuperons des sentiments esthétiques lorsque
nous traiterons la question du beau et de l'art et des sentiments moraux en morale. Disons seulement quelques mots des
sentiments intellectuels et des sentiments religieux.

Sentiments intellectuels. — L'intelligence a pour fin la
vérité. C'est pourquoi l'homme a non-seulement besoin
d'exercer son intelligence, comme ses autres facultés, mais il
aime la vérité pour elle-même, sans préoccupation de l'intérêt
pratique qu'il peut trouver à connaître. C'est un fait que
constate déjà Aristote au début de sa métaphysique. Sans
doute, on peut chercher la vérité pour la mettre à profit ; mais
il y a un amour désintéressé de la vérité. On aime à connaître
pour connaître. C'est cet amour qui est l'origine de la science
et de la philosophie.

L'amour du vrai, comme toutes les inclinations supérieures,
est universel, mais il n'existe pas au même degré chez tous les
hommes. Peu exigeant chez quelques-uns, il est insatiable chez

d'autres qui, avides de la vérité, lui dévouent toute leur vie suivant le mot du poète : *vitam impendere vero.*

L'amour du vrai est la source des plus pures jouissances, et celles-ci, comme les inclinations qui les engendrent, sont susceptibles de tous les degrés. Tel reste calme dans les plaisirs de la pensée, tel autre en jouit jusqu'à l'enthousiasme. Et ce n'est pas seulement dans la découverte et dans la possession de la vérité qu'il y a du plaisir. On peut en trouver et beaucoup dans la seule recherche. C'est ce plaisir de la recherche et de l'effort intellectuel qui soutient les savants dans leurs labeurs.

Citons à ce sujet une belle page de Bossuet dans la conclusion du *Traité de la connaissance de Dieu et de soi-même* : « Qui voit Pythagore ravi d'avoir trouvé les aires des côtés d'un certain triangle, avec le carré de sa base, sacrifier une hécatombe en actions de grâces ; qui voit Platon célébrer la félicité de ceux qui contemplent le beau et le bon premièrement dans les arts, secondement dans la nature et enfin dans leur source et dans leur principe qui est Dieu ; qui voit Aristote louer ces heureux moments où l'âme n'est possédée que de l'intelligence de la vérité et juger une telle vie seule digne d'être éternelle et d'être la vie de Dieu ; mais qui voit les saints tellement ravis de ce divin exercice de connaître, d'aimer et de louer Dieu, qu'ils ne le quittent jamais et qu'ils éteignent, pour le continuer durant le cours de leur vie, tous les désirs sensuels ; qui voit, dis-je, toutes ces choses, reconnaît dans les opérations intellectuelles un principe et un exercice de vie éternellement heureux. Et le désir d'une telle vie s'élève et se fortifie d'autant plus en nous que nous méprisons davantage la vie sensuelle et que nous cultivons avec plus de soin la vie de l'intelligence. »

Sentiments religieux. — L'amour du vrai, l'amour du beau, l'amour du bien, ne sont au fond que trois aspects différents d'un même amour, l'amour de Dieu. Le sentiment religieux est comme la synthèse des inclinations supérieures qu'il embrasse et domine tout ensemble. Ce que l'esprit appelle dans ses recherches laborieuses, c'est la vérité totale. Ce que le cœur désire, c'est la beauté parfaite. Ce que la volonté cherche, c'est le bien absolu. Dieu est le terme des sentiments de l'âme humaine.

Nous n'avons pas à démontrer ici l'existence de Dieu. Mais quand bien même, dit Jules Simon, Dieu n'existerait pas, l'amour de Dieu existe. La réalité psychologique du sentiment religieux est incontestable. Il se traduit dans l'âme par des émotions spéciales qui n'ont pas d'autre cause. Tantôt c'est l'admiration qui s'empare de l'âme en face des grands spectacles de la nature; tantôt c'est un cri qui s'échappe spontanément du cœur au milieu du danger ou des épreuves; tantôt c'est un besoin indéfinissable qui s'empare de l'âme et la jette dans une mélancolie profonde qu'on a appelée, non sans raison, le mal de l'infini.

Le sentiment religieux est *essentiel* à notre nature. Aussi un savant naturaliste contemporain, de Quatrefages, a-t-il pu écrire : « La religiosité est le caractère spécifique du genre humain; l'athéisme est un phénomène tératologique. » C'est un fait confirmé par les langues, l'histoire, la poésie, les récits des voyageurs. Sans doute, il y a des hommes qui prétendent ne pas croire en Dieu. Mais il est des circonstances où ceux qui se disent athées voient tomber soudain leurs préjugés devant les effets puissants du sentiment religieux, qui était plutôt endormi qu'éteint dans leurs âmes.

> La nature qui parle en ce péril extrême
> Lui fait lever les yeux vers la bonté suprême,
> Hommage que toujours rend un cœur effrayé
> Au Dieu que jusqu'alors il avait oublié.
>
> (L. RACINE.)

Formes du sentiment religieux. — Le sentiment religieux peut prendre différentes formes, suivant les conceptions que les hommes se font de la divinité. Les formes principales sont la *crainte*, le *respect*, l'*amour*.

1° Lorsque les hommes conçoivent Dieu comme l'être souverainement juste, vengeur des droits méconnus, juge inflexible des consciences, le sentiment qui domine dans leur âme est la crainte de Dieu. De là cette terreur religieuse qu'on trouve chez les peuples païens et même chez le peuple juif, soumis à ce qu'on a appelé la loi de crainte, par opposition à la loi d'amour apportée par Jésus-Christ au monde.

2° Lorsque les hommes conçoivent Dieu comme l'être

parfait, infini, éternel, tout-puissant, remplissant le ciel et la
terre, et lorsqu'ils pensent en même temps à leur petitesse, à
leurs imperfections, le sentiment qui domine dans leur âme
est le respect. « Oh! que nous ne sommes rien, » s'écrie
Bossuet. Ce sentiment se développe avec la réflexion, surtout
chez le savant et le philosophe.

3° Les hommes ne sont pas seulement petits et imparfaits,
il sont coupables et ils souffrent. « A cette pensée, l'homme,
dit Platon, lève, comme l'oiseau, les yeux vers le ciel, »
Il demande un secours, un pardon. Dieu n'est plus seulement
l'Être souverainement juste, l'Être tout-puissant. Il est le père
des hommes, le suprême consolateur, l'infinie bonté et le sentiment qui s'adresse à lui, c'est l'amour.

Lorsque la crainte, le respect et l'amour de Dieu se réu-
nissent dans une âme, elle est vraiment religieuse; et lorsque
le sentiment religieux est entretenu avec soin, il a le privilège
de régler les autres inclinations tout en les dominant, et il est la
source d'une paix et d'une joie inconnues aux âmes qui se
dérobent à son influence.

Irréductibilité des inclinations à l'unité. — Observateur chagrin des faiblesses humaines, La Rochefoucauld a
prétendu que tous les motifs de nos actions ont leur origine
dans l'amour-propre. C'est la thèse qu'il développe dans ses
Maximes. Il y passe en revue toutes les vertus et tous les sentiments que le sens commun a toujours regardés comme
généreux, et il essaye de démontrer qu'ils ne sont qu'égoïsme
et vices déguisés. Voici quelques-unes de ses maximes :
L'amitié la plus désintéressée n'est qu'un commerce où notre
amour-propre se propose toujours quelque chose à gagner. —
La reconnaissance est comme la bonne foi des marchands, elle
entretient le commerce. — Le repentir n'est pas tant un regret
du mal que nous avons fait qu'une crainte de celui qui peut nous
arriver. — La bonté n'est que de la paresse ou de l'impuissance. — Ou bien, nous prêtons à usure sous prétexte de
donner. — La générosité n'est qu'une ambition déguisée qui
méprise de petits intérêts pour aller à de plus grands. — D'une
manière générale toutes nos vertus ne sont qu'un art de
paraître honnêtes... à une grande vanité près, les héros sont
faits comme les autres hommes. — Toutes nos affections et

toutes nos vertus vont se perdre dans l'intérêt, comme les fleuves dans la mer. »

Critique des Maximes. — Il est vrai que l'intérêt dirige souvent les hommes. Il est vrai encore que l'égoïsme peut simuler le désintéressement. On peut paraître bon, généreux, reconnaissant, dévoué, sans l'être en réalité et par amour-propre. Si La Rochefoucauld s'était contenté de dire que le désintéressement est chose rare, que l'égoïsme s'insinue souvent dans nos meilleurs sentiments et dans nos meilleures actions, il aurait dit la vérité; et en éclairant les hommes sur les contrefaçons des bons sentiments et des bonnes actions, il pouvait faire œuvre utile.

Mais posée comme absolue et sans exception, la thèse de La Rochefoucauld ne peut d'abord qu'être funeste à ceux qui seraient tentés de l'accepter. Si l'égoïsme est inévitable, si le désintéressement est impossible, si les héros n'ont que le privilège d'une plus grande vanité, désormais il faut s'abstenir de tout effort pour surmonter une tendance déclarée invincible. On a beau faire, on sera toujours égoïste et à prendre de la peine pour ne pas l'être, on risquera de l'être davantage.

Non seulement la thèse de La Rochefoucauld est dangereuse, elle est de plus incontestablement fausse. Une analyse psychologique, exempte de préjugés, constate avec pleine certitude dans l'âme humaine l'existence d'inclinations désintéressées. L'amitié, les affections domestiques, le patriotisme, le sentiment du vrai, du beau et du bien, l'amour de Dieu peuvent être purs de tout égoïsme. Et non seulement il y a dans l'âme humaine des inclinations désintéressées, il y a des intentions généreuses qui ne sont pas des velléités sans effet, mais qui se traduisent plus ou moins, suivant le degré de générosité, dans des actes.

Les mots désintéressement, dévouement, générosité, héroïsme sont employés dans toutes les langues pour désigner non des mensonges ou des illusions de l'égoïsme, mais des réalités. Si le désintéressement est une chimère impossible, comment expliquer la croyance universelle au désintéressement?

Les *Maximes* contiennent un sophisme que les logiciens appellent sophisme de dénombrement imparfait. Frappé de l'égoïsme qui régnait de son temps à la cour, La Rochefoucauld l'a généralisé sans raison, en l'étendant à l'humanité tout entière.

Peut-être objectera-t-on que toute inclination satisfaite engendre un plaisir. L'homme éprouve du plaisir, non seulement à s'aimer soi-même, mais à aimer autrui, les membres de sa famille, sa patrie, le vrai, le beau, le bien, Dieu lui-même. Aucun sentiment n'est donc jamais désintéressé puisque le plaisir personnel s'y ajoute.

L'objection n'aurait de valeur qu'autant que ce plaisir, qui s'ajoute à nos inclinations sociales et impersonnelles, serait le le motif, la fin de ces inclinations. Mais c'est un fait qu'on peut aimer sans retour sur soi-même. Le plaisir vient ensuite comme surcroît. Une mère éprouve du plaisir à se dévouer pour son enfant, un apôtre à se dévouer pour sa foi. Soutiendra-t-on que le plaisir est le motif de leur dévouement? Mais cela est impossible, car ce plaisir ne peut résulter que d'un dévouement vrai. « Supposez que l'âme pense à elle-même, dit M. Janet, qu'elle réfléchisse aux avantages d'un amour, aussitôt le charme est rompu, le plaisir d'aimer disparaît. On se retrouve en face de soi-même, le vide et le désert nous reprennent et nous enveloppent, le triste moi reste seul avec ses pauvres joies, ses mornes plaisirs, son insatiable ennui. Oui, aimer est un plaisir, mais c'est à la condition d'aimer, c'est-à-dire de s'attacher à un autre qu'à soi. »

Il reste donc bien établi qu'il y a dans l'âme humaine trois classes irréductibles d'inclinations : les inclinations personnelles, les inclinations sociales et les inclinations supérieures.

Ouvrages à consulter

BAIN. — *Les sentiments et la volonté.*

GARDAIR. — *Les passions et la volonté.*

LA ROCHEFOUCAULD. — *Maximes.*

MALEBRANCHE. — *Recherche de la vérité,* liv. IV, v.

PAULHAN. — *Psychologie des phénomènes affectifs.*

DE QUATREFAGES. — *L'unité de l'espèce humaine.*

RABIER. — *Psychologie.*

RIBOT. — *Psychologie des sentiments.*

VAUVENARGUES. — *De l'esprit humain,* liv. II, xxiv.

CHAPITRE IV

LES PASSIONS

Définition des passions — Le mot passion a reçu plusieurs sens. Étymologiquement, il s'oppose à action et indique
un état passif de l'âme. Dans le langage ordinaire, il est pris
en mauvaise part et désigne des habitudes mauvaises qui ont
assez de force pour aveugler l'intelligence et paralyser plus ou
moins la liberté. Pour les scolastiques et les cartésiens, les
passions sont les émotions qu'éprouve l'âme par suite de son
union avec le corps. Descartes, qui a écrit un *Traité des
passions*, les appelle « des sentiments ou émotions de l'âme,
qu'on rapporte particulièrement à elle, qui sont causées,
entretenues et fortifiées par quelques mouvements des esprits
animaux. »

Au sens actuel et psychologique du mot, la passion est une
inclination vive et dominante. On peut la définir en modifiant
un peu la définition qu'en donne Bossuet : un mouvement vif et
impétueux de l'âme qui, touchée du bien ou du mal ressenti ou
imaginé dans un objet, le poursuit ou s'en éloigne.

Pour bien comprendre la nature de la passion, il faut la
distinguer de l'inclination et en déterminer les causes et les
effets.

L'inclination et la passion. — Plusieurs différences
séparent la passion de l'inclination.

1º La plupart des inclinations sont naturelles ou primitives.
Toute passion est acquise. L'enfant a dès sa naissance des
inclinations. Les passions n'apparaissent que plus tard.

2° L'inclination est stable et permanente. La passion est généralement passagère. C'est une crise qui d'ordinaire n'a qu'une durée limitée. Toutefois, certaines passions peuvent devenir chroniques, par exemple l'avarice.

3° L'inclination est calme et laisse l'homme maître de lui-même. La passion est impétueuse et violente. C'est un orage, c'est un torrent qui entraîne l'homme et lui enlève la possession de lui-même et détruit l'harmonie et l'équilibre de ses facultés.

4° Les diverses inclinations peuvent exister et se développer simultanément dans le cœur de l'homme. Les affections de famille n'empêchent ni le patriotisme, ni l'amour du vrai, du beau, du bien. Au contraire, la passion est exclusive. Elle s'empare de l'âme, au point d'y étouffer les autres inclinations. L'argent est un dieu pour l'avare, Harpagon ne voit et n'aime que son trésor. A cette passion il sacrifie tout, honneur, affections, famille.

5° L'inclination est de sa nature désintéressée. Sans doute, elle aboutit au plaisir ; mais le plaisir n'en est pas la fin. Ce qu'elle cherche, c'est le bien du corps et de l'âme. Au contraire la passion est égoïste ; elle tend au plaisir plutôt qu'au bien. Non seulement elle surexcite l'inclination, mais souvent elle la pervertit.

Ajoutons qu'une même inclination peut passer par toutes les passions dans la recherche de son objet. Ainsi l'amour du pouvoir peut passer par l'audace, la crainte, l'espérance, la colère.

Causes de la passion. — Les causes qui peuvent exalter les inclinations et les transformer en passions sont générales ou particulières.

Causes générales. — Les passions, n'étant que des modes de l'inclination, ont leur première origine dans notre nature même. Chacun de nous porte en soi le germe de toutes les passions. Mais celles-ci ne peuvent se développer sans notre consentement personnel, et les passions de l'homme sont toujours en définitive son œuvre. Outre cette prédisposition de notre nature, le plaisir, l'imagination, l'habitude sont les causes les plus générales des passions.

Nous sommes portés naturellement à rechercher un objet qui

nous a procuré du plaisir, et à chaque renouvellement de ce plaisir, la tendance s'accroît. Veut-on au contraire la diminuer et finalement la détruire, il faut la priver de la satisfaction qui l'attire. « Elle se lasse, dit Bossuet, de toujours convoiter sans être jamais satisfaite, de n'avoir que la malice du crime sans en avoir le plaisir. C'est pourquoi la passion frustrée commence à s'affaiblir, et toujours impuissante, prend le parti de se modérer. »

L'imagination joue un rôle prépondérant dans la passion, elle exagère les défauts ou les qualités des objets.

> Dans l'objet aimé tout nous devient aimable.
> Jamais la passion n'y voit rien de blâmable.

Elle nous représente le plaisir et la douleur sous des couleurs qui attisent le désir ou augmentent la répulsion. C'est bien ici la maîtresse d'erreur et de fausseté dont parle Malebranche.

Toute tendance se fortifie par l'habitude qui finit par la transformer en besoin, et c'est la répétition des actes auxquels nous porte une inclination qui fera de celle-ci une passion. L'ivrogne n'est pas ivrogne dès la première fois qu'il boit. C'est l'habitude de boire qui fait la passion de l'ivrognerie.

Causes particulières. — Outre ces causes générales de la passion, il y a des causes particulières telles que les circonstances extérieures de fortune, de situation, de milieu physique ou moral où l'on vit, l'organisme qui peut prédisposer à certaines passions par des tendances héréditaires, l'éducation, les lectures, les conversations, les exemples. « Rien n'émeut plus les passions, dit Bossuet, que les discours et les actions des hommes passionnés. Au contraire, une âme tranquille nous communique le repos. »

Effets de la passion. — La passion a des effets psychologiques et des effets physiologiques.

A. Effets psychologiques. — Les passions agissent sur l'intelligence et sur la volonté. Elles agissent sur l'intelligence, en rendant la réflexion pénible, difficile, parfois même impossible, en empêchant la juste appréciation des personnes et des choses par les fictions trompeuses de l'imagination. Elles agissent sur la volonté qui, dans la passion, n'est pas maîtresse d'elle-même, et qui, de force dirigeante qu'elle doit être, n'est plus souvent qu'une force asservie.

B. **Effets physiologiques.** — Les passions agissent sur l'organisme. « Elles font naître dans le cœur, dit Bossuet, des battements, les uns plus lents, les autres plus vifs, les uns inégaux et incertains, les autres plus mesurés... On voit, dans la colère, les yeux s'allumer, on y voit rougir le visage qui au contraire pâlit dans la crainte ; la joie et l'espérance en adoucissent les traits, ce qui répand sur le front une image de sérénité. La colère et la tristesse, au contraire, les rendent plus durs et leur donnent un air ou plus farouche, ou plus sombre. La voix change aussi en diverses sortes... » Les passions peuvent même provoquer dans l'organisme les troubles et les désordres les plus graves. (Voir : Rapports du physique et du moral.)

Classification des passions. — Comme les passions ne sont que des inclinations exaltées ou perverties, on peut les classer comme les inclinations suivant les objets vers lesquels elles nous portent, en passions personnelles, sociales et supérieures. Toutefois, pour classer les passions, on s'est placé généralement à d'autres points de vue, plutôt au point de vue des effets et des émotions que les objets produisent dans l'âme ou des circonstances qui peuvent favoriser ou contrarier la passion, qu'au point de vue des objets mêmes. Nous allons donner les classifications de Bossuet, de Descartes et de Spinoza.

Classification de Bossuet. — A la suite d'Aristote et de saint Thomas, Bossuet rapporte toutes les passions à l'appétit sensitif et distingue dans l'appétit sensitif *l'appétit concupiscible* et *l'appétit irascible* L'appétit concupiscible est celui où domine le désir ; il ne suppose que la présence ou l'absence de l'objet et il se rapporte à cet objet considéré comme bon ou mauvais (*sub ratione boni aut mali*). L'appétit irascible est celui où domine la colère, il suppose des difficultés, des obstacles à vaincre, pour atteindre ou fuir l'objet ; il se rapporte à cet objet considéré comme facile ou difficile (*sub ratione ardui*).

Les passions concupiscibles sont : l'amour et la haine — le désir et l'aversion — la joie et la tristesse.

L'amour est une passion de s'unir à quelque chose. — La haine est une passion d'éloigner de nous quelque chose. — Le désir est une passion qui nous pousse à rechercher ce que nous aimons quand il est absent. — L'aversion est une passion d'empêcher que ce que nous haïssons nous approche. — La joie est une passion par laquelle l'âme jouit du bien présent et s'y repose. — La tristesse est une passion par laquelle l'âme tourmentée du mal présent s'en éloigne autant qu'elle peut et s'en afflige.

. Les passions irascibles sont : l'audace et la crainte — l'espérance et le désespoir — la colère.

L'audace est une passion par laquelle l'âme s'efforce de s'unir à l'objet aimé dont l'acquisition est difficile. — La crainte est une passion par laquelle l'âme s'éloigne du mal difficile à éviter. — L'espérance est une passion qui naît dans l'âme quand l'acquisition de l'objet aimé est possible quoique difficile. — Le désespoir, au contraire, est une passion qui naît en l'âme quand l'acquisition de l'objet aimé paraît impossible. — La colère est une passion par laquelle nous nous efforçons de repousser avec violence celui qui nous fait du mal.

Chacune de ces passions, on le voit, a son contraire, excepté la colère, parce que le contraire de la colère n'est pas une passion, mais le calme des inclinations de l'âme.

Toutes ces passions peuvent se réduire à deux : l'amour et la haine, et finalement à l'amour seul. « La haine de quelque objet ne vient que de l'amour qu'on a pour un autre. » Je ne hais la maladie que parce que j'aime la santé ; je n'ai d'aversion pour quelqu'un que parce qu'il est un obstacle à posséder ce que j'aime. Le désir n'est qu'un amour qui s'étend au bien qu'il n'a pas, comme la joie est un amour qui s'étend au bien qu'il a. La fuite et la tristesse sont un amour qui s'éloigne du mal par lequel il est privé de son bien et qui s'en afflige. L'audace est un amour qui entreprend pour posséder l'objet aimé ce qu'il y a de plus difficile, et la crainte est un amour qui, se voyant menacé de perdre ce qu'il recherche, est troublé de ce péril. L'espérance est un amour qui se flatte qu'il possédera l'objet aimé, et le désespoir est un amour désolé de ce qu'il s'en voit privé à jamais, ce qui cause un abattement dont on ne peut se relever. La colère est un amour irrité de ce qu'on veut lui ôter son bien, et s'efforce de le défendre. Enfin, ôtez l'amour, il n'y a plus de passions, et posez l'amour, vous les faites naître toutes.

Classification de Descartes. — Descartes, dans son *Traité des passions*, ramène celles-ci r six passions simples et primitives : l'admiration, l'amour, la haine, le désir, la joie et la tristesse. L'origine de toutes les passions est pour lui, non pas l'amour, mais l'admiration. Elle est la première, dit-il, « parce qu'elle naît en nous à la première surprise que nous cause un objet nouveau avant que de l'aimer ou de le haïr. »

Mais l'admiration n'est ni une passion simple, ni une passion primitive. Elle n'est pas une passion simple. « Elle comprend, dit Bossuet, ou la joie d'avoir vu quelque chose d'extraordinaire, et le désir d'en savoir les causes aussi bien que les suites, ou la crainte que sous cet objet nouveau il n'y ait quelque péril caché, et l'inquiétude causée par la difficulté de le connaître. » Elle n'est pas non plus une passion primitive. On peut aimer ou haïr un objet sans qu'on en ait été surpris, et il y a beaucoup d'autres passions qui n'ont pas leur source dans l'admiration. On peut même contester que l'admiration soit une passion. Les éléments qui la constituent semblent appartenir au moins autant à l'intelligence qu'à la sensibilité.

Classification de Spinoza. — Spinoza n'admet que trois passions élémentaires et primitives : le désir, la joie et la tristesse. Toute chose tend à persévérer dans son être ou sa perfection. Pour l'âme, cette tendance accompagnée de conscience, c'est le désir. Mais l'âme passe sans cesse d'un état à un autre. Si ce changement se fait d'une perfection moindre à une perfection plus grande, c'est la joie ; s'il se fait d'une perfection plus grande à une perfection moindre, c'est la tristesse. La joie vient de l'accroissement de l'être, la tristesse de la diminution de l'être. Spinoza explique par ces trois passions toutes les autres. La joie avec l'idée de sa cause extérieure, c'est l'amour, la tristesse avec l'idée de sa cause extérieure, c'est la haine...

Le grand défaut de la théorie de Spinoza, c'est qu'elle confond sans cesse le sentiment et la pensée, le désir et le jugement, et que, refusant à l'âme le libre arbitre, elle fait d'elle un automate spirituel.

Moralité des passions. — Les passions sont-elles bonnes ou mauvaises ? L'histoire de la philosophie ancienne nous offre deux opinions également fausses : l'opinion des stoïciens qui prétendaient que les passions, et par là ils entendaient toute la sensibilité, sont essentiellement mauvaises, et qui faisaient un devoir au sage de s'appliquer à les anéantir comme opposées à la véritable nature de l'être raisonnable ; et l'opinion des sophistes et des philosophes cyrénaïques qui soutenaient, au contraire, que les passions sont essentiellement bonnes par leur conformité à la nature. Cette dernière opinion a été reprise dans notre siècle par les Fouriéristes qui, déclarant les attributs passionnels proportionnels aux destinées, affirmaient que toutes les fautes et les misères humaines sont le résultat de passions contrariées.

Ces opinions sont fausses parce qu'elles sont trop absolues. Il y a de mauvaises passions, mais il en est aussi de bonnes. Les passions sont mauvaises lorsque leur objet est mauvais, ou lorsque par leur violence elles aveuglent la raison et empêchent l'exercice de la volonté. Mais les passions sont bonnes lorsque leur objet est bon, et lorsqu'elles restent dans les limites de la raison, et n'empêchent pas l'exercice de la volonté. Par conséquent, si l'on ne peut justifier toute passion sans ouvrir la porte aux pires excès, ce serait mutiler la nature humaine, et la condamner à la médiocrité que de détruire toute passion. Que l'homme ait donc des passions, mais des passions nobles et soumises à l'empire de la volonté raisonnable.

Responsabilité des passions. — On a parfois nié la responsabilité des actes commis sous l'impulsion des passions. C'est une erreur. Quand bien même les passions finiraient par aveugler complètement la raison et enchaîner absolument la liberté, on resterait toujours responsable de ses passions, car celles-ci ne seraient jamais arrivées à ce degré de violence sans la complicité de la volonté. Ce n'est que chez certains romanciers et certains poètes que les passions éclatent soudainement. En réalité, les passions ne se développent pas en nous sans nous. Ce sont des habitudes soumises dans leur développement à l'action de la volonté.

Sans doute cette action n'est pas directe. Nous ne commandons pas à la passion comme nous commandons à nos membres. Mais elle s'exerce indirectement par le moyen des idées. Nous pouvons toujours combattre nos passions de deux manières, en détournant notre esprit des objets qui les excitent, et en l'appliquant à des objets qui excitent en nous des passions opposées et légitimes. « Il faut, dit Bossuet, calmer les esprits par une espèce de diversion, et se jeter pour ainsi dire à côté, plutôt que de combattre de front ; c'est-à-dire, qu'il n'est plus temps d'opposer des raisons à une passion déjà émue, car en raisonnant sur sa passion, même pour l'attaquer, on en rappelle l'objet, on en renforce les traces. Il faut nourrir son esprit de considérations sensées et lui donner de bonne heure des attachements honnêtes, afin que les objets des passions trouvent la place déjà prise. »

Rôle de la sensibilité. — La sensibilité joue un grand rôle, peut-être trop peu étudié, dans la vie humaine.

D'abord le plaisir et la douleur sont dans une certaine mesure les signes du bien et du mal. Nous avertissant de l'action utile ou nuisible des objets, ils nous mettent en mesure de rechercher ce qui nous convient et de fuir ce qui ne nous convient pas, en même temps qu'ils nous stimulent dans cette recherche et dans cette fuite. Mais si le plaisir est souvent un bien, il ne l'est pas toujours et il n'est pas le bien. Si la douleur est souvent un mal, elle ne l'est pas toujours, et elle n'est pas le mal. Loin de se confondre plaisir et bien peuvent être opposés, et l'homme de devoir sait sacrifier le plaisir au bien. De même la douleur peut être un bien. Elle trempe le caractère, elle ouvre l'âme à la pitié, elle la détache des biens périssables ; généreusement acceptée, elle la purifie, et devient une source d'expiation. Cette idée d'expiation est une idée traditionnelle et religieuse. On la rencontre dans les chefs-d'œuvre de la poésie grecque. La morale de Platon en est toute pénétrée. Elle est dans le dogme chrétien l'explication de l'histoire de l'humanité, et dans la morale chrétienne le principe de la vertu de pénitence sans laquelle il n'y a pas de christianisme pratique.

Quant à l'inclination, c'est le principe même de l'activité de l'âme. L'intelligence éclaire, la volonté choisit, c'est l'inclination qui donne le mouvement à l'âme. Rien ne se fait en bien ou en mal que par l'inclination, et à ce point de vue, l'âme n'est pas, comme l'ont prétendu les sensualistes, une table rase ; elle est, comme l'a bien dit Leibnitz, riche de son propre fonds. Par les inclinations, la sensibilité révèle à l'homme ses fins

naturelles, par elles encore elle lui donne la force de les poursuivre. L'idée n'agit pas directement sur la volonté, la passion
au contraire agit directement sur elle par mode d'impulsion. Il
faut que l'idée se fasse en quelque sorte sentiment, pour mouvoir la volonté. Aussi nous pourrons constater en morale que
Dieu a ajouté à chacun de nos devoirs un sentiment qui nous
aide à l'accomplir. Ainsi la vertu devient aimable et par là
même plus facile. Ainsi on ne fait que ce qu'on veut, on ne veut
que ce qu'on aime. Par conséquent, aimons le bien, et nous le
voudrons. Voulons-le et nous le ferons. C'est la parole de saint
Augustin. *Ama et fac quod vis.*

Ouvrages à consulter.

Bossuet. — *Connaissance de Dieu et de soi-même.*
Carrau. — *Exposition critique de la théorie des passions, dans Descartes,
Malebranche et Spinoza.*
Descartes. — *Traité des passions.*
Maillet. — *De l'essence des passions.*
Mosso. — *La peur.*
Spinoza. — *Éthique.*
Saint Thomas. — *Somme théologique*, I-II, question 22 à 49.

--- ★ ---

DEUXIÈME PARTIE

L'INTELLIGENCE

Dans le sens le plus général du mot, l'intelligence est la faculté de connaître et de comprendre, ou la faculté de penser. Toute connaissance, toute pensée est une représentation, et se rapporte à un objet. La sensibilité est subjective, l'intelligence, au contraire, est *objective*. Un autre caractère des faits intellectuels, c'est la *fatalité*, et ce caractère les sépare des faits volontaires avec lesquels l'école cartésienne tend à les confondre. La volonté peut être la condition de la connaissance, elle n'en est pas le principe.

L'intelligence est d'abord mêlée aux sens, mais elle s'en dégage peu à peu pour s'en rendre indépendante. De là des fonctions distinctes, mais qui s'unissent plus ou moins dans l'exercice de l'intelligence : fonctions d'acquisition, fonctions de conservation ou de reproduction, fonctions d'élaboration.

1. Fonctions d'acquisition. — Il faut d'abord une matière première à la connaissance. Elle nous est fournie par les *sens* et par la *conscience*. Les sens nous donnent les idées des objets extérieurs, la conscience nous donne les idées de nos propres états. Les idées primitives acquises par les sens et la conscience s'appellent *données de l'expérience* par opposition aux données rationnelles.

2. Fonctions de conservation. — Les données de l'expérience ne disparaissent pas après que nous les avons acquises, elles restent à notre disposition, elles sont gardées et reproduites. D'où la *mémoire*, faculté de conserver et de rappeler les idées acquises, l'*association des idées*, loi fondamentale de la conservation et du rappel des idées, l'*imagination* qui reproduit dans des combinaisons et des constructions souvent originales, les données de l'expérience.

3. Fonctions d'élaboration. — Les idées acquises, conservées et combinées, sont enfin élaborées. C'est l'œuvre d'opérations propres à l'intelligence humaine et qu'on appelle *opérations intellectuelles*, par opposition aux opérations sensitives communes à l'homme et à l'animal. Ces opérations intellectuelles sont l'abstraction, la généralisation, le jugement et le raisonnement. Elles impliquent toutes l'attention. Ces opérations supposent des *principes* nécessaires tels que le principe de contradiction et le principe de raison suffisante et des *notions premières*, telles que la notion d'absolu, et la notion de parfait, principes et notions qui constituent la *raison*.

Tel est le tableau sommaire des fonctions de l'intelligence qu'on pourrait définir la faculté d'acquérir des idées, de les conserver et de les élaborer.

CHAPITRE I

LA PERCEPTION EXTERNE

LES SENS

Définition de la perception externe. — On entend par perception externe ou la faculté de connaître les objets extérieurs par les sens ou l'acte de cette faculté, c'est-à-dire le jugement qui affirme l'existence ou les qualités des objets extérieurs.

Il ne faut pas confondre les sens avec les organes des sens. Les sens sont des facultés spéciales de l'âme dont l'ensemble forme la faculté générale de percevoir le monde extérieur. Les organes des sens font partie du corps; ce sont des instruments matériels par lesquels les sens exercent leurs fonctions.

La perception externe suppose l'activité de l'esprit. C'est l'œuvre de l'attention appliquée à la sensation. C'est une interprétation de la sensation par l'esprit qui en dégage l'élément objectif ou intellectuel et le rapporte à une cause extérieure. On ne peut donc opposer d'une manière absolue la perception à la sensation, à moins d'entendre par sensation, à la suite des Écossais et contrairement à la tradition philosophique, l'élément purement affectif de la sensation, sans tenir compte de l'élément représentatif. C'est en se référant à ce dernier sens du mot sensation qu'il faut entendre la loi formulée par Hamilton que la sensation est en raison inverse de la perception. Cette loi n'est vraie que si l'on voit uniquement dans la sensation un phénomène de sensibilité. Je perçois mal une couleur qui

m'affecte vivement et j'en perçois bien une autre qui me laisse
à peu près insensible. Mais la perception ne peut s'exercer à
vide; la sensation en est la matière nécessaire.

Puisque la perception suit la sensation, elle suppose tous les
antécédents physiologiques de la sensation : l'impression organique, la transmission de cette impression au cerveau par les
nerfs sensitifs, elle suppose la sensation elle-même, l'attention
ou l'application de l'esprit au discernement de la sensation,
enfin le jugement; car la perception n'est complète que lorsque
l'esprit distingue la sensation et en affirme la cause. Les
éléments communs de la perception étant établis, étudions les
perceptions des différents sens.

I — LES PERCEPTIONS NATURELLES

Chacun des sens nous fournit primitivement des données
spéciales que les autres sens ne nous fournissent pas. Ce sont
des perceptions naturelles qu'on distingue des perceptions
acquises. Celles-ci, comme nous le verrons, viennent de l'éducation des sens et résultent pour chaque sens de l'association
de ses données propres à celles des autres sens. Il est assez
difficile de bien établir les perceptions naturelles des différents
sens à cause de leur exercice simultané et de l'intervention
possible d'éléments étrangers dans la perception. L'expérimentation et l'observation des cas pathologiques sont souvent
nécessaires.

Le toucher. — Le toucher est de tous les sens celui qui est
dès l'origine le plus instructif. Il s'exerce dans tout l'épiderme
qui recouvre la surface du corps et dans les muqueuses des
organes intérieurs. Mais il a pour organe spécial la main qui
peut, grâce à sa mobilité et à l'articulation des doigts, se plier
aux formes variées des objets. C'est ce qui l'a fait appeler par
Maine de Biran le premier des instruments d'analyse. Déjà
dans l'antiquité, l'importance de cet organe avait frappé
Anaxagore; il déclarait que l'homme pensait, parce qu'il avait
une main.

Les perceptions qui paraissent propres au toucher sont la
résistance étendue et la *forme solide*.

Si j'appuie ma main sur ma table, je perçois aussitôt une résistance étendue. Quelques psychologues, Garnier entre autres, ont soutenu qu'on pouvait percevoir la résistance sans l'étendue. Cela ne paraît pas probable ; car l'organe du toucher étant toujours étendu, la résistance qu'on perçoit par cet organe doit aussi être étendue.

La résistance peut prendre différents noms. C'est la dureté ou la mollesse, suivant que la résistance est grande ou petite ; suivant qu'elle s'oppose ou non à la séparation des parties, c'est la ténacité ou la fluidité. C'est la pression, lorsqu'on applique par exemple un objet sur ma main, la traction lorsque quelqu'un m'attire à lui, le poids lorsque je fais effort pour soulever un objet.

Si nous promenons la main sur une étendue résistante, nous percevons la disposition relative des différentes parties dans le sens des trois dimensions de la longueur, de la largeur et de la profondeur. Le toucher actif nous donne donc la notion de la forme solide.

Ces notions de résistance étendue et de forme solide et plus particulièrement la première, constituent l'idée que le sens commun se fait des corps et de la matière. Nous n'avons pas à traiter ici la question métaphysique de la matière, mais au point de vue psychologique l'idée de matière contient avant tout pour la plupart des esprits l'idée de résistance étendue. C'est donc le toucher qui nous donne l'idée de matière. On peut supposer un corps dépourvu de couleur, de sonorité, d'odeur, de toutes les qualités perçues par les autres sens, tant qu'il est palpable, perceptible au toucher, il garde la dénomination de corps.

Le toucher nous fournit encore des notions secondaires telles que la *température* et la *distance*. Je place ma main sur le marbre de mon poêle, il me paraît chaud ; j'entre dans ma chambre, elle me paraît froide. Le chaud et le froid sont relatifs à la température de mes organes. Je vois un objet éloigné de moi, je m'en approche jusqu'à ce que je puisse le toucher, c'est ainsi que j'ai idée de la distance qui me sépare de cet objet. Mais la perception de la distance est déjà une perception acquise parce qu'elle suppose la mémoire.

Les perceptions du toucher sont dans la plupart des cas

inséparables des perceptions qu'un certain nombre de philosophes attribuent au sens musculaire. Mais nous avons dit que
rien ne prouve l'existence de ce sens.

La vue. — Les perceptions visuelles ont pour organe l'œil.
Ce sont les plus complexes, aussi ont-elles suscité de nombreuses discussions. C'est surtout pour la vue qu'il importe de
bien distinguer les perceptions naturelles et les perceptions
acquises.

Les perceptions qui paraissent propres à la vue sont
l'*étendue colorée* et la *forme plane*.

Par la vue et par la vue seule nous percevons la couleur. Tous
sont d'accord sur ce point. L'aveugle-né n'a pas la moindre
idée de la couleur. La couleur peut offrir une grande variété de
nuances dont les sept couleurs du spectre du soleil sont les
types principaux et forment une sorte de gamme semblable à la
gamme musicale : mais la couleur paraît inséparable de la
représentation de l'étendue. Que serait-ce qu'une couleur
inétendue ? Il est impossible de s'en faire une idée. Toutefois,
quelques philosophes Dugald-Stewart et Bain ont soutenu que
l'étendue était une perception acquise de la vue.

Non seulement la vue perçoit l'étendue colorée, elle perçoit
encore la forme ou la figure plane. En percevant une étendue
colorée, elle en perçoit les limites ; et percevoir les limites
d'une étendue, c'est en percevoir la figure ou la forme. Mais la
vue ne perçoit ni la forme ni la distance réelles. Ainsi une
sphère placée dans le lointain apparaît comme un disque plan
dont les bords sont plus ombrés que le centre ; un cône comme
un triangle dont la base est circulaire. Tout le monde sait que
les jeunes enfants jugent mal des distances et veulent saisir
tous les objets qu'ils aperçoivent. Les aveugles-nés, opérés de
la cataracte voient au premier moment tous les objets sur un
plan vertical tangent au globe de l'œil. Dans l'expérience
célèbre du chirurgien écossais Cheselden, quand le jeune
aveugle vit pour la première fois la lumière après l'opération
de la cataracte, il déclara que tous les objets lui touchaient les
yeux et étendit les mains pour les écarter.

Nous ne pouvons entrer dans le détail des discussions et des
problèmes relatifs aux perceptions visuelles. Citons comme
exemple, la fameuse question connue sous le nom de *problème*

de *Molineux.* « Supposez, dit Locke, un aveugle-né qui soit présentement homme fait auquel on ait appris à distinguer par le toucher un cube d'un globe de même métal et à peu près de la même grosseur, en sorte que, lorsqu'il touche l'un et l'autre, il puisse dire quel est le cube, quel est le globe. Supposez que, le cube et le globe étant posés sur la table, cet aveugle vienne à jouir de la vue, on demande, si en les voyant, sans les toucher, il pourrait les discerner et dire quel est le cube, quel est le globe. » Locke répond qu'il ne le pourrait pas, et Leibnitz qu'il le pourrait.

L'ouïe. — Les perceptions de l'ouïe qui ont pour organe l'oreille nous font connaître les *sons.* On distingue dans les sons plusieurs qualités : la *hauteur,* l'*intensité* et le *timbre.* La hauteur dépend du nombre de vibrations par seconde; sous le point de vue de la hauteur, il y a des sons graves et des sons aigus. L'intensité dépend de l'amplitude de vibrations; sous le point de vue de l'intensité, il y a des sons forts et des sons faibles. Le timbre dépend de la nature des instruments. Un violon, un piano, un clairon, la voix humaine produisent la même note avec un timbre différent. Les découvertes de Helmholtz ont établi que le timbre a son principe dans les harmoniques ou petites notes supplémentaires qui accompagnent le son fondamental et qui varient suivant les différents instruments.

L'ouïe ne perçoit par elle-même, ni la forme, ni l'étendue, ni le lieu, ni la distance des corps sonores. De là, de nombreuses erreurs dans les jugements relatifs aux perceptions de l'ouïe.

L'odorat et le goût. — Les perceptions de l'odorat et du goût sont les *odeurs* et les *saveurs.* Dans les odeurs et les saveurs, il y a, avons-nous dit, prédominance de l'élément affectif; elles sont avant tout agréables ou pénibles et elles ont peu d'importance au point de vue de la connaissance.

Les odeurs sont dues à des particules matérielles qui émanent de certaines substances et qui, transportées par l'air, viennent frapper la membrane pituitaire où s'épanouit le nerf olfactif. Les saveurs sont dues au contact des aliments dissous par la sécrétion salivaire avec le palais et la muqueuse buccale.

On a souvent essayé de classer les odeurs et les saveurs. Bain distingue les odeurs fraîches, par exemple le parfum des bois;

7

les odeurs *suffocantes* comme l'odeur d'une foule entassée dans une salle ; les odeurs *douces* ou *fragrantes*, l'odeur des fleurs ; les odeurs *piquantes*, l'odeur d'ammoniaque ; les odeurs *appétissantes*, comme celles de certains aliments..... On a distingué les saveurs *douces*, par exemple la saveur du sucre, les saveurs *amères*, celle du sulfate de quinine, les saveurs *acides*, celles de certains fruits, les saveurs *ardentes*, celle de l'alcool...

Les classifications de ce genre sont nécessairement incomplètes et plus ou moins arbitraires. Les perceptions gustatives et les perceptions olfactives offrent un nombre illimité de nuances, et il y a autant de saveurs et d'odeurs qu'il y a d'objets différents pour les produire. De plus, rien de si variable que ces perceptions ; elles contiennent toutes un élément personnel qui s'oppose à une classification rigoureuse.

L'odorat et le goût ont entre eux d'étroites relations qui tiennent sans doute à ce que leurs organes se touchent. « Les yeux et les narines étant fermées, dit Longet, on ne distinguera pas une crème à la vanille d'une crème au café ; elles ne produiront qu'une sensation commune de saveur douce et sucrée. »

Ces deux sens sont de plus intimement unis au toucher, ce qui rend difficile la distinction de leurs perceptions respectives. Il est certain, par exemple, que dans beaucoup de cas nous apprécions les aliments plutôt par des perceptions tactiles que par des perceptions du goût.

Importance des sensations musculaires dans les perceptions visuelles. — On n'a pas de preuve de l'existence d'un sens musculaire. Tout ce qu'on rapporte généralement à ce sens peut être attribué à d'autres sens. Mais il est incontestable que les sensations appelées musculaires jouent un grand rôle dans les perceptions, surtout dans les perceptions visuelles. L'œil est un organe mobile servi par un appareil musculaire qui lui permet de s'adapter à la distance, à la forme et à la direction des objets. Suivant que les objets sont proches ou éloignés, des mouvements musculaires spéciaux font converger ou diverger les axes visuels. Veut-on voir à gauche ou à droite, c'est une contraction des muscles latéraux de l'œil qui le dirige dans un sens ou dans l'autre, et c'est ainsi que les mouvements musculaires jouent un grand rôle dans la localisation des sensations. « La localisation, dit L. Liard, est une opération ultérieure et acquise. La science commence à en connaître le mécanisme, et toutes les analyses qui en ont été faites s'accordent à la présenter en fonction du mouvement musculaire. »

Les sensibles propres, les sensibles communs et les sensibles par accident. — Bossuet et les scolastiques après Aristote distinguent les sensibles en sensibles propres, sensibles communs et sensibles par accident. Par sensibles propres, ils entendaient les données spéciales à chaque sens, les qualités dont la perception appartient en propre à un sens, à l'exclusion des autres. Les sons, les couleurs, les saveurs et les odeurs sont des sensibles propres. Par sensibles communs, ils entendaient les qualités qui peuvent être perçues par plusieurs sens à la fois, par exemple l'étendue qui est donnée dans les perceptions visuelles et les perceptions tactiles. Ils admettaient l'existence d'un sens commun qui aurait pour fonction de centraliser, de comparer, de combiner les données des différents sens et de faire le départ des données particulières et des données communes. Les sensibles par accident étaient pour eux ce que sont pour les philosophes modernes les perceptions acquises. C'est dans ces sensibles par accident qu'ils cherchaient l'explication des prétendues erreurs des sens.

II — LES PERCEPTIONS ACQUISES

Outre les perceptions naturelles dues à l'exercice primitif de chaque sens, il y a des perceptions acquises qui ont leur origine dans l'expérience et l'habitude et dont les rapports avec les perceptions naturelles ont été assez justement comparés par Reid au rapport qui existe entre le langage artificiel et le langage naturel. Les perceptions acquises résultent de l'éducation des sens, ou d'associations entre les données des différents sens, ou d'inductions tirées des perceptions naturelles.

1° D'abord les perceptions naturelles et primitives peuvent se perfectionner. C'est un fait que chaque sens par l'exercice peut acquérir plus de rapidité, de sûreté et de délicatesse. On apprend à toucher, à voir, à entendre, à goûter, à flairer. Le tact peut être exercé chez les aveugles à un tel point qu'ils discernent avec une habileté singulière les formes les plus fines

des corps. Dans sa fameuse *Lettre sur les aveugles*, Diderot
cite l'exemple d'un aveugle qui reconnaissait par le tact pièces
et médailles aussi bien que l'aurait fait l'antiquaire le plus
clairvoyant. Le peintre discerne les nuances les plus délicates
des couleurs; le musicien arrive à saisir dans la perception de
l'harmonie et de la mélodie de très légères différences; les chi-
mistes et les gourmets atteignent une sûreté prodigieuse dans
la distinction des saveurs et des odeurs.

Il y a une éducation des sens qui se fait avec le concours de
la volonté et il y en a une qui se fait spontanément et par la
force des choses. C'est un fait surtout digne de remarque
que les sujets privés d'un ou de plusieurs sens acquièrent plus
de délicatesse pour les autres. Les aveugles ont généralement
le toucher et l'ouïe plus développés que les clairvoyants; chez
les sourds la vue peut devenir très pénétrante. On connaît le cas
fameux de Laura Bridgmann, jeune fille américaine aveugle,
sourde et muette de naissance, qui arriva par les seules perceptions du toucher à un degré très remarquable de développement intellectuel.

2. Outre ces perceptions naturelles perfectionnées par
l'exercice, il y a d'autres perceptions acquises qui sont le
résultat d'associations d'idées ou d'inductions plus ou moins
inconscientes. La vue, avons-nous dit, ne nous donne naturellement que l'étendue colorée et la forme plane, et pourtant elle
peut renseigner sur la distance et sur la forme réelle et solide
des objets. L'ouïe ne nous donne naturellement que le son et
pourtant elle peut nous faire connaître la nature, l'emplacement,
la distance de l'objet sonore.

Prenons des exemples pour bien montrer la nature des perceptions acquises. Une sphère placée dans le lointain nous
apparaît comme un disque plan dont les bords sont plus
ombrés que le centre. Le disque plan est la forme perçue
naturellement par la vue. Si je m'approche de l'objet et
si je promène ma main sur cet objet, j'en perçois la forme
solide, la forme sphérique; c'est une perception naturelle du
toucher. J'ai donc deux perceptions naturelles, l'une de la
vue, l'autre du toucher. Si je renouvelle plusieurs fois l'expérience, ces deux perceptions naturelles finiront par s'associer
dans mon esprit au point que l'idée de l'une suggérera aussitôt

l'idée de l'autre. La vue dans le lointain d'un disque plan ombré aux bords me fera penser à une sphère et je croirai percevoir par la vue la forme sphérique.

En général, ce rapprochement des deux perceptions, cette évocation de l'une par l'autre se produisent spontanément; mais ils peuvent aussi être les effets de comparaisons et de raisonnements dont l'esprit prend conscience. La perception se ramène dans ce cas à trois opérations : une comparaison entre deux ou plusieurs perceptions naturelles; dans l'exemple donné, entre la perception par la vue du disque plan ombré aux bords et la perception par le toucher de la forme sphérique, d'où naît un rapport constaté par l'esprit; — une induction par laquelle j'élève à l'état de loi le rapport constaté : toute sphère à distance s'offre à la vue sous la forme d'un disque plan ombré aux bords; — enfin une déduction qui applique aux cas particuliers la loi établie : chaque fois que je verrai dans le lointain un disque plan ombré aux bords, j'en conclurai que je vois une sphère.

Prenons un autre exemple. J'entends le son d'une cloche, j'ignore tout d'abord la nature et l'emplacement de l'objet sonore, car l'ouïe ne peut me les faire connaître. Mais je cherche à me renseigner, je découvre l'endroit d'où est venu le son; je m'approche de l'objet, je le touche, je me rends compte de sa forme, du métal qui le compose; enfin j'ai une certaine idée, grâce surtout aux perceptions tactiles, de la cloche qui sonnait; et désormais chaque fois que j'entendrai le même son, j'y associerai l'idée de la cloche qui l'a produit et l'ouïe seule suffira pour m'instruire de ce qui primitivement n'était pas de son ressort.

On le voit, le toucher joue un grand rôle dans les perceptions acquises. C'est du toucher surtout que viennent les perceptions acquises des différents sens. Sens le plus instructif à l'origine, il cède dans la suite sa place aux autres sens et c'est la vue qui tire le plus de profit de l'association de ses données propres à celles du toucher. Si la vue est pour la plupart des hommes le sens le plus riche en informations, c'est en grande partie au toucher qu'elle doit cet avantage. Les perceptions acquises permettent donc aux différents sens de *se suppléer* dans une certaine mesure. Cela ne veut pas dire que les sens se substituent les uns aux autres dans les perceptions qui leur sont propres, par exemple que la vue finit par percevoir la forme solide des objets. Cela signifie seulement qu'à l'aide des perceptions d'un sens, nous pouvons par association ou grâce à un raisonnement découvrir des qualités que ce sens ne perçoit pas naturellement. Les perceptions visuelles par exemple suffisent dans beaucoup de cas pour nous faire connaître la forme solide des objets.

Les erreurs des sens. — Les sceptiques de tous les temps ont pris plaisir à signaler ce qu'ils appellent les erreurs et les illusions des sens pour contester la certitude de nos connaissances. On connaît les exemples qu'ils invoquent. Une tour carrée vue de loin paraît ronde. Une longue avenue formée de deux lignes d'arbres parallèles semble se rétrécir et se terminer en angle. Le soleil nous paraît tourner autour de la terre. Un bâton plongé dans l'eau semble brisé au point d'immersion. Quand nous sommes en chemin de fer ou en bateau, nous croyons que les arbres du voisinage se meuvent. L'enfant qui se regarde dans une glace croit voir un autre enfant qui lui ressemble.

Toutes ces erreurs viennent, non pas des sens, mais des jugements faux que nous portons à l'occasion de la perception des sens. Ce ne sont pas les sens qui nous trompent, c'est nous-mêmes qui nous trompons dans l'interprétation des données sensibles.

Reprenons quelques-uns des exemples allégués. Lorsque nous sommes en bateau, nous croyons que les arbres du voisinage se meuvent. On en conclut que la vue nous trompe. Il n'en est rien. Le mouvement est un changement de position d'un corps par rapport aux autres corps. Dans le cas présent, il y a changement de position de mon corps par rapport aux arbres du voisinage. Si j'oublie le mouvement qui m'emporte dans le bateau, je crois que les arbres se meuvent et il m'est d'autant plus facile de le croire que moi-même je suis immobile. Il y a là une erreur, mais ce n'est pas une erreur de la vue. La vue me montre un changement de position des arbres par rapport au bateau, ce qui est vrai. C'est une erreur de jugement qui attribue le mouvement non au bateau mais aux arbres. — C'est pour la même raison que le soleil paraît tourner autour de la

terre. La terre est comme une voiture dont nous ne sentons pas
le mouvement. — Quand un bâton plongé obliquement dans l'eau
nous paraît brisé au point d'immersion, la vue ne nous trompe
pas non plus. La forme brisée est bien la forme apparente
que doit nous présenter le bâton en vertu des lois de la réfraction. Or la vue ne perçoit pas la forme réelle ; et si je confonds
la forme apparente et la forme réelle c'est une erreur de jugement. « Quand l'eau courbe un bâton, dit La Fontaine, ma
raison le redresse. » — On pourrait expliquer de la même
manière les autres exemples. « Quand nous découvrons par raisonnement, dit Bossuet, les tromperies de la perspective,
nous disons que le jugement redresse les sens, au lieu qu'il
nous faudrait dire que le jugement se redresse lui-même,
c'est-à-dire qu'un jugement qui suit l'apparence est redressé
par un jugement qui se fonde en vérité connue, et un
jugement d'habitude par un jugement de réflexion expresse. »

Conditions de l'exercice régulier des sens. — Il y a
certaines conditions à remplir pour que l'esprit puisse tirer des
notions exactes de l'exercice des sens.

1. Chacun des sens a sa fonction propre. Il ne fournit naturellement que certaines perceptions. Il ne faut pas lui en
demander d'autres. C'est le toucher qui perçoit la forme réelle
des corps. En la demandant à la vue, on s'expose à l'erreur.

2. Les sens ne perçoivent qu'à l'aide des organes. Par conséquent, pour qu'on puisse croire aux perceptions, il faut que
les organes soient sains et dans un état normal. Si les organes
sont malades, ils altèrent les perceptions. Dans la jaunisse, les
objets sont perçus avec une couleur jaune. Dans le daltonisme,
on ne perçoit pas certaines couleurs. Dans la fièvre, les aliments n'ont aucune saveur. Nous pouvons juger de l'état sain
de nos organes soit par notre expérience, lorsque nous n'y
constatons aucun désordre, soit par la comparaison de nos
jugements actuels aux jugements des autres hommes ou à nos
jugements d'autrefois sur les mêmes objets.

3. Il faut tenir compte des imperfections et des limites de
nos sens et ne pas leur demander ce qui est hors de leur portée. Notre œil n'est pas organisé pour nous permettre de voir
les rayons ultra-violets du spectre. L'oreille ne peut pas percevoir tous les bruits qui se produisent simultanément dans un

même lieu, et c'est un bien, car elle en serait assourdie. C'est un bien aussi que notre œil ne perçoive pas les milliers d'infusoires qui sont dans un morceau de viande ou dans un verre d'eau. L'appétit le plus robuste, la soif la plus ardente n'y tiendrait pas.

4. La connaissance que nous donnent les sens est toujours relative: Nous ne percevons pas la résistance absolue, la température absolue des objets; mais seulement la résistance et la température relative à notre corps. Les nouvelles découvertes scientifiques nous empêchent d'admettre que les qualités perçues par nos sens soient dans les objets matériels telles qu'elles nous apparaissent. « Abstraction faite de l'animal qui perçoit, dit Paul Janet, il n'y a dans la nature ni chaud, ni froid, ni lumière, ni obscurité, ni bruit, ni silence; il n'y a que des mouvements variés dont la mécanique détermine les lois et les conditions. » On sait qu'une seule et même cause physique produit en nous des sensations différentes, si elle agit sur des organes différents. C'est ainsi qu'un courant électrique peut provoquer des sensations de lumière, de son et de saveur. C'est ainsi que les rayons du soleil se manifestent à nous sous forme de chaleur ou sous forme de lumière, suivant qu'ils excitent les fibres nerveuses de la peau ou celles de l'œil. Réciproquement, les causes les plus différentes donnent lieu à une même sensation. C'est ainsi qu'une sensation lumineuse peut être produite non seulement par une source de lumière, mais par un choc, par l'électricité, par les actions chimiques.

Hiérarchie des sens. — L'odorat et le goût se rapportent presque exclusivement à la vie animale, ils nous servent à distinguer les aliments utiles des aliments nuisibles. Aussi les a-t-on appelés les sentinelles de l'appétit. Les autres sens sont plus instructifs. Le toucher est dans la première enfance la source principale d'informations, mais dans la suite la vue et l'ouïe se placent au premier rang, surtout parce qu'elles sont les conditions de l'enseignement écrit et de l'enseignement oral. De plus, ces deux derniers sens sont les sens de la vie sociale et de l'esthétique. La parole est le lien social par excellence. Le sourd est plus isolé et généralement plus triste que l'aveugle. C'est à l'ouïe et à la vue que s'adressent les beaux-arts. L'ouïe a dans son domaine la musique. De la vue, le sens le plus esthétique, relèvent l'architecture, la sculpture, la peinture, et la poésie qui cherche aussi à charmer l'oreille, et fait ses principaux emprunts aux images perçues par la vue.

Ouvrages à consulter.

BAIN. — *Les sens et l'intelligence.*

BERNSTEIN. — *Les sens.*

DUNAN. — *Psychologie.*

FARGES. — *Le cerveau, l'âme et les facultés.*

GARDAIR. — *La connaissance.*

HELMHOLTZ. — *Optique physiologique.*

STUART MILL. — *Philosophie de Hamilton.*

SULLY. — *Illusions des sens et de l'esprit.*

TAINE. — *L'intelligence.*

SAINT THOMAS. — *Somme théologique,* I, question 12, a. 4; q. 78.

SAINT THOMAS. — *De anima,* II, lectio XXIV.

DE VORGES. — *La perception et la psychologie thomiste.*

Articles de revues.

BINET. — *Du raisonnement dans les perceptions* (Revue philos., XV, 406).

BINET. — *La perception de l'étendue par l'œil* (Revue philos., XXI, 13).

EGGER. — *La perception de l'étendue par l'œil* (Revue philos., XXI, 338).

BULLIOT. — *La véritable assimilation scolastique* (Annales de philos. chrétienne, 1887).

CHAPITRE II

OBJECTIVITÉ DES PERCEPTIONS

FONDEMENT DE LA CROYANCE A LA RÉALITÉ DU MONDE EXTÉRIEUR

Théories réalistes : Théorie écossaise. — Théories idéalistes : Théorie de
Berkeley, Théorie de Hume, Théorie de Stuart Mill, Théorie de
Taine. — Théories de l'objectivité médiate et de l'inférence : Théorie des
idées images, Théorie de Descartes, Théorie de Malebranche, Théorie
de Maine de Biran. — Les qualités premières et les qualités secondes. —
Observations critiques. — Conclusion.

C'est un fait que spontanément nous objectivons nos perceptions, et que nous croyons à la réalité du monde extérieur.
Mais comment sommes-nous amenés à projeter ainsi hors de
nous certains de nos états de conscience, pour les attribuer à
des objets extérieurs à nous ? Quel est le fondement de l'objectivité de nos perceptions ? Cette question a donné lieu à de
nombreuses discussions et a reçu dans l'histoire de la philosophie des solutions très diverses que nous allons exposer sommairement. Nous grouperons les théories relatives à la perception extérieure en trois classes : les théories de la perception
ou de l'objectivité immédiate, que nous pouvons appeler réalistes par opposition aux suivantes ; les théories idéalistes
d'après lesquelles l'objectivité est une illusion ; et les théories
de la perception ou de l'objectivité médiate et de l'inférence.

1. *Théories réalistes.* — Constatons d'abord que le sens
commun est absolument réaliste. Pour le sens commun, la perception, c'est l'intuition des choses mêmes en dehors de l'esprit. Les qualités sensibles que nous percevons sont réellement
dans les objets telles qu'elles nous apparaissent.

Théorie écossaise. — Pour l'école écossaise qui a fait du
sens commun le critérium de la vérité, la perception des objets

extérieurs par les sens est immédiate comme la perception du moi par la conscience. Reid voit dans la perception externe une suggestion immédiate qui se ramène à deux éléments : la conception de l'objet perçu et la croyance irrésistible à l'existence de cet objet. « Nos sensations appartiennent, dit-il, à cette classe de signes naturels, qui, indépendamment de toute notion antérieure de la chose signifiée, la suggèrent ou l'évoquent par une sorte de magie naturelle, qui la font concevoir et nous y font croire en même temps... Par une loi de notre nature, la conception et la croyance suivent constamment et immédiatement la sensation. »

Effrayé des conséquences sceptiques que Berkeley et Hume avaient tirées de la théorie des idées représentatives de Locke, Reid voulait avant tout écarter cette théorie, non moins que celle de l'inférence qui fonde sur un raisonnement l'objectivité de nos perceptions.

Hamilton, disciple de Reid, mais aussi de Kant, fait de la perception non seulement une suggestion, mais une intuition directe, sans intermédiaire, du monde extérieur. Dans l'intuition de la perception, nous avons du même coup l'intuition de l'objet de la perception. La perception nous donne dans une antithèse primordiale le moi et le non-moi. Nous avons conscience du monde extérieur en même temps que de nous-mêmes, mais cette connaissance du monde extérieur n'en est pas moins relative, comme toutes les autres connaissances, à notre faculté de connaître ; car suivant Hamilton nous ne pouvons pas atteindre les choses en soi.

2. *Théories idéalistes.* — L'idéalisme n'a pas été inconnu dans l'antiquité. Les Éléates le professèrent, et Platon et son école n'en furent pas exempts. Mais c'est surtout dans les temps modernes et à partir de Descartes qu'il rencontre de nombreux représentants : Berkeley, Hume, Stuart Mill en Angleterre, Fichte et Hegel en Allemagne sont les principaux.

Théorie de Berkeley. — Berkeley s'appuie sur la théorie des idées représentatives de Locke pour révoquer en doute dans les dialogues fameux d'*Hylas et de Philonoüs* l'existence du monde extérieur. Si nous ne connaissons les corps, dit-il, que par nos idées, rien ne nous autorise à conclure de l'idée à la réalité. L'idée, simple modification de l'âme, ne suppose pas nécessairement pour cause le monde extérieur. Dieu tout-puissant peut produire en nous des phénomènes analogues à ceux que produirait l'action des corps extérieurs à nous. Il n'y a pour Berkeley que des esprits et des idées dont la réalité soit certaine. *Esse est percipi aut percipere.* Tout l'être des corps est d'être perçu. Les idées que nous avons des corps ne sont que des phénomènes produits dans notre âme par Dieu lui-même. Berkeley croyait voir dans sa doctrine idéaliste une arme puissante contre l'irréligion et le matérialisme. En réalité, il a préparé les voies à Hume qui prit son point de départ dans la doctrine de Berkeley pour aboutir à des négations beaucoup plus graves.

Théorie de Hume. — On ne comprend pas, dit Hume, comment un corps pourrait agir sur un esprit pour produire une image dans une substance de nature si contraire. De plus, nous ne connaissons immédiatement que l'idée ; or l'idée n'est pas une preuve des objets qu'elle représente. Berkeley a bien établi que de l'idée de matière on ne peut conclure la réalité de la matière ; mais nous ne connaissons notre esprit, nous ne connaissons Dieu que par les idées que nous en avons. Donc nous ne pouvons pas non plus affirmer la réalité substantielle de notre esprit et celle de Dieu. La conséquence, c'est l'*idéalisme phénoméniste.* Nous ne connaissons pas de substance, nous ne connaissons que des phénomènes. Mais si nous ne connaissons que nos idées, que nos phénomènes de conscience, comment distinguer nos fictions des réalités auxquelles l'esprit ajoute foi ? Cette distinction repose selon Hume sur la différence de force et d'intensité et sur la liaison habituelle des états de conscience. La croyance à la réalité du monde extérieur répond à des états de conscience plus forts et associés entre eux suivant des lois qui permettent de les attendre et de les prévoir dans certaines circonstances.

Théorie de Stuart Mill. — Stuart Mill ne fait que développer les théories de Hume. Que voulons-nous dire lorsque nous parlons d'un monde extérieur ? Nous voulons dire que nos perceptions se rapportent à quelque chose qui existe, même lorsque nous n'y pensons pas, qui existait avant que nous y pensions, qui existerait encore si nous étions anéantis. Notre croyance au monde extérieur, c'est la croyance à quelque chose de fixe, qui se distingue de nos impressions changeantes et passagères par la permanence. Mais au fond, ce n'est qu'une forme subjective imposée à nos sensations par les lois de l'association des idées.

Prenons des exemples. Je vois un morceau de papier sur une table dans ma chambre. Ce morceau de papier est pour moi un ensemble de sensations. Si je sors de ma chambre, je ne vois plus ce morceau de papier et cependant je crois que, si je rentrais, j'éprouverais de nouveau les mêmes sensations. Je crois que Calcutta existe, bien que j'en sois très éloigné, et je crois qu'elle existerait encore alors même que ses habitants seraient frappés de mort. Cette croyance revient à ceci. Si j'étais transporté à Calcutta, j'aurais des sensations qui me feraient croire à son existence. Dans ces deux exemples, et tous les autres peuvent s'y ramener d'après Stuart Mill, mon idée du monde extérieur, c'est l'idée de sensations actuelles et de sensations possibles; et les possibilités de sensations, en raison de leur permanence, sont plus importantes que les sensations actuelles. La permanence est un des caractères distinctifs de notre conception de la matière.

Ajoutons que nos sensations sont réunies en groupes. Quand nous pensons à quelque objet matériel, nous pensons à un grand nombre de sensations, si bien liées entre elles, que la présence de l'une entraîne la présence possible des autres, et par suite le groupe considéré comme un tout inséparable, s'offre à notre esprit avec le caractère de la permanence. De plus, nous reconnaissons un ordre de succession invariable entre nos sensations, entre des groupes d'antécédents et des groupes de conséquents, et c'est ainsi que l'idée de cause se lie aux possibilités de sensations. L'ensemble des sensations considérées dans leur possibilité forme une substance pour les sensations actuelles et le rapport de succession invariable entre les sensations possibles, c'est la causalité.

Arrivé à ce point, notre esprit oublie que les possibilités permanentes ont leur fondement dans les sensations. Il finit par les détacher de lui-même et les considérer comme des existences extérieures. Nous découvrons ensuite que les autres hommes ont comme nous leurs possibilités permanentes de sensations et cet accord achève et complète en nous l'idée que

la réalité fondamentale de la matière consiste en des groupes
de possibilités de sensations.

Ainsi des sensations possibles, des groupes de sensations
associées, un ordre fixe entre ces groupes, un accord entre
notre croyance et celle de nos semblables, telle est d'après
Stuart Mill toute notre idée de la matière.

« La matière est une possibilité permanente de sensations. »

Théorie de Taine. — Nous pouvons rattacher aux théories
précédentes celle de Taine qui, dans son livre *de l'intelligence*,
définit la perception une hallucination vraie. Voici ce qu'il
entend par là. Toute sensation tend à s'objectiver et s'objective
en effet si rien ne s'y oppose. Or l'hallucination n'est autre
chose que l'objectivation d'une image purement interne. Toute
sensation est donc hallucinatoire, puisque d'état de conscience,
d'état intérieur qu'elle est, elle tend à s'affirmer comme extérieure. Mais il y a des hallucinations fausses et des hallucinations vraies. Les hallucinations fausses sont contradictoires,
incohérentes, réfractaires à tout ordre ; les hallucinations vraies
au contraire sont cohérentes, ne contredisent ni le présent ni le
passé ; elles s'enchaînent entre elles d'après des règles qui permettent la prévision : ce sont, suivant l'expression de Leibnitz,
des rêves bien liés.

Nous renvoyons à la métaphysique l'exposé de l'idéalisme
transcendantal de Kant et de l'idéalisme absolu de Fichte et de
Hegel.

3. *Théories de l'objectivité médiate et de l'inférence.* — Les
théories de l'objectivité médiate et de l'inférence offrent entre
elles de nombreuses et importantes différences. Nous les grou-
pons ensemble uniquement parce qu'elles s'accordent dans la
négation de l'objectivité immédiate des perceptions, tout en
affirmant la légitimité de notre croyance à l'existence du
monde extérieur qu'elles expliquent de manières très diverses.

Théorie des idées-images. — Une théorie très ancienne
est la théorie des simulacres ou des idées-images de l'école
atomistique d'Abdère dont les principaux représentants furent
Leucippe et Démocrite. Cette théorie a été reprise par Épicure
et célébrée dans le *De natura rerum* de Lucrèce. D'après cette
théorie, les corps émettent sans cesse des particules : simu-

lacres, images, fantômes (ἴδωλα) d'eux-mêmes; ces images s'introduisent dans le cerveau par les organes des sens; elles s'y impriment, et la sensation, source originelle de notre connaissance du monde extérieur, n'est que le changement produit en nous par cette impression.

Bien que Locke ne soit pas matérialiste, on peut rapprocher sa théorie des idées représentatives de la théorie d'Épicure. Locke compare l'esprit humain à un cabinet noir où sont pratiquées des ouvertures qui laissent passer les images des objets extérieurs; ces images sont l'objet propre de la sensation. L'esprit ne connaît pas les choses immédiatement et en elles-mêmes, il ne les connaît que par les idées qui les représentent. La réflexion s'exerce ensuite sur ces idées primitives et en tire toutes les autres idées. Locke ne s'explique pas nettement sur la nature des idées-images. Sont-elles matérielles ou ne le sont-elles pas? Il se contente de dire qu'elles rendent les objets présents à l'esprit.

Théorie de Descartes. — Suivant Descartes, les sens sont impuissants à nous donner la certitude de l'existence du monde extérieur, car ils nous trompent. Nous connaissons les corps non pas en eux-mêmes, mais dans l'idée que nous nous en faisons à l'occasion de certains mouvements excités dans nos organes. La connaissance du monde extérieur est pour Descartes non une perception, mais une conception. Il faut donc prouver la réalité du monde extérieur. « Ce qui m'avait porté à croire à l'existence du monde matériel, dit Descartes, c'est que, trouvant en moi des sensations qui ne dépendaient pas de ma volonté, j'avais été conduit par là à penser qu'elles dépendaient de causes extérieures. »

Ce sont les sensations qui nous portent à croire à l'existence du monde extérieur, mais c'est la véracité divine qui garantit notre croyance. Il est impossible que Dieu nous trompe; car « tromper répugne, dit Descartes, à sa nature souverainement parfaite. Je dois donc croire sur la foi des tendances de ma volonté, consécutives des clartés de mon entendement, que les choses existent avec toutes les propriétés que nous connaissons manifestement leur appartenir. » C'est donc par la véracité divine qu'entre autres certitudes l'esprit acquiert la certitude du monde extérieur.

On peut rapprocher de la théorie de Descartes celle de Cousin. C'est dans une inférence motivée par le principe de causalité qu'il cherche, lui aussi, l'origine de la croyance à l'existence du monde extérieur. « Nul phénomène, dit-il, ne pouvant se produire sans cause, la raison nous force de rapporter ce phénomène de la sensation à une cause existante, et cette cause n'étant pas le moi, il faut bien rapporter la sensation à une autre cause étrangère au moi, c'est-à-dire extérieure. »

Théorie de Malebranche. — Malebranche est l'auteur de la théorie très originale de la *vision en Dieu*. Pour lui comme pour Descartes, l'âme dont l'essence est la pensée et le corps dont l'essence est l'étendue sont absolument distincts. Il en conclut qu'il n'y a aucune action possible réciproque entre l'âme et le corps. Nous ne pouvons pas percevoir directement les objets extérieurs parce que, dit Malebranche, l'esprit ne perçoit que ce qui lui est intimement uni. Nous ne voyons les corps que dans leurs idées; c'est l'idée qui est l'objet immédiat de la perception. Mais comment les idées des corps sont-elles présentes à l'esprit? Est-ce l'esprit qui les produit? Non, dit Malebranche, parce que l'âme est absolument passive dans la connaissance; d'ailleurs, l'âme ne voyant pas les objets en eux-mêmes ne peut pas se les représenter. Mais Dieu qui a créé les corps en a nécessairement les idées. Or Dieu est le lieu des esprits comme il est le lieu des corps, et l'âme est intimement unie à lui par l'idée d'infini. Avoir l'idée d'infini, pour Malebranche, c'est voir l'infini; avoir l'idée de Dieu, c'est voir Dieu. C'est donc dans l'infini, c'est dans l'*étendue intelligible*, attribut de Dieu, que l'âme voit les idées des corps, ou plutôt Dieu lui montre ces idées à l'occasion des objets matériels qui paraissent agir sur notre corps. « Nous voyons tout en Dieu, Dieu fait tout en nous. »

Il semble que Malebranche ait aperçu les conséquences sceptiques qu'on pouvait tirer de sa théorie; aussi a-t-il recours, comme Descartes, pour prouver l'existence du monde extérieur, à la véracité divine. Rien ne prouverait, dit-il, qu'il existe des corps, si Dieu ne l'avait appris aux hommes. Mais Moïse a écrit sous la dictée de Dieu un livre où nous lisons que Dieu a créé le ciel et la terre et où sont énumérés les différents objets de la création. Celui qui ne connaîtrait pas l'existence de la Genèse et ne croirait pas à la vérité de ce qu'elle contient, ne pourrait être certain de l'existence des corps.

Théorie de Maine de Biran. — Maine de Biran soutient que notre esprit perçoit non les objets extérieurs, mais les états de notre corps modifiés par ces objets, et ce sont ces modifications de l'organisme qui nous représentent les objets extérieurs. Ainsi, toucher c'est percevoir une modification de la peau, entendre c'est percevoir une modification du tympan, voir c'est percevoir une modification de la rétine. Nous avons, dans chacune des opérations de nos sens, l'intuition des organes qui en sont les instruments. Saisset et Lemoine soutiennent la même thèse.

Les qualités premières et les qualités secondes. — C'est Démocrite qui le premier a établi une distinction entre les qualités premières et les qualités secondes de la matière. Descartes a repris cette distinction qui répond pour lui à celle de la sensibilité et à celle de l'entendement, et qui a été généralement adoptée par les cartésiens ; Locke, les Écossais, Maine de Biran, Royer-Collard, acceptent aussi cette distinction. D'une manière générale, pour ceux qui distinguent les qualités premières et les qualités secondes, les qualités premières sont objectives, indépendantes des autres qualités et essentielles à la matière. Les qualités secondes sont subjectives, non essentielles à la matière et toutes supposent les qualités premières. Pour Démocrite, suivi par Épicure, les qualités premières sont la pesanteur, la dureté, la densité. On peut les déduire immédiatement de la nature même des atomes. Les qualités secondes sont : la couleur, le son, la température, etc... Elles dépendent non de la nature, mais du mélange des atomes et expriment la manière dont nos sens perçoivent ce mélange. Pour Descartes, les qualités premières sont l'étendue, la figure et le mouvement, simples modifications de l'étendue. A toute idée claire et distincte de l'esprit répond une réalité ; et, seules dans la connaissance du monde extérieur, les idées d'étendue, de figure et de mouvement sont des idées claires et distinctes. L'étendue est donc l'essence des corps. Les qualités secondes sont la couleur, le son, la saveur, l'odeur. Données dans des perceptions confuses, elles n'ont pas

8

de réalité objective. Pour Maine de Biran, la qualité première et fondamentale des corps est la résistance.

Observations critiques. — Il est impossible d'admettre avec le sens commun l'intuition des choses mêmes en dehors de notre esprit et de soutenir que les qualités sensibles sont réellement dans les objets telles qu'elles nous apparaissent. L'esprit ne perçoit intuitivement que lui-même; il n'a conscience que de lui-même. Nos perceptions sont relatives et, puisque les objets sont extérieurs à nous, l'esprit ne peut les connaître que dans les effets qu'ils produisent sur lui par l'intermédiaire de l'organisme.

La solution écossaise n'en est pas une. Reid, en rapportant l'objectivation de nos perceptions à un instinct naturel et irrésistible, constate le fait sans l'expliquer, et Hamilton, lorsqu'il soutient la connaissance intuitive de l'objet de la perception, mérite la même critique que le sens commun.

Les solutions idéalistes, malgré ce qu'elles offrent de spécieux chez quelques philosophes, sont inadmissibles. Elles proviennent comme nous aurons occasion de le montrer, d'un abus d'analyse qui détruit la vérité en voulant l'expliquer, et, pour ingénieuses qu'elles soient, elles ne convaincront personne. — Lorsque Berkeley attribue à Dieu nos perceptions, il fait, comme nous l'établirons en métaphysique, une hypothèse qui répugne à la nature divine. — Les possibilités de sensations de Stuart Mill sont en réalité des sensations impossibles. — « La doctrine de l'hallucination vraie, qui rallie aujourd'hui un certain nombre de partisans, n'est défendable ni dans son adjectif, ni dans son substantif: dans son adjectif, parce qu'elle échoue absolument à montrer que la classe d'hallucinations à laquelle elle réserve le nom de perceptions extérieures est vraie, c'est-à-dire conforme aux choses, et parce qu'elle ne nous donne pas plus de raisons pour penser qu'il y a des choses que pour penser qu'il n'y en a pas; dans son substantif, parce que l'hallucination qu'elle pose comme le fait primitif, comme le genre dans lequel la perception rentre à titre d'espèce, est au contraire un fait dérivé, un fait dont la production ne serait ni possible, ni concevable, si on ne plaçait avant lui une perception qui lui fournisse des matériaux [1]. »

1. De Margerie.

La théorie des simulacres de l'école atomistique est inexacte au point de vue physique et physiologique, et n'explique ni la sensation, ni la perception. La théorie des idées-images de Locke est une hypothèse, comme celle des simulacres. De plus, ces images sont-elles matérielles ou immatérielles? Si elles sont matérielles, comment sont-elles perçues par l'esprit? Si elles sont immatérielles, comment représentent-elles un objet matériel? Dira-t-on qu'elles sont matérielles et immatérielles tout ensemble? C'est une contradiction dans les termes. D'ailleurs, qui garantira la fidélité de l'image? — Quant aux théories de Descartes et de Malebranche, on a pu, non sans quelque raison, se demander si elles ne reposaient pas sur un cercle vicieux. De plus, Malebranche est dans l'erreur lorsqu'il soutient que nous avons l'intuition de Dieu dès ce monde. — Enfin, quoi qu'en dise Maine de Biran, la perception intuitive du corps ou d'une partie du corps est aussi impossible que celle des objets extérieurs.

Conclusion. — La solution qui nous paraît la plus simple et sujette à moins de difficultés est celle que propose M. Fonsegrive : « Le motif de l'aliénation de certains de nos états se trouve dans un caractère particulier que constate en eux la conscience et qui ne permet pas qu'ils soient attribués au moi, et la justification de l'aliénation réside dans le principe de causalité. » Je vois un morceau de papier sur ma table; je sens que je ne suis pour rien dans la production des sensations visuelles que j'éprouve. Je sens de plus que, les conditions restant les mêmes, je ne pourrais pas supprimer ces sensations à mon gré. Il en est de même des sensations tactiles, auditives, etc... A côté de ces états de conscience, j'en constate d'autres, par exemple un effort de réflexion, une résolution généreuse que je m'attribue, parce qu'ils viennent de moi et dépendent de ma volonté, parce que j'en suis la cause. Je m'aperçois bien que ces états sont absolument différents des premiers. Ils ne résistent pas comme eux à mon activité. Et ce caractère me suffit pour faire le départ des états qui sont en moi, sans moi, de ceux qui sont en moi par moi. — Mais il faut de plus légitimer leur position comme objet, leur attribution à des êtres extérieurs. Cette objectivation se fait par une inférence rapide, fondée sur le principe de causalité. Je me dis : ces sensations visuelles, tactiles, auditives, ne viennent pas de moi; je n'en suis pas la cause. Mais rien n'est sans cause. Ces phénomènes ont donc leur cause hors de moi, et j'attribue naturellement à cette cause les qualités mêmes des phénomènes qu'elle produit. .

C'est donc dans la résistance que nous opposent certains états de conscience qu'il faut chercher le motif de l'objectivité des perceptions; et c'est le principe de causalité qui légitime notre croyance à la réalité du monde extérieur[1].

Ouvrages à consulter

DESCARTES. — *Méditations.*

DUGALD-STEWART. — *Éléments de la philosophie de l'esprit humain.*

DUNAN. — *Théorie psychologique de l'espace.*

DUQUESNOY. — *La perception externe.*

FARGES. — *L'objectivité de la perception et les théories modernes.*

GARNIER. — *Traité des facultés de l'âme.*

JANET ET SÉAILLES. — *Histoire de la philosophie.*

DE MARGERIE. — *Taine.*

MARTIN. — *La perception du monde extérieur.*

REID. — *Essai sur les facultés intellectuelles.*

TAINE. — *L'intelligence.*

1. Nous justifierons et nous compléterons ces critiques lorsque nous traiterons en métaphysique la question de l'existence du monde extérieur.

CHAPITRE III

LA CONSCIENCE

Définition et caractères de la conscience. — Formes de la conscience. — Le
problème de l'inconscience. — Critique de la thèse de l'inconscience. — Objet,
portée et limites de la conscience.

Définition et caractères de la conscience. — La conscience ou perception interne, avons-nous dit, est un des caractères qui distinguent les faits psychologiques des faits physiologiques. C'est la connaissance immédiate que l'âme a d'elle-
même et de ses phénomènes actuels. Il ne faut pas confondre la
conscience psychologique avec la conscience morale. La première n'est qu'un témoin, la seconde est un juge qui nous
éclaire sur le bien et sur le mal, et nous approuve ou nous
condamne après nos actions.

La conscience nous apparaît avec deux caractères qu'il
importe de bien mettre en lumière.

1. La conscience est *intuitive*. En effet, lorsque je connais par
la conscience, l'objet de la connaissance et la connaissance
même s'identifient. Sentir et avoir conscience que l'on sent, c'est
une seule et même chose. De même, penser et avoir conscience
que l'on pense, vouloir et avoir conscience que l'on veut. Un
état de conscience n'existe que dans le sentiment qu'on en a. Il
en résulte que la certitude de la conscience est une *certitude
absolue*, puisque l'objet de la connaissance qui se fait par la
conscience est inséparable de cette connaissance. Et on ne peut
nier ou révoquer en doute le témoignage de la conscience sans
se contredire, car, pour nier ou révoquer en doute le témoignage
de la conscience, il faut s'appuyer sur ce témoignage. Il en
résulte aussi, que toute autre certitude suppose la certitude de
la conscience. Pour être certain d'un objet quelconque de

pensée, il faut être certain de sa pensée, et c'est la conscience qui donne cette certitude.

2. La conscience est *personnelle*. On n'a conscience que de soi-même. On peut deviner par des signes extérieurs les sentiments, les pensées, les volontés et en général l'âme d'autrui. On n'en a pas conscience. De même, nous n'avons pas conscience du monde extérieur, quoi qu'en aient dit les Écossais, ni de notre corps, comme le soutient Maine de Biran. Nous n'avons conscience que des sensations qui sont pour nous les signes et les preuves de l'existence de notre corps et du monde extérieur. De même, nous n'avons pas conscience de Dieu, ainsi que l'ont pensé les ontologistes. Nous avons seulement conscience de l'idée de Dieu, qui nous permet de nous élever à l'affirmation de son existence. La conscience ne sort pas d'elle-même. Ce n'est que par la raison, que nous pouvons interpréter les données de la conscience, pour affirmer des réalités autres que nous-mêmes.

Formes de la conscience. — La conscience est *spontanée* ou *réfléchie*. La conscience spontanée que Kant appelle conscience empirique et qui porte plus généralement le nom de sens intime, est cette connaissance vague, synthétique et confuse, qui accompagne tous les états de l'âme et qui a la même durée et la même intensité qu'eux. « Dans la conscience spontanée, dit M. Janet, le moi sujet ne se distingue pas du moi objet, ou pour mieux parler, il n'y a pas encore de moi, le moi ne s'est pas dégagé des phénomènes où il est enveloppé ; il ne se nomme pas encore. L'enfant ne s'objective pas lui-même ; il se nomme à la troisième personne, il s'appelle de son nom extérieur : Pierre veut ceci, Pierre fait cela. »

Mais l'âme peut se replier sur elle-même, faire effort pour se détacher en quelque sorte de ses phénomènes, les analyser, en avoir une connaissance précise et distincte. C'est la conscience réfléchie, ou simplement la réflexion. La réflexion n'accompagne pas tous les états de l'âme. Nous ne pouvons avoir à chaque instant qu'un très petit nombre d'états réfléchis, si même il est possible d'en avoir plus d'un. Toujours postérieure au fait qu'elle prend pour objet, la réflexion n'est possible que si ce fait n'est ni trop fugitif, ni trop violent ; elle n'a nécessairement ni la même intensité, ni la même durée que le phénomène qu'elle prend pour objet ; dans la conscience réfléchie, le moi se dégage et se distingue des phénomènes. Remarquons de plus que la conscience réfléchie suppose la conscience spontanée ; pour réfléchir, il faut une matière à la réflexion, et cette matière nécessaire est fournie à l'esprit par la conscience spontanée.

La conscience est-elle une faculté spéciale ? Les Écossais, Jouffroy et Garnier en font une faculté spéciale, et la raison qu'ils en donnent, c'est qu'elle a un objet propre. De même que la connaissance du monde extérieur nous est donnée par la perception externe et la connaissance de Dieu par la raison, la connaissance de nous-mêmes nous est donnée par la conscience.

Contre cette opinion, on peut objecter que la conscience est inséparable des autres facultés. On n'a pas conscience, si l'on n'a conscience de quelque sentiment, de quelque pensée, de quelque résolution. L'objet de la conscience, c'est l'exercice même des autres facultés ; et d'autre part on ne sent pas, on ne pense pas, on ne veut pas, sans en avoir conscience ; il n'y a pas de phénomène de conscience, sans conscience du phénomène. « Sentir, dit Aristote, ce n'est pas seulement sentir, mais sentir que l'on sent ; penser, ce n'est pas seulement penser, mais penser que l'on pense. » *Non sentimus*, disaient les scolastiques, *nisi sentiamus nos sentire, non intelligimus, nisi intelligamus nos intelligere*. La conscience est donc coextensive à toutes nos facultés ; elle est le caractère commun des phénomènes psychologiques.

Il n'en reste pas moins vrai qu'on peut toujours opposer la conscience aux autres facultés, parce qu'elle seule atteint immédiatement son objet, et cet objet est donné actuellement dans le sujet. Toute autre faculté a pour objet le non moi, ou le moi non dans le présent, mais dans le passé.

Le problème de l'inconscient. — La conscience est susceptible d'un grand nombre de degrés ; elle peut être tantôt très claire ou très vive, tantôt très obscure ou très faible. Leibnitz distinguait des états de conscience clairs et distincts, des états de conscience clairs et confus, des états de conscience sourds, des états de conscience plus que sourds.

En ce moment, j'ai une conscience bien nette de l'idée que j'exprime ; j'ai à peine conscience du bruit de voix et d'armes dès soldats qui font l'exercice sous mes fenêtres, et je ne sais vraiment si je sens le contact des vêtements que je porte ou la température de ma chambre. Faut-il donc supposer que la conscience est une qualité qui s'ajoute aux phénomènes psychologiques, un *épiphénomène*, comme on l'a dit, qui n'est pas nécessaire à leur existence? Faut-il admettre avec Kant, Schopenhauer, Hartmann, Maine de Biran, Hamilton et Taine des phénomènes psychologiques absolument inconscients?

Les partisans de l'inconscient se réclament, peut-être à tort, de Leibnitz, l'auteur des petites perceptions. « Il y a, à tout moment en nous, dit Leibnitz, une infinité de perceptions dont nous ne nous apercevons pas, parce que ces impressions sont ou trop petites, ou en trop grand nombre, ou trop unies. Mais jointes à d'autres, elles ne laissent pas de faire leur effet..., et elles sont de plus grande efficacité qu'on ne pense. » Les faits invoqués par les partisans de l'inconscient pour justifier leur théorie, sont très nombreux dans l'exercice de toutes les facultés, de la sensibilité, de l'intelligence et de la volonté.

1. Il y a de l'inconscient dans la sensibilité. Soutiendra-t-on que nous avons toujours conscience de toutes nos inclinations et de toutes nos affections? J'aime mes parents, j'aime mes élèves, j'aime ma patrie, j'aime le vrai, le beau, le bien, j'aime Dieu. Pour n'être pas toujours présentes à ma conscience, ces différentes affections cessent-elles d'exister en mon âme? Que de sentiments dont l'âme ne se rend pas bien compte, qui se produisent et se développent insensiblement en elle, sans qu'elle s'en aperçoive! et dans certaines émotions complexes, comme l'émotion esthétique, que d'éléments simples échappent à la conscience!

2. Il y a de l'inconscient dans l'intelligence, depuis les fonctions les plus humbles, jusqu'aux opérations intellectuelles les plus élevées. Beaucoup de sensations sont inconscientes, faute d'attention ou à cause de leur faiblesse ou de leur continuité. Tout entier à mon travail, je n'entends pas les bruits de la rue, je n'ai pas conscience des perceptions tactiles de ma main en écrivant. Le meunier n'entend plus le tic-tac de son moulin. On s'endort au bruit d'une lecture monotone. De plus, dans les sensations complexes, nous n'avons pas conscience des sensations élémentaires dont elles sont la résultante. Nous entendons

le bruit des vagues de la mer, et nous n'entendons pas le bruit des gouttes d'eau dont l'ensemble forme les vagues. Mais si le choc de deux gouttes d'eau ne produisait pas de sensations, le choc de milliards de gouttes d'eau ne pourrait pas non plus en produire : $0 \times \infty$ ne peut donner que 0. Nous conservons dans notre mémoire une foule d'idées qui resteraient à jamais dans l'inconscience, si l'occasion ne faisait pas revivre un jour ou l'autre quelques-unes d'entre elles. On parlait devant Hobbes de la mort de Charles Ier; soudain il demanda la valeur du denier romain. Après réflexion, il reconstruisit la série d'idées qui lui avait traversé l'esprit. La trahison de Charles Ier par les Écossais avait réveillé en lui le souvenir de la trahison de Jésus-Christ par Judas et des trente deniers qui en furent le prix. De même, dans l'imagination et dans les opérations intellectuelles, il se produit des combinaisons, des généralisations, des jugements, des raisonnements que l'esprit ne constate qu'après coup. Les grands savants seraient souvent bien embarrassés de retracer l'histoire de leurs découvertes et de retrouver le fil conducteur de leur esprit dans l'investigation scientifique. Il y a pour tous un travail latent, une sorte d'incubation de la pensée qui ne franchit pas le seuil de la conscience. Cela est plus vrai encore des grands artistes.

3. Il y a enfin de l'inconscient dans les différentes formes de l'activité. L'instinct est chez l'animal une tendance innée à rechercher certaines fins dont il n'a pas conscience. Je puis porter mes mains en avant pour parer un coup qui me menace, sans en avoir conscience. La conscience diminue dans les faits habituels, à mesure qu'ils se répètent, et finit par disparaître. Le pianiste n'a plus conscience du mouvement de ses doigts. La volonté elle-même n'échappe pas à l'inconscience. Au moment d'une détermination, a-t-on toujours conscience des motifs et surtout des mobiles qui sollicitent la volonté? De plus, n'y a-t-il pas toujours en nous des volontés latentes qui n'attendent pour ainsi dire que l'occasion pour se manifester.

Tels sont les faits allégués par les partisans de l'inconscience; ils en concluent que les phénomènes psychologiques sont naturellement inconscients, que la conscience est un surcroît qui s'y ajoute, lorsqu'ils remplissent certaines conditions d'intensité et de durée. Que faut-il penser de cette thèse?

Critique de la thèse de l'inconscient. — 1. Cette thèse est contradictoire. Phénomènes psychologiques et phénomènes de conscience sont synonymes. Un phénomène psychologique inconscient, c'est un phénomène conscient inconscient, c'est une absurdité dans les termes. Il est donc impossible de se représenter un phénomène psychologique absolument inconscient. Une sensation qui ne serait pas à quelque degré sentie, une idée qui ne serait pas du tout pensée, cela est inconcevable. Il peut y avoir et il y a un grand nombre de phénomènes psychologiques de conscience sourde et obscure, ne laissant aucune trace dans la mémoire, mais, si la conscienc fait absolument défaut, le phénomène psychologique disparaît.

2. Les partisans de l'inconscience paraissent faire grand cas de l'argumentation suivante. Lorsqu'une cause complexe produit un certain effet, toute partie de la cause produit une partie de l'effet. Le choc des vagues produit un bruit que j'entends, il faut bien que j'entende le bruit des gouttes d'eau qui forment les vagues.

Cette argumentation suppose la sensation indéfiniment décomposable comme le phénomène physique qui en est la cause, ce qui est une erreur. De plus, l'expérience prouve qu'il y a un minimum d'intensité, nécessaire à la cause pour produire certains effets. Il faut cent degrés de chaleur pour produire l'ébullition. Un nombre moindre de douze vibrations simples par seconde ne donnera pas la sensation de son.

En outre, on peut retourner contre les partisans de l'inconscient leur argumentation. Des zéros de sensation, disent-ils, ne peuvent produire une sensation totale, donc la sensation totale consciente est composée d'éléments de sensation inconscients. Des zéros de conscience, dirons-nous, ne peuvent produire une sensation totale consciente. Donc, puisque nous avons conscience de la sensation totale, il faut que nous ayons conscience des sensations élémentaires qui la composent.

Nous pouvons donc conclure : Ou bien les faits allégués par les partisans de l'inconscience sont vraiment psychologiques; alors ils sont nécessairement conscients à quelque degré. Ce sont des faits de faible conscience qu'on peut appeler *subconscients*. Le meunier entend vaguement le tic-tac de son moulin;

car, si le tic-tac cesse, il le remarque aussitôt. Ou bien ils sont vraiment inconscients, alors ils ne sont pas psychologiques. Ce qui est inconscient en nous relève de la métaphysique ou de la physiologie : « Je suis porté, dit Stuart Mill, à penser comme Hamilton, et à admettre ces modifications mentales inconscientes, mais avec la seule forme sous laquelle je puisse leur donner un sens très précis, à savoir sous la forme de modifications inconscientes des nerfs. »

L'existence de l'inconscient est incontestable et il joue un très grand rôle dans la vie humaine. Il se produit à chaque instant dans notre corps une multitude de phénomènes dont nous ne pouvons pas avoir conscience, et il serait téméraire de soutenir que nous avons conscience de tout ce qui se produit dans notre âme. Mais le domaine de la psychologie expérimentale est le domaine même de la conscience et il faut en bannir toute inconscience.

Objet, portée et limites de la conscience. — 1. La conscience a d'abord pour objet tous les phénomènes psychologiques, de quelque faculté qu'ils relèvent. C'est par la conscience que nous avons l'idée des sentiments, des pensées, des volontés de notre âme. Il n'y a pas de phénomènes psychologiques inconscients, nous venons de l'établir contre les partisans de l'inconscience. Mais la conscience ne se borne pas à nous faire connaître ces phénomènes, comme l'ont prétendu Condillac, Reid et surtout les phénoménistes.

2. En même temps que nous percevons nos phénomènes, nous nous percevons comme *sujet* de ces phénomènes. Si différents, en effet, que soient mes phénomènes de conscience, je me sens en chacun d'eux, je les rapporte à moi-même, je les appelle miens, je dis : je pense, je sens, je veux ; mes sentiments, mes pensées, mes volontés. Impliqué dans tous les phénomènes de conscience, le sujet s'en distingue cependant par deux caractères. Les phénomènes sont multiples et changeants, le sujet est *un* et *permanent*. J'ai conscience que le sujet qui en moi sent est le même que celui qui pense, que celui qui veut. Quels que soient les phénomènes dont j'ai conscience, je les rapporte à un seul sujet qui est moi. Et ce sujet, malgré la mobilité incessante des phénomènes, reste identique à lui-même. Ma conscience m'affirme qu'actuellement je sens, je

pense, je veux; ma mémoire me rappelle que hier, il y a un
mois, un an, je sentais, je pensais, je voulais. Les phénomènes
changent, les mots qui expriment le temps où se produisent
les phénomènes changent aussi. Le je, le moi, ne change pas;
le souvenir suppose et révèle l'identité du sujet qui se souvient.

3. Non seulement nous nous percevons comme sujet de nos
phénomènes de conscience. Nous nous percevons aussi comme
cause. Dans certains de nos états, comme dans nos sensations,
nous sommes surtout passifs; nous subissons ces phénomènes
plutôt que nous ne les produisons. Mais il en est d'autres où nous
nous sentons actifs, où nous avons pleine conscience qu'ils
sont notre œuvre propre. Lorsque nous réfléchissons, lorsque
nous nous déterminons, nous avons le vif sentiment d'être vraiment cause de notre réflexion et de notre détermination.

Quant aux limites de la conscience, nous les avons suffisamment établies, en montrant que la conscience est personnelle
et ne sort pas d'elle-même. Nous n'avons conscience ni de notre
corps, ni du monde extérieur, ni de Dieu.

Ouvrages à consulter.

BERGSON. — *Essai sur les données immédiates de la conscience.*
BERTRAND. — *La perception du corps humain par la conscience.*
BINET. — *Les altérations de la personnalité.*
BOUILLIER. — *La vraie conscience.*
COLSENET. — *La vie inconsciente de l'esprit.*
DESDOUITS. — *La philosophie de l'inconscient.*
HARTMANN. — *La philosophie de l'inconscient.*
JANET ET SÉAILLES. — *Histoire de la philosophie.*
PIERRE JANET. — *L'automatisme psychologique.*
JOUFFROY. — *Mélanges philosophiques.*
MAINE DE BIRAN. — *Œuvres inédites.*
RABIER. — *Psychologie.*
TAINE. — *L'intelligence.*
SAINT THOMAS. — I, 87.

Articles de revues.

MAISONNEUVE. — *La personnalité humaine* (Annales de phil. chrét., oct. 1894).
PIAT. — *Hypnotisme et personnalité* (Correspondant, 10 nov. 1894),
SOURIAU. — *La conscience de soi* (Revue phil., XXII, 449).

CHAPITRE IV

LES IDÉES DE LA CONSCIENCE

La conscience psychologique est la source d'un très grand nombre d'idées, telles que l'idée du plaisir et de la douleur, l'idée des sentiments et de toute leur variété, l'idée de la pensée, de la volonté et de toutes leurs formes, idées qu'il nous serait absolument impossible d'avoir sans la conscience, et dont la conscience est la condition non seulement nécessaire, mais suffisante. On peut même dire jusqu'à un certain point que toutes nos idées nous viennent de la conscience, puisque rien ne nous serait connu, si la traduction ne nous en était donnée pour ainsi dire, dans des phénomènes de conscience. Mais parmi ces idées, il en est quelques-unes de première importance qui ont à la fois leur origine et leur prototype dans la conscience ; telles sont les notions de substance, de cause efficiente et finale, d'unité, d'identité et de durée.

L'idée de substance. — Étymologiquement, le mot substance (*sub-stantia*) éveille l'idée de support. Nous ne concevons pas des qualités qui ne se rattachent à rien, qui ne soient des manières d'être de quelque chose. Nous ne concevons pas de couleur sans corps coloré, de son sans corps sonore, de saveur sans corps sapide, d'odeur sans corps odorant, et d'une manière générale des phénomènes passagers et variables sans une réalité qui en soit le sujet permanent. Aussi, définit-on la substance *ce qui existe en soi*, par opposition à l'accident, *ce qui existe dans un autre*, ou encore le sujet un et permanent de phénomènes multiples et changeants. Les phénomènes ne sont pas des parties, par rapport à la substance qui en serait la collection. Ce sont des modifications de la substance, inséparables de la substance. « Ne vous imaginez pas, dit Bossuet, que l'accident soit dans son sujet, comme une partie dans le tout, comme la main qui est dans le corps, ni comme ce qui est contenu dans le contenant, comme un diamant dans une cassette, ni attaché à son sujet, comme la tapisserie à la muraille. »

Origine de l'idée de substance. — D'où vient l'idée de substance? elle ne peut venir des sens. Par les sens, nous ne percevons dans les corps que des phénomènes multiples et instables, nous ne percevons pas la réalité substantielle qui en est le sujet un et permanent. « Prenez, dit Descartes, au sortir de la ruche, un rayon de miel ; il a une certaine couleur, une certaine forme, une certaine saveur. Qu'on fasse fondre ce rayon, il changera de forme, sa saveur, son odeur disparaîtront, et cependant, c'est toujours le même miel. » La substance tombe si peu sous les sens qu'on ignore absolument la nature des substances matérielles. Pour Descartes, c'est l'étendue. Pour Leibnitz, c'est la force. Mais la question reste toujours ouverte, et on peut faire à ce sujet bien des hypothèses. L'idée de substance nous vient de la conscience. En percevant la multiplicité des phénomènes de mon âme, je perçois l'unité du sujet qui les éprouve ou les produit, et dans la succession de mes états de conscience, je me retrouve, grâce à la mémoire, identique à tous les moments de mon existence.

L'idée de cause. — Il est difficile de séparer l'idée de substance de l'idée de cause. Suivant le mot de Leibnitz, être c'est agir, et que serait-ce donc qu'une substance sans quelque activité? La cause proprement dite est une force, une énergie, un pouvoir. C'est le pouvoir, dit Platon, de faire passer à l'être ce qui n'était pas. Le produit de la cause s'appelle effet.

Il ne faut pas confondre la notion de cause avec celle d'antécédent ni le rapport de causalité avec celui de succession. De ce qu'un fait précède un autre fait, on ne peut pas conclure qu'il en est la cause, quand bien même le rapport de succession serait constant. Le jour succède invariablement à la nuit, la nuit n'est pourtant pas la cause du jour. Il ne faut pas confondre non plus la cause avec la condition. Toute condition n'est pas une cause ; la cause est la condition nécessaire et suffisante. Pour qu'il y ait causalité, il faut que la cause soit réellement distincte de l'effet et que l'effet ait sa raison d'être dans la cause.

Les différentes causes. — Il y a des causes proprement dites et des causes improprement dites. Parmi les causes proprement dites, il faut distinguer :

1. Les causes *prochaines* et les causes *éloignées*. Les causes prochaines sont celles qui produisent leurs effets sans intermédiaire. Ainsi notre volonté est la cause prochaine de nos déterminations. Les causes éloignées sont celles qui produisent leurs effets par l'intermédiaire d'autres causes. Ainsi les objets extérieurs sont causes éloignées des sensations ; ils ne les produisent en effet que par l'intermédiaire des organes de notre corps.

2. La cause *première* et les causes *secondes*. — La cause première est celle qui ne dépend d'aucune autre cause et ne tient que d'elle-même son efficacité. Les causes secondes sont celles qui dépendent d'une autre cause dont elles reçoivent leur pouvoir. Les créatures ne sont que des causes secondes ; Dieu seul est cause première.

Parmi les causes improprement dites, on peut citer les causes *exemplaires* et les causes *occasionnelles*. Les causes exemplaires sont les modèles d'après lesquels agissent les véritables causes. Elles jouent un grand rôle dans la philosophie de Platon. Les causes occasionnelles, sans être vraiment causes, provoquent à l'action l'être qui les a en son pouvoir. Elles jouent un grand rôle dans la philosophie de Malebranche.

Les quatre causes d'Aristote. — Aristote, qui définit la philosophie première, la science des premiers principes et des premières causes, ramène à quatre les causes de toute réalité : la cause matérielle, la cause formelle, la cause efficiente ou motrice et la cause finale.

La cause *matérielle* ou simplement la matière, c'est l'élément indéterminé dont une chose est faite. Ainsi dans une statue, le bois, la pierre, le marbre, etc.

La cause *formelle*, ou simplement la forme, c'est ce qui détermine la matière, c'est ce qui fait que la chose est ce qu'elle est. Ainsi dans une statue, la figure de tel ou tel héros.

La cause *efficiente* ou *motrice*, c'est l'agent, c'est le moteur qui imprime une forme à la matière, qui fait passer une chose de la possibilité à la réalité, de la puissance à l'acte. Ainsi le sculpteur qui fait la statue.

La cause *finale*, c'est le but qui détermine l'action de la cause efficiente, c'est ce en vue de quoi une chose existe. Ainsi le gain ou la gloire pour le sculpteur. La cause finale, dit Aristote, est la cause de la cause.

Origine de l'idée de cause. — L'idée de cause peut-elle nous venir des sens? C'est une vérité acquise depuis Hume que les sens sont impuissants à nous donner l'idée de cause, et, après les analyses pénétrantes de ce philosophe, il faut renoncer à trouver hors de nous un fondement à cette idée. La cause extérieure ne renferme en elle-même aucun indice qui puisse nous faire découvrir l'effet qu'elle produira. Qu'on présente à un homme un objet sensible qu'il n'a jamais vu et dont il ignore les propriétés, en vain l'examinera-t-il en tous sens, il ne pourra pas en prévoir l'effet par ce seul examen. « Les facultés d'Adam, dit Hume, ne lui permettaient pas de conclure de la fluidité et de la transparence de l'eau que cet élément pourrait le suffoquer. » L'idée de cause ne dérive pas non plus de la vue de l'opération de la cause extérieure. Soient par exemple deux billes dont l'une frappe l'autre et la met en mouvement. Que perçoivent nos sens? Une relation de contiguïté dans le temps et dans l'espace, des phénomènes juxtaposés et des phénomènes successifs; rien d'autre. Ils ne perçoivent pas plus dans le mouvement de la première bille que dans cette bille même, l'énergie productrice, cause du mouvement de la seconde bille. Cette critique de Hume est décisive.

Critique de la théorie de Hume. — Mais comment Hume résout-il la question de l'origine de l'idée de cause? Il n'y a pas pour lui de solution, tant qu'on se borne à considérer les objets; il n'en est pas de même si l'on considère le sujet. L'expérience ne nous montre dans les objets que des successions de phénomènes; l'expérience répétée ne nous montre rien de plus, mais elle produit dans le sujet quelque chose de nouveau, elle produit une *habitude*, l'habitude de penser tel phénomène à la suite de tel autre phénomène. L'idée de cause dérive de l'habitude acquise d'associer les idées de deux phénomènes qui se sont toujours présentés l'un après l'autre dans notre expérience, et la prétendue nécessité qui fait suivre dans la réalité la cause de son effet, n'est au fond qu'une nécessité subjective qui fait suivre dans notre esprit l'idée du second phénomène à celle du premier.

On a très justement remarqué, et cette remarque suffit pour réfuter la théorie de Hume, que la nécessité d'une association ne se constate que par l'impossibilité de la dissoudre et la conscience de cette impossibilité, c'est la conscience d'un effort qui n'aboutit pas, d'un effort sans succès. Ce n'est donc pas dans l'association habituelle qu'il faut chercher le type de la causalité, car l'association habituelle ne peut pas nous donner l'idée de pouvoir contenu dans l'idée de cause.

Critique de la théorie kantienne. — Pour Kant et l'école criticiste, l'idée de cause comme l'idée de substance, comme l'idée de fin est innée à l'intelligence ; c'est une catégorie, une *forme a priori* constitutive de notre entendement. Cette forme s'applique aux données sensibles, et c'est parce qu'elle s'y applique que les choses nous apparaissent sous l'aspect de la causalité, comme sous l'aspect de la finalité.

On peut demander d'abord aux criticistes quel est le mode d'existence des catégories avant qu'elles s'appliquent aux données sensibles. Existent-elles dans l'esprit à titre de pensée consciente ? Mais, comment penser la cause en soi, sans penser à rien qui soit cause ? Existent-elles à titre de loi ? Mais que peut être une loi, abstraction faite des phénomènes dont elle exprime la relation ? A titre de formes pures, de cadres, de moules prêts à recevoir les données sensibles ? Mais ces formes pures sont indéfinissables. Une forme qui n'est la forme de rien, n'est rien elle-même. En outre, si la cause est imposée par l'entendement aux données sensibles, c'est l'entendement qui crée lui-même entre les objets la relation de causalité comme il crée les autres relations. Et il faudra dire de la connaissance humaine des rapports ce que Bossuet disait de la connaissance divine. « Les choses sont parce que l'esprit les

vòit; il ne les voit pas, parce qu'elles sont. » Peut-on admettre
une telle conséquence? Enfin, si la causalité est une loi nécessaire de la pensée, et si elle n'a d'autre fondement que notre
constitution mentale, elle devra s'appliquer indifféremment à
tous les objets. Mais alors pourquoi toute succession ne nous
apparaît-elle pas comme un cas de causalité? Pourquoi disons-
nous de certains antécédents qu'ils sont causes, et d'autres
qu'ils ne le sont pas?

Kant a bien vu, comme Hume, que l'origine de l'idée de
cause est subjective. Mais l'innéité ne peut pas plus que l'habitude en rendre compte, et en définitive, Kant, aussi bien que
Hume, nie le contenu propre de l'idée de cause.

**Origine de l'idée de cause dans le sentiment de
l'effort.** — C'est l'honneur de Maine de Biran d'avoir découvert la véritable origine de l'idée de cause dans la conscience ou
le sentiment de l'effort. Dans l'effort musculaire, nous nous
apparaissons à nous-mêmes comme une force, comme une
cause capable de produire des actes. Dans l'effort musculaire,
le moi se saisit comme une puissance agissant sur l'organisme,
mais comme une puissance limitée par quelque chose qui lui
résiste. L'effort nous révèle, dit Maine de Biran, dans une intuition unique, avec l'existence d'un non-moi, l'activité propre du
moi. Telle est la véritable origine de l'idée de cause. L'effort,
comme l'a montré Maine de Biran, est bien le type de la
causalité.

Toutefois il faut faire deux correctifs à la théorie de Maine
de Biran. Pour lui, l'effort est continu dans l'âme. « L'âme pense
toujours, » disait Descartes ; « l'âme fait toujours effort, » dit
Maine de Biran. Pour lui, l'âme est un moteur de muscles toujours tendu. Quand l'effort musculaire est faible, on ne le sent
pas; il n'en existe pas moins. Mais d'où sait-on qu'il existe
quand il n'est pas conscient? Quelles sont les preuves de son
existence? Comme beaucoup d'autres philosophes modernes,
Maine de Biran s'est laissé prendre ici à l'hypothèse séduisante
de l'inconscient. En outre, Maine de Biran, en s'attachant à peu
près exclusivement à l'analyse de l'effort musculaire, a méconnu
la réflexion. Il y a un phénomène de l'activité psychique plus
général que l'effort musculaire et souvent condition de ce dernier qui suffit à nous donner l'idée de cause. C'est l'effort

mental. Ce n'est pas dans l'effort moteur, mais dans cet effort tout interne qui est inhérent à l'essence même de la volonté qu'il faut chercher le premier type de la causalité.

Extension de la causalité à toute existence. — Cette idée de cause trouvée par tout homme dans le sentiment de l'effort devient sous l'impulsion de la raison, une des catégories fondamentales de sa pensée. Ne percevant directement que ce qui est en lui-même et dans sa propre conscience, chacun de nous est averti par divers changements qu'il subit, par diverses modifications dont il n'est pas la cause qu'il y a d'autres êtres que lui : ses semblables, les animaux, la nature, Dieu lui-même. Mais lorsque sa pensée a pour objet ces autres êtres, elle conserve toujours quelque chose de la forme qu'elle a prise dans la conscience. Les autres hommes sont des causes semblables à sa propre causalité et, par induction, il devine chez autrui ce qu'il connaît immédiatement en lui-même. A certains êtres de la nature qu'il anime de forces formées à son image, il refuse pour de bonnes raisons les attributs supérieurs dont il a le privilège et ne leur laisse que la sensation et le mouvement spontané. A d'autres, encore plus éloignés de lui que les animaux, et que des conceptions enfantines lui ont d'abord représentés doués de sentiment et de volonté, il n'accorde plus, mieux instruit, qu'une causalité motrice sans spontanéité. Un ensemble de forces aveugles se manifestant par un ensemble de mouvements, telle est la conception que la plupart des hommes se font du monde extérieur.

Enfin, si les hommes comprennent sur des indices donnés dans leur propre conscience qu'il y a une autre réalité que nous-mêmes et la nature animée ou vivante, ils ne peuvent pas penser à cette suprême réalité sans lui donner la forme que la conscience a trouvée en elle-même. Il y a un anthropomorphisme inévitable dans la conception que l'homme se fait de la divinité. Nous concevons Dieu, lui aussi, sur notre modèle, mais au lieu de retrancher à l'idée de nous-mêmes comme nous le faisons pour les êtres inférieurs, nous ajoutons toutes les perfections que nous pouvons concevoir, en supprimant les imperfections de notre activité. Dieu c'est encore la cause, mais la cause sans limites, sans dépendance, pleinement et essentiellement cause ; c'est la cause première.

L'idée de cause finale. — La cause finale ou la fin, c'est le but pour lequel une chose est faite, ou bien encore, c'est l'idée d'un fait futur qui détermine l'action de la cause efficiente. Ainsi, l'instruction est la fin de l'étude. On étudie pour s'instruire, et c'est l'idée de l'instruction future qui décide l'écolier à étudier.

Les différentes fins. — On distingue la fin *prochaine*, la fin *éloignée* et la fin *dernière*. La fin prochaine est celle que l'agent se propose sans fin intermédiaire. La fin éloignée est celle qu'il se propose après une ou plusieurs fins intermédiaires. La fin dernière est celle qu'il se propose comme terme extrême de son action et où il se repose. Un élève de philosophie étudie sa leçon pour s'instruire, c'est la fin prochaine; pour être bachelier après l'année scolaire, c'est une fin éloignée; pour faire son devoir et remplir sa destinée, c'est la fin dernière. Lorsqu'un être atteint sa fin dernière, il a toute la perfection que comporte sa nature. C'est pourquoi saint Thomas dit que le bien a la raison de fin : *Bonum habet rationem finis;* c'est-à-dire que la fin d'un être est son bien propre. Il faut ajouter que l'être en possession du bien qui est sa fin, est heureux. Le bonheur, c'est le repos dans le bien.

On distingue encore la finalité *externe* et la finalité *interne.* La finalité externe, c'est le rapport d'une chose avec le but pour lequel elle a été faite. C'est ainsi qu'une lampe est faite pour éclairer, un poêle pour chauffer, un crayon pour écrire. La finalité interne est le rapport d'un organe avec sa fonction, d'une tendance, d'une faculté avec leurs objets. L'inclination, le désir, la volonté sont des formes de finalité interne.

Rapport de la cause finale avec la cause efficiente. — Subjectivement, dans l'ordre de l'intention, c'est la cause finale qui détermine la cause efficiente à l'action. La fin est donc vraiment une cause d'action. On peut même dire qu'elle est la première cause d'action, puisque, sans elle, la cause efficiente ne se déterminerait pas à agir. C'est dans ce sens qu'Aristote dit que la fin est la cause de la cause. Objectivement, dans l'ordre de l'exécution, la fin est l'effet produit par la cause efficiente. Ce qui est premier dans l'intention est dernier dans l'exécution.

La fin est donc tout ensemble cause et effet. Elle est cause en tant qu'idée; elle est effet en tant que réalité et il n'y a

aucune contradiction, car le point de vue est différent. Ainsi,
dans la pensée du malade, la santé est la raison qui le porte à
prendre des remèdes, et, après qu'il a pris ces remèdes, elle est
l'effet qui en résulte. De même, on peut dire sans se contredire
que les yeux ont été donnés à l'homme pour voir, et qu'il voit
parce qu'il a des yeux. La vision est tout à la fois la cause pour
laquelle l'homme est pourvu de cet organe, et l'effet qui résulte
de l'usage qu'il en fait. Les causes qui se placent entre l'idée
et la réalisation de la fin sont vraiment des moyens. Chacune
d'elles a sa raison, au point de vue de la cause efficiente dans
celles qui précèdent, au point de vue de la finalité dans celles
qui suivent.

Rapport de la cause finale avec la cause exemplaire.
— Non seulement l'être ou l'action dépend de sa fin, mais il
peut être encore uni à elle par un rapport de ressemblance.
Alors la cause finale n'est plus seulement un but, elle est
encore un modèle, un idéal, une cause exemplaire. Ainsi pour
un artiste, l'idée de la figure qu'il veut représenter est tout à la
fois pour lui un but et un modèle. C'est l'être parfait, disait
Aristote, qui explique l'ébauche. C'est pourquoi l'idée de fin,
pour être complète, doit impliquer l'idée des moyens. En se
plaçant à ce point de vue, M. Lachelier a pu définir la finalité
« la détermination des parties d'un tout par l'idée du tout. »
L'idée de l'œuvre totale peut seule expliquer l'existence, la
nature, les rapports des éléments qui la composent.

D'où vient la notion de cause finale? — Elle ne vient pas
des sens. L'expérience externe ne montre que des phénomènes
juxtaposés et successifs, et rien de plus. Elle ne peut pas plus
nous apprendre les fins que les causes. C'est dans la conscience
de notre activité que nous trouvons la notion de cause finale.
Dans nos actes raisonnables, nous avons toujours un but. Nous
n'agissons pas sans motif, mais pour un certain résultat conçu,
désiré et voulu par nous. Il en est ensuite de la cause finale
comme de la cause efficiente. Une fois cette notion trouvée
dans notre conscience, nous l'appliquons hors de nous à toutes
les réalités.

Les idées d'unité, d'identité et de durée. — C'est
encore de la conscience que dérivent les idées d'unité, d'identité
et de durée.

Il y a bien des sortes d'unités : par exemple, l'unité mathématique, l'unité d'un corps matériel ou vivant, l'unité collective d'une assemblée. Toutes ces unités sont conventionnelles et en définitive fausses. L'unité mathématique est indéfiniment divisible. Un corps matériel ou vivant n'a qu'une apparence d'unité. Une collection n'est une que pour l'esprit. Mais l'unité du sujet dont j'ai conscience est une véritable unité. Sans doute les phénomènes de conscience sont multiples, mais ils émanent tous d'un seul et même principe, absolument simple et indécomposable, et c'est la conscience qui l'affirme.

De même c'est la conscience qui me donne l'idée d'identité. Sans doute il se produit en notre âme beaucoup de changements. Les pensées du jeune homme ne sont pas celles de l'enfant, et celles du vieillard ne sont pas non plus celles du jeune homme. Les facultés se transforment avec le temps. A chaque instant même il y a des modifications dans les états de notre âme. Au point de vue des phénomènes, la conscience est un perpétuel devenir. Toutefois, malgré ces changements, nous nous reconnaissons par la mémoire toujours identiques à nous-mêmes. Si loin que nous puissions remonter dans notre passé, à travers toutes les vicissitudes qui ont marqué les différents moments de notre vie, nous nous retrouvons les mêmes. Notre vie extérieure ou mentale a pu offrir le spectacle de la plus extrême variété; nous ne sommes point devenus d'autres personnes. Nous pouvons concevoir hors de nous des réalités qui restent les mêmes; mais rien dans la nature ne correspond rigoureusement à notre conception de l'identité et c'est dans une intuition de la conscience que nous en trouvons le modèle.

Enfin, c'est encore de la conscience que nous vient l'idée de durée. C'est parce que nous avons conscience de rester les mêmes au milieu de la mobilité incessante des phénomènes successifs de notre âme que nous pouvons localiser ces phénomènes et les autres dans le temps. L'idée de la succession suppose l'idée de durée, comme l'idée du changement suppose celle de l'identité. Si le moi ne durait pas et s'il n'avait pas conscience de sa durée, nous ne pourrions dire d'un phénomène qu'il est avant ou après tel autre. C'est pourquoi Leibnitz disait avec raison que, s'il n'y avait pas d'âme, il n'y aurait pas de temps. *Si non esset anima, non esset tempus.* C'est par notre durée que nous mesurons la durée des autres choses, êtres ou phénomènes, tandis que les autres durées sont supposées, la nôtre est sentie. Aussi est-ce un fait d'expérience que le sentiment de la durée perd sa netteté lorsque s'affaiblit la lumière de la conscience.

L'idée du moi. — L'idée du moi domine toute la psychologie, mais cette idée varie suivant les conceptions qu'on se fait de la psychologie.

Pour les matérialistes ou les positivistes qui ramènent la psychologie à la physiologie, le moi ne peut être que l'individu physique avec ses différents organes, avec le système nerveux et la conscience considérée comme une fonction de ce système.

Nous réfuterons en métaphysique le matérialisme en général et spécialement dans ses négations relatives à l'âme humaine en montrant la vanité des arguments qu'il invoque. Contentons-nous dès maintenant de remarquer que la conception matérialiste réunit des choses hétérogènes, la conscience et le corps, qu'elle identifie des phénomènes irréductibles, les phénomènes psychologiques et les phénomènes physiologiques. Les états de l'âme, directement connus par la conscience, sont d'essence contradictoire aux états de l'organisme indirectement connus par les sens.

Dans la psychologie sensualiste, le moi n'est, suivant la définition de Condillac, qu'une collection de sensations, de celles que la personne éprouve et de celles qu'elle se rappelle. Dans la psychologie phénoméniste, le moi n'est qu'une série continue d'états de conscience successifs.

Disons d'abord contre la thèse sensualiste que les phénomènes de l'âme ne se ramènent pas à des sensations, et l'âme ne fût-elle qu'une collection de phénomènes de conscience, il y aurait dans cette collection beaucoup de phénomènes irréductibles à la sensation. Mais l'âme n'est ni une collection, ni une série de phénomènes. Une collection ou une série n'existent que par leurs éléments; elles n'ont pas d'existence propre en tant que collection ou série. S'il n'y a rien dans le moi de plus que la collection ou la série des phénomènes, comment expliquer son unité et la conscience qu'il en a? Une collection, une série ne peuvent se connaître comme collection et comme série. Ce qui fait leur unité, c'est l'esprit qui les perçoit. De plus, dans une série de phénomènes, les termes de la série sont successifs. Quand un terme paraît, les précédents n'existent plus, les suivants n'existent pas encore. Comment expliquer dans le présent le souvenir du passé et la prévision de l'avenir sans un sujet permanent, sans un élément commun qui dure et reste le même pendant que les phénomènes changent et se succèdent? Ce sujet permanent, n'est-ce pas le moi lui-même?

Le moi, dit encore Taine, c'est la propriété commune à tous les états de conscience, « de nous apparaître comme internes, par opposition aux autres événements qui nous apparaissent comme externes, » propriété abstraite de ces états et transformée en substance par le langage.

Mais cette définition suppose l'idée du moi qu'on veut définir. C'est une pétition de principe. En effet, le mot interne n'a aucun sens, ou il signifie contenu dans quelque chose. Or un contenu ne peut être entendu que par rapport à un contenant. Taine admet donc un contenant des états de conscience. De plus comment les états de conscience nous apparaîtraient-ils comme internes, si nous n'existions pas en même temps que ces états, s'il n'y avait pas en nous un sujet distinct auquel ils apparaissent avec leurs caractères?

Éléments de l'idée du moi. — Dans la psychologie telle que nous l'entendons, l'idée du moi est une idée complexe dont voici les principaux éléments.

Le moi n'est pas, comme nous l'avons dit, l'individu physique avec ses diverses fonctions, mais l'idée du corps est un des éléments incontestables de l'idée du moi. L'homme n'est pas un pur esprit, c'est un tout naturel, à la fois âme et corps. Je dis : mon corps, comme je dis : mon âme. Je dis : je marche, je mange, je respire, comme je dis : je sens, je pense, je veux.

L'idée du moi, c'est aussi l'idée de notre passé tel que le souvenir le fait revivre. Moi, ce sont mes œuvres, mes qualités et mes défauts, mes mérites et mes démérites, mes vertus et mes vices, mes habitudes, mes tendances; moi, c'est mon caractère, ma personnalité, telle que mes actes antérieurs l'ont constituée.

L'idée du moi, c'est enfin l'idée du sujet un, identique et actif que nous révèle la conscience dans la perception de ses propres états. Nous nous percevons nous-mêmes et nos états, non comme deux portions d'existence indépendantes, mais comme une seule réalité envisagée sous un double aspect : d'un côté le sujet un et identique, de l'autre ses phénomènes multiples et variables ; d'un côté une force, une cause maîtresse de son action, en un mot, une personne, de l'autre les actes qu'elle réalise et où elle se manifeste.

Altérations de l'idée du moi. — Cette complexité de l'idée du moi la rend susceptible d'altérations qui ont été beaucoup étudiées de nos jours sous le nom de maladies de la personnalité. Citons les deux cas les plus connus : celui de Félida et celui de la dame de Mac-Nish.

Félida, observée par le docteur Azam de Bordeaux, a son existence partagée en deux sortes d'états alternatifs. Dans les uns, que l'on peut appeler états de condition première, elle se souvient de toute sa vie antérieure et son caractère est plein d'entrain et de gaieté. Dans les autres, qu'on peut appeler de condition seconde, elle ne se souvient que des états semblables et sa tristesse contraste avec la gaieté des états de condition première.

La dame de Mac-Nish perd tout souvenir de sa vie antérieure, continue à vivre, puis perd le souvenir de ce dernier temps et retrouve en même temps les souvenirs antérieurs, puis perd de nouveau ces souvenirs et retrouve les autres. Son existence est partagée ainsi en deux conditions distinctes, sans communication entre elles.

Ces altérations de l'idée du moi ont été appelées improprement des dédoublements de la personnalité. Les anomalies, les désordres, les erreurs qui peuvent se produire dans l'idée, dans la connaissance du moi, ne prouvent rien contre sa réalité. De plus, alors même qu'un sujet perd tous les souvenirs du passé, il garde le sentiment d'une existence antérieure et continue. Félida et la dame de Mac-Nish ne peuvent rien dire des états dont elles ont perdu le souvenir, mais elles savent qu'elles ont existé pendant ces états et elles s'attribuent leurs oublis. Suivant le rapport du docteur Azam, Félida a un carnet où, pendant les états de condition première, elle prend note de ce qu'elle veut se rappeler pendant les états de condition seconde, et par conséquent, si elle oublie ce qui s'est passé pendant certains états de sa vie, elle sait qu'elle a vécu pendant ces états, et que si ses manières d'être ont changé, en réalité elle n'est pas une autre.

Remarquons aussi que si l'idée du moi n'est pas le simple produit de nos états de conscience, elle n'est pas non plus, comme l'idée du monde extérieur, la conclusion d'une inférence qui nous permettrait d'aller de ces phénomènes à nous-mêmes. Quand Descartes dit : « Je pense, donc je suis, » il ne conclut pas son être de sa pensée, mais il le saisit dans sa pensée. Sans doute le raisonnement peut compléter l'idée que nous nous faisons de nous-mêmes et nous le consulterons lorsque nous traiterons de la nature de notre âme. Mais, dès maintenant, il faut bien voir que le moi nous est donné dans l'expérience de la conscience et que l'existence de l'âme est un fait dont nous avons la claire intuition dans l'exercice réfléchi de nos différentes facultés. Le moi ne se prouve pas, il se constate et, vouloir le prouver sans le constater, c'est s'exposer à ne pouvoir le faire : « Comment comprendre, dit Jouffroy, que des pensées que j'aurais sans savoir que ce fût moi qui les eût, j'en vinsse jamais à moi ? » « Considérer ce qu'on nomme des phénomènes intérieurs, dit M. Ravaisson, abstraction faite de soi-même, pour s'en conclure ensuite, c'est réellement en faire des phénomènes extérieurs d'où jamais l'on n'arrivera à soi. »

Ouvrages à consulter.

Sur les Idées de la conscience, voir le chapitre précédent, celui des Notions premières, et :

AZAM. — *Hypnotisme, double conscience et altérations de la personnalité.*
CHARLES. — *Éléments de la philosophie.*
FOUILLÉE. — *La liberté et le déterminisme,* liv. II, chap. I.
LITTRÉ. — *Fragments de philosophie positive.*
RIBOT. — *Les maladies de la personnalité.*
SPENCER. — *Principes de psychologie.*

Articles de revues.

GALICIER. — *La conscience du moi* (Revue phil., IV, 72)
HERZEN. — *Continuité et identité de la conscience du moi* (Revue phil., II, 374).
TAINE. — *Les éléments et la formation de l'idée du moi* (Revue phil., 1876, I, 289).

CHAPITRE V

LA MÉMOIRE

Définition et objet de la mémoire. — La mémoire est la faculté de conserver, de rappeler et de reconnaître les idées antérieurement acquises. L'objet de la mémoire, ce sont les idées antérieures, ou plutôt ce sont les états de conscience du passé, sentiments, pensées, résolutions. Tout ce qui a été dans la conscience peut y revenir. La mémoire est en quelque sorte le prolongement de la conscience ; c'est la faculté de faire revivre la conscience. Aussi les limites de la mémoire sont-elles les mêmes que celles de la conscience, et c'est à bon droit que Royer-Collard a dit : « On ne se souvient pas des choses, on ne se souvient que de soi-même. » Nous disons à chaque instant : je me souviens de tel monument, de tel pays. Nous devrions dire : je me souviens d'avoir vu tel monument, tel pays. Ce n'est pas le monument ou le pays qui est l'objet de mon souvenir, mais la connaissance que j'en ai eue, l'impression que j'en ai reçue. Cela est si vrai que souvent l'idée que nous avons conservée d'une chose, ne nous paraît pas ressembler à cette chose lorsque nous la revoyons.

Analyse de la mémoire. — On peut distinguer dans la mémoire trois fonctions principales : la conservation des idées,

leur rappel ou reproduction, et leur reconnaissance. Ces fonctions ne sont pas indépendantes l'une de l'autre. On sait qu'une
idée a été conservée, parce qu'elle reparaît dans la conscience,
et une idée ne peut reparaître dans la conscience, et, à plus
forte raison, être reconnue, que si elle a été conservée.

I. **Conservation des idées.** — La conservation des idées a
des conditions physiologiques et elle est soumise à des lois
psychologiques.

1. **Conditions physiologiques de la conservation des
idées.** — C'est un fait bien établi que la conservation des idées est
étroitement liée au bon état de l'organisme et plus spécialement
du cerveau. Tout ce qui nuit à la santé, tout ce qui affaiblit l'organisme et surtout le système nerveux est funeste à la mémoire.
Les maladies de la mémoire ont pour cause des désordres cérébraux. Si l'on apprend plus facilement le matin, c'est parce
qu'après le repos de la nuit, le système nerveux a plus de vita-
lité. « Aux premières heures de la journée, dit Bain, l'énergie
totale de l'organisme est à son maximum, tandis qu'elle baisse
vers le soir. Aussi, la matinée est le moment des acquisitions
intellectuelles. »

On a proposé, pour expliquer la conservation des idées,
plusieurs hypothèses physiologiques, dont voici les deux
principales :

A. **Hypothèse des empreintes cérébrales.** — Cette
hypothèse remonte à Descartes et fut acceptée par Malebranche, Spinosa, Bossuet et en général par tous les cartésiens. « Le cerveau, dit Bossuet, ayant tout ensemble assez de
mollesse pour recevoir facilement des impressions, et assez de
consistance pour les retenir, il y peut demeurer, à peu près
comme sur la cire, des marques fixes et durables qui servent à
rappeler les objets et donnent lieu au souvenir. Toutes les fois
que les endroits du cerveau, où les marques des objets sont impri-
mées, sont agités, les objets doivent revenir à l'esprit, ce qui
nous cause, en veillant, tant de différentes pensées qui n'ont
pas de suite, et, en dormant, tant de vaines imaginations que
nous prenons pour des vérités. » Cette hypothèse a été reprise
de nos jours sous des formes diverses par plusieurs psychologues ou physiologistes. Les mouvements qui accompagnent
les sensations laissent dans le cerveau la trace des modifica-

tions qu'ils y apportent, et cette trace une fois faite rend plus faciles les modifications du même genre. Descartes comparait le cerveau à un papier plié « plus propre à être plié derechef. » On le compare aujourd'hui à la plaque photographique qui garde indéfiniment l'image des objets, ou au phonographe qui enregistre et reproduit les sons de la voix.

B. **Hypothèse des vibrations nerveuses et céré-brales.** — Cette hypothèse a été soutenue par Hartley. « Les objets extérieurs qui frappent les sens, dit-il, occasionnent d'abord dans les nerfs sur lesquels ils agissent, et ensuite dans le cerveau, des vibrations de parties médullaires infiniment petites. Ces vibrations sont excitées et propagées en partie par l'éther, en partie par l'uniformité, la continuité, la souplesse et l'énergie de la substance médullaire du cerveau, de la moelle épinière et des nerfs. » A chaque idée conservée dans la mémoire correspond une vibration cérébrale et les vibrations cérébrales s'enchaînent et forment des associations dynamiques qui provoquent des associations mentales.

Mais, dira-t-on, comment les impressions ou les mouvements que suppose la foule des idées conservées dans la mémoire, peuvent-ils coexister dans le cerveau, dont le volume est si petit ? Suivant l'évaluation la plus faible, le cerveau contient plus d'un demi-milliard de cellules et plusieurs milliards de fibres nerveuses, fibres et cellules qui sont encore indéfiniment divisibles. De plus, tout souvenir ne suppose pas nécessairement un élément nerveux spécial. Un souvenir peut correspondre à une combinaison d'éléments, et un même élément peut entrer dans un grand nombre de combinaisons, de même qu'une ligne ou une surface peut servir à former plusieurs figures.

2. Lois psychologiques de la conservation des idées. — Si la conservation des idées a des conditions physiologiques, elle n'en est pas moins soumise à des lois psychologiques dont dépendent dans une certaine mesure ces conditions.

A. La conservation des idées est d'autant plus facile et plus durable que les états de conscience sont plus vifs et plus distincts. Un état de conscience faible, vague ou confus, tombe vite dans l'oubli. Au contraire, ce qui produit sur l'esprit une vive impression, ce dont il se fait une idée claire est facilement retenu. Par conséquent, tout ce qui contribue à la vivacité et à la distinction des idées, contribue à leur conservation.

C'est pour cette raison que l'*émotion* et l'*attention* jouent un si grand rôle dans la mémoire.

Si l'on oublie vite les choses indifférentes, on retient facile-ment et longtemps ce qui plaît, ce qui émeut, ce qui intéresse. Ainsi s'explique la ténacité de la mémoire chez les enfants. Tout ce qu'ils voient est nouveau pour eux, excite dans leur âme de vives émotions. Ainsi s'explique de même pourquoi les vieillards qui perdent le souvenir de temps plus rapprochés, gardent au contraire celui de leur enfance.

Quant à l'attention, on l'a appelée, non sans raison, le burin de la mémoire. D'où vient qu'une foule d'idées traversent notre esprit et disparaissent aussitôt ? C'est que nous n'y avons prêté aucune attention. Les idées, au contraire, qui nous ont trouvés attentifs et appliqués se fixent d'une manière durable dans notre mémoire. « On grave sur le marbre, dit un personnage de Molière, bien plus difficilement que sur le sable, mais les choses y sont conservées bien plus longtemps. » L'écolier qui a trouvé la solution d'un problème à force d'attention en con-serve sans peine le souvenir. L'attention aide à la conservation des idées tout à la fois par la force et par la clarté qu'elle leur donne.

B. La conservation des idées est d'autant plus facile et plus durable que les états de conscience se sont plus souvent *repro-duits* ou *répétés.* Un écolier peut apprendre une leçon, sans y trouver de plaisir, sans s'y appliquer, simplement à force de la répéter ; et en revanche on oublie souvent ce qu'on a bien appris, pour avoir négligé de le revoir. Des nombreux mor-ceaux littéraires que nous avons parfaitement sus dans nos années de collège, combien peu sont restés dans notre mémoire ! Si la mémoire est une faculté qui conserve, c'est souvent aussi une faculté qui oublie. « Tout le monde sait, dit Taine, que l'on oublie beaucoup de mots d'une langue lorsqu'on cesse plusieurs années de la lire ou de la parler. Il en est de même d'un air que l'on ne chante plus, d'une pièce de vers que l'on ne récite plus, d'un pays qu'on a quitté depuis longtemps... Tous les jours nous perdons quelques-uns de nos souvenirs, les trois quarts de ceux de la veille, puis d'autres parmi les survi-

vants de la semaine précédente, puis d'autres parmi les sur-
vivants de l'autre mois, en sorte que bientôt un mois, une
année ne se trouvent plus représentés dans notre mémoire
que par quelques images saillantes destinées elles-mêmes à
disparaître. »

C. La conservation des idées est d'autant plus facile et plus
durable, que les idées sont plus *étroitement associées* ou plus
logiquement enchaînées à d'autres idées. Lorsque deux ou plusieurs idées sont associées, en gardant le souvenir de l'une, la
mémoire garde naturellement le souvenir de l'autre ou des
autres, et si l'association est forte, si l'une des idées a une
grande aptitude à reparaître dans la conscience, les chances du
souvenir augmentent dans la proportion même de cette force
et de cette aptitude. De même et surtout si les idées sont liées
entre elles par des rapports logiques et rationnels.

C'est sur cette troisième loi de la conservation des idées
qu'est fondée la *mnémotechnie*, ou l'art de fixer les souvenirs,
qui était d'un grand usage chez les anciens. La *mémoire
topique*, dont il est question dans Cicéron et dans Quintilien,
est une mnémotechnie. Elle consiste à rattacher les divisions
d'un discours aux différentes parties de l'édifice où parlait
l'orateur. C'est la méthode souvent employée avec les enfants
pour leur faire retenir les sous-préfectures, les dates de l'histoire, les cours d'eau d'un pays. Les vers usités en logique
pour désigner les figures et les modes du syllogisme, sont des
mnémotechnies.

Les lois psychologiques de la conservation des idées ne sont
au fond, comme nous le verrons, que les lois de l'*habitude*,
dont la conservation des idées n'est qu'un cas particulier. Ce
ne sont pas seulement les idées, mais tous les actes de l'esprit
et même dans une certaine mesure, toutes les fonctions organiques qui obéissent à ces lois. Rien de ce que fait l'esprit,
rien de ce qu'accomplit l'organisme n'est perdu. L'aptitude à
renaître est une loi générale des états de l'âme et de ceux du
corps. On peut donc dire que la conservation des idées est
une habitude intellectuelle, qui a pour condition une habitude
cérébrale.

Variétés de la mémoire. — L'activité de l'esprit a les
mêmes caractères généraux chez tous les hommes, mais elle

peut offrir chez quelques-uns des particularités curieuses. Il en
est ainsi de la mémoire. Il y a des mémoires spéciales comme
il y a des habitudes spéciales. Toutefois, il faut distinguer tout
d'abord deux espèces de mémoire, la *mémoire intellectuelle* et
la *mémoire sensible*. La première, qui a pour objet les idées, est
loin d'être la même pour tous les esprits. L'historien, le physicien, le naturaliste, le mathématicien, le philosophe ont chacun
leurs souvenirs. Mais c'est dans la seconde surtout, qui a pour
objet les images, qu'on trouve une très grande variété. Il y a
une mémoire pour chaque sens et on a pu distinguer différents
types, d'après la prédominance d'une espèce de mémoire sensible sur les autres : le *type visuel*, doué surtout de mémoire
visuelle, le *type auditif*, chez qui domine la mémoire des sons,
le *type moteur*, qui garde de préférence le souvenir des mouvements. Et chaque sens peut fournir des subdivisions : les
visuels auront, les uns la mémoire des couleurs, les autres la
mémoire des formes; les auditifs retiendront plus spécialement
les uns les sons musicaux, les autres le langage sévère et régulier de la prose, d'autres le langage rythmé et plus libre de la
poésie. Ces différences s'expliquent par l'inégalité des aptitudes, par les habitudes variées de l'esprit et aussi par les
différences de l'organe cérébral.

Mais, si les mémoires sont multiples, la mémoire n'en reste
pas moins une par l'unité et l'identité de l'esprit qui en fait la
synthèse et dont elles sont des modifications.

II. Rappel des idées. — Le rappel ou la renaissance des
idées dans la conscience semble pouvoir se faire de trois
manières différentes.

1. Quelquefois, le rappel des idées est *spontané*. Les idées
reviennent à la conscience sans que nous les cherchions et
sans qu'elles paraissent appelées par d'autres idées qui les
suggèrent. Ainsi, un élève entend, en venant en classe, un air
de musique qui le frappe : à tout instant dans la journée, cet
air lui revient. Nous avons été témoins, en passant dans la
rue, d'un accident affreux, le souvenir de cet accident nous
poursuit sans cesse. Si la vivacité des idées aide à leur conservation, elle aide aussi à leur rappel. Une idée a d'autant
plus de tendance à reparaître dans la conscience qu'elle est
plus forte. En général, les impressions actuelles sont plus

vives que les souvenirs ; c'est ce qui empêche le retour spontané de ces derniers, mais sitôt que les impressions actuelles s'affaiblissent, comme dans la rêverie ou le sommeil, certains souvenirs leur disputent en quelque sorte le champ de la conscience et finissent par l'emporter.

2. Plus souvent, le rappel des idées se fait *par association*. Les idées renaissent, suggérées par d'autres idées présentes à la conscience. A chaque instant, nous pouvons le constater dans notre expérience. Je passe devant la Sorbonne, et aussitôt je me rappelle un examen que j'y suis venu passer, mes craintes, mes espérances, mes examinateurs, les amis qui m'accompagnaient et une foule de circonstances associées dans ce souvenir. Le premier mot d'un vers connu me rappelle les suivants. Le monument de Carnot me fait penser au monument de Gambetta, au Louvre, à Louis XIV, à Racine, à Athalie, et au plaisir que j'ai goûté, il y a quelques jours, à relire ce chef-d'œuvre.

3. Enfin le rappel des idées peut se faire par un *acte de volonté*. Un élève qui récite sa leçon fait souvent beaucoup d'efforts pour retrouver les idées et les mots qui les expriment. Mais remarquons que, pour vouloir retrouver une idée, il faut déjà qu'on s'en souvienne dans une certaine mesure. « La volonté, dit Reid, ne peut évoquer une pensée absente, puisque la volonté de rappeler une pensée suppose déjà cette pensée dans l'esprit. » La volonté ne peut donc que continuer ou fortifier par l'attention un rappel d'idées déjà commencé, et cet acte de la volonté, en conférant plus de force à des idées présentes à la conscience, pourra susciter par association d'autres idées qui compléteront le souvenir. L'action de la volonté dans le rappel des idées est ainsi tout indirecte. Cela est tellement vrai que souvent on fait de vains efforts pour se rappeler un événement, un nom, une date. On a beau chercher en tous sens, rien ne revient à l'esprit ; puis soudain, lorsqu'on n'y pense plus, quand on est occupé de toute autre chose, le souvenir en question apparaît spontanément. Le rappel volontaire est donc en définitive un rappel par association. Et en résumé, les idées renaissent dans la conscience soit spontanément, soit par association. Peut-être même le rappel des idées est-il toujours l'effet de l'association.

Réminiscence et souvenir. — Quand une idée renaît dans la conscience, on peut la croire nouvelle et ne pas la reconnaître, ne pas la rapporter au passé. Dans ce cas, il y a simplement réminiscence. Si au contraire on la reconnaît, c'est le souvenir proprement dit. On ne se souvient vraiment que lorsqu'on a conscience de se souvenir. La reconnaissance est l'élément essentiel du souvenir.

Une foule d'idées anciennes reviennent à l'esprit sans être reconnues. Les écrivains ont sans cesse des réminiscences, et reproduisent sans qu'ils s'en doutent les idées d'autrui ou leurs idées d'autrefois. Les musiciens refont de bonne foi des mélodies connues, les poètes des vers trouvés depuis longtemps. « On connaît, dit M. Janet, l'anecdote de Fontenelle, qui, écoutant un poète lui dire des vers de sa façon, ôtait de temps en temps son chapeau. — Que faites-vous là? lui dit l'autre. — Je salue au passage, répondit Fontenelle, de vieilles connaissances. — Celui-ci avait des souvenirs, l'autre des réminiscences. »

III. Reconnaissance des idées. — Reid soutient que la mémoire est la perception immédiate du passé. C'est là une erreur. Le passé n'étant plus, au moment présent, ne peut être immédiatement perçu. Nous ne pouvons pas en avoir conscience. « La mémoire, dit Hamilton corrigeant Reid, est une connaissance du présent et une croyance du passé. » Nous croyons dans le souvenir percevoir le passé, mais nous sommes dupes des apparences, nous ne percevons que le présent avec l'idée du passé. Reconnaître un état de conscience, c'est affirmer que cet état de conscience, actuellement présent en nous, a déjà été nôtre autrefois. C'est interpréter, c'est expliquer le présent par le passé.

Conditions de la reconnaissance. — Le jugement de reconnaissance a pour conditions : l'idée *du temps* et l'idée *du moi*.

Reconnaître une idée actuelle dans la conscience, c'est rejeter dans le passé ce qui est dans le présent, c'est distinguer ce qui est présent sous la condition du passé de ce qui est présent sans cette condition, c'est établir un rapport de succession entre certaines choses et certaines autres, c'est déclarer les unes antérieures, les autres postérieures. Cette idée de l'avant et de l'après, cette idée de la succession des événements, n'est-ce pas l'idée du temps?

La seconde condition du jugement de reconnaissance est l'identité du moi. En effet, pour pouvoir reconnaître une idée actuelle dans notre conscience, il faut que nous soyons restés les mêmes. Se souvenir, c'est affirmer implicitement son identité dans le passé et le présent. Si nous étions aujourd'hui absolument différents d'autrefois, il n'y aurait pas pour nous de souvenir possible. La continuité du moi identique à lui-même peut seule relier le passé au présent. Locke commet donc une erreur lorsqu'il fonde notre identité sur la mémoire. Pour savoir qu'il est identique, il faut que le moi se souvienne, mais pour qu'il puisse se souvenir, il faut qu'il soit identique.

Mécanisme de la reconnaissance. — Pour associer l'idée du passé à un état de conscience actuel, il faut à l'esprit une raison. Quelle est cette raison? Comment ne pas confondre le souvenir, d'une part avec la perception dont l'objet est présent, d'autre part avec les créations de l'imagination?

Dans certains cas, le souvenir porte avec lui la marque du passé. Cela arrive par exemple pour les faits auxquels nous avons associé nous-mêmes l'idée du passé. Un certain travail nous occupait depuis quelque temps. Ce travail terminé, nous nous disons : voilà qui est fait. Quand le souvenir de ce travail nous reviendra, il sera immédiatement connu comme passé.

Dans d'autres cas, c'est un contraste qui motive le jugement de reconnaissance et distingue le souvenir des états avec lesquels on pourrait le confondre, perception ou imagination.

Le souvenir et la perception. — Le souvenir en général est un état de conscience moins vif et moins distinct que la perception. La perception, suivant le mot de Spencer, est un état fort, le souvenir est un état faible. Il y a une grande différence de vivacité entre la vue d'un tableau de la Vierge que j'ai sous les yeux et le souvenir qui m'en revient lorsque j'ai quitté ma chambre. De plus, le souvenir ne s'impose pas à l'esprit avec la même nécessité que la perception. Tant que je suis devant un tableau et que j'ouvre les yeux, je ne puis m'empêcher de le percevoir. Le souvenir dépend davantage de ma volonté. Au lieu de faire revivre dans ma conscience l'idée de tel tableau, je puis faire revivre l'idée ou l'image d'un autre tableau ou de toute autre chose. Je puis même chasser de mon esprit tout souvenir du passé pour m'appliquer au présent.

Enfin une perception est la plupart du temps confirmée par d'autres perceptions auxquelles elles est intimement liée. En même temps que je perçois un tableau dans ma chambre, je perçois ma table, mes livres, ma fenêtre, ma chambre même. Le souvenir au contraire est contredit par les perceptions présentes. Ainsi je me rappelle en ce moment un tableau de la Vierge que j'ai vu chez un de mes amis. Mais comme je perçois en même temps le mien, la perception que j'en ai contredit, réduit et rejette dans le passé l'autre image.

Le souvenir et l'imagination. — Mais comment distinguer le souvenir d'une création de l'imagination? D'abord, en général, une création de l'imagination réclame des efforts, une certaine activité dont nous avons conscience. Le souvenir au contraire se présente à nous naturellement, sans effort de notre part. De plus, et surtout, nous pouvons modifier comme nous le voulons ce que crée notre imagination, tandis que si nous pouvons chasser un souvenir, nous ne pouvons pas le modifier à notre gré. Je n'ai pas d'effort à faire pour me rappeler mon tableau de la Vierge et, quand je me le rappelle, il y a pour moi une sorte de nécessité de me le rappeler tel qu'il est dans la réalité. Au contraire, pour composer un tableau imaginaire, je dois faire des efforts de conception, d'arrangement, de combinaison et je puis librement ajouter quelques traits, en retrancher d'autres, faire les modifications qu'il me plaît de faire. Enfin le souvenir peut être confirmé par d'autres souvenirs au milieu desquels il prend place dans ma vie passée. La création de l'imagination ne se rattache pas à un fait de ma vie plutôt qu'à un autre. Je ne lui assigne aucune place dans le passé.

Date des souvenirs. — Reconnaître, c'est localiser dans le passé. On peut localiser dans le passé, sans qu'on sache à quel moment précis s'est produit le fait qu'on reconnaît, mais on peut aussi localiser en déterminant avec exactitude le moment de ce fait. Dans ce cas, non seulement on reconnaît le souvenir, on lui assigne une date. En général, c'est par association que se fait cette localisation à un moment précis du passé. Lorsqu'on veut déterminer la situation des objets dans l'espace, on rapporte ces objets à d'autres dont l'emplacement est fixe et bien connu. De même, pour déterminer la date d'un événement dans le temps, on le rapporte à d'autres qui servent de points de repère sur la ligne du passé. Il y a pour chacun de nous un certain nombre de faits de notre vie, inoubliables, du moins à l'état normal, par exemple une première communion, un succès d'examen, une maladie, la mort d'un parent ou d'un ami. Ces faits sont dans notre existence comme des jalons entre lesquels se placent les faits de moindre importance. Lorsque nous voulons retrouver la date de ces derniers, nous les rapprochons des premiers, nous les faisons en quelque sorte glisser en arrière sur la ligne de notre passé, jusqu'à ce qu'ils se placent après ou avant tel fait, dont nous avons gardé le souvenir précis. Supposons que je cherche la date de mon premier voyage en Suisse. Parcourant à rebours l'ensemble des années qui se sont écoulées depuis, je reconnais que c'est avant mon second examen de baccalauréat et après le premier, et grâce à des associations faciles à retrouver, je détermine à quelques jours près l'époque de ce voyage. Localiser, c'est toujours associer.

Les maladies de la mémoire. — Sous l'influence de circonstances de divers nature, la mémoire peut subir des modifications étranges : elle est sujette à des désordres et à des anomalies désignées généralement sous le nom de maladies de la mémoire. Les principales sont : les *amnésies*, les *hypermnésies*, les *paramnésies*.

L'amnésie. — L'amnésie, qui est une perte de la mémoire, affecte bien des formes.

Il y a des amnésies *totales*. Ce sont celles qui portent sur tous les souvenirs d'une période de la vie. On peut en citer des cas très curieux : une chute, une maladie, un coup violent à la tête peuvent abolir pour un moment tous les souvenirs. Une personne tombe dans une rivière ; à la suite d'un commencement d'asphyxie, elle oublie toute sa vie antérieure. Les amnésies totales peuvent être périodiques. Telles sont les amnésies de Félida et de la dame de Mac-Nish.

Il y a des amnésies *partielles* qui ne portent que sur certaines classes de souvenirs. Un médecin anglais, Holland, visitant les mines du Hartz, épuisé de fatigue, oublia tout à coup tout son allemand et le retrouva après avoir pris des aliments. On a vu des peintres perdre le souvenir de telle ou telle couleur, des musiciens oublier tout à coup tel ou tel ton. C'est surtout dans les *aphasies* ou amnésies du langage qu'on rencontre des phénomènes bizarres. Un fermier, après une attaque de paralysie, se rappelait tous les mots du discours, excepté les substantifs et les noms propres. On a cru même pouvoir déterminer la loi qui préside aux aphasies. L'oubli porte d'abord sur le langage rationnel, puis sur le langage émotionnel. Dans le langage rationnel, on commence par oublier les noms propres, on oublie ensuite les noms communs, puis les adjectifs, puis les verbes.

Les amnésies peuvent enfin être *progressives*. On perd d'abord le souvenir des choses les plus récentes, puis successivement, en remontant dans le passé, celui des plus anciennes. C'est ce qu'on appelle la *loi de régression*. « La destruction de la mémoire, dit M. Ribot, va du moins stable au plus stable, du plus récent au plus ancien, du plus complexe au plus simple, et quand les souvenirs sont restaurés, c'est dans l'ordre de l'acquisition qu'ils reviennent. Les derniers perdus sont les premiers retrouvés. » Voici l'explication physiologique qu'il donne de cette loi : « Les souvenirs récents correspondent à des impressions cérébrales moins souvent répétées et qui, du reste, étant plus faibles en vertu de la faiblesse de l'organe, ne peuvent créer de fortes habitudes. Au contraire, les souvenirs anciens correspondent à un état du cerveau tout opposé. Voilà pourquoi ils persistent, alors que s'éteint la mémoire des faits récents. »

L'hypermnésie. — L'hypermnésie est le contraire de l'amnésie. C'est une exaltation anormale de la mémoire. Comme l'amnésie, elle peut être totale ou partielle. On cite de nombreux cas de personnes sauvées d'une mort imminente, qui, en un instant, auraient vu avec une lucidité parfaite l'ensemble de leur vie. D'autres fois, c'est une classe de souvenirs absolument perdus, ou même dont on n'avait pas la moindre idée qui revient soudainement à la conscience. Tel est l'exemple fameux rapporté par Taine « d'une jeune fille très ignorante et ne sachant pas même lire, qui, devenue malade, récitait d'assez longs morceaux de latin, de grec et d'hébreu rabbinique, mais qui une fois guérie parlait tout au plus sa propre langue. En allant aux informations, on sut qu'à l'âge de neuf ans, elle avait été recueillie par son oncle, pasteur fort savant, qui se promenait d'ordinaire après son dîner dans un couloir attenant à la cuisine et répétait alors ses morceaux favoris. On consulta ses livres et on y retrouva mot pour mot plusieurs des morceaux récités par la malade. Le bourdonnement et les articulations de la voix lui étaient restés dans les oreilles. Elle les avait entendus comme elle les avait récités sans les comprendre. »

La paramnésie. — Il y a enfin des mémoires fausses ou paramnésies. On croit avoir déjà éprouvé un état qui, en réalité est nouveau. Lorsqu'il se produit pour la première fois, il paraît être un souvenir. « Un homme instruit, dit M. Ribot, raisonnant assez bien sur ses maladies et qui en a donné une description écrite, fut pris, vers l'âge de trente-deux ans, d'un état mental particulier. S'il assistait à une fête, s'il visitait quelque endroit, s'il faisait quelque rencontre, cet événement avec toutes ses circonstances lui paraissait si familier qu'il se sentait sûr d'avoir déjà éprouvé les mêmes impressions, étant entouré précisément des mêmes personnes ou des mêmes objets avec le même ciel, le même temps. Faisait-il quelque nouveau travail, il lui semblait l'avoir déjà fait et dans les mêmes conditions. Ce sentiment se produisait parfois le jour même, au bout de quelques minutes ou de quelques heures, parfois le jour suivant avec une parfaite clarté. » Presque toujours la fausse mémoire est liée à un désordre mental.

Qualités de la mémoire. — Les qualités d'une bonne mémoire sont : la *facilité*, la *ténacité*, et la *promptitude*. La mémoire facile est celle qui retient vite. La mémoire est tenace, lorsqu'elle garde longtemps ce que l'on a une fois appris. La mémoire est prompte, lorsqu'elle retrouve sans effort les souvenirs. Souvent la facilité et la ténacité sont en raison inverse. On oublie vite ce qu'on apprend facilement, on retient longtemps ce qu'on apprend avec difficulté. Quant à la promptitude, elle est plus souvent proportionnelle à la facilité qu'à la ténacité. L'exercice fréquent, réfléchi et méthodique triomphe des mémoires les plus ingrates.

Importance de la mémoire. — Il est difficile de s'imaginer à quel état précaire serait réduit l'homme sans la mémoire. La mémoire est nécessaire à toutes les fonctions de l'intelligence. Les fonctions d'acquisition la supposent déjà. Strictement limitées au présent, la perception externe et la conscience auraient un objet insaisissable. Supprimez les souvenirs, il n'y a plus de matériaux pour les constructions de l'imagination ; les opérations intellectuelles, les fonctions d'élaboration sont rendues impossibles. L'esprit ne peut élaborer qu'une matière préexistante. Si tout disparait aussitôt que produit, il n'a prise sur rien. La plus simple comparaison lui est interdite : car, pour qu'on puisse comparer deux objets, il faut que le premier reste présent à la mémoire au moment où on pense le second.

Condition indispensable de toute connaissance, la mémoire est nécessaire aussi à la moralité. Sans la mémoire, nous n'aurions pas l'idée de notre identité personnelle, et sans l'idée de cette identité, nous ne pouvons rien comprendre à la responsabilité, au mérite, au démérite, aux sanctions ; le progrès moral comme le progrès intellectuel est une chimère.

Ouvrages à consulter

BERGSON. — *Matière et mémoire.*

FOUILLÉE. — *Psychologie des idées-forces.*

GRATACAP. — *Théorie de la mémoire.*

JANET ET SÉAILLES. — *Histoire de la philosophie.*

LEIBNITZ. — *Nouveaux essais.*

LOCKE. — *Essais sur l'entendement humain.*

REID. — *Essais sur les facultés intellectuelles.*

RIBOT. — *Les maladies de la mémoire.*

SPENCER. — *Principes de psychologie.*

STUART MILL. — *Philosophie de Hamilton.*

VAN BIERVLIET. — *La Mémoire.*

VAN BIERVLIET. — *Éléments de psychologie humaine.*

Articles de revues

V. EGGER. — *Le moi des mourants* (Revue phil., 1896).

V. HENRI. — *Enquête sur les premiers souvenirs de l'enfance.* (Revue phil., 1895. 1).

P. JANET. — *Les actes inconscients et la mémoire dans le somnambulisme provoqué.* (Revue phil., 1888, 1).

CHAPITRE VI

L'ASSOCIATION DES IDÉES

Définition de l'association des idées. — Nous avons vu le rôle important que joue l'association des idées dans la mémoire. L'association des idées, c'est la propriété qu'ont les idées de se suggérer, de s'évoquer les unes les autres dans la conscience; ou bien, c'est une tendance de l'esprit à passer spontanément d'une idée à une autre.

Un peu d'attention suffit pour constater le fait de l'association des idées. En ce moment, je parle de l'association des idées et je me souviens spontanément que cette question a été surtout étudiée par les psychologues anglais. Le souvenir des Anglais me rappelle celui de Londres et de l'église Saint-Paul. Saint-Paul de Londres me fait penser à Saint-Pierre de Rome, Saint-Pierre de Rome au Panthéon, le Panthéon à Victor Hugo, Victor Hugo à Hernani, Hernani à l'Espagne, l'Espagne à Christophe Colomb, Christophe Colomb à l'Amérique, l'Amérique à Franklin, Franklin au paratonnerre, le paratonnerre à la machine électrique, celle-ci à l'unité des forces physiques... Cette série d'idées pourrait se continuer indéfiniment. C'est ce qui a lieu dans la rêverie, lorsque nous nous laissons aller au fil, à la pente, au courant de nos idées.

Remarquons d'ailleurs que l'association régit non seulement les idées, mais tous les faits psychologiques. Une idée peut suggérer une émotion ou une volition, et inversement une volition ou une émotion peut suggérer une idée. On a comparé.

non sans quelque raison, le rôle de l'association des idées dans le monde mental à celui de la gravitation dans le monde physique. De même que dans le monde physique, tous les corps s'attirent, de même dans le monde mental, les différentes idées sont liées entre elles de mille manières et forment une trame où tout se tient et s'enchaîne. Sans doute, ces associations nous échappent souvent. Nous ne voyons pas du premier coup le lien qui peut unir les idées associées; certains rapprochements d'idées paraissent même étranges; on fait des coq-à-l'âne. Mais la réflexion suffit pour découvrir la marche qu'a suivie l'esprit. Stuart Mill rapporte qu'en pensant un jour au Ben Lomond, montagne d'Écosse, il fut surpris de penser en même temps au système prussien d'éducation. Il retrouve vite le lien des deux idées. L'année précédente, ayant rencontré sur le Ben Lomond, un major prussien, il s'était entretenu avec lui de l'éducation prussienne

Théorie écossaise de l'association des idées. — D'après certains philosophes, en particulier Dugald-Stewart, disciple de Reid, les idées s'associent dans l'esprit en vertu des rapports qui les unissent, et il y a autant de formes d'association qu'il y a d'espèces de rapports entre les idées. Or, ces rapports sont de deux sortes, les uns *essentiels*, rationnels ou logiques, les autres *accidentels*, empiriques ou artificiels. Les premiers sont fondés sur la nature même des choses; il suffit d'un certain degré de raison pour les découvrir. Les seconds sont fondés sur des circonstances accessoires de temps, de lieu ou même sur de simples conventions; ils supposent de l'expérience et de l'instruction.

Dans la première classe on peut distinguer :

1. Le rapport du principe à la conséquence, et de la conséquence au principe. Ainsi, l'idée d'un théorème me fait penser aux corollaires qui en découlent; l'idée de responsabilité éveille en moi l'idée du libre arbitre qui en est le principe.

2. Le rapport du genre à l'espèce et de l'espèce au genre : l'idée de vertébré me rappelle l'idée de mammifère et l'idée de mammifère celle de vertébré.

3. Le rapport de la cause à l'effet et de l'effet à la cause. La pensée de Descartes appelle celle du Discours de la méthode. L'ordre de la nature évoque l'idée de la Providence.

4. Le rapport de la substance au mode et du mode à la substance. La vue d'une rose me fait penser à son parfum. En pensant à l'âme humaine, je me rappelle naturellement ses diverses puissances.

5. Le rapport du moyen à la fin et de la fin au moyen. Les ailes de l'oiseau me suggèrent l'idée de vol. L'idée de l'immortalité me rappelle mes devoirs.

Dans la seconde classe, on peut distinguer :

1. Le rapport de contiguïté dans le temps. Socrate me rappelle les sophistes. C'est sur des rapports de contiguïté dans le temps que sont fondés les synchronismes. Ils consistent à réunir autour d'une date les événements intéressants qui ont eu lieu à cette date. L'année 1896 me rappellera le voyage du Tsar à Paris ; un ministère Méline, une réforme du baccalauréat, la constitution des universités régionales.

2. Le rapport de contiguïté dans l'espace. Nancy me fait penser à Charles le Téméraire, au peintre Callot, au roi Stanislas, au général Drouot. Les rapports de contiguïté dans l'espace font le charme des lieux historiques.

3. Le rapport de ressemblance. Un portrait me rappelle la personne qu'il représente. César me fait penser à Napoléon. Il n'est pas nécessaire que la ressemblance soit très grande pour que l'association se produise ; la moindre analogie suffit. Telle figure peut être à beaucoup de points de vue différente d'une autre ; un seul trait commun fera passer ma pensée de l'une à l'autre. C'est sur des ressemblances que sont fondées les figures de langage, appelées *métaphores, allégories, allitérations*. Dans la métaphore, on transporte le nom d'un objet à un autre analogue. L'allégorie est une métaphore prolongée. On fait entendre une suite d'idées par une autre qui a de l'analogie avec la première. L'allitération rapproche des mots dont le sens est différent, mais le son semblable. « Je m'instruis mieux, dit Montaigne, par fuite que par suite. » C'est sur des rapports d'analogie quelquefois très arbitraires, que reposent les jeux de mots et les calembours.

4. Le rapport de contraste. Les Épicuriens me font penser aux Stoïciens. Toute idée peut me rappeler son contraire. C'est de là que naissent les figures de rhétorique, appelées *antiphrase* et *ironie*. L'antiphrase exprime une idée par un mot dont le

sens naturel est tout à fait opposé. Les Grecs donnaient aux Furies le nom d'Euménides; le cap des Tempêtes fut nommé le cap de Bonne-Espérance. L'ironie est une antiphrase prolongée. Ainsi le cri d'Oreste :

Grâce aux dieux, mon malheur passe mon espérance !

5. Le rapport de signification. Le signe peut être naturel; la fumée fait penser au feu, la pâleur du visage à la souffrance. Le signe peut être conventionnel : le drapeau évoque l'idée de la patrie; l'olivier est l'emblème de la paix. Le langage et l'écriture sont fondés sur des rapports de signification.

Ces deux classes de rapports donnent naissance à deux espèces d'associations dont les caractères s'opposent de la même manière. Les unes sont *essentielles* et logiques, par conséquent tenaces et durables. Ce sont, non plus de simples associations, mais, suivant l'expression de M. Janet, de véritables liaisons d'idées. Les autres sont *accidentelles*, plus ou moins arbitraires et par conséquent moins stables et plus fragiles. De là, deux sortes d'esprits suivant la prédominance de l'une ou l'autre espèce d'association. Les esprits habitués aux associations logiques sont les esprits réfléchis, sérieux, méthodiques, qui ont besoin de se rendre compte et de voir clair dans leurs idées. Ceux au contraire qui ont l'habitude des associations accidentelles ou empiriques sont des esprits spontanés et en général peu profonds, qui se contentent du contour des choses, sans en chercher les raisons.

Critique de la théorie écossaise. — Cette théorie de l'association des idées est inexacte. Ce n'est pas le rapport essentiel ou accidentel perçu entre deux idées qui produit l'association; car l'association est nécessaire à cette perception. La perception d'un rapport entre deux idées suppose la présence préalable de ces deux idées dans la conscience. Par exemple, pour que j'affirme un rapport de causalité entre la Providence et l'ordre du monde, ou un rapport de ressemblance entre Napoléon et César, il faut que les idées de Providence et d'ordre du monde, de Napoléon et de César, soient déjà présentes à ma pensée. Le rapport est postérieur à l'association, il ne peut donc en être la cause. La théorie écossaise confond le rapprochement opéré par l'activité même de l'esprit entre les idées, avec la synthèse toute spontanée et toute passive des idées dans la conscience, qui précède les opérations proprement intellectuelles.

Si l'association des idées est antérieure aux rapports et peut se produire indépendamment de ces rapports, ceux-ci n'en exercent pas moins dans la suite une grande influence sur l'association. Lorsque j'applique mon attention à deux idées associées dans ma conscience pour en percevoir les rapports, je donne plus de force, et par conséquent plus de chance de durée à cette association. Et si je prends l'habitude d'observer telle espèce de rapports plutôt que les autres, les associations que présuppose cette espèce de rapports me deviendront familières et donneront à mon esprit son caractère propre.

Lois fondamentales de l'association des idées. — On admet généralement à la suite des psychologues anglais deux lois fondamentales de l'association des idées, la loi de contiguïté et la loi de ressemblance.

1. *Loi de contiguïté.* — Deux ou plusieurs idées s'associent, ont la propriété de suggérer les unes les autres, lorsqu'elles ont déjà été contiguës dans la conscience, c'est-à-dire pensées simultanément ou les unes à la suite des autres. Dans sa *théorie de la vision*, Berkeley avait déjà formulé cette loi. « Pour qu'une idée, dit-il, puisse exciter une autre idée dans l'âme, il suffit qu'on soit accoutumé à les voir ensemble. » C'est ainsi que les premières notes d'un morceau de musique me suggèrent les notes suivantes. Une nouvelle pénible m'arrive au moment où je conversais avec telle personne; désormais, j'aurai à me défendre contre une impression fâcheuse chaque fois que je rencontrerai cette personne.

2. *Loi de ressemblance.* — Deux ou plusieurs idées qui n'ont jamais été contiguës dans la conscience peuvent s'associer, lorsqu'elles ont quelque ressemblance. Le visage d'une personne me rappelle celui d'une autre qui a même physionomie. Un monument que je vois pour la première fois me suggère l'idée de monuments semblables que j'ai vus.

Bain ajoute une troisième loi, la *loi de contraste*. Les états présents à la conscience tendent à rappeler des états contraires. La joie fait penser à la tristesse, la lumière aux ténèbres.

Mais la loi de contraste peut être ramenée à la loi de contiguïté ou à la loi de ressemblance : à celle de contiguïté, parce que les contraires se suivent souvent dans l'expérience ; la tristesse succède souvent à la joie, les ténèbres succèdent à la lumière ; — à celle de ressemblance, parce que les contraires ont ceci de commun qu'ils appartiennent au même genre, et qu'ils sont les extrêmes de ce genre. La joie et la tristesse sont des sentiments et aussi distants que possible l'un de l'autre.

Réduction de la loi de ressemblance à la loi de contiguïté. — L'association par ressemblance rapprochant des états qui n'ont pas encore été contigus dans la conscience, constitue des groupes nouveaux et devient ainsi pour l'esprit un principe fécond d'innovation. Mais l'analyse ramène l'association par ressemblance à l'association par contiguïté. La ressemblance est une identité partielle. Deux choses ne se ressemblent que par la présence d'un élément commun. Cet élément commun présent dans la seconde suggère l'idée des autres éléments avec lesquels il était contigu dans la première, et c'est ainsi que la seconde rappelle la première. Soit une idée ABD qui suggère une autre idée ABC qui ne lui a jamais été contigüe. Mais AB ayant été contigu à C tendait à suggérer C, et c'est ainsi que ABD rappelle ABC. Prenons un exemple : soit l'idée de la Loire, idée nouvelle pour moi, dont les éléments sont l'eau A, la direction de l'eau B et les rives D. L'idée de la Loire ABD me suggère l'idée de la Seine ABC qui ne lui a jamais été contigüe, par cela même que AB (eau et direction de l'eau), communs à la Loire et à la Seine, avaient été contigus à C dans mon idée de la Seine, les rives de la Loire étant sensiblement différentes de celles de la Seine. L'association par ressemblance peut donc se ramener à une association par contiguïté, non totale, mais partielle.

Toutefois, à un autre point de vue, ne pourrait-on pas dire que la loi de contiguïté rentre dans la loi de ressemblance ? « Car les deux idées en contiguïté ont des ressemblances, ne fût-ce que celle d'avoir été pensées ensemble, d'être en tout cas toutes deux des idées, des modes de la pensée. Et voilà pourquoi toute idée peut rappeler n'importe quelle idée, car toutes les idées possèdent quelque chose de semblable. Deux idées absolument différentes ne pourraient faire partie de la même conscience; elles briseraient son unité.... De cette façon, il est permis de dire que toute association par contiguïté se fait par contiguïté et par similarité et que toute association par similarité se fait par similarité et par contiguïté [1]. »

L'association et l'habitude. — On le voit, l'association des idées, comme la conservation des idées, s'explique par l'habitude. Ce que l'esprit a fait, il tend à le refaire et à le refaire dans l'ordre primitif. « Quand deux idées, dit Stuart Mill, ont été pensées une ou plusieurs fois en connexion l'une avec l'autre, l'esprit acquiert par là même une tendance à les penser ensemble. » Aussi, les lois de l'association des idées ne sont-elles que des corollaires des lois de l'habitude. Un seul acte peut engendrer une habitude. De même, deux idées pourront être associées pour longtemps ou même pour toujours dans notre esprit par un seul acte d'attention porté sur ces deux idées. Toute habitude se fortifie par la répétition. De même, deux idées sont d'autant plus fortement liées l'une à l'autre qu'elles ont été plus souvent présentes ensemble à la conscience. La volonté peut favoriser l'habitude par l'attention aux actes habituels, ou la contrarier en détournant l'attention sur d'autres objets. Elle agit de même sur l'association des idées. Ce qu'on appelle quelquefois les lois secondaires de l'association des idées, ne sont que les lois psychologiques de la conservation des idées, et par conséquent des cas particuliers des lois générales de l'habitude.

Mais il faut remarquer ici comme pour la mémoire que l'habitude psychologique qui fonde l'association suppose une habitude cérébrale. « La réviviscence d'une donnée de la mémoire imaginative, dit M. Rabier, a sa condition immédiate dans un état nerveux analogue à l'état nerveux primitif. Donc, quand il s'agit d'une association, l'état suggestif *a* par exemple, a sa condition dans une impression nerveuse A, et l'état suggéré *b* a sa condition dans une impression nerveuse B. Cela posé, pour expliquer comment ces deux impressions organiques et par suite ces deux états de conscience se succèdent, il n'y a qu'un pas à faire, c'est d'admettre que l'ébranlement nerveux s'est propagé de A en B, et cela parce qu'une

1. RAYOT. — Leçons de psychologie, 234.

première fois le mouvement ayant déjà suivi ce trajet, la même
route lui est désormais plus facile. »

Importance de l'association des idées. — Les philosophes anglais de l'école associationniste, Hume, Stuart Mill,
Bain, ont exagéré l'importance de l'association des idées en
voulant y ramener toute l'intelligence et en prétendant expliquer les vérités premières par des associations que l'habitude a
rendues inséparables. Nous les réfuterons lorsque nous ferons
la critique des différentes formes de l'empirisme. Il n'en faut
pas moins reconnaître la grande importance de l'association des
idées. Nous avons vu le rôle qu'elle joue dans les perceptions
acquises. Elle est une condition essentielle de la conservation,
du rappel et de la reconnaissance des idées. Elle intervient
d'une façon remarquable dans l'imagination. Elle se mêle
aux différentes opérations de l'esprit qui la supposent.
C'est sur les matériaux fournis par l'association que s'exerce
l'intelligence.

L'association n'est pas non plus sans influence sur la sensibilité. Il y a des sympathies qui ont leur origine dans de simples
associations d'idées. Il suffit que la présence d'une personne
réveille en nous l'idée d'agréables souvenirs, pour qu'elle
nous soit sympathique ; elle nous serait au contraire naturellement antipathique, si elle nous rappelait de pénibles
souvenirs.

Par l'influence qu'elle exerce sur les jugements et les sentiments, l'association des idées ne peut manquer d'agir sur la
volonté et sur la vie morale. La conduite des hommes dépend
souvent des idées qu'ils ont laissées s'associer dans leur esprit.
Que de préjugés, que d'aberrations morales ont leurs principes
dans de fausses associations ! C'est pourquoi il faut dans l'éducation veiller à ce que ces fausses associations ne pénètrent
pas et ne se fortifient pas dans l'esprit des enfants. Si on
habitue les enfants à associer à l'idée de mensonge celle de
déshonneur, ils deviendront naturellement loyaux et sincères.
Qu'on leur laisse prendre l'habitude d'associer à l'idée de mensonge celle d'habileté et de finesse, ils deviendront naturellement
des hommes perfides et sans parole. Pour détourner leurs enfants
de l'ivrognerie, les Spartiates leur mettaient sous les yeux des
ilotes ivres ; ils prenaient ainsi l'habitude d'associer à l'idée

d'ivresse celle de servitude, et la haine de la servitude engendrait celle de l'ivresse. N'oublions pas surtout que notre volonté libre exerce un empire incontestable sur nos associations d'idées, qu'elle peut favoriser ou contrarier. « Travaillons donc à nous rendre familières les associations légitimes, à écarter les associations fausses, dès qu'elles se présentent à l'esprit ; c'est un des moyens les plus efficaces que nous puissions employer pour acquérir des habitudes sérieuses et tendre à notre perfectionnement intellectuel et moral [1]. »

Ouvrages à consulter

Ferri. — *Psychologie de l'association.*
Hume. — *Traité de la nature humaine.*
Leibnitz. — *Monadologie.*
Malebranche. — *Recherches de la vérité*, liv. II, i.
Mervoyer. — *L'association des idées.*
Ravaisson. — *La philosophie en France au XIXᵉ siècle.*
Ribot. — *Psychologie anglaise contemporaine.*
Stuart Mill. — *Système de logique.*
Taine. — *L'intelligence.*

Articles de revues

Brochard. — *La loi de similarité dans l'association des idées.* (Revue philos., IX, 527.)
Bourdon. — *Résultats des théories contemporaines sur l'association des idées.* (Revue phil., 1891, i.)
Paulhan. — *L'associationnisme et la synthèse psychique.* (Revue philos., 1888.)
Poulain. — *La mnémonique.* (Études relig., S. J., 1892.)

1. P. Regnault. — *Cours de philosophie*, 86.

CHAPITRE VII

L'IMAGINATION

Deux espèces d'imagination. — I. Imagination passive. — Définition de l'imagination passive. — Objet de l'imagination passive. — L'imagination et la conception. — Rôle de l'imagination passive. — II. Imagination active ou créatrice. — Définition de l'imagination créatrice. — Manifestations principales de l'imagination créatrice. — *A*. Dans la vie des individus et des peuples. — *B*. Dans les sciences. — *C*. Dans les arts. — Analyse de l'imagination. — L'imagination et l'association. — Conditions de l'imagination. — Rôle de l'imagination créatrice.

Deux espèces d'imagination. — Sous le nom d'imagination, on comprend des fonctions de l'esprit très diverses. De là, chez les psychologues, une difficulté pour déterminer la nature et le domaine de cette faculté. Toutefois, on distingue généralement deux sortes d'imagination : l'imagination passive ou reproductrice, et l'imagination active ou créatrice. La première qui est une fonction de conservation se rattache à la mémoire, la seconde qui est une fonction de combinaison relève de l'intelligence proprement dite.

I — IMAGINATION PASSIVE

Définition de l'imagination passive. — L'imagination passive ou reproductrice est le pouvoir de se représenter en leur absence les objets sensibles déjà perçus. C'est de cette sorte d'imagination qu'Aristote, Descartes, Malebranche, Spinosa, Bossuet, traitent à peu près exclusivement sous le nom de fantaisie ou de mémoire imaginative ou de mémoire sensible. Bossuet la définit « une sensation renouvelée et affaiblie. » Il y a en effet une mémoire sensible commune aux hommes et aux

animaux. Je revois par imagination la chambre que je viens de
quitter ; je me représente ma table de travail et les livres que
j'avais sous les yeux.

Objet de l'imagination passive. — Le domaine de l'imagination passive s'étend à toutes les sensations, et Reid se
trompait en affirmant que l'imagination ne représentait que les
qualités perçues par la vue, c'est-à-dire les formes et les couleurs. Sans doute, c'est la vue qui fournit le plus de matériaux
à l'imagination, c'est elle qui lui donne les formes les plus
riches ; mais par l'imagination, nous pouvons faire revivre aussi
les sensations du toucher, de l'ouïe, du goût et de l'odorat.
« Que l'objet coloré que je regarde disparaisse, dit Bossuet, que
le bruit que j'entends s'apaise, que je cesse de boire la liqueur
qui m'a fait plaisir, que le feu qui m'échauffait soit éteint.
J'imagine encore en moi-même cette couleur, ce bruit, ce
plaisir, cette chaleur. » Tous les sensibles peuvent donc être
imaginés. Mais l'imagination reproductrice est restreinte à cet
objet. Quand on se représente ce qui n'a pas été donné dans
l'expérience des sens, on a, non pas une image proprement
dite, mais un symbole.

D'ordinaire, l'image est moins vive et moins distincte que la
sensation. Toutefois, dans certains cas, elle peut atteindre le
même degré de vivacité et de distinction. Cela arrive dans
l'hallucination. Les images du sommeil n'ont pas la force des
sensations de la veille. Si nous les prenons pour des réalités,
c'est parce que nous n'avons pas le contraste des sensations pour
nous empêcher de les objectiver.

L'imagination et la conception. — C'est uniquement
cette imagination passive que les philosophes anciens et les
philosophes cartésiens opposent à la conception, œuvre de
l'entendement. « Il y a une grande différence, dit Bossuet,
entre imaginer l'homme et entendre l'homme. Imaginer
l'homme, c'est s'en représenter un, de grande ou de petite
taille, sain ou malade ; entendre l'homme, c'est concevoir
seulement qu'il est un animal raisonnable, sans s'arrêter à
aucune autre considération particulière. De même, imaginer le
triangle, c'est s'en représenter un d'une certaine espèce ;
entendre le triangle, c'est concevoir d'une façon générale une
figure de trois angles et de trois côtés. »

L'imagination passive, n'étant qu'une forme de la mémoire, est soumise aux mêmes lois et offre les mêmes variétés. Il y a des imaginations spéciales, comme il y a des mémoires spéciales. Le peintre imagine vivement les formes et les couleurs, le musicien les sons. Mozart put reproduire le *Miserere* de la Sixtine après l'avoir entendu deux fois ; Beethoven, devenu sourd, continuait à composer des opéras.

Rôle de l'imagination passive. — L'imagination passive est un puissant auxiliaire de l'attention. « Le bon usage de l'imagination, dit Bossuet, est de s'en servir pour rendre l'esprit attentif. Par exemple, quand, en discourant de la nature du cercle et du carré, et des proportions de l'un avec l'autre, je m'en figure un dans l'esprit, cette image me sert beaucoup à empêcher les distractions et à fixer l'attention à ce sujet. » En donnant des formes sensibles aux objets absents, elle en conserve plus facilement le souvenir. Mais surtout elle fournit à l'imagination active les matériaux qu'elle met en œuvre.

II — IMAGINATION ACTIVE OU CRÉATRICE

Définition de l'imagination créatrice. — L'imagination active ou créatrice est le pouvoir de produire des images ou des idées nouvelles en modifiant et en combinant des idées ou des images anciennes. Lorsque, dans le langage ordinaire, on parle d'imagination puissante, féconde, originale, c'est l'imagination créatrice et non l'imagination reproductrice que l'on a en vue. Celle-ci fait revivre le passé dans une copie plus ou moins vivante, celle-là est poétique au sens étymologique du mot ; elle invente, elle crée.

Il ne faudrait pourtant pas exagérer cette opposition. Le passage de l'imagination passive à l'imagination active peut se faire d'une façon insensible. D'une part, les images des sensations passées se conservent-elles jamais sans altération ? Certains détails s'affaiblissent et finissent par s'effacer ; d'autres au contraire s'exagèrent avec le temps et prennent des proportions qui dépassent de beaucoup la réalité. C'est là souvent ce qui fait le charme des souvenirs d'enfance. Des particularités mesquines, sans intérêt, de peu d'importance, ont disparu de

la mémoire et il ne nous est guère resté que des souvenirs intéressants, enchanteurs, pleins de poésie. D'autre part, Dieu
seul est vraiment créateur. Il faut toujours à l'homme une
matière à laquelle s'applique son activité. L'imagination
créatrice ne crée rien absolument. Tous les éléments que
l'analyse découvre dans ses œuvres les plus originales, sont
empruntés à la réalité. Les combinaisons sont nouvelles, les
images ou idées combinées sont anciennes. La forme est
inventée ; rien ne l'est dans les éléments qu'elle organise. Bien
plus, l'imagination passive n'est que relativement passive. Dans
la rêverie, dans le rêve, dans le délire, dans certaines maladies
nerveuses, sous l'influence de certaines substances, opium,
haschisch, alcool, les images s'arrangent, se combinent spontanément dans un ordre nouveau et imprévu, qui ne reproduit
en rien les arrangements et les combinaisons du passé.

**Manifestations principales de l'imagination créa-
trice.** — L'imagination créatrice se manifeste de mille manières
dans la vie humaine, dans la vie des individus et des peuples.
Mais c'est surtout dans les sciences et dans les arts qu'il est
intéressant d'étudier son action.

A. **Dans la vie des individus et des peuples.** — Dans
la vie quotidienne, c'est l'imagination qui est le principe des
fictions de toutes sortes que produit l'esprit. C'est elle qui
construit des châteaux en Espagne et nous berce de ces rêves
d'avenir irréalisables qui l'ont fait nommer une maîtresse d'erreur. Mais elle n'est pas toujours aussi chimérique. C'est
l'imagination qui suggère aussi les projets utiles et les grandes
entreprises et qui trouve les moyens nécessaires pour les réaliser. L'industriel qui découvre un procédé d'exploitation, le
commerçant qui crée de nouveaux débouchés à son commerce,
le général qui, sur le champ de bataille, combine une tactique
heureuse, l'éducateur qui invente une méthode d'éducation,
l'homme politique qui modifie un système de gouvernement,
font œuvre d'imagination. Il y a même de l'imagination en
morale et dans la pratique de la vertu. La loi morale nous
prescrit d'aimer notre prochain comme nous-mêmes. Saint
François-Xavier parcourt les Indes pour les convertir à la foi ;
saint Vincent de Paul fonde des asiles pour les enfants trouvés ; l'abbé de l'Épée instruit les sourds-muets. Ce sont là des

applications du précepte bien connu de la charité. Mais c'est l'imagination servie par un grand cœur, qui a trouvé chez des héros de la charité, ces applications.

L'imagination se manifeste dans la vie des peuples comme dans celle des individus. C'est elle qui crée les mythologies, en divinisant les grands hommes ou les forces cachées de la nature. C'est elle qui donne à chaque peuple son idéal de puissance et de gloire. Athènes avait le génie de l'art. Rome rêvait de conquérir le monde. La France du moyen âge se croyait appelée à la défense du droit et à la protection des faibles. C'est encore l'imagination qui dans les crises sociales soulève les foules, et fait surgir les haines et les enthousiasmes.

B. **Dans les sciences.** — Dans les sciences l'imagination suggère les hypothèses qui préparent les découvertes. Les objets des sciences mathématiques ne sont, comme nous le verrons, que des créations de l'esprit; et ces créations qui ne représentent jamais exactement les réalités extérieures, ont leur origine dans l'imagination. De plus, toute proposition, toute démonstration nouvelle est une hypothèse dans l'esprit du mathématicien avant d'être vérifiée par le raisonnement. Dans les sciences de la nature, l'esprit, à la recherche d'une loi, l'imagine d'abord; et il imagine aussi les expériences qui pourront l'établir. Le génie scientifique se reconnaît à l'invention des hypothèses fécondes et des faits décisifs. La grande loi de la gravitation universelle, avant de devenir, grâce aux travaux de Newton, une théorie scientifique, avait été une hypothèse dans l'esprit de Copernic; et elle fut encore préparée par l'hypothèse cartésienne des tourbillons. Franklin imagine l'identité de la foudre et de l'électricité avant de faire l'expérience qui établit cette identité. Il fallait de l'imagination à Lavoisier, pour rapprocher le fait de la respiration de celui de la combustion; à Le Verrier, pour supposer que les déviations d'Uranus étaient dues à la présence d'une planète inconnue; à Pasteur, pour deviner l'explication microbienne de la rage et de tant d'autres maladies. L'imagination est bien, comme on l'a dit, l'œil prophétique de la science.

C. **Dans les arts.** — Dans les arts, c'est l'imagination qui conçoit l'idéal et les moyens de le réaliser. L'idéal est un type de beauté supérieure qui ne se rencontre pas dans la nature.

C'est la réalité dégagée de ses imperfections, et comme trans-figurée. Nous en analyserons la notion lorsque nous traiterons du beau et de l'art. Contentons-nous ici de constater que l'imagination est le principe de l'art, comme elle est le principe de la science, et que les œuvres du génie artistique sont bien, au sens humain du mot, des créations. « Quand Phidias faisait la statue de Minerve, dit Cicéron, il n'avait pas sous les yeux un modèle particulier dont il s'appliquait à exprimer la ressemblance ; mais dans le fond de son âme résidait un type accompli de beauté sur lequel il tenait ses regards fixés, et qui conduisait son art et sa main. »

Telles sont les principales manifestations de l'imagination, mais comment les expliquer ?

Analyse de l'imagination. — Si l'on analyse les différentes œuvres de l'imagination créatrice, on y trouve toujours deux éléments, une *matière* et une *forme*.

1. La matière de l'imagination, ce sont les souvenirs, de quelque nature qu'ils soient, images, sentiments, idées abstraites et générales, tous les phénomènes de conscience résultat de l'expérience ou de l'élaboration intellectuelle. « Les Muses, disaient les Grecs, sont filles de Mnémosyne. » Le travail de l'imagination sera d'autant plus facile qu'elle disposera de souvenirs abondants et variés. Si la mémoire est pauvre, l'imagination sera difficilement féconde. C'est encore la nature de l'expérience passée qui détermine celle de l'imagination. Selon l'espèce prédominante de souvenirs, on aura l'imagination d'un homme d'affaires, d'un savant ou d'un philosophe, d'un artiste... Vraisemblablement l'esprit habitué aux abstractions de la géométrie n'aura pas la même imagination que le peintre ou le poète.

2. A cette matière fournie par la mémoire, l'imagination donne une forme nouvelle.

Elle ajoute ou retranche. Je puis ajouter quelques années à mon âge, retrancher quelques fautes ou quelques erreurs de ma vie passée.

Elle agrandit ou diminue. Les hommes deviennent des géants ou des nains. Remarquons pourtant que l'imagination est naturellement hyperbolique. Elle ajoute ou agrandit, plutôt qu'elle ne retranche ou diminue.

Elle corrige ou déforme. Le peintre supprime tel ou tel trait d'un visage pour le rendre plus conforme à son idéal. L'orgueilleux se vante de qualités qu'il n'a pas.

Elle décompose et compose, elle détruit et construit, elle dissocie et associe. Avec trois abstractions : le point, le mouvement et l'espace, le géomètre invente des figures qui n'ont jamais été réalisées dans la nature.

On ne saurait mieux comparer l'imagination qu'à l'architecte qui construit une maison, des débris d'une maison détruite. Défaire le passé pour en refaire le présent, dissocier les données du souvenir pour les faire entrer dans des associations, dans des combinaisons nouvelles, voilà au fond à quoi se ramène sous ses différentes formes l'œuvre de l'imagination.

L'imagination et l'association. — A première vue on ne voit pas bien comment l'imagination créatrice, comment le pouvoir d'innover, d'inventer, peut se concilier avec l'association des idées. Celle-ci, en effet, est une puissance de répétition ; elle rapproche dans l'esprit ce qui a déjà été rapproché dans l'expérience. Mais remarquons que l'expérience nous offre souvent un même phénomène dans les circonstances les plus variées, en contiguïté avec divers phénomènes. Lorsqu'un phénomène reparaît et en suggère un autre qui a coexisté avec lui, ou qui lui a succédé dans la conscience, ce second phénomène à son tour pourra suggérer un troisième phénomène qui n'a jamais été contigu au premier, et ainsi de suite, de sorte que l'esprit sera vite loin du point de départ.

De plus, une idée, en vertu même de l'association par contiguïté, peut suggérer toute autre idée qui a quelque ressemblance avec elle. Il en résulte pour l'esprit une liberté presque illimitée dans le rapprochement des idées. Quelles sont, en effet, les idées si différentes qui n'aient pas quelque élément commun? Le monde physique et le monde moral si différents l'un de l'autre ne sont pas sans analogie. L'idée d'infinité peut rapprocher les infiniment grands et les infiniment petits. L'idée d'existence peut servir de trait d'union entre les êtres les plus humbles et les êtres les plus parfaits de la création, même entre les créatures, qui n'ont de l'être que ce qu'elles ont reçu, et le créateur qui tient de lui-même tout son être. Ainsi, par association, une idée peut éveiller dans l'esprit n'importe quelle autre idée. Tout ce qui est entré dans la conscience se trouve à la disposition de l'imagination qui est en réalité coextensive à toute l'intelligence.

Conditions de l'imagination. — Il nous reste à dire comment s'opère ce travail destructeur et constructeur de l'imagination, sous l'influence de quelles causes des formes nouvelles viennent se substituer aux formes anciennes dans la conscience. Ces causes sont de diverse nature. Les unes sont en quelque sorte mécaniques ; les autres sont psychologiques.

Tout groupe sensible laisse après lui une image. Si plusieurs groupes semblables se succèdent, « les images, dit M. Fonsegrive, se superposeront dans la conscience. Leurs parties communes coïncideront, s'ajouteront pour ainsi dire les unes aux autres, et deviendront très vives, tandis que leurs parties dissemblables lutteront entre elles, et finiront par s'éliminer les unes les autres. De là cette loi : *les ressemblances se renforcent, les différences s'annulent.* Après un certain nombre de sensations, il devra par conséquent se former une image où se conserveront les éléments communs de tous les groupes composants, et d'où auront disparu les éléments différents. C'est ainsi que le physicien anglais Galton arrive à produire sur une plaque photographique, en la mettant successivement en présence de plusieurs personnes, un *portrait composite* qui les rappelle toutes, sans ressembler spécialement à aucune. » En vertu des lois de l'association, cette image composite peut rappeler ensuite tous les groupes composants et leurs associés.

Mais dans la plupart des cas, les causes qui influent sur les dissociations et les associations opérées par l'imagination sont psychologiques. C'est l'esprit qui donne l'impulsion première. Il se propose volontairement un but bien déterminé. L'idée de ce but suggère une foule d'autres idées qui s'y rapportent de près ou de loin, et donnent lieu à des combinaisons de toutes sortes. « Ainsi arrivaient, dit M. Ravaisson, à l'appel d'un chant, selon la fable antique, et s'arrangeaient comme d'eux-mêmes en murailles et en tours, de dociles matériaux. » Dans ces souvenirs qu'il a provoqués, l'esprit fait un choix ; il admet les uns, il écarte les autres ; il combine et modifie les souvenirs admis pour les ajuster à l'œuvre qu'il veut faire, et c'est ainsi que chacun tire de son expérience tels ou tels éléments suivant le besoin qu'il en a et suivant ses goûts et ses habitudes. Mettez dans une même campagne un laboureur, un ingénieur, un géologue, un naturaliste, un artiste, un chef d'armée. Le laboureur s'intéresse à la culture, l'ingénieur aux constructions et aux voies de communication, le géologue à la nature du sol, le naturaliste à la flore, l'artiste aux beautés du paysage, le chef d'armée aux plis et replis du terrain. La diversité des esprits engendre ainsi une diversité correspondante de dissociations et d'associations, d'où résulteront les combinaisons les plus variées.

La raison n'est pas seule à déterminer le choix de la volonté dans les éléments fournis par l'expérience. Le sentiment peut aussi intervenir et il intervient même pour une très large part dans les créations de l'art. Presque toujours l'artiste, lorsqu'il crée, est sous le coup d'une vive émotion. Des souvenirs qui lui reviennent à la mémoire, il accueille ceux-là seulement qui sont conformes à cette émotion et peuvent aider à l'exprimer. Mais l'imagination artistique agit généralement avec plus de spontanéité. Tandis que le savant procède avec lenteur et méthode, l'artiste procède plutôt par inspiration soudaine. C'est spontanément qu'il conçoit un type idéal, et aussitôt qu'il l'a conçu, il en est comme ravi et transporté. Il éprouve un besoin très vif de réaliser cet idéal, et dans l'exécution le premier jet décidera surtout de son œuvre. Mais la réflexion n'en doit pas moins succéder à l'inspiration pour corriger et modifier dans une certaine mesure les premières données.

Modifications que subit l'imagination. — On peut voir d'après tout ce qui précède que les diverses facultés de l'âme agissent sur l'imagination. Comme la mémoire et l'association des idées avec lesquelles elle a des rapports très étroits, l'imagination subit aussi dans une large mesure l'influence de l'organisme et des causes de diverse nature qui modifient l'organisme. C'est ainsi que l'imagination varie avec l'âge, le tempérament, l'état de santé, le climat, etc. L'imagination est vive, mais vaine chez l'enfant; brillante et féconde, mais souvent impétueuse chez le jeune homme. Plus sage, plus réglée chez l'homme fait, elle perd toute vivacité chez le vieillard. Chez le sanguin elle est légère, sombre chez le mélancolique, ardente chez le bilieux, inconstante chez le nerveux.

L'imagination se déséquilibre ou s'exalte avec la maladie. Dans la fièvre, les images sont tellement vives que le malade les prend pour des réalités : c'est le délire. Enfin le climat a son contre-coup dans l'imagination. Quelle différence entre l'imagination des peuples de l'Orient et celle des peuples de l'Occident, entre l'imagination d'un méridional et celle d'un homme du Nord ! On a dit souvent, non sans raison, que les œuvres littéraires ou poétiques reflètent les couleurs du ciel qui les a vus naître.

Rôle de l'imagination créatrice. — Principe des beaux-arts en tant qu'elle conçoit l'idéal et les moyens de le réaliser, condition de la découverte scientifique par les hypothèses qu'elle suggère (voir *Esthétique* et *Logique de l'hypothèse*), l'imagination joue encore un rôle considérable dans la vie pratique.

Elle a des avantages dont voici les principaux :

1. Elle stimule l'activité et peut aider au perfectionnement moral. On sait la puissance de ses charmes pour rendre la vérité persuasive, la vertu et le dévouement aimables. Malheur aux âmes qui n'ont point d'idéal et que rien n'attire en haut ! C'est pour élever l'idéal de l'esprit et du cœur chez les jeunes gens qu'on leur fait lire les grands écrivains des belles époques littéraires.

2. Elle contribue au bonheur de la vie. On se distrait, on se console d'une vie pénible en se transportant par imagination dans un monde meilleur. Une imagination riante peut embellir toute une existence. Il y a des hommes heureux dans les conditions les plus modestes parce que, le peu qu'ils ont, ils savent le relever et l'agrandir par l'imagination.

Mais si l'imagination a des avantages, elle a aussi des inconvénients.

1. Source de joie, elle peut être aussi source de douleur. « Nous souffrons, disait Cicéron, plus par notre imagination que par le reste de notre être. » L'image des maux qui la menacent trouble souvent plus l'âme que ces maux mêmes.

2. Si l'imagination n'est pas réglée, elle fait perdre la juste appréciation des choses. L'homme qui obéit aux suggestions de l'imagination finit par ne plus avoir de bon sens. Il s'abandonne aux chimères les plus déraisonnables et lorsqu'il rentre

dans la vie réelle, il prend en dégoût la condition humaine. De
là cette mélancolie malsaine, cette exaltation maladive qui a
produit dans ce siècle les types de Corinne, de René, de Faust
et de Werther. L'imagination ne doit jamais dégénérer en
rêverie. Les grands hommes ou plus simplement les hommes
d'action, les hommes de devoir, ne sont pas des rêveurs.

Comme conclusion pratique, citons cette parole de Bossuet :
« Pour faire un habile homme, il faut de l'imagination et de la
raison, mais dans ce tempérament, c'est la raison qui doit
dominer. »

Ouvrages à consulter

Aristote. — *De l'âme*, chapitre vi.
Bain. — *Les sens et l'intelligence*.
Dugald Stewart. — *Éléments de la philosophie de l'esprit humain*.
Joly. — *L'imagination*.
Michaut. — *L'imagination*.
Rabier. — *Psychologie*.
Séailles. — *Le génie dans l'art*.
Souriau. — *Théorie de l'invention*.
Saint Thomas. — *Somme théol.*, I, 78, a°, 4.
Wundt. — *Psychologie physiologique*.

Articles de revues

Adam. — *L'imagination dans les découvertes scientifiques* (Rev. phil., 1890,
I, 156).
Sertillanges. — *L'idéal de nos peintres* (Revue thomiste, 1896).

CHAPITRE VIII

L'ATTENTION. LA COMPARAISON. L'ABSTRACTION.

Les sens et la conscience fournissent la matière première de la connaissance, ce qu'on désigne généralement sous le nom de données de l'expérience; la mémoire et l'association des idées conservent ces données, les font revivre et rendent ainsi possibles les constructions originales de l'imagination. Au-dessus de ces opérations sensitives, il y a les opérations intellectuelles qui constituent ce qu'on appelle l'entendement et dont l'objet est l'élaboration de la connaissance. Ces opérations se ramènent à quatre principales : l'abstraction, la généralisation, le jugement et le raisonnement; mais elles supposent deux actes préliminaires : l'attention et la comparaison que nous allons d'abord étudier.

I — L'ATTENTION

L'attention est l'acte par lequel l'esprit se fixe sur un objet déterminé pour le mieux connaître. C'est moins une opération spéciale que la condition de l'exercice réfléchi des diverses facultés et l'auxiliaire indispensable de toutes les opérations intellectuelles. Les faits d'attention sont bien connus; tout le monde comprend les distinctions exprimées par les mots : voir et regarder, entendre et écouter, sentir et flairer, goûter et déguster, toucher et palper. Regarder, écouter, flairer, déguster et palper impliquent des actes d'attention; ils se produisent lorsque la volonté s'emparant en quelque sorte des sens les concentre sur un objet particulier.

Nature de l'attention. Erreur de Condillac. — Pour Condillac, l'attention n'est qu'une sensation dominante. « L'attention que nous donnons à un objet, dit-il, n'est que la sensation que cet objet fait sur nous, sensation qui devient en quelque sorte exclusive. » C'est aussi l'opinion de Taine; pour lui, l'attention n'est que « la fascination exercée sur l'esprit par une image obsédante. »

Cela n'est même pas vrai de l'attention spontanée et involontaire; cette attention est une sorte de reaction de l'esprit contre la sensation, aussi distincte de la sensation que dans un corps élastique le rebondissement est distinct du choc. Le premier phénomène est actif, le second est passif. A plus forte raison n'en est-il pas ainsi de l'attention volontaire qui est la véritable attention. Une sensation exclusive peut provoquer l'attention, mais ne la constitue pas. Nous subissons une sensation, elle est indépendante de notre volonté. Au contraire, l'attention est notre œuvre; être attentif, c'est appliquer volontairement l'esprit à un objet. De plus, l'attention n'est pas toujours provoquée par une sensation exclusive; c'est souvent l'attention qui rend la sensation dominante et exclusive; je puis regarder un objet presque imperceptible, écouter un son très faible, et écarter pour les percevoir tout autre sensation. L'attention peut prévenir la sensation et continuer après qu'elle a cessé; je puis écouter dans le silence et regarder dans l'obscurité. L'attention peut se porter sur un objet qui ne frappe pas les sens par exemple lorsqu'on l'applique à un souvenir, à une idée. Ici, comme dans l'ensemble de son système, Condillac confond avec la cause ce qui peut être condition; et surtout en voulant expliquer tout ce qui est en nous par l'expérience des sens, il méconnaît l'activité propre de l'esprit.

Formes de l'attention. — L'attention est *spontanée* ou *volontaire*. Elle est spontanée chez l'enfant dont l'esprit est naturellement porté vers tel ou tel objet par l'attrait de la nouveauté. Elle est spontanée dans la distraction ou la préoccupation; l'esprit est distrait lorsqu'il est détourné d'une idée à laquelle il voulait d'abord s'appliquer; il est préoccupé lorsqu'il revient sans cesse à une idée qu'il ne peut écarter et dont il est comme obsédé. Mais la forme la plus importante de l'attention, celle qui en mérite vraiment le nom c'est l'attention volontaire.

Lorsque l'attention a pour objet le monde physique, lorsqu'elle est tournée vers le dehors, elle constitue l'*observation externe*; lorsqu'elle se replie vers le dedans, lorsqu'elle a pour objet l'âme et ses divers états, c'est l'*observation interne* ou la *réflexion*. L'*application* est une attention suivie, la *méditation* une réflexion prolongée et profonde. Quand l'application ou la méditation impliquent un effort pénible, c'est la *contention* « qui met l'âme au rouet, dit Montaigne, la rompt et l'empêche ». La *contemplation* est une méditation où tout effort semble disparaître et où il entre un élément d'admiration. On contemple les vérités éternelles, les grands spectacles de la nature.

Lois de l'attention. — 1. L'attention volontaire suppose, antérieurement à elle une notion vague de l'objet auquel elle s'applique. Avant de regarder il faut déjà avoir vu ou supposer qu'on peut voir quelque chose; avant d'écouter, il faut déjà avoir entendu ou supposer qu'on peut entendre quelque chose. La spontanéité est la forme primitive de toutes les opérations de l'esprit.

2. L'attention procède par analyse. Lorsque l'esprit s'applique à un objet, il l'isole des autres pour le considérer à part, et dans cet objet même il peut considérer les différentes parties et les différents points de vue. On a comparé, non sans raison, l'attention au microscope. Si l'on veut d'un seul regard embrasser trop d'objets ou trop de points de vue, on les connaît mal. *Pluribus intentus minor est ad singula sensus.*

3. M. Ribot paraît avoir démontré que l'attention, quelle qu'en soit la forme, est toujours accompagnée d'un certain effort musculaire.

Importance de l'attention. — « L'attention, dit Malebranche, est une prière que nous faisons à la vérité pour lui demander de se découvrir à nous, et la lumière en est la récompense. » L'importance de l'attention au point de vue intellectuel est évidente. L'attention n'est pas la perception et le principe de toutes nos connaissances, comme le soutient Laromiguière; mais par cela même qu'elle procède par analyse, elle est la condition de la perception et en général de la clarté et de la distinction des idées.

L'attention aide à la conservation des idées. D'ordinaire on oublie facilement ce qu'on apprend sans effort d'attention. L'attention préserve des généralisations hâtives, des jugements et des raisonnements faux, des démonstrations incomplètes. « C'est l'attention, dit Bossuet, qui rend les hommes graves, sérieux, prudents, capables de grandes affaires et de hautes spéculations. » Sans prétendre que de l'attention seule dépende l'inégalité des esprits, sans dire avec Buffon que le génie est une longue patience, il faut reconnaître que l'attention multiplie les forces intellectuelles et qu'à son défaut d'heureuses dispositions demeurent à peu près stériles. Au contraire, « dès que nous réfléchissons, dit Bossuet, nos progrès n'ont plus de bornes, l'esprit humain fait sans cesse de nouvelles découvertes, et la seule paresse peut mettre des limites à ses connaissances et à ses inventions. » Quand on demandait à Newton comment il avait découvert la fameuse loi de la gravitation universelle, c'est, répondait-il, en y pensant toujours.

L'attention n'est pas moins importante au point de vue moral. D'abord, sans la réflexion il est impossible à l'homme de se gouverner, d'être vraiment moral, et l'irréflexion prépare beaucoup de fautes. Les impressions se fortifient ou s'affaiblissent suivant que l'esprit y applique son attention ou l'en détourne ; la feuille de rose dans la couche du Sybarite trouble son sommeil; Archimède tout occupé à résoudre un problème ne s'aperçoit pas du sac de Syracuse.

C'est par l'action qu'elle exerce sur nos sentiments que l'attention peut devenir un remède efficace contre la violence des passions. On combat une passion moins en résistant de front qu'en détournant l'esprit de l'objet qui la cause pour l'appliquer à un autre objet. « Il en est de la passion, dit Bossuet, comme d'une rivière, on peut plus facilement la détourner que l'arrêter de droit fil. » Voilà pourquoi le travail est, dans l'ordre naturel, le meilleur préservatif contre les passions.

II — LA COMPARAISON

La comparaison est l'opération de l'esprit qui rapproche deux objets ou deux idées pour en saisir les rapports. La comparaison suppose l'attention, car, pour découvrir les rapports qui existent entre deux objets, il faut porter successivement son attention sur chacun de ces objets. Mais la comparaison n'est pas seulement une double attention, comme le prétend Condillac; on peut porter successivement son attention sur deux objets sans les comparer. Pour qu'il y ait comparaison, il faut qu'une attention unique embrasse en quelque sorte les deux objets et les réunisse dans une même conscience.

La comparaison n'est pas un acte simple de l'esprit; elle suppose, outre l'attention, la mémoire qui conserve le souvenir du premier terme de la comparaison pendant que l'esprit examine le second, l'abstraction qui, isolant diverses qualités des choses, permet de les rapprocher par leurs points de ressemblance. L'animal ne peut comparer parce qu'il ne peut abstraire.

Importance de la comparaison. — 1. La comparaison précise les connaissances. Les objets nous sont mieux connus lorsque nous les rapprochons d'autres objets pour en saisir les ressemblances et les différences. On juge bien de deux couleurs lorsqu'on les juxtapose sous les yeux.

2. La comparaison est l'origine de toute une classe d'idées, des idées de rapports. C'est par comparaison que nous avons l'idée de chaud et de froid, de grandeur et de petitesse, de changement et de progrès.

3. La comparaison est la condition de la généralisation, du jugement comparatif, du raisonnement, et par conséquent de toute science, puisque toute science suppose ces opérations de l'esprit.

III — L'ABSTRACTION

L'abstraction est une opération de l'esprit qui considère à part ce qui dans la réalité est inséparable. Dans cette feuille de papier que j'ai sous les yeux, j'isole la blancheur, de la forme, de l'étendue, de toutes les autres qualités ; l'idée de cette blancheur est une idée abstraite. Quand Louis XII disait : « Le roi de France ne se souvient pas des injures faites au duc d'Orléans », il faisait une abstraction. Ce ne serait pas proprement abstraire que de considérer isolément une partie séparable d'un tout, par exemple un livre dans une bibliothèque, la corolle dans une fleur ; et la logique de Port-Royal étend trop le sens du mot abstraction quand elle dit « connaître par abstraction, c'est connaître par parties. »

Espèces d'abstractions. — Comme l'attention dont elle n'est qu'un mode, l'abstraction peut être *spontanée* ou *réfléchie*.

La première s'accomplit sans que nous nous en rendions compte toutes les fois que, dans un objet, une qualité fait sur nous une impression plus vive et plus distincte que les autres. Chaque sens ne perçoit naturellement que certaines qualités sensibles, ce qui faisait dire à Laromiguière « que le corps humain est une machine à abstractions. » Mais la véritable abstraction est consciente et voulue. Dans un objet complexe l'esprit s'attache à telle ou telle qualité pour s'en faire une idée claire.

Degrés de l'abstraction. — L'abstraction a divers degrés. Dans cette table que j'ai sous les yeux, je puis considérer la forme, c'est un premier degré d'abstraction ; dans la forme je puis considérer une surface, c'est un deuxième degré d'abstraction ; dans la surface je puis considérer une ligne, c'est un troisième degré d'abstraction ; dans la ligne je puis considérer un point ou celui qui la commence ou celui qui la termine ; c'est un quatrième degré d'abstraction. L'idée de surface est plus abstraite que celle de forme, celle de ligne plus abstraite que celle de surface, celle de point plus abstraite que celle de ligne.

D'une manière plus générale on peut distinguer dans un objet :

1. Les qualités indépendamment de la substance, ou la substance indépendamment des qualités ;

2. Telle qualité indépendamment des autres qualités et de la substance ;

3. Tel rapport entre plusieurs objets ou entre plusieurs qua-

lités d'un même objet, indépendamment des objets et des qualités. C'est sur cette dernière sorte d'abstraction que sont fondées les mathématiques ; elles ont pour objet des rapports de nombre, d'étendue et de mouvement.

L'idée concrète et l'idée abstraite. — Une idée concrète est la représentation à l'esprit d'un objet réel avec tous les éléments qui le composent ; l'idée de Descartes est une idée concrète et le terme qui l'énonce est un terme concret. Une idée abstraite est la représentation à l'esprit d'un seul élément d'un objet, par exemple l'idée de la couleur de cette table, et le terme qui l'exprime est un terme abstrait. On croit généralement que les idées abstraites sont les plus obscures et les plus difficiles à comprendre, c'est un préjugé et une erreur. L'idée abstraite est de sa nature plus claire et plus facile à concevoir que l'idée concrète, par la raison qu'elle est plus simple. Elle est plus simple puisqu'elle ne représente qu'un élément de l'objet, tandis que l'idée concrète en représente tous les éléments. Les sciences abstraites sont donc les plus faciles, aussi sont-elles les plus avancées. Toutefois, les sciences abstraites peuvent nous paraître les plus difficiles ; d'abord par suite de nos habitudes : nous vivons au milieu de réalités et non dans un monde d'abstractions, ensuite à cause de la difficulté pratique que nous éprouvons à dégager notre esprit des images sensibles :· il nous faut un grand effort pour nous abstraire de ces images qui empêchent la vue claire des idées les plus simples.

Avantages et dangers de l'abstraction. — L'abstraction est une opération naturelle à l'esprit humain. On ne peut ni penser, ni parler distinctement sans abstraire. Toutefois, c'est surtout à la pensée et au langage scientifiques que l'abstraction est nécessaire. Certaines sciences n'ont pour objet que des abstractions. Ainsi l'arithmétique, science des nombres ; la géométrie, science de l'étendue ; l'algèbre, science des grandeurs généralisées. Mais toutes les sciences sont abstraites à quelque degré. Chaque science, pour atteindre à la connaissance de son objet propre, doit l'envisager successivement à des points de vue particuliers et étudier séparément des phénomènes et des propriétés inséparables dans la nature. Le psychologue envisage successivement les différentes facultés de l'âme. L'analyse psychologique n'est qu'une suite d'abstractions méthodiques. Le physicien étudie à part les diverses propriétés des corps : pesanteur, chaleur, lumière, son, etc... Le chimiste néglige les propriétés physiques des corps pour ne s'occuper que de leur constitution intime. L'abstraction est absolument nécessaire à notre intelligence trop imparfaite pour connaître sans le diviser un objet complexe.

Condition de toute connaissance claire et distincte, l'abstraction est aussi la condition de toute connaissance générale. Sans l'abstraction, il serait impossible de découvrir dans les objets des caractères identiques qui permettent de les réunir en espèces et en genres. Toute idée générale est une idée abstraite généralisée et comme il n'y a de science que du général, l'abstraction est la condition de toute science.

Mais l'abstraction a ses dangers. D'abord, à force de voir isolément les éléments des choses, ou peut finir par perdre de vue l'ensemble. Quand l'esprit s'arrête à un seul aspect de la réalité, il s'expose à oublier les autres. De là les vues étroites, les jugements exclusifs des esprits systématiques. Ensuite, si l'on n'y prend garde, on sera porté à réaliser des abstractions. On attribuera à des idées abstraites qui ne sont que des idées et non des choses, des réalités correspondantes, et, il faut bien le reconnaître, cette tendance est favorisée par le langage. Un certain nombre de substantifs désignant des objets concrets, nous sommes naturellement exposés à mettre une réalité là où nous avons un substantif. C'est ainsi que la physique ancienne et la physique du moyen âge réalisaient le chaud, le froid, le sec, l'humide, et rapportaient les qualités des corps à des entités, à des forces occultes capables d'expliquer les phénomènes. On peut non seulement réaliser les abstractions, mais encore les personnifier et même les diviniser. On disait autrefois que la nature avait horreur du vide. Les dieux de la mythologie n'étaient que des forces de la nature ou des vertus humaines divinisées.

Ajoutons que, si on peut prendre des abstractions pour des réalités, on peut aussi prendre de véritables réalités pour des abstractions. N'est-ce pas ce que font les matérialistes lorsqu'ils nient l'âme humaine, sous prétexte qu'elle ne tombe pas sous les sens? Si l'abstraction n'est pas le réel, il y a d'autres réalités que celles qu'on voit et qu'on touche. Les réalités sensibles ne sont que des réalités inférieures. Ce sont, si l'on peut ainsi s'exprimer, les moins réelles des réalités.

Ouvrages à consulter

JAMES. — *Les principes de psychologie.*
MAINE DE BIRAN. — *Œuvres inédites.*
PIAT. — *L'intellect actif.*
QUEYRAT. — *L'abstraction.*
RIBOT. — *Psychologie de l'attention.*

Articles de revues

PIERRE JANET. — *Influence de l'attention sur les mouvements volontaires.* (Revue philos., 1892, II, 506.)
PAULHAN. — *L'attention et les images.* (Revue philos., 1893, I, 502.)
— *Divers articles sur l'abstraction.* (Revue philos., 1889. I et II.)

CHAPITRE IX

LA GÉNÉRALISATION

Définition de la généralisation. — Espèces de généralisation. — Opérations que suppose la généralisation. — Propriétés des idées générales : l'extension, la compréhension. — Importance de la généralisation.— Dangers de la généralisation.— Classification des idées générales.—Les cinq termes de Porphyre.— Problème des universaux. — Double problème. — Le nominalisme. — Le conceptualisme. — Le réalisme : le réalisme exagéré, le réalisme modéré. — Critique de ces théories. — Solution du problème.

Définition de la généralisation. — La généralisation est l'opération de l'esprit qui comprend dans une notion unique les qualités communes à un nombre indéterminé d'objets. Généraliser, c'est comparer un certain nombre d'objets, abstraire l'ensemble de leurs qualités communes, et penser cet ensemble comme le type d'une classe. Je généralise, lorsqu'après avoir découvert dans plusieurs objets tels que du papier, de la neige, du lait... une propriété commune, la couleur blanche, j'en fais une notion unique, la blancheur. L'idée de blancheur est une idée générale. Si, observant un passereau, un échassier, un gallinacé, un palmipède... j'abstrais l'ensemble de leurs caractères communs, j'obtiens l'idée générale d'oiseau.

Espèces de généralisation. — Il y a, nous l'avons vu, une sorte de généralisation qui se forme en nous d'une manière spontanée et presque passive, grâce à l'association des idées, par un rapprochement et comme une fusion d'images semblables, analogue au portrait composite et dont les animaux eux-mêmes sont capables. Les empiristes essayent vainement de ramener toute idée générale à cette image composite. Celle-ci, qui peut dans certains cas faire l'office de l'idée générale, en est pourtant bien différente. L'idée générale proprement dite ne se fait pas par une fusion lente et inconsciente d'images semblables. Elle est l'œuvre de l'esprit.

Opérations que suppose la généralisation. — La généralisation proprement dite suppose : 1. L'abstraction. Avant de former une seule idée d'un caractère commun à plusieurs objets, il faut d'abord avoir constaté successivement dans chaque objet ce caractère, à l'exclusion des autres. Toute idée générale est une idée abstraite, mais toute idée abstraite n'est pas une idée générale. La généralisation suppose toujours l'abstraction, mais l'abstraction n'entraîne pas nécessairement la généralisation ;

2. La comparaison. Si l'on veut découvrir un caractère commun à plusieurs objets, il faut rapprocher ces objets pour éliminer les différences et ne conserver que les ressemblances. C'est de la comparaison entre divers objets que résulte l'idée abstraite de leurs caractères communs ;

3. L'acte propre de la généralisation qui consiste à juger que l'idée abstraite des caractères communs à plusieurs objets convient à un nombre indéfini d'objets semblables, présents, passés, futurs, en un mot qu'elle détermine un genre, une classe. Mon idée générale d'homme s'étend non seulement aux hommes que j'ai vus, mais à tous les hommes actuels, à ceux du passé, à ceux de l'avenir, à tous les hommes possibles ;

4. Le langage. C'est une loi de notre intelligence que, dans notre état actuel, nous ne pouvons avoir ou du moins conserver aucune idée sans un signe sensible qui lui soit intimement uni. Or, les mots sont les seuls signes propres à exprimer les idées générales qui n'ont point de réalités correspondantes dans la nature. Hamilton compare le rôle du langage dans la généralisation, aux forteresses qu'une armée victorieuse construit pour assurer ses conquêtes. « Les idées générales que le langage n'a pas marquées de son sceau, dit-il, sont des étincelles qui ne brillent que pour mourir. »

Propriétés des idées générales : l'extension et la compréhension. — Toute idée générale ou tout concept a deux propriétés fondamentales : la compréhension et l'extension.

La compréhension est comme le contenu de l'idée, l'ensemble, la somme des qualités, des éléments, qui la constituent. Ainsi, la compréhension de l'idée d'oiseau c'est : animal, vertébré, ovipare, couvert de plumes, à la bouche garnie d'un bec, aux membres antérieurs adaptés au vol. L'extension de l'idée générale est l'ensemble des individus auxquels elle s'applique. L'extension de l'idée d'oiseau comprend : les rapaces, les grimpeurs, les passereaux, les pigeons, les gallinacés, les coureurs, les échassiers, les palmipèdes.

En comparant un certain nombre d'idées générales entre elles, l'esprit peut former des idées plus générales. Ainsi par la comparaison des idées générales de mammifère, d'oiseau, de reptile, de batracien et de poisson, l'esprit forme l'idée plus générale de vertébré. Par la comparaison des idées de vertébré, d'articulé, de mollusque et de zoophyte, l'esprit forme l'idée plus générale encore d'animal. On le voit, à mesure que l'extension des idées générales augmente, leur compréhension diminue, d'où cette loi importante en logique : *l'extension et la compréhension des idées sont en raison inverse l'une de l'autre*. L'idée d'animal a plus d'extension que l'idée d'homme ; elle a moins de compréhension, puisqu'à l'idée d'animal il faut ajouter l'idée d'être raisonnable pour former l'idée d'homme. L'idée de Français, ayant plus de compréhension que l'idée d'homme, a par là même moins d'extension. Plus il y a de qualités dans une idée générale, moins il y a d'individus auxquels cette idée générale peut s'appliquer ; au contraire plus grand est le nombre d'individus auxquels une idée générale peut s'appliquer, moins cette idée générale comprend de qualités, moins elle a de compréhension.

Il en résulte que les idées individuelles, c'est-à-dire celles qui ne représentent qu'un individu, n'ont pas, à proprement parler, d'extension, tandis qu'elles ont une compréhension pour ainsi dire illimitée. L'idée d'être au contraire qui est de toutes les idées la plus générale, celle qui a la plus grande extension puisqu'elle s'applique à tous les êtres réels et même à tous les êtres possibles, cette idée d'être, *le genus generalissimum* des scolastiques est la plus vide des idées ; elle est pour ainsi dire sans compréhension.

Importance de la généralisation. — La généralisation est une opération naturelle à l'esprit humain. Ce qui le prouve, c'est l'extrême facilité de l'enfant à généraliser. L'enfant applique spontanément le nom des objets qu'il connaît à tous les objets analogues. Nous faisons souvent de même. C'est surtout sous sa forme réfléchie que la généralisation a de grands avantages.

1. Sans la généralisation la pensée se perdrait dans la variété et la multiplicité des détails. Résumant sous une idée commune une foule d'idées particulières, la généralisation simplifie, condense nos connaissances et du même coup soulage notre mémoire.

2. Elle met de l'ordre dans la pensée. En comparant les idées générales entre elles, en les groupant suivant leurs ressemblances, on peut former une hiérarchie d'idées coordonnées et subordonnées les unes aux autres. Et par la classification des idées, la généralisation rend possible la classification des êtres. La généralisation nous donne ainsi une idée du plan divin dans la création. « Les classifications, dit Agassyz, sont les traductions des pensées de Dieu dans le langage de l'homme. »

3. La généralisation donne à la pensée une portée sans limites. Ce qui est vrai de l'idée générale, nous l'affirmons de tous les objets auxquels elle s'applique, dans tous les temps et dans tous les lieux. C'est là un des caractères qui distinguent l'idée de l'image. L'image est toujours particulière, l'idée représente non un objet individuel, mais les caractères communs d'un nombre illimité d'objets semblables.

4. La généralisation est la condition de toute science, « il n'y a pas de science du particulier, il n'y a de science que du général. » Sans la généralisation, les sciences de raisonnement seraient impossibles, parce qu'elles ont pour objet des idées générales, et que le raisonnement déductif ne se comprend pas sans idées générales. Les sciences expérimentales le seraient également; car l'induction qui formule des lois n'est qu'une généralisation de l'expérience.

5. Le langage, avons-nous dit, est nécessaire à la généralisation, celle-ci à son tour est nécessaire au langage. S'il fallait désigner par des mots particuliers tous les êtres, leurs qualités et leurs rapports, comment retenir ce nombre incalculable de noms propres? et s'il y avait un mot pour chaque objet individuel, comment les hommes pourraient-ils se comprendre? Le langage est impossible sans noms communs, c'est-à-dire sans mots qui énoncent des idées générales; les noms communs forment la presque totalité des termes de toute langue. Les noms propres eux-mêmes, comme le remarquent Leibnitz et Max Muller, étaient tous à l'origine des noms appellatifs,

c'est-à-dire des noms communs : Platon, Démosthène, Brutus, Auguste, Cicéron...

Dangers de la généralisation. — Si importante que soit la généralisation, elle a des dangers :

1. La généralisation peut être une source d'erreurs et de préjugés. On se trompe souvent en généralisant trop ou trop vite. Mal dirigée, l'habitude de généraliser est l'origine de l'esprit systématique. C'est par l'arme de la généralisation que les partis politiques cherchent à s'entre-détruire. Le matérialiste Broussais, par une généralisation évidemment trop hâtive, ne reconnaissait aux maladies qu'une cause : l'inflammation. Il ramenait en conséquence toute la thérapeutique au seul traitement antiphlogistique.

2. Les idées générales, ne comprenant que des caractères communs à une classe, sont insuffisantes pour la connaissance pleine d'un objet particulier. Il faut les compléter par l'étude des caractères individuels. Savoir du système dramatique de Corneille que le ressort principal c'est l'admiration, de celui de Racine que c'est le pathétique, ce n'est pas connaître entièrement Corneille et Racine. On ne connaît ainsi de leur système que ce qu'on appelle des généralités.

Classification des idées générales. — On peut ranger les idées générales en trois groupes :

1. Les idées générales de substances ou d'êtres : par exemple, les idées d'homme, d'animal, de plante.

2. Les idées générales de modes ou manières d'être qui peuvent se diviser en modes simples comme le plaisir et la douleur, la température, la couleur, et en modes complexes comme le tempérament, le caractère, la vertu...

3. Les idées générales de rapports comme les idées de grandeur, de succession, de coexistence, de causalité, de finalité.

Les cinq termes de Porphyre. — Longtemps on a admis cinq classes d'idées générales qu'on appelait les universaux ou les cinq termes de Porphyre : le *genre*, l'*espèce*, la *différence spécifique*, le *propre* et l'*accident*.

Le genre est une idée générale qui contient dans son extension d'autres idées moins générales qu'on nomme espèces. L'idée d'animal est un genre par rapport aux deux idées d'homme et de bête qui sont des espèces. Une même idée peut être tout à la fois genre et espèce, genre par rapport aux idées moins générales qu'elle contient, espèce par rapport à une idée plus générale qui la contient. Ainsi, l'idée d'homme qui est espèce par rapport à l'idée d'animal, est genre par rapport aux races, blanche, noire, jaune. Toutefois il y a un genre qui ne peut être espèce, parce qu'il n'existe pas d'idée plus générale qui la contienne. C'est le *genre suprême*, l'idée d'être. Il y a aussi dans chaque genre une espèce qui ne peut pas être genre, parce qu'il n'existe pas d'idée moins générale qu'elle puisse contenir. C'est l'*espèce infime*. Ainsi l'idée générale de cercle est une espèce infime, elle ne contient dans son extension que des cercles particuliers qui sont tous de l'espèce cercle. On distingue quelquefois encore le *genre prochain* et le *genre éloigné*. Le genre prochain contient dans son extension l'espèce sans genre intermédiaire. Le genre éloigné contient dans son extension l'espèce, mais par des genres intermédiaires. Ainsi, par rapport à l'espèce mammifère, le genre prochain c'est ver-tébré ; un genre éloigné c'est animal, un genre plus éloigné encore c'est créature.

La différence spécifique est l'idée générale, le caractère essentiel qui distingue une espèce du genre qui la contient et des autres espèces du même genre. Le genre animal, avons-nous dit, contient l'espèce homme et l'espèce bête. La raison est la différence spécifique de l'espèce homme, parce qu'elle est le caractère essentiel qui distingue l'espèce homme du genre animal et de l'autre espèce du genre animal, l'espèce bête.

Le propre est l'idée générale qui convient à une espèce tout entière, qui convient à cette espèce seule et qui lui convient toujours. *Quod convenit omni, soli et semper.* La parole est le propre de l'homme, elle convient à tous les hommes, aux hommes seuls et leur convient toujours. Outre cette sorte de propre, l'école en distingue trois autres :

1. *Quod convenit omni, sed non soli.* Il convient à tous les hommes d'être bipèdes, mais non aux hommes seuls.

2. *Quod convenit soli, sed non omni.* Il convient à l'homme seul d'être avocat ou médecin, mais cela ne convient pas à tous les hommes.

3. *Quod convenit omni et soli, sed non semper.* Le repos

convient à tout animal, au seul animal, mais il ne lui convient
pas toujours.

L'accident au point de vue des idées s'oppose à l'essence.
C'est ce qui peut convenir, mais ne convient pas nécessairement
à certains objets, en sorte que ces objets pourraient exister
sans cet accident. Être savant pour un homme n'est qu'un accident. La science n'est pas le caractère essentiel de l'humanité.

Problème des universaux. — « Il faut maintenant en
venir, dit Bossuet dans sa *Logique,* à cette solennelle question
des universaux. » En effet, la question des universaux dont
l'importance est incontestable, car elle implique la question
même de la valeur de la science, occupe une grande place
dans l'histoire de la philosophie. Elle constitue dans l'antiquité
le fond de la controverse relative à la théorie des idées ; elle
groupe autour d'elle au moyen âge toutes les doctrines philosophiques ; elle reparaît encore sous des formes différentes
dans la philosophie moderne.

Double problème. — Un double problème, psychologique
et métaphysique, se pose relativement aux idées générales ou
universaux. Quelle en est la nature ? Quelle en est la valeur ?
D'abord, qu'y a-t-il dans notre esprit, que pensons-nous lorsque
nous pensons une idée générale ? Ensuite, à quoi correspond
l'idée générale dans la réalité ? A-t-elle un objet en dehors de
nous, et quel est cet objet ?

Ce double problème a reçu un grand nombre de solutions
dont les trois principales sont le *nominalisme,* le *conceptua-*
lisme et le *réalisme.*

Le nominalisme. — Pour les nominalistes, les universaux
n'ont aucune réalité, ni objective, c'est-à-dire hors de l'esprit,
ni subjective, c'est-à-dire dans l'esprit. *Entia non sunt multi-*
plicanda sine necessitate. Réaliser les universaux, c'est multiplier les êtres sans nécessité. Les universaux ne sont que des
noms généraux, *nomina volantia, flatus vocis.* Dans la réalité et
dans l'esprit, tout est individuel. Les principaux nominalistes
sont au moyen âge Roscelin et Guillaume d'Okkam. Le nominalisme est aussi la doctrine de l'école anglaise ; l'idée générale n'est pour les philosophes de cette école qu'une image
particulière qui rappelle en vertu des lois de l'association un
nombre indéfini d'images semblables.

Le conceptualisme. — Pour les conceptualistes, les universaux n'ont aucune réalité objective, c'est-à-dire en dehors de nous, mais ce ne sont pas de purs mots. Ce sont des conceptions subjectives de l'esprit ou des formes de la pensée. Les individus seuls sont réels, mais l'esprit peut les rapprocher, les classer d'après leurs caractères communs, de là les idées générales. Cette doctrine qui paraît renouveler celle d'Aristote, est attribuée à Abailard qui aurait voulu concilier le nominalisme et le réalisme. Locke et Kant sont aussi conceptualistes.

Le réalisme. — Pour les réalistes, les universaux ne sont pas de purs mots ; car les mots en tant que signes supposent des idées signifiées. Ce ne sont pas non plus de pures conceptions de l'esprit ; car toute idée suppose un objet. Les universaux existent donc *a parte rei*, mais quelle en est la réalité ? Ici les réalistes se séparent en deux groupes.

Le réalisme exagéré. — Pour les uns qu'on peut appeler réalistes exagérés, l'essence des êtres est dans l'universel qui est seul vraiment réel. Le particulier n'a qu'une réalité d'emprunt. Ainsi l'homme en soi existe indépendamment des hommes particuliers, et Pierre et Paul ne sont des hommes que par la participation à cette réalité. Aussi entre tous les individus de la même espèce ou du même genre, il y a unité d'essence. Mais nous n'avons pas seulement l'idée de telle ou telle espèce, de tel ou tel genre, nous avons l'idée de l'être, du genre suprême ; logiquement il n'y a donc qu'une seule essence qui se généralise, qui se spécifie, qui s'individualise, pour former les genres, les espèces, les individus. Il n'y a au fond qu'une seule réalité essentielle dont les individus ne sont que des modes accidentels. Telle est l'opinion qu'Aristote prête à Platon ; c'est du moins l'opinion de certains platoniciens. Au moyen âge, le réalisme exagéré fut soutenu par Guillaume de Champeaux. C'est aussi à cette conclusion qu'aboutiraient logiquement le malebranchisme et l'ontologisme.

Le réalisme modéré. — Pour les autres réalistes qu'on peut appeler réalistes modérés, l'universel existe hors de l'esprit de deux manières. Il existe d'abord réalisé dans chacun des individus où nous le découvrons par abstraction. Ainsi l'humanité existe tout entière dans Pierre et dans Paul et quand j'affirme que Pierre et Paul sont des hommes, j'affirme d'eux cette humanité. Il existe de plus à l'état d'idée type. En effet, les individus passent et disparaissent, les espèces et les genres restent. Il y a donc un modèle suivant lequel nous concevons que se réalisent les individus différents par leurs caractères accidentels, mais semblables par leur conformité avec le type générique. Ce modèle ne peut exister que dans l'intelligence même de celui qui a créé toutes choses. Les universaux existent en Dieu à l'état de causes exemplaires. Par conséquent, concevoir les idées de genres et d'espèces, c'est concevoir le plan même de la création et les classifications naturelles sont des copies plus ou moins approchées des classifications divines. Tel est le réalisme modéré de saint Anselme, qui combattit vigoureusement le nominalisme de Roscelin, principalement dans ses applications au mystère de la Sainte Trinité; tel est surtout celui de saint Thomas d'Aquin, dont Bossuet et Fénelon ont reproduit plus tard les idées en cherchant à les concilier avec le cartésianisme. Telle est enfin dans ses traits généraux, la doctrine de tous les philosophes spiritualistes et chrétiens.

Critique de ces théories. — 1. Au point de vue métaphysique, il est impossible d'admettre le réalisme exagéré. Les êtres de raison, tels que l'homme en soi, le cheval en soi sont absurdes. Aristote interprétant en ce sens les idées-types de Platon n'a pas tort de les tourner en ridicule. Les individus seuls existent; l'universel n'a pas d'existence propre. D'ailleurs, le réalisme ainsi entendu mène au panthéisme. Si les universaux ont seuls une réalité essentielle, si cette réalité se mesure à l'extension de l'idée générale, de généralités en généralités on s'élève au genre suprême qui sera la seule vraie réalité, la seule vraie substance dont les autres réalités ne seront que des participations des images ou des modes. Mais rien n'empêche d'admettre le réalisme modéré. Il est très raisonnable de croire que les idées générales correspondent dans la nature à des caractères constants qui révèlent un plan, un ordre déterminé, dont le principe est dans la pensée du législateur souverain de l'univers. Avec tous les grands philosophes spiritualistes, nous pouvons voir dans les idées générales convenablement élaborées les formes ou idées de l'intelligence créatrice.

2. Au point de vue psychologique, tout n'est pas faux dans le nominalisme. Nous avons vu les rapports étroits qui unissent les idées générales et le langage. Le langage fixe les idées générales et souvent même dans la pensée il tient plus de place qu'elles. Les mots sont comme les substituts des idées. Ils participent aux propriétés et aux rapports des idées et il arrive qu'on raisonne sur les mots sans prêter la moindre attention aux idées. N'est-ce pas ce que font sans cesse le géomètre, l'algébriste, et plus particulièrement ceux qui s'occupent de sciences abstraites? Mais si l'algébriste et le géomètre raisonnent presque toujours sur des mots, il faut néanmoins que ces mots aient eu tout d'abord pour eux un sens; et ce sens une fois admis, ils peuvent l'oublier sans le moindre inconvénient, sauf à pouvoir se le rappeler lorsque cela sera nécessaire. Si les mots remplacent les idées, c'est qu'ils en sont les signes, c'est qu'à l'origine ils les ont accompagnées. En définitive, les mots ne sont rien sans la pensée et prétendre que les idées générales ne sont que des mots, c'est dire que le langage est vide de pensées; et à ce compte la science qui n'a pour objet que des idées générales serait, selon le mot de Leibnitz, un pur psittacisme.

Solution du problème. — Si les mots ne sont rien sans les idées, les idées ne sont rien sans les objets. C'est le conceptualisme, mais le conceptualisme dépassant le point de vue psychologique pour s'élever à la doctrine métaphysique du réalisme modéré, qui nous paraît être la vérité sur les idées générales. Les idées générales ne sont pas des réalités substantielles, elles sont bien l'œuvre de l'esprit; mais elles ont un fondement dans l'ordre de la nature. Et comment ne pas reconnaître dans cet ordre la marque de la pensée créatrice?

Mais le conceptualisme (justifié par un certain réalisme) que nous acceptons, n'est pas celui qui soutient que le général c'est l'indéterminé, que l'idée générale s'obtient en retranchant par abstraction des différentes idées toutes les déterminations particulières. Un triangle qui ne serait ni rectangle, ni équilatéral, ni isocèle, ni scalène est inconcevable. De même une couleur qui ne serait ni blanche, ni rouge, ni bleue, etc..., serait une couleur sans couleur, ce ne serait pas une couleur. L'idée de ce triangle et l'idée de cette couleur ne sont pas plus réalisables que ce triangle et cette couleur. L'indéterminé ne peut pas plus exister dans la pensée que dans la réalité. Mais comment alors la pensée peut-elle être générale ? Nous pouvons admettre l'explication suivante, donnée par M. Boirac à la suite de M. Rabier. « Il suffit que nous pensions une idée comme étant la même, bien qu'à chaque fois que nous la pensons, elle soit plus ou moins différente, pour qu'elle ait toute la généralité désirable. En fait, l'idée générale se réalise chaque fois dans notre pensée, par le moyen d'images particulières plus ou moins différentes les unes des autres; et cependant nous avons le droit de la penser comme étant la même, parce que dans toutes ces images se retrouvent des caractères communs qui en font l'identité, et qui seuls attirent notre attention. Ce sont ces caractères que désigne le nom, ce sont eux par conséquent qui constituent proprement l'idée générale. » Ainsi penser le général, c'est penser comme identique à lui-même dans les cas particuliers un objet déterminé présent à l'esprit. Penser le triangle en général, la couleur en général, c'est associer à l'idée d'un triangle particulier, d'une couleur particulière, l'idée de l'identité du triangle et de la couleur dans tous les cas. C'est penser pour ainsi dire le genre triangle, le genre couleur, en pensant un triangle particulier, une couleur particulière.

Ouvrages à consulter

BOSSUET. — *Logique*, liv. II, 23.
CONDILLAC. — *Logique*.
JANET ET SÉAILLES. — *Histoire de la philosophie*.
LEIBNITZ. — *Nouveaux essais*.
R. P. PEILLAUBE. — *Les concepts*.
PIAT. — *L'idée*.
PORT ROYAL. — *Logique*.
RIBOT. — *L'évolution des idées générales*.
STUART MILL. — *Système de logique*.
TAINE. — *L'intelligence*. — *Les philosophes classiques au XIX⁰ siècle*.
SAINT THOMAS. — *Somme théol.* I, q. 85, a 1, ad. 3.

Articles de revues

FONSEGRIVE. — *Généralisation et induction*. (Revue philos., 1896.)
LIARD. — *Les notions de genre et d'espèce*. (Revue philos., 1879, I.)

CHAPITRE X

LE JUGEMENT

Définition et nature du jugement. — Le jugement est l'opération de l'esprit qui aperçoit et affirme des rapports. Il a son expression verbale dans la proposition, comme l'idée dans le terme. Nous nous occuperons de la proposition en logique, lorsque nous traiterons des différentes formes de la pensée. En psychologie on étudie le jugement comme simple opération de l'esprit.

Kant définit l'entendement la faculté de juger. Le jugement est en effet l'acte essentiel de l'intelligence. Il intervient du moins sous la forme spontanée dans les fonctions d'acquisition et de conservation. Percevoir, c'est juger qu'une sensation a pour cause un objet extérieur. Avoir conscience, c'est rapporter à soi-même un phénomène qu'on éprouve. Se souvenir, c'est juger qu'une idée présente dans la conscience correspond à un fait passé. A plus forte raison, le jugement intervient-il dans les opérations intellectuelles. Abstraire, c'est affirmer que telle ou telle qualité que l'esprit considère à part des autres, en est bien distincte. Généraliser, c'est juger que certaines qualités sont communes à un nombre indéfini d'objets semblables. Quant au raisonnement, ce n'est en somme qu'un cas particulier du jugement. Raisonner, c'est une façon de juger.

Modes du jugement. — Il y a deux modes essentiels du jugement comme de l'abstraction et de la généralisation. Le jugement est *spontané* ou *réfléchi*. Le jugement spontané est primitif et antérieur aux idées ; il ne suppose aucune compa-

13

raison, il a pour objet les choses mêmes : j'existe, il fait froid, la neige est blanche; voilà des jugements spontanés. On les appelle quelquefois aussi concrets, intuitifs. Le jugement réfléchi a pour objet immédiat des idées; il suppose l'existence préalable de ces idées dans l'esprit et leur comparaison : deux et trois font cinq; les oiseaux sont des vertébrés; Claude Bernard est un grand physiologiste. On les appelle quelquefois aussi abstraits et comparatifs.

Tout jugement au point de vue logique est comparatif, et c'est au seul jugement comparatif que convient la définition du jugement donnée par Locke et Port-Royal : « un acte de l'esprit, qui prononce sur la convenance ou la disconvenance de deux idées. » « Après avoir conçu les choses par nos idées, dit Port-Royal, nous comparons ces idées ensemble, et trouvant que les unes conviennent entre elles, et que les autres ne conviennent pas, nous les lions et les délions, ce qui s'appelle affirmer ou nier et généralement juger. » Dans cette théorie, le jugement supposerait donc trois actes successifs : la conception séparée de deux idées distinctes, — la comparaison de ces deux idées — l'affirmation du rapport trouvé entre elles.

Reid et Cousin ont fait de cette définition du jugement, qui suppose que l'esprit commence par la simple appréhension des idées sans affirmation, une critique célèbre.

1. Cette définition implique une erreur psychologique. L'esprit humain débute, non par des notions abstraites, mais par des affirmations concrètes. Pour juger que j'existe ou que je pense, il n'est pas nécessaire que je conçoive successivement les idées de moi et d'existence, de moi et de pensée, pour les comparer ensuite et les réunir dans une affirmation. Juger que j'existe, ou que je pense, c'est me percevoir existant ou pensant.

Bonne pour les jugements réfléchis, la définition de Port-Royal ne convient pas aux jugements primitifs ou spontanés et surtout aux jugements d'existence.

2. Cette définition repose même sur une sorte de cercle vicieux; car le jugement spontané est la condition de la formation des idées abstraites. Celles-ci supposent la perception des choses individuelles et de leurs qualités. C'est par l'analyse des données fournies par les jugements spontanés que l'esprit

peut avoir des idées abstraites. D'ailleurs, si le premier acte de l'esprit était l'idée sans affirmation, sans objectivité, on ne pourrait passer logiquement de l'idée à l'être, à l'objet. De quel droit l'esprit pourrait-il introduire l'idée d'être ou d'objet entre deux idées dont aucune ne l'implique?

C'est donc avec raison, que Reid et Cousin distinguent les jugements intuitifs des jugements réfléchis. Les premiers ne résultent pas d'une comparaison préalable d'idées abstraites. Toutefois, ils semblent avoir exagéré cette distinction, en soutenant que les jugements intuitifs consistent dans la perception immédiate d'existences ou de qualités sans affirmation de rapports. Juger que j'existe, par exemple, ce n'est pas affirmer un rapport entre le moi et l'existence, c'est avoir l'intuition d'un moi existant. Mais, à moins de dire que tout animal est capable de juger, (car quel animal n'a pas une certaine intuition de son existence ou de ses états?) il faut acccorder que tout jugement est une perception de rapports. Tout jugement ne résulte pas sans doute d'une comparaison, mais tout jugement, même le jugement intuitif, est une comparaison et un rapport. Juger que j'existe, ce n'est pas comparer à moi l'existence pour en conclure que j'existe, c'est percevoir dans une intuition le rapport de ces deux termes. Ajoutons que par l'habitude un jugement comparatif peut devenir intuitif.

Analyse du jugement. — On distingue dans tout jugement une *matière* et une *forme*.

La matière, ce sont les choses mêmes à propos desquelles on porte un jugement, que ces choses soient présentes ou qu'elles soient remplacées par des idées. Toutes les fois qu'on réfléchit sur un jugement, l'analyse y découvre deux idées; l'une sujet, l'autre attribut. Juger, dit Aristote, c'est affirmer quelque chose de quelque chose : κατηγορεῖν τὶ περί τινος.

La forme, c'est le rapport perçu et affirmé par l'esprit, c'est l'acte même de l'esprit percevant et affirmant ce rapport, y donnant par conséquent son adhésion. La croyance est l'âme du jugement. Pour juger, il ne suffit pas de penser un rapport, il faut croire à la réalité de ce rapport. Tout jugement est accompagné de la croyance que les choses sont en réalité, comme elle sont perçues ou pensées. La forme du jugement est exprimée par le verbe qui lie l'attribut au sujet: « Donner un

sens à ce mot *est*, c'est, dit J.-J. Rousseau, la faculté distinc-
tive de l'être intelligent. »

Cette simple analyse suffit à réfuter et le sensualisme qui
voudrait réduire le jugement à la sensation, et l'associationnisme qui n'y voit qu'une association d'idées.

Les sensations peuvent servir de matière à nos jugements
primitifs; nous pouvons, à la suite de sensations, porter certains jugements, mais ces jugements sont irréductibles aux
sensations. Il n'y a pas de jugements sans perception de rapports. Or, des sensations peuvent être présentes à notre conscience, sans que nous en apercevions les rapports, et les rapports
entre des sensations ne sont pas des sensations. Comment
soutenir, par exemple que les rapports entre des couleurs sont
des couleurs, que les rapports entre des sons sont des sons?

Il y a aussi autre chose dans le jugement qu'une association
d'idées. Dans l'association des idées, l'esprit ne voit pas l'enchaînement des idées, il ne pense pas le rapport qui les unit.
La contiguïté ou la ressemblance de certaines idées n'est pas
la perception de cette contiguïté ou de cette ressemblance.
L'association peut quelquefois produire les mêmes effets pratiques
que le jugement, elle n'est jamais le jugement. Ramener celui-ci
à celle-là, c'est nier l'activité propre de l'entendement et faire
de l'âme un automate spirituel.

Division des jugements. — Outre la distinction des jugements spontanés et réfléchis, on peut diviser les jugements de
diverses manières suivant qu'on se place au point de vue de
l'une ou l'autre des catégories, de la *quantité*, de la *qualité*,
de la *modalité* et de la *relation*.

1. Au point de vue de la quantité, les jugements sont
singuliers, *généraux* ou *particuliers*; singuliers, quand le sujet
est un seul individu : cette table est noire; généraux, quand le
sujet est une classe : les hommes sont mortels; particuliers,
quand le sujet est une partie indéterminée d'une classe :
quelques hommes sont savants.

2. Au point de vue de la qualité, les jugements sont *affirma-
tifs* ou *négatifs*, suivant qu'ils affirment ou nient l'attribut du
sujet : le ciel est bleu, cette porte n'est pas ouverte. Remarquons qu'un jugement négatif peut toujours se transformer en
un jugement affirmatif; il suffit de transporter la négation du

verbe à l'attribut. Nier que l'attribut convient au sujet, c'est affirmer qu'il ne convient pas au sujet. Juger, c'est toujours affirmer.

3. Au point de vue de la modalité, les jugements sont *contingents* ou *nécessaires*. Les jugements contingents affirment un rapport qui pourrait ne pas être : le temps est froid. Les jugements nécessaires affirment un rapport qui ne peut pas ne pas être : tout ce qui commence a une cause.

Au même point de vue, on distingue : les jugements a *priori* dans lesquels l'attribut est affirmé du sujet avant que leur rapport ait été constaté dans l'expérience et les jugements a *posteriori*, dans lesquels l'attribut n'est affirmé du sujet qu'après que leur rapport a été constaté dans l'expérience; — les jugements *immédiats* dans lesquels le rapport du sujet et de l'attribut est saisi sans intermédiaire, et les jugements *médiats* dans lesquels ce rapport est perçu par l'intermédiaire des rapports que le sujet et l'attribut ont avec un troisième terme. Les conclusions des raisonnements sont des jugements médiats.

4. Au point de vue de la relation du sujet et de l'attribut, signalons la célèbre distinction kantienne des jugements *analytiques* et des jugements *synthétiques*. Le jugement est analytique ou explicatif, lorsque l'attribut est extrait du sujet par analyse : cinq est égal à deux plus trois, le triangle à trois côtés. Dans les jugements analytiques, l'attribut n'ajoute rien au sujet, il ne fait que mettre en lumière ce qui s'y trouve inclus. Le jugement analytique affirme un rapport d'identité totale ou partielle entre le sujet et l'attribut. Le jugement est synthétique ou extensif lorsque l'attribut est ajouté au sujet dont il ne fait pas partie : ce corps est chaud. Le jugement synthétique affirme un rapport de liaison ou de convenance entre l'attribut et le sujet.

Tous les jugements analytiques sont a *priori*. Si l'attribut est contenu dans le sujet, pour pouvoir l'affirmer du sujet, l'expérience est inutile, il suffit de faire l'analyse du sujet et de ne pas se contredire. La plupart des jugements synthétiques sont a *posteriori*. Si l'attribut n'est pas contenu dans le sujet, c'est l'expérience qui montre qu'on peut l'affirmer du sujet. Y a-t-il des jugements *synthétiques* a *priori?* Nous traiterons la question plus loin. Kant range parmi les jugements synthétiques *a priori* les principes rationnels, excepté le principe d'identité, et parmi les axiomes mathématiques ceux qui, selon lui, ne dérivent pas du principe d'identité. Ce sont d'abord des jugements synthétiques. Dans le principe de causalité par exemple : tout fait a une cause, le concept de cause n'est pas contenu dans le concept de fait. De même, dans cette proposition mathématique : la ligne droite est le plus court chemin d'un point à un autre, le concept de plus court chemin n'est pas contenu dans celui de la ligne droite. Le premier se rapporte à la catégorie de grandeur, le second à celle de position. Ce sont en outre des jugements *a priori*. Universels et nécessaires, ils ne peuvent dériver de l'expérience qui est particulière et contingente. Comment ces jugements synthétiques *a priori* sont-ils possibles? C'est là l'objet de la *critique de la raison pure*.

Origine du jugement. — Juger et croire sont une seule et même chose. Nous jugeons parce que nous croyons, et il n'y a pas de jugement sans croyance.

Théorie cartésienne. — Descartes et quelques cartésiens, en particulier Malebranche, soutiennent que le jugement ou la croyance relève de la volonté. L'affirmation qui est la forme même du jugement, est selon eux un acte de la volonté. « Par l'entendement seul, dit Descartes, je n'assure ni ne nie aucune chose, mais je conçois seulement les idées des choses que je puis assurer ou nier... Assurer, nier, douter sont des formes différentes de la volonté. » L'entendement ne fait que proposer les idées ; c'est la volonté qui les accepte et qui juge; c'est de la disproportion entre l'entendement et la volonté que vient l'erreur. Nous jugeons au delà de ce que nous voyons ; voilà pourquoi nous nous trompons[1].

Critique de la théorie cartésienne. — Cette théorie est démentie par les faits. Beaucoup de nos jugements sont indépendants de notre volonté. Il ne dépend pas de nous d'affirmer ou de nier que nous existons, que deux et deux font quatre. La volonté est absente des jugements que nous portons spontanément, et dans bon nombre d'autres jugements elle n'a pas à

---

1. On peut rapprocher de la théorie cartésienne la théorie de M. Renouvier, que nous exposerons dans un appendice à la question du libre arbitre.

intervenir. Lorsque l'évidence d'une vérité nous frappe, elle entraîne, quoi que nous voulions, l'assentiment de notre esprit. D'autre part, la volonté ne suffit jamais à elle seule pour produire cet assentiment. Nous ne pouvons pas affirmer ou nier ce que nous voulons, sinon il faudrait logiquement soutenir que l'homme fait librement la vérité, et que la science est une chimère. « Si les représentations de mon esprit, dit justement M. Fouillée, dépendent de ma volonté; si je puis me représenter rouge ce qui est bleu, égal à dix ce qui est égal à cinq ; c'est alors que tout critérium sera interdit à la science. Le jour où il suffirait à un astronome, d'un acte de libre arbitre, pour voir un nouvel astre au bout de sa lunette, l'astronomie n'existerait plus.»

Ajoutons que la théorie cartésienne est dangereuse. Si les jugements sont des actes de la volonté libre, nous en sommes responsables, et toutes nos erreurs nous sont imputables comme des fautes. Mais cela ne peut être admis. S'il y a des erreurs coupables, s'il y a des erreurs qui engagent la responsabilité de ceux qui les commettent, il en est qui ne diminuent en rien la moralité, ce sont les erreurs invincibles.

Si le jugement n'est pas un acte de la volonté, celle-ci n'en a pas moins une grande influence sur le jugement. Par l'intermédiaire de l'attention la volonté prépare à bien juger. Pour bien juger, en effet, il faut s'appliquer à l'objet du jugement. Si l'attention de l'esprit n'est pas suffisante, on s'expose à mal juger, et c'est ainsi que l'erreur peut être imputable. Nous sommes tenus de nous mettre dans la situation d'esprit convenable pour voir la vérité ; et si cette condition est nécessaire dans l'ordre des vérités spéculatives, à plus forte raison l'est-elle dans l'ordre des vérités morales. C'est en ce qui concerne les croyances morales surtout qu'il faut aller à la recherche de la vérité avec son âme tout entière, et qu'un défaut de volonté peut avoir les plus funestes conséquences.

Si la théorie cartésienne est fausse et dangereuse, c'est qu'elle est trop absolue. La croyance n'est pas le fait de la volonté seule. Mais beaucoup de nos jugements erronés ont leur origine dans les imperfections ou les défaillances de la volonté ; et Descartes signale avec raison comme deux grandes causes d'erreurs, la *précipitation* qui nous fait juger prématurément et sans assez de réflexion, et la *prévention* qui vient du préjugé ou de la passion. Or, c'est à la volonté d'écarter ces deux causes d'erreurs.

Théorie de Hume. — Pour Hume, la croyance a son origine dans la vivacité des états de conscience. A toute sensation qui est un état fort, s'ajoute un sentiment de la réalité qui en est inséparable, et ce sentiment, c'est la croyance. Toute idée dont la vivacité approche de celle de la sensation, engendre une croyance proportionnelle à sa force même, et tout ce qui renforce la vivacité de l'idée, agit en même temps sur la croyance qui l'accompagne.

Critique de la théorie de Hume. — Cette théorie n'est pas conforme aux faits. La force des états de conscience est le motif d'un certain nombre de nos jugements, mais elle n'est pas le motif de tous ; et dans bien des cas, alors même qu'elle détermine nos jugements, elle ne suffit pas à en rendre compte. La croyance peut accompagner certains états que Hume appelle des états faibles, comme il arrive dans le rêve et la rêverie, et faire défaut à des états forts. Certaines images peuvent avoir la vivacité des sensations, sans qu'on les confonde nécessairement avec elles. Il y a des hallucinations avec conscience, dans lesquelles l'halluciné refuse de croire à des représentations qui ont pour lui la même force que des sensations.

Conclusion. — Le jugement est l'acte intellectuel par excellence, et il faut renoncer à chercher son origine ailleurs que dans l'évidence. L'évidence est une clarté qui entraîne l'assentiment de l'esprit, *fulgor quidam, mentis assensum rapiens.* Nous reviendrons en logique sur l'évidence pour en déterminer la nature et les conditions. Constatons seulement qu'en fait, l'évidence engendre la croyance. La volonté, le sentiment, la force des idées y ont une part incontestable ; la croyance ne peut échapper à leur influence. Mais, en définitive, on croit parce qu'on a des raisons de croire. La condition immédiate du jugement est l'évidence.

Ouvrages à consulter

BOIRAC. — *Cours élémentaire de philosophie.*
BROCHARD. — *L'erreur.*
BRUNSCHWIG. — *Les modalités du jugement.*
COUSIN. — *Philosophie de Locke.*

GAYTE. — *Essai sur la croyance.*

KANT. — *Critique de la raison pure.*

KANT. — *Critique du jugement.*

LOCKE. — *Essais sur l'entendement humain.*

MAINE DE BIRAN. — *Œuvres inédites*, tome II.

OLLÉ-LAPRUNE. — *La certitude morale.*

PAYOT. — *La croyance.*

RENOUVIER. — *Logique.*

STUART MILL. — *Philosophie de Hamilton.*

SULLY. — *Sensation et intuition.*

Articles de revues

BOUTROUX. — *La philosophie de Kant. Jugements synthétiques* a priori (Revue des cours, 1894-95, I).

EGGER. — *Jugement et ressemblance* (Revue phil., 1893, II, 154).
— *Compréhension et contiguité* (Revue phil., 1893, II, 368).

R. P. GARDEIL. — *Après le cours de M. Boutroux* (Revue thomiste, mars 1897).

LACHELIER. — *Théorie du jugement et du raisonnement d'après la logique de Wundt* (Revue phil., 1894, II, 348).

DE MARGERIE. — *Les jugements synthétiques* a priori (Congrès scientif. des catholiques, oct. 1888).

PIAT. — *Y a-t-il des jugements synthétiques?* (Annales de phil. chrét., fév. 1889).

CHAPITRE XI

LE RAISONNEMENT

Définition du raisonnement. — Espèces de raisonnements. — I. L'induction. — Définition de l'induction. — Lois de coexistence et lois de succession. — L'induction vulgaire et l'induction scientifique. — Opérations que suppose l'induction. — Rôle de l'induction. — II. La déduction. — Définition de la déduction. — Analyse de la déduction. — La déduction et le syllogisme. — Rôle de la déduction.

Définition du raisonnement. — Dans un sens large, raisonner, c'est aller du connu à l'inconnu. Le raisonnement peut se définir : l'opération de l'esprit qui tire un jugement d'un autre ou de plusieurs autres jugements.

Parmi les vérités que nous connaissons, il en est qui, évidentes par elles-mêmes, sont perçues immédiatement. Tels, les faits de conscience et les principes de la raison. Il en est d'autres qui, n'étant pas évidentes par elles-mêmes, ne peuvent être immédiatement connues. Pour les connaître, il faut des intermédiaires, l'esprit a besoin de faire un détour. C'est ce détour, c'est cette opération discursive qui s'appelle le raisonnement. Le raisonnement sert non seulement à *découvrir* des vérités nouvelles; il sert encore à *prouver* des vérités mal connues. « Raisonner, dit Bossuet, c'est prouver une chose par une autre, » et à *expliquer* des vérités mal comprises, c'est-à-dire à en donner les raisons.

Comme on l'a souvent observé, le raisonnement est chez l'homme, tout à la fois, un signe de faiblesse et un signe de grandeur; un *signe de faiblesse*, puisqu'il nous faut recourir à ce moyen détourné pour arriver à la connaissance d'un grand nombre de vérités : Dieu ne raisonne pas, il a l'intuition de toute vérité; un *signe de grandeur*, puisqu'il nous permet d'acquérir sans cesse de nouvelles connaissances et d'en faire la preuve.

Espèces de raisonnements. — On distingue généralement deux espèces de raisonnements : l'induction et la déduction.

Induire, c'est conclure du particulier au général, ou du général au plus général. Déduire, c'est conclure du général au moins général ou au particulier. Ce morceau de cuivre, cette barre de fer, ce lingot d'argent, chauffés, se sont dilatés ; donc la chaleur dilate les corps. C'est un raisonnement inductif. La chaleur dilate les corps, or, cette lame de verre a été chauffée, donc elle s'est dilatée. C'est un raisonnement déductif.

D'après certains psychologues de l'école anglaise, en particulier, Stuart Mill, il y aurait une troisième forme de raisonnement plus simple et plus ancienne dont les deux autres formes dérivent : *l'inférence du particulier au particulier.* « L'enfant qui, s'étant brûlé le doigt, se garde de l'approcher du feu, a raisonné et conclu, bien qu'il n'ait jamais pensé au principe général : le feu brûle. Il se souvient qu'il a été brûlé, et sur ce témoignage de sa mémoire, il croit, lorsqu'il voit le feu, que s'il met son doigt dans la flamme, il sera encore brûlé ; il ne généralise pas, il infère un fait particulier d'un autre fait particulier. C'est ainsi que raisonnent les animaux, c'est de la même manière que le plus souvent nous raisonnons tous. »

Mais cette inférence n'est en réalité qu'une association d'idées. La vue de la flamme suggère à l'enfant l'idée de brûlure, et par suite un mouvement instinctif de répulsion, parce que ces deux idées ont été contiguës dans son esprit ; de même que la vue du bâton qui l'a frappé une première fois, fait aboyer et fuir le chien. Il n'y a là qu'une connexion d'idées ou d'images qu'on peut mettre à profit pour dresser les animaux et même pour élever les enfants. Ce n'est qu'une ombre de raisonnement, ce n'est pas un vrai raisonnement. Il n'y aurait raisonnement que si l'esprit concluait du premier cas au second, en vertu d'une ressemblance aperçue entre les deux cas comparés, et ce serait alors ce qu'on appelle généralement le raisonnement par analogie. Mais ce raisonnement si simple qu'il paraisse, se compose de deux raisonnements : d'une induction et d'une déduction. Je me suis brûlé à une première flamme, j'induis que les flammes brûlent. Les flammes brûlent, j'en déduis qu'une seconde flamme me brûlerait.

Tous les raisonnements peuvent donc se ramener à l'induction et à la déduction. La psychologie étudie les deux formes du raisonnement, en tant qu'elles sont des opérations naturelles à l'esprit humain. La logique s'occupe des conditions à remplir, des règles à suivre pour bien induire et bien déduire.

I — L'INDUCTION

Définition de l'induction. — Induire, c'est conclure du particulier au général ; c'est de la connaissance des faits, s'élever aux lois qui les régissent. L'induction est donc une sorte de généralisation. Dans la généralisation ordinaire, on généralise une idée, un concept ; le résultat, c'est l'idée générale qui s'exprime par un mot. Dans l'induction on généralise un jugement ; le résultat, c'est une loi qui s'exprime par une proposition générale.

Je constate qu'un morceau de cuivre soumis à l'action de la chaleur se dilate ; j'observe le même phénomène sur une barre de fer, sur un lingot d'argent ; j'affirme aussitôt que la chaleur dilate les corps, et en l'affirmant, j'affirme une loi, c'est-à-dire un rapport constant et général. Les corps sur lesquels j'ai observé le fait de la dilatation de la chaleur sont en très petit nombre ; j'affirme cependant que tous les corps se dilatent par la chaleur. J'ai fait ces observations en quelques points seulement de l'espace, à quelques moments du temps ; j'affirme cependant que la loi embrasse tous les points de l'espace, tous les moments du temps.

Lois de coexistence et lois de succession. — Lorsque nous ferons en logique la théorie de l'induction, nous reviendrons sur l'idée de loi, pour mettre en lumière le contenu de cette idée, et déterminer le fondement de l'induction. Remarquons dès maintenant qu'il y a deux sortes de lois, les lois de coexistence et les lois de succession. Les lois de coexistence énoncent des rapports constants entre des caractères simultanés ou des groupes simultanés de caractères, par exemple : les mammifères sont des vertébrés. Les lois de succession énoncent des rapports constants entre des faits ou des groupes de faits qui se suivent, par exemple : l'eau bout à cent degrés, l'attention fixe le souvenir.

L'induction vulgaire et l'induction scientifique. —
L'induction est un procédé naturel à l'esprit humain. Mais on
distingue deux modes de l'induction, l'un vulgaire, l'autre
scientifique.

Dans l'induction vulgaire comme dans l'induction scientifique, l'esprit conclut du particulier au général, de quelques
cas à tous les cas du même genre, des faits à une loi ; mais il le
fait sans raison légitime, parce que les cas qu'il généralise, les
faits qu'il érige en lois, n'ont pas été suffisamment analysés.
L'induction vulgaire est l'origine d'une foule de préjugés. C'est
ainsi que certains hommes voient dans l'apparition d'une comète
le signe d'un malheur public, parce qu'une fois les deux phénomènes se sont fortuitement rencontrés en même temps, ou l'un
à la suite de l'autre.

Dans l'induction scientifique, on procède, dit Bacon, non
per enumerationem simplicem, mais *per exclusiones et rejec-
tiones debitas.* S'il s'agit par exemple d'une loi de causalité,
l'esprit détermine d'abord la cause d'un phénomène, en excluant
tous les antécédents du phénomène qui n'en sont pas la cause.
Et c'est seulement lorsqu'il croit avoir découvert un rapport de
causalité, qu'il généralise ce rapport, fort, comme nous le
dirons, de cette conviction, que la nature obéit à des lois, que
partout et toujours dans les mêmes circonstances, les mêmes
causes produisent les mêmes effets.

Opérations que suppose l'induction. — Toute induction
comprend trois opérations intellectuelles : 1. L'esprit, comparant un certain nombre de faits, aperçoit dans ces faits un
rapport de coexistence ou de succession. Par exemple : tous
les oiseaux que j'ai observés étaient ovipares.

2. L'esprit interprète ce rapport comme le signe d'une liaison
essentielle. Ils étaient ovipares parce qu'ils étaient oiseaux.

3. Du caractère essentiel de cette liaison, il conclut la généralité du rapport, autrement dit la loi ; il étend le rapport
observé à tous les temps, à tous les lieux, à tous les cas du
même genre : tous les oiseaux sont ovipares.

On voit par là toute la distance qui sépare l'induction de
l'association des idées où veulent la réduire Hume et les psychologues de son école. L'association des idées peut se traduire
quelquefois dans la conduite par les mêmes effets que la con-

naissance d'une loi méthodiquement induite de l'observation des faits, comme on le voit chez les enfants et chez les animaux. L'association des idées, surtout lorsqu'elle est fortifiée par l'habitude peut produire dans l'esprit le phénomène de l'attente, comme le produit la connaissance d'une loi. Le chien qui voit lever sur lui le bâton attend la douleur aussi bien que le savant qui aurait le mieux réfléchi sur ce qui le menace en pareil cas. Mais l'association même habituelle de deux idées dans l'esprit ne peut être identifiée à la pensée de la loi qui lie essentiellement deux phénomènes.

Rôle de l'induction. — La méthode inductive est la méthode nécessaire des sciences d'observation et des sciences expérimentales. En nous donnant la connaissance des lois, elle permet à notre esprit de dépasser le particulier et l'actuel pour saisir le général et prévoir l'avenir. C'est grâce à la connaissance des lois de coexistence que le naturaliste par exemple peut définir les différents types d'êtres; et la pensée d'un type équivaut à la pensée des individus qui le réalisent, de même que la pensée d'une loi de succession équivaut pour le physicien ou pour tout autre savant à la pensée des faits passés, présents et futurs, qui sont la réalisation de cette loi. Tous les jugements sur les variations du temps, sur le caractère et la conduite des hommes, sur l'avenir des sociétés, tous nos calculs, tous nos projets ont leur origine dans l'induction.

II — LA DÉDUCTION

Définition de la déduction. — Déduire, c'est conclure du général au particulier. La déduction est une opération de l'esprit qui tire une vérité particulière d'une vérité générale. Ainsi de cette vérité générale : tout homme est mortel, je tire cette vérité particulière : Pierre est mortel.

Le cas particulier que la déduction fait rentrer dans une vérité générale n'est pas toujours une vérité particulière; il peut être une vérité déjà générale. Mais il est particulier par rapport à la vérité d'où on le tire, par exemple une proposition géométrique, théorème ou corollaire, par rapport à la définition dont elle est la conséquence. La déduction conclut du général au moins général ou au particulier.

Il arrive quelquefois que ce caractère de la déduction n'apparaît pas tout d'abord. Mais, quelle qu'en soit la forme, il est toujours facile de retrouver sous cette forme le raisonnement qui conclut du général au particulier. Voici une déduction : Pierre est homme, donc il est mortel. La conclusion paraît se faire du particulier au particulier, mais il n'en est rien : elle se fait en vertu de la vérité générale : tous les hommes sont mortels.

Analyse de la déduction. — Si la déduction tire une vérité particulière d'une vérité générale, c'est à l'aide d'une vérité intermédiaire. Ainsi, dans l'exemple cité plus haut, je tire de cette vérité générale : tout homme est mortel, cette vérité particulière : Pierre est mortel, à l'aide de cette vérité intermédiaire : Pierre est homme.

L'analyse découvre donc dans la déduction trois jugements et trois idées : trois jugements dont l'un sert à lier les deux autres, trois idées dont l'une sert de terme de comparaison entre les deux autres. Les trois idées sont ici l'idée de mortel, l'idée d'homme, l'idée de Pierre. Je compare d'abord l'idée d'homme à l'idée de mortel et j'affirme dans un premier jugement que tout homme est mortel; je compare ensuite l'idée d'homme à l'idée de Pierre et j'affirme dans un deuxième jugement que Pierre est homme; de là je conclus dans un troisième jugement que Pierre est mortel.

Une suite quelconque de trois jugements ne suffit pas évidemment pour constituer une déduction. Si je dis : il fait mauvais temps, je pense, Dieu existe; j'énonce successivement trois vérités, je n'ai pas de déduction. Il faut entre les trois jugements, entre les trois idées qui composent la déduction un lien logique en vertu duquel la déduction puisse se faire. Pourquoi puis-je affirmer que l'idée de mortel convient à l'idée d'homme? parce que l'homme est contenu dans la classe des mortels. Pourquoi puis-je affirmer que l'idée d'homme convient à l'idée de Pierre? parce que Pierre est contenu dans la classe des hommes. Pourquoi puis-je affirmer que l'idée de mortel convient à l'idée de Pierre? parce que, Pierre étant contenu dans la classe des hommes, et la classe des hommes étant contenue dans la classe des mortels, Pierre est nécessairement contenu dans la classe des mortels. Donc le rapport qui unit les trois termes de la déduction est un rapport du contenu au contenant, ou bien de l'individu à l'espèce, de l'espèce au genre.

Euler met ce rapport en évidence à l'aide de cercles concentriques. Soient A, B, C, trois cercles concentriques A représente l'idée de Pierre, B l'idée d'homme, C l'idée de mortel. On peut affirmer A de C parce que A est contenu dans B qui est contenu dans C. Tout ce qui est dans le contenu est dans le contenant. Tel est le principe du syllogisme, principe qui se ramène au principe plus général de contradiction : une même chose ne peut pas à la fois être et n'être pas en même temps et sous le même rapport. En effet, si ce qui est dans le contenu n'était pas dans le contenant, il serait à la fois contenu et non contenu. Si d'une part A est contenu dans B et B dans C, et que d'autre part A ne soit pas contenu dans C, il serait à la fois contenu et non contenu dans C, ce qui est absurde. Si d'une part le genre mortel contient l'espèce homme et si l'espèce homme contient l'individu Pierre, si d'autre part Pierre n'était pas mortel, il y aurait contradiction. Pierre serait mortel en tant qu'homme et il ne serait pas mortel, c'est-à-dire qu'il serait homme et ne serait pas homme tout ensemble.

Dans cette analyse nous avons considéré l'extension des termes ; on peut se placer au point de vue de leur compréhension ; notre déduction se formulerait ainsi : l'humanité comprend la mortalité, Pierre comprend l'humanité, donc Pierre comprend la mortalité. En réalité ces deux points de vue se mêlent. On ne pense à les séparer que lorsqu'on fait de la logique[1].

La déduction et le syllogisme. — Lorsque la déduction est exprimée verbalement et ramenée à sa forme rigoureuse, elle se nomme syllogisme. Le syllogisme est la forme parfaite de la déduction. Les termes qui expriment les idées et les propositions qui expriment les jugements prennent alors des dénominations particulières. Comme il y a trois idées dans toute déduction, dans tout syllogisme il y a trois termes. Le terme qui exprime l'idée la plus générale se nomme le *grand terme* parce qu'il contient les deux autres. Le terme qui

---

1. Le point de vue de la contenance des termes n'est pas le seul qu'on puisse et qu'on doive considérer dans la déduction. Nous renvoyons à la logique la discussion de cette question.

exprime l'idée la moins générale se nomme le *petit terme* parce qu'il est contenu dans les deux autres. Le grand et le petit terme ont reçu le nom commun d'*extrêmes*. Enfin le terme qui est moins étendu que le grand et plus étendu que le petit se nomme *moyen terme*. Toute la difficulté du syllogisme est dans la découverte du moyen terme convenable entre les deux extrêmes.

Comme il y a trois jugements dans toute déduction, dans tout syllogisme il y a trois propositions : celle qui renferme le grand et le moyen terme se nomme la *majeure*, parce qu'elle renferme le grand terme; celle qui renferme le petit et le moyen terme se nomme la *mineure*, parce qu'elle renferme le petit terme; enfin celle qui renferme le grand et le petit terme dont on cherchait le rapport, se nomme la *conclusion*, parce qu'elle clôt le raisonnement. La conclusion du syllogisme étant toujours précédée au moins dans l'esprit des deux autres propositions majeure et mineure, ces deux propositions prennent le nom de *prémisses*.

Rôle de la déduction. — La déduction comme l'induction est une opération naturelle et familière à l'esprit humain. La facilité à déduire est même souvent chez l'homme irréfléchi une source d'erreurs. La vérité de la conclusion est, en effet, subordonnée à celle des prémisses. Des prémisses douteuses ou erronées ne peuvent engendrer que le doute et l'erreur. Quoi qu'il en soit, la déduction joue un rôle important dans les différentes sciences. Il en est, comme les mathématiques, qui sont essentiellement déductives. La démonstration qu'Aristote appelait le syllogisme du nécessaire suppose la déduction. Les sciences de la nature sont inductives, mais la déduction comme nous le verrons en logique leur est utile à trois points de vue, pour vérifier les hypothèses, pour expliquer les faits et les lois, pour tirer de celles-ci des applications. Plus les sciences de la nature font de progrès, plus elles donnent de place à la déduction. C'est de l'application de la déduction et du calcul à la physique qu'est née la physique mathématique. La déduction intervient aussi dans toutes les sciences morales. Les sciences morales pratiques sont surtout déductives.

Ouvrages à consulter

Binet. — *Psychologie du raisonnement.*
Stuart Mill. — *Système de logique.*

CHAPITRE XII

LES PRINCIPES DIRECTEURS DE LA CONNAISSANCE

Définition des principes. — Énumération des principes. — Principe d'identité. — Principe de contradiction. — Principe du tiers exclu. — Principe de raison suffisante. — Principe de causalité. — Principe de substance. — Principe des lois. — Principe de finalité ou des causes finales. — Réduction des principes aux principes d'identité et de raison suffisante. — Caractères des principes.

Définition des principes. — Pour se faire une idée complète de l'intelligence, il ne suffit pas d'étudier les données de l'expérience et les différentes opérations intellectuelles qui manifestent l'activité de notre esprit, il faut encore étudier les lois qui régissent l'exercice de cette activité. Ces lois sont ce qu'on appelle les principes directeurs de la connaissance. Telle est la loi qui ne nous permet point de croire en même temps deux propositions contradictoires; telle est cette autre loi en vertu de laquelle nous croyons naturellement que tout a sa raison. On les appelle encore *vérités premières*. Ce sont en effet des vérités premières à un double point de vue. Elles sont d'abord *premières en importance*. Sans ces vérités, il est impossible de raisonner, de juger, et d'une manière générale de penser. Sans elles, on ne peut ni interpréter l'expérience ni constituer la science. Elles sont ensuite *premières au point de vue logique*. « Logiquement, dit Leibnitz, les vérités particulières dépendent des plus générales dont elles ne sont que des exemples. »

Énumération des principes. — On a quelquefois multiplié outre mesure le nombre des vérités premières pour avoir confondu avec les vérités premières proprement dites certaines vérités de fait d'une évidence immédiate, ou certaines vérités rationnelles dérivées. Il faut distinguer les vérités qui sont premières en ce sens qu'on les aperçoit immédiatement, comme celle de notre existence, des vérités qui le sont logiquement et

méritent seules le nom de principes directeurs de la connaissance, parce qu'elles tiennent sous leur dépendance toutes les
autres vérités. Il faut distinguer aussi de ces vérités premières
ou principes toutes les vérités rationnelles, si générales qu'elles
soient, qui peuvent être démontrées par d'autres vérités. « On
ne doit considérer comme vérités premières, dit Leibnitz, que
les vérités qui n'ont pas besoin de démonstration. Autrement,
il faudrait ranger parmi les vérités premières tous les théorèmes de géométrie. » Les principes généralement admis
sont :

Dans l'ordre logique : le principe d'identité, le principe de
contradiction et le principe du tiers exclu.

Dans l'ordre métaphysique : le principe de raison suffisante,
le principe de causalité, le principe de substance, le principe
des lois et le principe de finalité.

Dans l'ordre moral : le principe de l'obligation morale.

Nous ne nous occupons pas pour le moment du principe de
l'obligation morale dont nous étudierons l'origine, la nature et
les conséquences en morale générale.

Principe d'identité. — Le principe d'identité peut s'énoncer : ce qui est, est ; le même est le même ; A est A. Il exprime
la nécessité pour la pensée de rester d'accord avec elle-même.
Supprimez cette nécessité, la pensée se détruit elle-même. Le
principe d'identité fonde la vérité logique de tout jugement
identique et de tout jugement analytique. Tout triangle a trois
angles ; deux plus deux égalent quatre. C'est sur ce principe
que reposent tous les raisonnements qui concluent du même au
même, ainsi que la conversion des propositions. Il est la base
de toute l'algèbre.

Principe de contradiction. — Aristote a donné du principe de contradiction cette formule : « Une même chose ne peut
pas être et n'être pas en même temps et sous le même rapport. » On peut encore le formuler : une chose n'est pas autre
chose que ce qu'elle est, A n'est pas non A. Ce principe n'est
que le principe d'identité énoncé sous une forme négative.
Aussi arrive-t-il souvent qu'on ne les distingue pas l'un de
l'autre. Hamilton remarque que le principe de contradiction
devrait plutôt s'appeler *principe de non contradiction*. Il
affirme en effet la nécessité pour la pensée de ne pas se contre-

dire. Ce qui est contradictoire non seulement n'existe pas, mais est impossible. Le principe de contradiction établit la fausseté logique de tout concept, de tout jugement, de tout raisonnement contradictoires. Le concept d'un cercle carré est absurde parce qu'il réunit deux idées contradictoires. Deux plus deux égalent cinq : voilà un jugement faux parce que l'attribut contredit le sujet. Aucun homme n'est parfait; Pierre est homme : Pierre est parfait : c'est là un sophisme; car la conclusion contredit les prémisses. C'est sur le principe de contradiction que repose toute la logique.

Principe du tiers exclu. — Le principe du tiers exclu ou d'exclusion du milieu ou d'alternative, s'énonce ainsi : une chose est ou n'est pas, il n'y a pas de milieu, il n'y a pas d'autre alternative. De deux propositions contradictoires, si l'une est vraie, l'autre est fausse, si l'une est fausse, l'autre est vraie. Le principe du tiers exclu n'est qu'une conséquence du principe de contradiction. En effet, si les deux alternatives pouvaient être en même temps vraies ou en même temps fausses, une même chose pourrait en même temps être ou n'être pas; A serait A et non A. Ce serait nier le principe de contradiction. Nous trouverons en logique l'application du principe du tiers exclu dans les inférences immédiates qui portent le nom d'opposition et dans le mode de réfutation appelé réduction à l'absurde.

On peut rattacher à ces principes et par conséquent au principe d'identité auquel ils se ramènent, les axiomes mathématiques communs à l'arithmétique, à l'algèbre et à la géométrie. Les grandeurs égales à une même grandeur sont égales entre elles. Si à des grandeurs égales on ajoute des grandeurs égales, les sommes sont égales... Ces principes et ces axiomes sont analytiques. L'attribut y est totalement identique au sujet ou en est une partie.

Principe de raison suffisante. — Le principe de raison suffisante qui a reçu son nom de Leibnitz peut s'énoncer ainsi : tout ce qui est a sa raison d'être. Il nous est impossible de concevoir qu'une chose soit, sans qu'il y ait une raison de son existence, et qu'elle soit de telle façon et non d'une autre, sans qu'il y ait une raison de cette manière d'être. La raison d'une chose, c'est ce qui la rend intelligible. Aussi M. Fouillée a-t-il pu donner du principe de raison suffisante cette autre formule :

tout ce qui est, est intelligible, et l'appeler, le *principe d'universelle intelligibilité*. Ce principe affirme que tout peut être compris. Sans doute, notre intelligence ne comprend pas tout, mais la cause en est dans son imperfection, et non dans les choses qui sont en elles-mêmes intelligibles, qui peuvent être comprises par une intelligence supérieure à la nôtre, qui sont comprises par Dieu. Rien ne peut détruire en nous la conviction de l'intelligibilité des choses. Le principe de raison suffisante est donc la condition essentielle de l'exercice de l'intelligence.

Principe de causalité. — Le principe de causalité s'énonce souvent ainsi : tout effet a une cause, ou sous une forme négative : il n'y a pas d'effet sans cause. Ces formules sont des tautologies. Dire que tout effet a une cause, c'est dire que tout ce qui a une cause, a une cause; car l'effet est par définition ce qui a une cause. Les formules : tout fait a une cause, tout changement a une cause, seraient insuffisantes, car il faut des causes aussi aux êtres, aux choses permanentes. La meilleure formule paraît être celle-ci : tout ce qui commence a une cause, et Hamilton observe avec raison que ce qui fait le fond du principe de causalité, c'est l'impossibilité pour notre esprit de comprendre un commencement absolu.

Il est facile de voir que le principe de causalité n'est qu'un cas spécial du principe de raison. La cause est une raison, mais toute raison n'est pas cause. La cause est une raison dans l'ordre de l'existence, mais il y a d'autres raisons dans l'ordre de l'existence ; la fin est une de ces raisons. Il y a aussi des raisons dans l'ordre de la connaissance. Un principe est une raison par rapport aux conséquences qu'on en tire; les propriétés du cercle et du carré ont leur raison dans la définition de ces figures. Le principe de causalité est d'une application quotidienne. Nous concevons l'univers, avons-nous dit, comme un ensemble de forces. Or, ces forces, nous ne les percevons pas, nous les concluons des phénomènes en vertu du principe de causalité. En métaphysique, on ne pourrait faire un pas et en particulier démontrer l'existence de Dieu sans ce principe ; car Dieu est donné à notre raison surtout comme cause première. Sans ce principe la morale serait anéantie ; l'homme ne serait pas responsable de ses actes s'il n'avait pas conscience d'en être la cause libre.

Principe de substance. — Le principe de substance, qu'on appelle quelquefois le principe des substances, peut se formuler ainsi : il n'y a pas de phénomène sans substance, c'est-à-dire sans un sujet permanent. Ce principe complète le principe de causalité; car il paraît impossible de comprendre la causalité sans la substance. Si rien ne dure sous la succession des phénomènes, comment ceux-ci peuvent-ils être liés par des rapports de causalité? Comment ceux qui précèdent déterminent-ils ceux qui suivent? Si un premier phénomène *a* disparaît absolument avant qu'un second phénomène *b* soit produit, le premier phénomène est pour le second comme s'il n'avait jamais existé. Puisqu'il ne reste rien du premier lorsque le second apparaît, autant vaudrait que celui-ci fût précédé d'un temps absolument vide; c'est en réalité un phénomène sans cause. La substance est donc une raison d'être du phénomène.

Principe des lois. — Le principe des lois qu'on appelle encore principe d'ordre, principe de l'uniformité de la nature, a reçu différentes formules. Il y a de l'ordre dans le monde; la nature obéit à des lois; les lois de la nature sont stables et générales; dans les mêmes circonstances, les mêmes causes produisent les mêmes effets ou les mêmes effets sont produits par les mêmes causes. Cette dernière formule est la meilleure. Ce principe est en somme une application du principe de raison au principe de causalité. Si, les causes restant les mêmes, les effets changeaient, la différence des effets n'ayant pas sa raison dans la différence des causes serait sans raison. C'est sur ce principe que se fonde l'induction.

Principe de finalité ou des causes finales. — Reid formulait ainsi le principe de finalité : « Les marques évidentes de l'intelligence et du dessein dans l'effet prouvent un dessein et une intelligence dans la cause. » Ainsi formulé, ce principe, comme on l'a remarqué, n'est qu'une application du principe de causalité à une certaine classe d'effets. L'effet ayant sa raison dans la cause, ce qu'il y a d'intelligence dans l'effet a sa raison dans l'intelligence de la cause. Bossuet donne du principe de finalité une formule tout à la fois plus complète et plus originale. « Tout ce qui montre de l'ordre, dit-il, des proportions bien prises et des moyens propres à faire de certains

effets montre aussi une fin expresse, par conséquent un dessein
formé, une intelligence réglée et un art parfait. » La formule la
plus simple et la plus usitée est la suivante : tout a une fin.
On a quelquefois nié l'universalité et la nécessité de ce principe ; nous examinerons plus loin les raisons qu'on fait valoir à
cet effet. Il faut reconnaître que rien n'a plus contribué à dis-
créditer les causes finales que l'abus qu'on en a fait. Il faut
aller des faits et des êtres aux causes finales et non des causes
finales aux faits et aux êtres. Poser a *priori* les fins et en
déduire la nature des faits et des êtres, c'est s'exposer à l'erreur. L'ancienne physique était remplie d'hypothèses gratuites
sur les fins, et c'est de telles hypothèses qu'elle tirait par
exemple que la terre était le centre du monde, que la nature a
horreur du vide. C'était un autre abus d'affirmer que tout dans
l'univers se rapporte à l'homme, que Dieu n'a eu d'autre fin
que lui dans la création. On comprend alors que Descartes ait
proscrit les causes finales des recherches de la physique.
« Tout ce genre de causes, dit-il, qu'on a coutume de tirer de
la fin n'est d'aucun usage dans les choses physiques et naturelles ; car il ne semble pas que je puisse sans témérité
rechercher et entreprendre de découvrir les fins impénétrables
de Dieu. »

**Réduction des principes aux principes d'identité et
de raison suffisante.** — Les principes directeurs de la connaissance peuvent se ramener comme le pensait déjà Leibnitz
à deux : aux principes d'identité et de raison suffisante. Le
principe de contradiction n'est que l'expression négative du
principe d'identité et le principe du tiers exclu en est une conséquence. Tous les autres principes se rattachent au principe
de raison suffisante. La cause et la substance sont des raisons
de l'existence des phénomènes et des êtres. La loi est la raison
de leur coexistence ou de leur succession. Quant à la cause finale,
elle est aussi bien que la cause efficiente une raison des phénomènes et des êtres. L'existence et la nature de ceux-ci
s'expliquent par l'existence et la nature de leur fins. « Si l'on
peut dire qu'un phénomène existe en tant qu'il dépend d'une
cause qui le précède dans le temps, on peut dire également que
ce phénomène existe en tant qu'il est moyen, c'est-à-dire qu'il
concourt à réaliser une fin encore idéale ; car cette fin est une

nouvelle raison qui détermine la production du même phénomène[1]. »

Caractères des principes. — Les principes sont universels, nécessaires et évidents par eux-mêmes.

A. Ils sont d'abord *universels*, et à un double point de vue,
subjectivement et *objectivement*.

D'une part, en effet, ils sont communs à tous les esprits, et
celui qui les nierait se mettrait en quelque sorte en dehors de
l'humanité. C'est sans doute de ces principes que parlait
Descartes, quand il disait que le bon sens est la chose du
monde la mieux partagée. En vain objecterait-on que c'est le
petit nombre qui les connaît. Ceux qui ne les connaissent pas
les appliquent comme les autres. Tous les hommes en font
usage, même les plus ignorants, même les enfants. Ceux-ci ne
savent pas à coup sûr la formule du principe de causalité, ou
celle du principe de raison suffisante. Mais ils s'en servent
comme d'instinct, et ils les possèdent implicitement, puisqu'ils
cherchent à toute chose une cause et une raison. « L'esprit, dit
Leibnitz, s'appuie à tout moment sur ces principes, mais il ne
vient pas si aisément à bout de les démêler, et de se les représenter distinctement et séparément, parce que cela demande
une grande attention à ce qu'il fait, et que la plupart des gens
peu accoutumés à méditer n'en ont guère. »

D'autre part, en même temps que ces principes sont les lois
de notre pensée, nous croyons qu'ils sont les lois de la réalité ;
nous les concevons comme s'appliquant à toute chose dans
tous les temps et dans tous les lieux. Les lois que décou-
vrent les savants de la nature sont générales, mais elles
ne sont pas universelles à la manière des principes; elles ont
pour objet une classe d'êtres ou de phénomènes, elles ne
s'étendent pas à l'universalité des choses, tandis que rien
n'échappe à la juridiction des principes.

B. Ils sont ensuite *nécessaires*, et aussi à un double point de
vue, *subjectivement* et *objectivement*.

D'une part, en effet, ils sont les conditions essentielles de
toute connaissance. « Ils entrent, dit Leibnitz, dans toutes nos
pensées dont ils sont l'âme et la liaison, et ils y sont nécessaires

---

1. LACHELIER. — *Fondement de l'induction.*

comme les tendons et les muscles le sont pour marcher, quoi qu'on n'y pense point. » Oter à l'esprit les principes directeurs de la connaissance, c'est lui ôter par là même la faculté de connaître.

D'autre part, nous ne pouvons concevoir un monde où les principes ne trouveraient pas leur application, où une chose pourrait en même temps être et n'être pas, où un phénomène se produirait sans cause. On parle sans cesse de la nécessité des lois de la nature. Cette nécessité est toute relative, celle des principes est absolue. En fait, les corps tombent dans le vide avec une vitesse proportionnelle au temps; mais il pourrait en être tout autrement, et rien n'empêche de concevoir un monde sans cette loi de pesanteur. Cette loi, comme toute autre loi physique, est relative à la nature de notre monde. Elle est de plus relative à la volonté de Dieu, qui, ayant posé librement les lois du monde, peut librement y déroger. Il n'en est pas ainsi des principes. Ils ne dépendent pas de la nature du monde, et un monde qui ne serait pas soumis à ces principes, ne peut entrer dans nos conceptions. Dieu lui-même ne peut faire que les contradictoires soient en même temps vraies, ou qu'un fait se produise sans cause.

C. Ils sont enfin *évidents par eux-mêmes.* Il suffit en effet, qu'on énonce les principes devant nous, pour que nous en reconnaissions aussitôt l'évidence. C'est grâce aux principes qu'on démontre toutes les autres vérités, mais les principes ne se démontrent pas. Conditions nécessaires de toute preuve, ils ne pourraient être prouvés que par eux-mêmes, ce qui serait une pétition de principe. Le démontrable suppose l'indémontrable. Et à moins de déclarer toute connaissance et toute science impossible, il faut admettre qu'on ne doit pas mettre en doute les principes.

Ouvrages à consulter

DONET DE VORGES. — *Cause efficiente et cause finale.*

FONSEGRIVE. — *La causalité efficiente.*

FOUILLÉE. — *Philosophie de Platon.*

GARDAIR. — *La connaissance.*

JANET. — *Les causes finales.*

LACHELIER. — *Fondement de l'induction.*

De Regnon. — *Métaphysique des causes.*
Spencer. — *Premiers principes.*
Schopenhauer. — *Quadruple racine du principe de raison suffisante.*
Taine. — *L'intelligence.*
Saint Thomas. — *Somme théologique*, I qu. 79, a 8; I-II, q. 94 a. 2; II-II, q. 1 a 7. — In IV, *Métaphysique*, lect. II.

Articles de revues

Lalande et Gourd. — *Sur le principe de causalité.* (Revue philos., 1890, II.)
De Broglie. — *Le principe de finalité.* (Annales de phil. chrét., Avril 1889)
De Margerie. — *Le principe de causalité.* (Annales de phil. chrét., Sept. 1888.)

CHAPITRE XIII

CATÉGORIES ET NOTIONS PREMIÈRES

Définition des catégories. — Classification d'Aristote. — Classification de Kant. —
Les notions premières. — Idée d'infini. — Distinction de l'infini et de l'indéfini. — Avons-nous l'idée d'infini? — Caractère positif de l'idée d'infini. —
Idée de parfait. — Idée d'absolu. — Critiques de Hamilton. — Idées de cause
première, de substance nécessaire, de fin dernière. — Idées du vrai, du beau
et du bien. — Synthèse des notions premières dans l'idée de Dieu.

Définition des catégories. — Les principes que nous
venons d'étudier sont des vérités, c'est-à-dire des jugements
exprimés par des propositions. Ils comprennent un sujet et un
attribut, c'est-à-dire deux notions entre lesquelles l'esprit
aperçoit et affirme un rapport. Ainsi, le principe d'identité comprend les notions d'être et d'identité; le principe de raison,
celles d'être et de raison. Les autres principes comprennent
avec la notion d'être, les notions de cause, de substance,
d'ordre et de fin.

Ce n'est pas seulement dans les principes que nous rencon-
trons des notions de ce genre. Elles entrent dans tous nos jugements. Dire, par exemple, que la tempête a détruit un grand
nombre de maisons, c'est affirmer que la tempête a été la
cause de la destruction de ces maisons. Dire que je veux aller
aujourd'hui à la promenade, c'est affirmer que la promenade
est une fin que je me propose. Aussi Aristote, Kant, et un
grand nombre de philosophes ont-ils donné à ces notions le
nom de catégories. Ce sont, en effet, les différents points de vue
auxquels on peut envisager les choses, les différents attributs
qu'on peut affirmer, κατηγορεῖν, du moins implicitement de tous
les sujets. Les philosophes ne s'accordent pas sur la liste complète des catégories. Les classifications les plus connues sont
celles d'Aristote et de Kant.

Classification d'Aristote. — Aristote admet dix catégories : l'être ou substance, la quantité, la qualité, la relation,
l'action, la passion, l'espace, le temps, la situation, la possession. On les a réunies dans ces deux vers mnémoniques.

Arbor sex servos fervore refrigerat ustos.
Ruri cras stabo, nec tunicatus ero.

Mais Aristote a varié sur le nombre et l'ordre des catégories.
Il n'indique pas d'après quelle méthode il les détermine. Et il
serait assez facile de montrer que sa liste est tout à la fois
incomplète et réductible.

Classification de Kant. — Kant admet trois ordres de
notions fondamentales.

1. Ce qu'il appelle les *formes a priori de la sensibilité* : l'espace, condition de la perception externe, le temps, condition
de la perception interne.

2. Les *catégories de l'entendement,* conditions des jugements
et de la possibilité de l'expérience, qui sont au nombre de
douze, et qu'il groupe par trois sous quatre rubriques.

A la *quantité,* il rapporte les catégories d'unité, de pluralité,
et de totalité.

A la *qualité,* il rapporte les catégories de réalité, de négation, et de limitation.

A la *relation,* il rapporte les catégories de substance et
mode, de cause et effet, d'action et réaction.

A la *modalité,* il rapporte les catégories de possibilité,
d'existence et de nécessité.

3. Les *idées transcendantales,* que nous appelons premières,
et qui se résument toutes dans l'idée d'absolu.

Même abstraction faite du point de vue critique où s'est placé
Kant, et que nous jugerons ailleurs, cette classification n'est
pas sans défaut. Il est vrai que la perception externe implique
l'idée d'espace, et la perception interne celle de temps. Il est
vrai aussi que l'idée d'absolu est nécessaire à l'esprit pour
mettre de l'unité dans la pensée et comprendre les choses. Mais
d'une part, la liste des jugements d'où Kant déduit les catégories
qui forment dans son système le deuxième groupe de notions
fondamentales, est loin d'être définitive, et la déduction est

parfois bien artificielle. D'autre part, ces catégories ne sont pas irréductibles. Il en est d'essentielles comme l'unité, la cause, la substance ; mais les autres n'ont pas la même importance ; ce sont des concepts dérivés et secondaires, ou sans originalité.

Nous ne voulons pas faire ici l'étude de chacune de ces catégories. Nous reviendrons en métaphysique sur les idées d'espace et de temps. Dans l'analyse des idées de la conscience, nous avons découvert l'origine des idées d'unité et par conséquent de nombre, de substance et de cause efficiente ou finale. Nous nous bornerons dans ce chapitre à l'étude des catégories qui méritent vraiment le nom de notions premières, parce que, tout en dépassant l'expérience, elles peuvent seules en rendre compte.

Les notions premières. — Les philosophes ne donnent pas tous le même nombre de notions premières. Mais ce désaccord est sans importance parce que, comme nous le verrons, toutes les notions premières se résument dans une seule notion dont elles sont les différents aspects. On peut ranger parmi les notions premières les idées d'infini, de parfait, d'absolu, de cause première, de substance nécessaire et de fin dernière, enfin les idées du vrai, du beau et du bien.

Idée d'infini. — Il faut bien distinguer l'idée de l'infini de l'idée du fini et surtout de l'idée de l'indéfini avec laquelle on l'a quelquefois confondue. Le fini est ce qui est limité, et par conséquent imparfait. L'indéfini est ce qui est susceptible d'augmentation ou de diminution, mais sans limites assignables. L'infini est ce qui n'a aucune limite dans aucun sens.

Distinction de l'infini et de l'indéfini. — L'idée de l'infini, ce n'est pas l'idée de quelque chose d'indéterminé, c'est l'idée de l'être auquel aucune réalité ne manque. C'est l'idée du parfait, comme l'entendaient Descartes et Leibnitz. Telle n'est pas l'idée de l'indéfini, ni de ce qu'on appelle l'infini mathématique qui au point de vue philosophique n'est qu'un faux infini. Qu'on imagine une quantité aussi grande que l'on voudra, on pourra toujours par la pensée y ajouter ou en retrancher une unité et par conséquent la rendre plus grande ou plus petite. L'infini en nombre est contradictoire. En effet, supposez qu'il existe et divisez-le en deux parties. Ces deux parties sont finies ou infinies. Si elles sont finies, comment deux parties finies peuvent-elles faire un tout infini ? Le fini, ajouté à du fini, quoi qu'en dise Locke, ne peut donner que du fini. Si elles sont infinies, l'infini est alors égal à deux infinis, ce qui est contradictoire. Veut-on qu'une partie soit infinie et l'autre finie ? la contradiction reste ; car l'infini est alors égal à l'infini plus une autre quantité. L'infini mathématique n'est qu'une fiction. C'est l'indéfini, et l'indéfini se résout dans le fini. « Si l'on me parle d'indéfini, dit Fénelon, comme de quelque chose qui tient le milieu entre ce qui est infini et ce qui est borné, je réponds que cet indéfini ne peut rien signifier, à moins qu'il ne signifie quelque chose de véritablement fini dont les bornes échappent à l'imagination, sans échapper à la raison. »

Avons-nous l'idée d'infini ? — L'existence de l'idée d'infini dans l'esprit humain est un fait incontestable. Nous avons l'idée d'infini, puisque nous la distinguons de l'idée de fini et de l'idée d'indéfini, puisque nous pouvons déterminer les caractères propres qui empêchent de la confondre avec ces idées. Le fini est contingent, l'infini est nécessaire. S'il pouvait ne pas être, il n'aurait pas la plénitude de l'être. Le fini est susceptible de changement ; l'infini ne peut rien acquérir et rien perdre ; il est immuable. Le fini est relatif, l'infini est absolu, car s'il dépendait d'un autre être, cet autre être le limiterait.

De plus, l'infini est le terme nécessaire des aspirations de l'âme humaine. L'homme tend à l'infini par toutes les puissances de son être. Ces aspirations se résolvent dans le sentiment religieux. Or comment expliquer le sentiment religieux, le sentiment de l'infini, sans l'idée de l'infini ?

Caractère positif de l'idée d'infini. — L'idée de l'infini n'est donc pas une idée négative, comme le prétend Locke. Sans doute le terme infini est négatif, mais l'idée exprimée par ce terme est la plus positive de toutes les idées. Qui dit fini, dit quelque chose de borné, dit par conséquent une imperfection, une négation. « Rien n'est si négatif qu'une borne, » dit Fénelon. Au contraire celui qui nie cette négation, affirme quelque chose de positif. « D'où il suit que la négation absolue de toute négation est l'expression la plus positive qu'on puisse concevoir, et la suprême affirmation. Donc le terme infini est infiniment affirmatif par sa signification. » Ajoutons que l'idée de fini suppose l'idée d'infini : car le négatif ne se comprend que par le positif. Nous ne savons qu'une chose est finie que parce que nous avons l'idée d'infini, comme nous ne savons qu'une chose est imparfaite et relative que parce que nous avons l'idée du parfait et de l'absolu. « Dis, mon âme, comment entends-tu le néant, sinon par l'être ; comment entends-tu la privation, si ce n'est par la forme dont elle est privée, comment l'imperfection, si ce n'est par la perfection dont elle déchoit[1] ? »

Idée de parfait. — L'idée de parfait, c'est l'idée de ce qui est complet et achevé. C'est l'idée de l'être auquel rien ne manque. Cette idée ne se distingue pas de l'idée d'infini telle que nous l'avons entendue, et c'est à tort, croyons-nous, qu'abandonnant la tradition philosophique, beaucoup de philosophes contemporains les séparent. « Je ne vois, dit Vacherot, quoi qu'en aient dit Descartes et son école, rien de commun entre le concept de l'infini et celui de la perfection. L'infini s'applique aux catégories de la quantité et de la force tandis que le parfait s'applique à la catégorie fort différente de la qualité, en sorte qu'on peut concevoir la perfection d'une chose finie aussi bien que d'un être infini. »

Remarquons d'abord que la perfection d'une chose finie n'est qu'une perfection relative ; ce n'est pas l'absolue perfection. De plus l'infini, comme nous l'avons dit, n'est pas compatible avec la quantité. Un nombre infini, un espace infini, un temps infini n'existent pas et ne peuvent pas exister. Enfin l'infinité de la force, c'est l'infinité de l'activité, de la cause et en définitive de l'existence. Or les puissances d'un être en sont les qualités. Lorsqu'on les dit infinies, on parle selon la catégorie de la qualité et ainsi l'on rentre dans l'idée de perfection. Une force infinie est une force parfaite. C'est donc avec raison que Descartes identifie l'infinité actuelle avec la souveraine perfection, et Leibnitz ne fait que marcher sur ses traces, lorsqu'il dit avec beaucoup de profondeur : « La perfection n'est autre chose que la grandeur de la réalité positive prise précisément en mettant à part les limites ou bornes dans les choses qui en ont, en sorte que là où il n'y a pas de bornes, c'est-à-dire en

---

1. Bossuet, *Élévations*, I.

Dieu, la perfection est absolument infinie. » Ce que nous avons dit de l'existence dans notre esprit de l'idée d'infini, doit donc se dire de l'existence de l'idée de parfait. « Le parfait, dit Bossuet, est le premier en soi et dans nos idées. L'imparfait en toute façon n'en est qu'une dégradation. »

Idée d'absolu. — L'absolu, c'est ce qui est indépendant de toute condition, c'est-à-dire l'inconditionnel. En d'autres termes, c'est ce qui a en soi sa raison d'exister, c'est-à-dire le nécessaire. C'est aussi ce qui est complet et achevé, l'infini ou le parfait. Le nécessaire, l'infini ou le parfait, ce sont les deux aspects de l'absolu.

Critiques de Hamilton. — Hamilton a fait de l'idée d'absolu l'objet de critiques fameuses dont il faut dire quelques mots.

D'abord il oppose absolu et infini, comme les deux termes d'une antinomie. Mais il entend par le premier ce qui est achevé, ce qui est fini, et par le second, ce qui n'est pas achevé, ce qui n'est pas fini. Par conséquent, s'il trouve une contradiction dans ces deux termes, c'est parce qu'il l'y a mise.

Ensuite, et c'est ici le point important de la critique de Hamilton, tout en affirmant que nous devons croire à l'absolu, il soutient que l'absolu, ne peut être pensé, parce que penser c'est conditionner, parce que toute pensée établit une relation, la loi de relativité étant selon lui l'essence même de l'intelligence. Penser l'absolu, c'est conditionner l'inconditionnel, penser l'absolu, c'est le rendre relatif, c'est le supprimer. L'idée de l'absolu n'est donc qu'une pseudo-idée.

Il est vrai que nous ne pouvons pas comprendre l'absolu. Comprendre un objet, c'est le connaître autant qu'il est connaissable, c'est l'embrasser par l'intelligence dans tout ce qu'il est, c'est en avoir une idée adéquate. L'absolu seul peut se comprendre. Aucune intelligence finie ne peut s'élever à une telle connaissance. Mais de ce qu'il nous est impossible de comprendre l'absolu, il n'en résulte pas qu'il soit pour nous l'inconnaissable, que nous ne puissions le concevoir, en avoir une idée, inadéquate. L'argument de Hamilton repose sur une confusion. On entend par absolu non pas ce qui est sans relation, mais ce qui exclut toute relation de dépendance. Ainsi nous concevons l'absolu comme cause de l'univers et par consé-

quent, dans un certain rapport avec l'univers. Parce que
l'absolu est pensé dans cette relation, cesse-t-il d'être absolu?
Non; tout est relatif à l'absolu, mais l'absolu n'est relatif à
rien. Et même si nous ne le pensions pas comme fondement
dernier de toute relation, nous ne saurions pas que le reste est
relatif. « Si vous n'aviez réellement, dit avec raison A. Fouillée,
aucune connaissance de l'absolu, vous ne pourriez pas même
dire que vous ne le connaissez pas, vous ne pourriez pas, en
parcourant tous les systèmes philosophiques, vous écrier,
comme vous le faites : ceci n'est pas l'absolu... Pour ne pas
connaître l'absolu, il faut préalablement le connaître en
quelque manière. »

**Idées de cause première, de substance nécessaire et
de fin dernière.** — Nous avons conscience d'être cause. Mais
la cause que nous sommes est limitée dans son pouvoir. Nous
ne pouvons pas tout ce que nous concevons et tout ce que nous
voulons. Elle est limitée dans son origine : ce n'est pas de
nous-mêmes que nous tenons le pouvoir dont nous disposons.
Les causes que nous découvrons par induction dans la nature
sont aussi limitées et dépendantes. Mais à l'occasion de la
cause que nous percevons en nous-mêmes et des causes extérieures que nous induisons, nous concevons la nécessité d'une
cause qui n'est limitée ni dans son pouvoir, ni dans son origine,
d'une cause qui peut tout ce qu'elle veut et qui tient d'elle-
même son activité. C'est la cause première par rapport aux
autres causes qui sont des causes secondes.

Il en est ainsi pour l'idée de substance. C'est la conscience
qui nous donne cette idée ; car nous nous percevons comme
sujet un et permanent des phénomènes multiples et changeants
qui se produisent en nous. Mais l'être que nous sommes
n'existe pas par lui-même. En effet, nous n'avons pas toujours
existé et nous pourrions ne pas exister ; car nous n'avons pas
en nous-mêmes la raison dernière de notre existence. Mais à
l'occasion de la perception de notre être propre, nous concevons un être qui existe non seulement en soi mais par soi, qui
a en lui-même la raison dernière de son existence, c'est-à-dire
un être nécessaire en même temps que parfait et absolu. L'esprit ne peut pas éviter la conception de quelque chose de
nécessaire. Il peut se tromper en plaçant le nécessaire là où il

15

n'est pas, mais il ne peut pas ne pas le concevoir. « Qu'il y ait un moment, dit Bossuet, où rien ne soit, éternellement rien ne sera. Il y a donc nécessairement quelque chose qui est avant tous les temps et de toute éternité. »

De même que nous avons les idées de cause première et de substance nécessaire, nous avons l'idée de fin dernière. Nous ne concevons pas seulement que tel être particulier a une fin, nous concevons que tous les êtres ont des fins et que toutes les fins particulières doivent être coordonnées entre elles et subordonnées à une fin unique et absolue.

Idée du vrai, du beau et du bien. — Parmi les vérités qui sont présentes à notre esprit, il en est de contingentes qui ont leur origine dans l'expérience. Il en est d'autres qui dépassent l'expérience et que nous affirmons comme nécessaires. Tels sont les principes. Mais au-dessus de ces vérités qui nous apparaissent séparées les unes des autres, nous concevons une vérité suprême qui les domine toutes, vérité absolue et parfaite, raison dernière de toute vérité. « Qui voit imparfaitement les vérités, dit Bossuet, en voit plusieurs. Qui les verrait parfaitement n'en verrait qu'une seule. » De même au-dessus du beau réalisé dans la nature et dans l'art, au-dessus du beau idéal, œuvre de notre imagination, nous concevons un beau absolu et parfait, raison dernière de toute beauté. De même au-dessus des biens imparfaits et relatifs, réels ou imaginaires, nous concevons un bien absolu, source unique de tout bien.

Synthèse des notions premières dans l'idée de Dieu. — L'idée de Dieu résume toutes les notions premières. « Je puis me représenter Dieu, dit Fénelon, sous diverses faces suivant les rapports qu'il a avec ses ouvrages. Je donne au même être différents noms, mais je ne prétends pas par ces différents noms exprimer des choses réellement diverses. » Dieu, comme raison de toutes les fins particulières, et des différents biens, c'est la fin dernière et le bien absolu. Comme raison de toute vérité, c'est le vrai absolu. Comme raison de toute beauté, c'est le beau absolu. Comme raison des substances contingentes, c'est la substance nécessaire. Comme raison des causes secondes, c'est la cause première. Dieu, c'est l'infini, le parfait, l'absolu absolument absolu. Toutes les notions premières ont leur expression synthétique dans l'idée de Dieu.

Ouvrages à consulter

AMPÈRE. — *Philosophie des deux Ampère.*

BALMÈS. — *Philosophie fondamentale.*

BERGSON. — *Données immédiates de la conscience.*

BOIRAC. — *L'idée du phénomène.*

CHARLES. — *Éléments de philosophie.*

GORY. — *L'immanence de la raison dans la connaissance sensible.*

GUYAU. — *Genèse de l'idée du temps.*

KANT. — *Critique de la raison pure.*

LECHALAS. — *L'espace et le temps.*

LIARD. — *La science positive et la métaphysique.*

RAVAISSON.— *La philosophie en France au XIX* siècle.*

MAINE DE BIRAN. — *Œuvres inédites.*

ROISEL. — *De la substance.*

SPENCER. — *Principes de psychologie.*

VACHEROT. — *La métaphysique et la science.*

CHAPITRE XIV

LA RAISON

Nous pouvons, dès maintenant, d'après ce que nous avons dit dans les chapitres précédents, nous faire une idée de la raison.

Dans le langage ordinaire la raison est à peu près confondue avec l'intelligence ; c'est la faculté de juger, de discerner le vrai du faux. Dans le langage philosophique, on donne à la raison un sens moins général. Bien que le raisonnement suppose la raison, il ne la constitue pas. La raison, c'est la *faculté de comprendre*, c'est-à-dire de connaître les raisons des choses. Et l'esprit ne comprend les choses, n'en connaît les raisons qu'au moyen des principes rationnels et des notions premières. Les principes rationnels et les notions premières sont les données ou le contenu de la raison.

Objet de la raison. — Pour bien saisir la nature de la raison, il faut l'opposer à l'expérience. Sous le nom commun d'expérience, on désigne généralement les données des sens et de la conscience. L'objet de l'expérience, c'est le *contingent*, le *relatif*, le *particulier*. Le contingent est ce qui peut ne pas être. Le relatif est ce qui dépend de conditions. Le particulier est ce qui est limité dans le temps et dans l'espace. Ces trois caractères s'impliquent l'un l'autre. Ce qui est contingent est relatif, et ce qui est relatif est particulier. — L'objet de la raison, c'est le *nécessaire*, l'*absolu*, l'*universel*. Le nécessaire est ce qui ne peut pas ne pas être. L'absolu est ce qui est indépendant de toute condition. L'universel est ce qui n'a aucune limite ni dans le temps, ni dans l'espace. Ces trois caractères s'impliquent comme les précédents. Ce qui est nécessaire est absolu; ce qui est absolu est universel. La raison, c'est donc la faculté du nécessaire, de l'absolu, de l'universel; d'un seul mot, c'est la *faculté de l'absolu*. Croire à la raison, c'est croire à l'absolu. Mais l'idée de l'absolu, c'est au fond l'idée de Dieu. L'idée de Dieu, sous une forme ou sous une autre, tel est l'objet suprême de la raison.

Formes de la raison. — La raison prend différentes formes.

La raison est *spontanée* ou *réfléchie*. Sous la forme spontanée, la raison ne conçoit pas les notions premières et les principes rationnels d'une manière abstraite et explicite, mais d'une manière concrète et implicite. L'enfant et l'homme sans instruction ne connaissent pas la formule du principe de causalité. Mais dès qu'ils sont témoins de faits particuliers, ils leur supposent des causes particulières. Pour que les notions premières et les principes rationnels prennent une forme explicite et abstraite, pour que l'esprit en distingue bien les caractères, il faut que la réflexion intervienne.

La raison est *spéculative* ou *pratique* ou *esthétique*. Elle est spéculative ou théorique quand elle s'exerce dans le domaine de la vérité pure. Elle est pratique quand elle s'applique au discernement du bien et du mal pour diriger la volonté. C'est alors la conscience morale. Elle est esthétique, et c'est le goût, quand elle apprécie le beau. « Le goût, a dit Delille, n'est qu'un bon sens délicat: » les fautes contre le goût sont des fautes contre la raison. Kant a étudié ces trois formes de la raison dans trois fameuses critiques : la *critique de la raison pure*, la *critique de la raison pratique* et la *critique du jugement*.

La raison est *intuitive* ou *discursive*. Elle est intuitive quand elle nous révèle les notions premières et les principes nécessaires; elle est discursive quand elle juge à la lumière de ces notions et de ces principes les données de l'expérience et règle les diverses opérations intellectuelles.

Le sens commun et le bon sens. — Le sens commun est la forme la plus simple et la plus générale de la raison; c'est la raison en tant qu'elle embrasse l'ensemble des vérités admises par tous, parce qu'elles sont accessibles à toutes les intelligences. Le sens commun dont il faut faire grand cas dans les vérités d'ordre pratique, n'est pas évidemment le dernier mot de la raison, et beaucoup de vérités de sens commun ne sont que des approximations. La science et la philosophie qui cherchent à se rendre compte des choses par la réflexion peuvent et doivent s'élever au-dessus du sens commun. Il faut ranger parmi les vérités de sens commun les vérités ou notions premières constitutives de la raison; trois vérités fondamentales qui sont claires pour toute intelligence non prévenue : l'existence de l'âme, l'existence des corps et l'existence de Dieu; et un grand nombre de vérités de faits admis sur la foi au témoignage des hommes et à l'autorité des savants; par exemple l'existence de Charlemagne, de César, de Pékin, les antipodes, le mouvement de la terre autour du soleil.

Il ne faut pas confondre le bon sens avec le sens commun. Le sens commun, comme l'indique le mot, est une qualité commune, et sans être de tous points invariable, il ne peut faire de progrès que lentement. Le bon sens est une qualité individuelle susceptible de beaucoup de degrés et qui peut être plus ou moins développée dans les différents esprits; c'est l'habitude de bien juger, de discerner le vrai du faux dans les cas particuliers. Lorsque Descartes écrit que le bon sens est la chose du monde la mieux partagée, il ne le distingue pas du sens commun; autrement ce jugement de Descartes serait très discutable.

Théories de la raison. — Tous les philosophes rationalistes s'accordent sur la distinction irréductible de l'expérience et de la raison; mais lorsqu'il s'agit d'expliquer comment les notions premières et les principes rationnels se trouvent dans notre esprit, les divergences apparaissent. Platon dans l'antiquité croyait résoudre la question par l'hypothèse de la réminiscence qu'Aristote a vivement combattue; Descartes, Leibnitz et Kant par l'innéité, Malebranche et les ontologistes par la vision en Dieu; les traditionalistes par la révélation primitive de la parole. Nous allons exposer sommairement ces diverses théories.

Théorie platonicienne. — Jamais philosophe n'a séparé plus radicalement la raison de l'expérience que ne l'a fait

Platon. Entre le sensible et l'intelligible qui est l'objet de la
raison, il y a une opposition absolue. Pour bien comprendre la
théorie platonicienne, il faut l'envisager à un double point de
vue, métaphysique et psychologique.

1. Au point de vue *métaphysique*, le monde sensible et le
monde intelligible sont deux mondes essentiellement différents.
Dans le monde des sens tout est individuel et changeant.
Héraclite exprimait cette idée dans une formule célèbre :
πάντα ῥέει, οὐδὲν μένει. Ce changement, cet écoulement perpétuel, il l'étendait à tout; Platon en restreint l'application aux
choses sensibles. Ce qui change, ce qui s'écoule, c'est le monde
des apparences, c'est le non être, τὸ μὴ ὄν. Mais Platon n'admet
pas que tout se réduise aux apparences, aux phénomènes.
Outre le monde sensible, il y a le monde intelligible, le monde
de la permanence absolue, le monde de la vraie réalité, l'être,
τὸ ὄν. Les phénomènes qui changent supposent des principes
qui restent, les êtres qui passent reproduisent des caractères
qui permettent de les classer en espèces et en genres; ces
phénomènes et ces êtres particuliers et changeants supposent
des essences idéales, des types universels et immuables.
Platon les appelle des *idées*. Le mot idée, on le voit, a dans le
langage de Platon un sens spécial. Les idées ne sont pas de
simples faits intellectuels; ce sont des causes exemplaires, des
modèles éternels suivant lesquels toutes choses ont été
conçues, ordonnées et réalisées. L'ensemble des idées constitue ce que Platon appelle le *monde intelligible*.

Les idées sont pour Platon les principes de toute existence
et de toute perfection; les choses sensibles n'existent que
parce qu'elles participent aux idées. Pourquoi les choses belles
sont-elles belles? c'est parce qu'elles reproduisent l'idée du
beau; pourquoi Socrate est-il homme? c'est parce qu'il participe au type humain. Entre le monde intelligible et le monde
sensible, il y a une communication continuelle que Platon
appelle tantôt μίμησις, imitation, tantôt μέθεξις, participation.
Les choses sensibles sont comme des copies, des reflets des
idées. Ces idées forment dans le monde intelligible une sorte
de hiérarchie et Platon les classe suivant le degré de perfection
qu'elles expriment. Au sommet de cette hiérarchie, il place l'idée
des idées, τὸ εἶδος εἴδων, l'idée par excellence, l'*idée du bien*.

L'esprit conçoit ces différentes idées comme distinctes les unes des autres; mais Platon les sépare-t-il réellement ou bien ne sont-elles pour lui que des aspects d'une seule réalité suprême, l'idée du bien? Il faut reconnaître que sur ce point la théorie platonicienne manque de clarté. Aristote et les néoplatoniciens l'interprètent dans le premier sens. Si cette interprétation est la vraie, la critique d'Aristote est fondée. D'autres, Cousin en particulier et M. Fouillée, l'interprètent dans le second sens. S'ils ont raison, le platonisme est métaphysiquement très acceptable. L'idée du bien, c'est l'idée de Dieu lui-même, dont les autres idées ne sont que les différentes perfections.

2. Au point de vue *psychologique*, la connaissance des choses sensibles, individuelles et variables est une connaissance inférieure. Seule la connaissance des idées universelles et immuables objet de la raison constitue la vraie science. Mais puisque les idées existent en dehors du monde sensible, dans le monde intelligible, comment l'esprit peut-il les atteindre?

C'est ici qu'intervient le mythe de la caverne. Pour Platon les âmes sont éternelles. Avant de vivre dans le monde sensible elles ont existé dans un monde supérieur où elles contemplaient les idées; mais ayant un jour commis une faute, elles furent précipitées dans des corps terrestres où elles sont enfermées comme dans des prisons. Supposez, dit Platon, un captif dans une caverne, la face tournée vers la muraille opposée à l'ouverture par laquelle entre la lumière du jour. Devant la caverne passent des objets dont les ombres se réfléchissent sur la muraille. Le captif voyant ces ombres les prend pour des réalités. Telle est la situation de l'homme en ce monde. Il ne voit que des reflets des réalités infinies. Mais comme les choses sensibles n'existent que par leur participation aux idées, et comme les âmes ont vu les idées dans une vie antérieure, à l'occasion des choses sensibles elles se souviennent des choses intelligibles; à la vue de la copie, elles se rappellent le modèle. C'est la théorie de la *réminiscence*. Nous croyons apprendre ce que nous ne savions pas, nous ne faisons que nous ressouvenir. Aussi la fonction du maître, Socrate l'avait bien vu, n'est pas d'enseigner à ses disciples, c'est de les aider à mettre au jour ce qu'ils savent déjà, parce qu'ils l'ont appris autrefois, mais ce qu'ils ont oublié. C'est ce que Socrate appelait l'art d'accoucher les esprits.

Théorie de Descartes. — La théorie platonicienne de la réminiscence est déjà une sorte de théorie innéiste ; mais c'est surtout dans l'école cartésienne que l'innéité a joué un rôle considérable. Descartes distingue trois sortes d'idées : les idées *adventices*, les idées *factices* et les idées *innées*. Les idées adventices viennent du dehors par les sens, comme les idées des couleurs, des sons, des odeurs. Les idées factices sont l'œuvre de l'entendement qui les produit en combinant d'autres idées, comme les idées du centaure ou de la chimère. Les idées innées ne viennent ni de causes extérieures ni d'une opération de l'entendement. Elles sont pour ainsi dire constitutives de l'âme humaine.

Descartes n'a pas nettement défini ce qu'il entend par innéité, et nulle part dans ses œuvres on ne trouve une liste arrêtée d'idées innées. Tantôt il appelle idées innées, les idées qui ont leur origine dans la conscience, tantôt il semble réserver ce nom à la seule idée d'infini ou de perfection. Dieu, dit-il en parlant des idées innées, les a mises en nous ; elles sont comme le sceau de l'ouvrier empreint sur son œuvre. Il n'y a là aucune explication.

On peut entendre l'innéité en deux sens. On peut l'entendre dans le sens que les idées appelées innées sont présentes comme connaissances actuelles dans l'esprit de l'enfant qui les apporterait toutes faites en venant au monde. Il est évident qu'en ce sens les idées innées n'existent pas. Locke et Hobbes qui interprètent ainsi la doctrine de Descartes ont raison de l'écarter. On peut entendre l'innéité dans le sens que les idées innées ne viennent pas du dehors à l'esprit de l'homme, qu'elles lui sont naturelles, qu'il les tire de son propre fonds. C'est dans ce sens que Descartes a toujours entendu l'innéité. En effet, pressé de s'expliquer sur l'innéité, il répond : « Je les ai nommées naturelles, mais au sens où nous disons que la générosité ou quelque maladie est naturelle dans certaines familles. » Il n'a jamais écrit ni pensé que de telles idées fussent actuelles ou qu'elles fussent des espèces ou entités distinctes de la faculté de penser. L'enfant a ces idées, mais en puissance. « Je ne me persuade pas que l'esprit d'un petit enfant médite dans le sein de sa mère sur les choses métaphysiques. »

Théorie de Leibnitz. — Bien que Leibnitz se sépare absolument de Descartes dans la théorie de la substance, il est cartésien par l'esprit de son système et il défend avec ardeur la théorie de l'innéité qu'il cherche à expliquer. Pour réfuter l'empirisme, il écrivit contre Locke les *Nouveaux essais sur l'entendement humain.* On peut résumer sa controverse contre Locke dans ce dilemne : ou bien Locke doit montrer qu'il n'y a pas dans l'esprit humain de vérités universelles et nécessaires, ou bien il doit les expliquer par l'expérience. Or la présence dans notre esprit de vérités universelles et nécessaires est incontestable et l'expérience seule ne peut en rendre compte.

L'hypothèse empirique de la table rase n'est qu'une fiction. L'esprit de l'homme est riche de son propre fonds. Il y a à tout le moins deux vérités nécessaires innées en nous : le *principe de contradiction,* condition du possible, et le *principe de raison suffisante,* condition du réel. Mais comment ces vérités sont-elles innées en nous? Ce qui est inné en nous, dit Leibnitz, ce ne sont pas des idées toutes formées, ce n'est pas seulement, comme l'avait pensé Descartes, la faculté de les concevoir; c'est une certaine disposition, une certaine *tendance* à les acquérir. Pour éclairer sa pensée, Leibnitz se sert d'une comparaison. Supposons, dit-il, deux blocs de marbre. L'un dépourvu de toute veine intérieure est indifférent à représenter telle ou telle figure : la figure de Jupiter ou d'Hercule; tel est l'esprit dans l'hypothèse de la table rase. L'autre contient des veines qui dessinent intérieurement la figure d'Hercule. Pour mettre cette figure au jour, il suffira de dégrossir le marbre qui n'est plus indifférent à reproduire telle ou telle figure, mais dans lequel la figure d'Hercule est innée. Tel est l'esprit humain dans la théorie de l'innéité.

Mais Leibnitz est un philosophe essentiellement conciliateur. Il trouve du bon dans la thèse de Locke. Locke est irréfutable lorsqu'il objecte à Descartes que les enfants n'ont aucune conscience des principes innés. Il y a aussi ceci de vrai dans Locke, c'est que l'expérience est indispensable à l'acquisition des vérités premières. L'expérience est pour l'esprit un point de départ nécessaire. Il faut en effet bien distinguer la perception confuse de la perception distincte ou *aperception*. Les vérités premières ne sont pas dès l'origine pour nous objet de perceptions distinctes. Ce n'est pas à dire que nous ne les possédions pas au moins virtuellement, mais l'expérience est nécessaire pour que ce qui était d'abord virtuel passe à l'acte. Toute monade a d'ailleurs une tendance naturelle à passer d'une perception confuse à une perception distincte. C'est la propriété que Leibnitz nomme *appétition*. En somme, le jour où les vérités premières sont distinctes pour l'esprit, n'arrive qu'après des phases nombreuses qui l'ont préparé. La raison sort pour ainsi dire de l'expérience dont elle est l'épanouissement.

On peut donc accorder aux empiriques que rien n'est dans l'intelligence qui n'ait été dans le sens. *Nihil est in intellectu quod non prius fuerit in sensu.* En un sens toutes nos idées sont acquises et par conséquent supposent l'expérience. Mais en un autre sens, toutes viennent de notre propre fonds et expriment la fécondité de notre esprit. Il faut donc corriger la formule de l'empirisme, en la complétant par cette restriction : *nisi ipse intellectus.* Il n'y a rien dans l'intelligence qui n'ait été dans le sens, si ce n'est l'intelligence même, c'est-à-dire, si ce n'est l'activité de l'esprit qui, s'emparant des données de l'expérience, en dégage les principes dont ces données ne sont que des exemples particuliers. L'activité de l'esprit ne peut s'expliquer par l'expérience puisqu'elle en est la condition essentielle.

Théorie ontologique de Malebranche. — Malebranche est un des grands cartésiens et il admet, comme Descartes, la distinction irréductible des sens et de la raison. Mais ce n'est pas à tort que Malebranche a été surnommé le Platon chrétien. Il connaissait Platon par les œuvres de saint Augustin qui avait cherché une conciliation entre le platonisme et les idées chrétiennes. De là, chez Malebranche, un certain mysticisme qui contraste avec l'intellectualisme de Descartes. Malgré ces antécédents, le malebranchisme n'en reste pas moins une des doctrines les plus originales dans l'histoire de la philosophie.

Il y a pour Malebranche trois facultés intellectuelles : les sens, l'imagination et l'entendement. Descartes n'a pas montré trop de dédain pour les sens et l'imagination. Les sens sont des instruments de mensonge, l'imagination est la folle du logis. On peut lire dans Malebranche des chapitres excellents où il recherche les erreurs des sens et les écarts de l'imagination avec une pénétration et une finesse de style qui le placent au premier rang des moralistes. L'entendement seul nous fournit des idées, non seulement celles qui ont pour objet l'infini, le parfait, l'absolu, Dieu lui-même, mais encore les idées relatives aux corps. « Toutes les idées sont en Dieu éternellement subsistantes et éternellement entendues. » Or l'esprit humain est intimement uni à Dieu ; il participe donc à la raison divine et par conséquent aux idées divines. Mais quelle est la nature de cette participation ? C'est, dit Malebranche, une vision immédiate de Dieu. L'esprit humain, ayant l'idée d'infini, voit Dieu d'une manière intuitive. Voyant Dieu, il voit les idées qui sont en lui et c'est là l'origine de nos connaissances.

L'ontologisme, soutenu surtout dans la première moitié de ce siècle par Gioberti et Rosmini, a de grandes affinités avec les doctrines de Malebranche. Partant du même principe que les idées sont en Dieu, il en conclut que c'est en Dieu que nous les voyons par l'idée de l'Être. La première de nos idées, c'est l'idée de l'être, de l'être simple ; c'est l'idée de Dieu en tant qu'être et toutes les autres idées s'y ramènent.

Nous n'avons pas ici à réfuter le malebranchisme et l'ontologisme, qui ouvrent la voie au panthéisme. Si on voit tout en Dieu, on est bien près de confondre tout avec Dieu. Au point de vue psychologique, ces doctrines sont contraires au témoignage de la conscience. Elles soutiennent à tort que nous avons l'intuition de Dieu, tandis que dans la vie présente nous n'avons de Dieu qu'une connaissance médiate et discursive.

Ces erreurs écartées, aucun philosophe n'a mieux parlé que Malebranche de cette raison, de « ce maître intérieur qui éclaire tout homme venant en ce monde. » Sur ce point, Bossuet seul atteint la hauteur de son langage. Mais, plus prudent que Malebranche, après avoir montré la participation de la raison humaine à la raison divine, Bossuet s'arrête et n'essaye pas de pénétrer ce mystère. Il ne cherche pas comment se fait cette participation de notre raison à la raison de Dieu : « C'est en Dieu, dit-il, que nous les voyons, mais d'une

certaine manière qui nous est incompréhensible. » Fénelon dit
dans le même sens : « C'est l'être infiniment parfait qui se rend
immédiatement présent à mon âme quand je le conçois. »
Certains auteurs se sont autorisés de phrases de ce genre pour
ranger Bossuet et Fénelon parmi les partisans de la vision en
Dieu.

Théorie de Kant. — Ce qui détermina la vocation philosophique de Kant, ce furent le scepticisme de Hume et les doctrines morales de Jean-Jacques Rousseau. La philosophie de
Kant se nomme d'un mot le *criticisme*.

Kant entreprend à son tour d'examiner le grand problème de
la raison ; mais en se plaçant au point de vue critique. Il
compare la révolution qu'il essaye en philosophie à celle
qu'avait faite Copernic en astronomie. « On avait admis
jusqu'ici, dit-il, que toutes nos connaissances devaient se
régler sur les objets ; que l'on cherche une fois si nous ne
serions pas plus heureux, en supposant que les objets se
règlent sur nos connaissances. » Ce n'est pas dans les choses
qu'il faut chercher la raison des lois de la pensée, comme le
croient tous les dogmatiques, en particulier Descartes et
Leibnitz ; c'est dans la pensée qu'il faut chercher la raison des
choses.

Deux questions principales se posent à la raison : que pou-
vons-nous savoir ? que devons-nous faire ? En tant qu'elle
donne la solution de la première, la raison s'appelle raison
pure ; en tant qu'elle donne la solution de la seconde, elle porte
le nom de raison pratique. D'où les deux grands ouvrages de
Kant : la *Critique de la raison pure* et la *Critique de la raison
pratique*.

La critique de la raison pure est d'abord une réponse à Hume
et aux empiriques. Elle est ensuite une négation du dogmatisme métaphysique.

Il y a dans l'esprit humain des idées et des vérités nécessaires et universelles. L'expérience est impuissante à nous les
donner ; il faut donc les rapporter à une faculté supérieure : la
raison. Mais quelle est la valeur de la raison ? Quelle est d'une
manière générale la valeur de nos facultés ? Nous pouvons, dit
Kant, connaître les choses, comme elles nous apparaissent,
nous ne pouvons les connaître telles qu'elles sont en elles-

mêmes. Nous pouvons connaître les phénomènes, nous ne pouvons connaître les *noumènes*, c'est-à-dire les substances, les réalités qui se cachent sous les phénomènes. L'esprit humain nécessairement renfermé en lui-même, n'a pas le droit de conclure de ce qui apparaît à ce qui est, du sujet à l'objet. Kant applique cette règle aux trois facultés qui selon lui interviennent dans la connaissance : la *sensibilité*, l'*entendement*, la *raison* proprement dite.

Kant distingue dans la sensibilité la *sensibilité externe* et la *sensibilité interne*. Nous localisons nécessairement nos sensations dans l'espace, nous plaçons nécessairement les événements dans le temps. Mais l'espace et le temps ne sont que des *formes a priori de notre sensibilité*; l'espace forme *a priori* de la sensibilité externe, le temps forme *a priori* de la sensibilité interne et indirectement de la sensibilité externe. Ils n'ont pas de réalité objective.

L'entendement est la faculté de juger. C'est l'entendement qui donne les *catégories* et les *principes*, qui permettent de lier les phénomènes et de poursuivre l'œuvre de la connaissance commencée par les sens. Sans les intuitions de la sensibilité, les concepts seraient vides, mais sans les concepts de l'entendement, les intuitions seraient aveugles. Nous avons énuméré plus haut les douze catégories kantiennes. Les catégories et les principes constituent pour Kant autant de formes préexistantes où se moule en quelque sorte la matière de la connaissance déjà organisée dans l'espace et le temps. Mais, principes et catégories ne sont que des lois *a priori* de l'entendement. « Ils ne servent pour ainsi dire qu'à épeler les phénomènes, afin de pouvoir les lire comme expérience. » On ne peut pas savoir s'ils sont les lois réelles de la nature.

La raison termine l'œuvre de la pensée, en l'élevant à la plus haute unité possible. Par la raison, nous concevons trois idées transcendantes, les idées de l'*âme*, du *monde* et de *Dieu* qui sont les absolus où viennent converger toutes nos connaissances. A ces trois idées correspondent trois spéculations : la psychologie rationnelle, la cosmologie rationnelle, la théologie rationnelle. Mais ces idées ne sont, elles aussi, que des formes subjectives de la raison. Nous ne pouvons conclure de ces formes subjectives aux réalités correspondantes, sans faire des

paralogismes ou sans nous exposer à des antinomies inso-
lubles.

Le monde de la réalité, de quelque nature qu'elle soit, est
donc interdit à la raison pure qui ne peut dépasser l'expérience. La conclusion de la critique de la raison pure, c'est le
scepticisme métaphysique.

Mais ce qui est interdit à la raison pure ne l'est pas à la raison pratique. Tout homme, dit Kant, a présente à la conscience
la loi morale. Le devoir est un impératif catégorique, c'est-à-
dire qui commande sans condition. Tel est le point de départ
de Kant, pour rétablir dans la critique de la raison pratique
les grandes vérités métaphysiques laissées dans le doute
par la critique de la raison pure. Voici la suite de ses raisonnements.

Le devoir implique le pouvoir. Si je ne dois pas mentir, c'est
que je puis ne pas mentir. Le problème de la liberté est inso-
luble pour la raison théorique qui ne comprend les phénomènes
que sous le point de vue de la nécessité. Mais la raison pratique,
la conscience morale en affirmant le devoir affirme du même
coup la liberté. *La liberté est le premier postulat de la morale,*
et c'est pour l'homme un devoir de croire à la liberté sans
laquelle il n'y aurait pas de devoir.

Dans ce monde nous ne voyons pas se réaliser l'idéal de perfection et de sainteté que nous devons vouloir, dont nous devons
nous approcher sans cesse. Il faut donc que l'homme soit
immortel pour accomplir pleinement sa destinée. *L'immortalité de l'âme est le deuxième postulat de la morale.*

Enfin notre raison conçoit un rapport nécessaire entre la
moralité et la félicité. Nous devons croire au souverain bien
qui consiste dans l'harmonie de la vertu et du bonheur. Mais
rien dans les lois de la nature ne nous garantit cette harmonie. Il faut donc un être saint et tout-puissant qui la réalise.
L'existence de Dieu est le troisième postulat de la morale.

C'est ainsi que Kant dans la critique de la raison pratique
fonde sur le devoir les grandes vérités métaphysiques, et substitue au dogmatisme spéculatif toujours menacé par les arguments empiriques ou sceptiques, des croyances qui, liées à la
moralité, lui paraissent inébranlables.

Nous reviendrons en métaphysique sur le criticisme de Kant

pour le juger en face du scepticisme et du dogmatisme. Remarquons dès maintenant l'opposition absolue établie par Kant entre la raison théorique et la raison pratique. La raison théorique est dépourvue de toute valeur objective, elle ne nous fait rien connaître au delà de notre pensée. Il n'en est pas de même de la raison pratique qui a vue sur le monde des noumènes. N'y-a-t-il pas là une contradiction? La raison théorique et la raison pratique ne sont-elles pas une même raison sous des noms différents? Pourquoi refuser à l'une ce qu'on accorde à l'autre?

Théorie traditionaliste. — D'après le traditionalisme dont le représentant principal est de Bonald, l'esprit humain est incapable de s'élever par lui-même aux idées rationnelles. Il les reçoit par le langage. Ces idées que Dieu a communiquées originairement au premier homme sont comme un dépôt confié à l'humanité pour être transmis de génération en génération, et chaque homme y participe par le commerce avec ses semblables. Cette doctrine nie ou tend à nier la puissance naturelle de la raison et rend en conséquence la révélation absolument nécessaire à l'homme. De plus, en affirmant que la parole est la source de nos idées, elle méconnaît, comme nous le verrons bientôt, les vrais rapports du langage et de la pensée.

Ouvrages à consulter

Voir la bibliographie des deux chapitres précédents et du chapitre suivant.
BOUTROUX. — *La monadologie.*
DESDOUITS. — *La philosophie de Kant.*
DURAND. — *Discours de la méthode.*
FOUILLÉE. — *La philosophie de Platon.*
JANET et SÉAILLES. — *Histoire de la philosophie.*
LIARD. — *Descartes.*
OLLÉ-LAPRUNE. — *La philosophie de Malebranche.*
RAVAISSON. — *Essai sur la métaphysique d'Aristote.*

CHAPITRE XV

L'EMPIRISME

Le sensualisme. — La doctrine de Condillac. — Critique du sensualisme. — L'empirisme de Locke. — Critique de l'empirisme de Locke. — L'associationnisme. — Critique de l'associationnisme. — L'évolutionnisme. — Critique de l'évolutionnisme.

La thèse générale de l'empirisme, c'est qu'il n'y a rien dans l'entendement qui ne vienne de l'expérience. Mais cette thèse s'est présentée sous plusieurs formes dans l'histoire de la philosophie.

Le sensualisme. — La forme la plus ancienne et la plus grossière de l'empirisme est le sensualisme. Les sensualistes refusent à l'intelligence, non seulement les notions et les vérités premières, mais l'activité même. Nous sommes tout passifs dans la connaissance qui résulte de la seule accumulation des sensations et des images. L'esprit est vraiment une table rase, un tableau vide de caractères, incapable d'en produire lui-même, capable seulement d'en recevoir. Tout lui vient du dehors par les sens. *Nihil est in intellectu quod non prius fuerit in sensu.*

La doctrine de Condillac. — Cette doctrine apparaît dans l'antiquité avec l'école atomistique d'Abdère et avec l'épicuréisme. Dans les temps modernes, Condillac en est le principal représentant. Selon lui, toutes nos facultés intellectuelles ou morales naissent de la *sensation transformée.* En tant que représentative, la sensation engendre les facultés intellectuelles par l'intermédiaire de l'attention qui n'est qu'une sensation dominante. En tant qu'affective, elle engendre les facultés morales par l'intermédiaire du désir. Le désir naît de la sensation, et la volonté n'est qu'un désir dominant.

Critique du sensualisme. — Contentons-nous de dire que

16

l'analyse de la connaissance dément toutes les assertions du
sensualisme. Les sensations ne se transforment pas d'elles-
mêmes en idées sans le secours de l'attention, qui n'est pas une
sensation dominante, mais l'application volontaire de l'esprit
à un objet, et du jugement, qui est absolument irréductible à la
sensation. L'activité de l'esprit intervient dans l'abstraction,
dans la généralisation, dans le jugement et dans le raisonnement. C'est l'esprit lui-même, qui, par ces différentes opérations
intellectuelles, élabore les données de l'expérience. Ce sont là
des faits dont nous avons conscience et que l'esprit de système
seul peut mettre en doute. Qu'il s'agisse de la connaissance du
moi par la réflexion, du monde extérieur et de nos semblables
par la perception, de Dieu par la raison, cette connaissance ne
se fait pas toute seule par une sorte d'enregistrement automatique des phénomènes. A tous ses degrés et sous toutes ses
formes, elle est l'œuvre de l'activité intellectuelle.

La genèse sensualiste des facultés morales n'est pas plus sou-
tenable. Elle méconnaît d'abord l'innéité de certaines inclinations
sans lesquelles le plaisir et la douleur eux-mêmes seraient
inexplicables. De plus, la volonté ne peut pas être, comme le
prétend Condillac, une transformation du désir. Nous subissons
nos idées, nous produisons nos volontés. (Voir *Distinction de
la volonté et du désir.*)

« L'empirisme exclusif, dit M. Ravaisson, c'est un physiologiste qui explique la nutrition par les aliments seuls et qui
oublie ce qui les reçoit et les transforme : l'estomac ; c'est un
physiologiste qui explique la respiration par l'air seul et qui
oublie les poumons. » En somme, la doctrine sensualiste
enlève à l'âme toute spontanéité et toute liberté.

L'empirisme de Locke. — Locke, qu'on peut regarder
comme le vrai fondateur de l'empirisme moderne, en esprit
modéré qu'il était, avait pris une position moins avancée que
celle de son disciple français Condillac. Locke ne méconnaît pas
l'activité fondamentale de l'âme ; il comprend bien que la sensation brute est peu instructive si elle n'est interprétée et
élaborée par l'esprit. Il distingue deux sortes d'expérience :
celle qui nous vient de la *sensation* et par laquelle nous connaissons les objets extérieurs, et celle qui nous vient de la
réflexion et par laquelle nous connaissons les états intérieurs

de notre âme. Outre les *idées simples* que l'esprit reçoit passivement de la sensation et de la réflexion, comme les idées des couleurs et des sons, celles du plaisir et de la douleur, de la perception et de la volition, il y a en nous des *idées complexes*, idées de modes, de substances, de relations, que l'esprit forme lui-même par la combinaison des idées simples. C'est à ces idées complexes qu'il faut rattacher les notions premières qui sont des constructions de l'esprit, uniquement faites de matériaux empruntés à l'expérience. Ainsi l'idée de l'infini se forme par l'addition répétée du fini au fini. Quant aux principes, ce sont des vérités stériles : tous d'ailleurs peuvent se ramener au principe d'identité qui nous est fourni par l'expérience, et par conséquent notre connaissance a pour limites, les limites même de l'expérience.

Critique de l'empirisme de Locke. — C'est sur la question des notions et des vérités premières que Locke est absolument en défaut. D'abord les principes, fussent-ils réductibles au principe d'identité, ne sont pas stériles. Sans doute, si on les prend en eux-mêmes, séparés de tout autre jugement, sans une matière à laquelle ils s'appliquent, on n'en peut rien tirer. Mais qu'on les applique aux faits et aux idées, et il faut bien le faire à tous les degrés de la connaissance, ils deviennent non seulement utiles, mais nécessaires. Ils sont en particulier les conditions absolues du raisonnement. Supprimez le principe d'identité, il n'y a plus de déduction possible. Supprimez le principe des lois, et l'induction est sans garantie et sans fondement. Et en général, supprimez les principes, il n'y a plus de science possible.

Ensuite, il est contestable que les principes puissent se réduire au principe d'identité. Le principe d'identité est un jugement analytique, dans lequel l'attribut ne fait que répéter le sujet, et les principes de l'ordre logique, ainsi que les axiomes mathématiques, sont réductibles à ce principe, parce que tous sont des jugements analytiques. Mais on admet généralement que les principes de l'ordre métaphysique, et ceux de l'ordre moral sont des jugements synthétiques, dans lesquels l'attribut est ajouté au sujet qui ne le contient pas, et par conséquent qu'ils sont irréductibles au principe d'identité.

Enfin et surtout, le principe d'identité, quoi qu'en dise Locke, ne nous est pas fourni par l'expérience. Sans doute, l'expérience suffit pour que nous puissions affirmer dans un cas particulier, que telle chose qui est est. Mais le principe d'identité, comme les autres principes, dépasse le fait; il énonce l'impossibilité absolue que ce qui est, ne soit pas ; et l'expérience, ne constatant que des cas particuliers, ne peut expliquer cette impossibilité, dans ce qu'elle a de nécessaire et d'universel.

Il en est de même de la notion d'infini ou d'absolu. Elle est inexplicable par la seule expérience. Ajoutez le fini au fini, le relatif au relatif; abstrayez, comparez, généralisez les données des sens ou de la conscience, jamais, par aucune opération logique, vous ne pourrez faire sortir du fini l'infini, du relatif, l'absolu.

L'associationnisme. — L'œuvre de Locke a été reprise de nos jours par l'empirisme, qui a cru pouvoir échapper aux critiques de la philosophie *a priori*, au moyen de l'association des idées. D'où le nom d'associationnisme donné aux doctrines de Stuart Mill et de Bain qui n'ont fait que continuer et compléter Hume.

Pour les associationnistes, les principes s'expliquent par des associations d'idées inséparables. Il suffit, disent-ils, que deux phénomènes aient été perçus une fois simultanément ou successivement, pour que ces phénomènes aient une tendance à se reproduire en même temps ou l'un après l'autre. Si les circonstances amènent plusieurs fois le retour d'une même association, la tendance deviendra une habitude ; et cette habitude se fortifiant par la répétition finira par être irrésistible. Les phénomènes ainsi indissolublement associés donnent naissance à des jugements que nous appelons nécessaires, parce qu'il nous est impossible de séparer les deux éléments qui les constituent, universels, parce que les associations sur lesquelles ils reposent sont communes à tous les hommes.

C'est ainsi que le principe de causalité dérive de l'habitude que nous avons d'associer les idées de deux phénomènes qui se sont toujours présentés l'un après l'autre dans notre expérience; et la prétendue nécessité objective qui fait suivre la cause de son effet, n'est au fond qu'une nécessité purement subjective qui fait succéder dans notre esprit l'idée du second phénomène à l'idée du premier. C'est ainsi encore que la croyance au principe de contradiction, n'est qu'une habitude contractée à la suite de la constatation répétée de ce fait que l'affirmation et la négation sont deux actes de l'esprit qui s'excluent. Les axiomes mathématiques ne sont aussi que des vérités expérimentales. Si nous croyons, par exemple, que deux lignes qui se croisent ne peuvent renfermer un espace, « c'est que nous ne pouvons regarder deux lignes droites qui se croisent, sans constater en même temps, que, de ce point de rencontre, elles divergent de plus en plus. »

Critique de l'associationnisme. — Entre autres critiques, on peut faire aux associationnistes les suivantes :

1. L'habitude se formant peu à peu, à la longue, par la répétition des mêmes actes, dans cette théorie, les principes de la raison n'acquièrent que progressivement leur certitude. Or, c'est un fait indéniable que les principes apparaissent du premier coup dès que l'intelligence s'éveille. La croyance à la causalité, par exemple, est aussi grande dès l'origine qu'elle peut l'être. Elle n'est pas proportionnée au nombre des successions constantes observées. L'enfant montre qu'il recherche les causes en toute occasion. Il n'est cependant pas possible encore que son expérience très limitée ait établi dans son esprit des habitudes tellement puissantes, qu'il ne puisse se soustraire à leur influence.

2. Allons plus loin. Si le principe de causalité devait naître de l'habitude d'associer l'idée de cause aux phénomènes qui se présentent, il ne naîtrait jamais dans l'esprit humain, car cette habitude ne pourrait jamais se former. Les cas où la causalité nous échappe sont bien plus nombreux que ceux où nous la découvrons. Si l'expérience tend à nous faire croire que certains phénomènes ont des causes, elle tend aussi à nous faire croire que d'autres et en plus grand nombre n'en ont pas. Par conséquent, si tout phénomène éveille en nous l'idée de cause, cette association ne peut pas être l'effet passif de l'expérience et de l'habitude. C'est l'œuvre de l'esprit qui affirme que la causalité existe là même où il ne la découvre pas.

3. L'associationnisme n'explique pas l'universalité des principes. Pourquoi les associations ne varieraient-elles pas comme les habitudes avec les individus ? Et si l'on prétend que certaines associations sont les mêmes chez tous les hommes, il

faut rendre compte de cette identité. Il n'explique pas non plus leur nécessité qui est à la fois subjective et objective. D'une part, si les principes ne sont que des habitudes contractées par l'esprit, comment puis-je, dit M. Janet, par une simple habitude de mon esprit imposer une loi aux choses? D'autre part, je devrais pouvoir changer mes habitudes intellectuelles, et cependant je ne puis m'empêcher de croire aux principes.

Ajoutons que si les principes n'étaient que des associations d'idées, comme les animaux ont des associations d'idées, on ne voit pas pourquoi ils seraient privés des principes. « Si à la naissance, dit Spencer, il n'existait qu'une réceptivité passive d'impressions, pourquoi un cheval ne pourrait-il pas recevoir la même éducation qu'un homme ? »

En somme, la théorie associationniste aboutit à nier l'universalité et la nécessité des principes, et Stuart Mill ne craint pas de déclarer qu'il n'y a rien d'impossible et d'absurde à ce qu'un fait soit sans cause, à ce qu'une même chose puisse en même temps, être et n'être pas.

L'évolutionnisme. — C'est pour répondre aux difficultés dont ne peut triompher l'associationnisme que Spencer a greffé sur la doctrine de Stuart Mill l'hypothèse de l'évolution. L'humanité descend de races animales inférieures qui sont allées se compliquant et se diversifiant jusqu'à l'apparition de l'homme. L'esprit qui n'était qu'en germe chez les premiers hommes s'est fortifié avec le temps. Les progrès ne sont pas interrompus à la mort des individus. L'enfant reçoit de ses parents non seulement la vie, mais une constitution intellectuelle, fruit de l'élaboration des générations précédentes; et il hérite des habitudes acquises par ses ancêtres. Ce que Kant appelle des formes *a priori*, ce que les Cartésiens appellent des idées innées ne sont que des souvenirs de l'espèce.

Les empiristes purs qui soutiennent que l'âme humaine est au début comme un tableau où il n'y a rien d'écrit, laissant à la seule expérience de l'individu le soin d'y tracer des caractères, sont dans l'erreur. Ceux qui pensent qu'il y a dans l'âme humaine des facultés qui lui sont propres et qu'elle a toujours possédées sont aussi dans l'erreur. Les uns et les autres ont le tort de traiter l'homme comme s'il n'avait pas d'ascendants ou comme s'il ne leur devait rien. Les principes sont acquis; car ils sont le résultat d'une longue éducation de l'esprit. Mais comme ce n'est pas l'individu qui a fait cette acquisition, on peut dire que les principes lui sont innés. Bien que les principes soient en définitive l'œuvre de l'expérience de la race humaine depuis qu'elle a franchi le niveau de l'animalité, dans chacun de nous ils devancent l'expérience. Ainsi s'expliquent les caractères des principes. Ils sont universels : car aucun des individus de l'espèce ne peut se soustraire aux conditions de l'espèce. Ils sont nécessaires : car ils s'imposent à l'esprit comme un instinct dont l'homme ne peut pas plus se défaire que de son organisme. Cette universalité et cette nécessité des principes sont objectives, c'est-à-dire qu'ils s'appliquent aux choses en même temps qu'ils régissent notre esprit, car leur nécessité subjective a sa raison dans leur nécessité objective. L'esprit est l'œuvre de la nature. C'est la nature qui a fait le cerveau et par suite l'esprit de l'homme à son image. La nature et la pensée humaine nous apparaissent maintenant comme deux mécanismes qui s'accordent parfaitement; mais l'adaptation du cerveau humain et par suite de la pensée humaine à la nature est l'œuvre des siècles.

Le procédé essentiel de cette évolution, c'est, avec l'hérédité qui fixe les résultats acquis, la *sélection naturelle* qui se produit sous l'action de *la concurrence vitale*. Il y a lutte pour la vie, disait Darwin, entre les êtres de la nature et ceux-là seuls persévèrent dans l'existence et se développent qui sont les mieux adaptés à leur milieu. Il y a aussi lutte pour la vie, dit Spencer, entre les idées, et celles-là seules survivent au conflit qui sont conformes aux rapports naturels des choses. Tôt ou tard la vérité l'emporte sur l'erreur. Chez les espèces animales inférieures qui n'ont que des rapports limités ave les êtres qui les entourent, les instincts n'ont qu'une valeur limitée. De toutes les espèces animales, l'espèce humaine est celle dont les relations sont les plus étendues et les plus complexes. Ses instincts doivent s'étendre dans la même proportion. Les instincts intellectuels de l'homme, qui a des relations avec toute la nature, doivent finir par exprimer les lois universelles de la nature, et voilà pourquoi l'universalité des principes correspond à l'universalité des choses.

Critique de l'évolutionnisme. — Remarquons d'abord

que l'explication évolutionniste est hypothétique et le sera probablement toujours. Comment, même avec le temps, découvrir tout ce qui serait nécessaire à sa justification? Les lois de l'hérédité en particulier, surtout de l'hérédité intellectuelle et morale, sont-elles assez connues pour qu'on puisse fonder sur elles une théorie de l'esprit humain?

Mais au point de vue spécial de l'origine des idées, l'évolutionnisme peut-il nous donner pleine satisfaction? Que l'expérience soit l'œuvre d'un individu, ou l'œuvre de l'humanité tout entière, son caractère essentiel ne varie pas, et si aucune répétition de faits particuliers et contingents ne peut donner à l'individu des principes universels et nécessaires, cette répétition prolongée même pendant des siècles ne les procurera pas davantage à l'espèce. Il ne peut y avoir dans le tout que ce qu'il y a dans les parties. L'expérience de l'espèce n'est que la somme des expériences individuelles. Si l'expérience d'un seul homme ne peut expliquer la nécessité et l'universalité des principes, l'expérience des ancêtres, dût-on reculer notre généalogie jusqu'à l'époque tertiaire, ne le pourra pas davantage.

N'y a-t-il pas même au fond dans l'évolutionnisme une contradiction? Spencer reconnaît que les principes qui nous sont nécessaires pour organiser l'expérience ne peuvent nous venir de l'expérience. Mais ce qui nous est impossible ne l'a pas toujours été. L'expérience était-elle donc pour nos ancêtres autre que pour nous? Ce qui nous empêcherait aujourd'hui d'acquérir les principes, s'ils nous faisaient défaut, a dû les empêcher autrefois de les acquérir. Enfin, il y a un grand nombre d'espèces animales aussi anciennes que l'espèce humaine, pourquoi ces espèces animales dont l'expérience remonte aussi haut ou plus haut que la nôtre n'ont-elles pas acquis les principes?

Concluons que l'évolutionnisme est impuissant, comme les autres formes de l'empirisme, à expliquer la présence dans l'esprit humain des notions et des vérités premières. La connaissance humaine contient des éléments *a priori*, qui ne sont pas dérivés de l'expérience.

Ouvrages à consulter

DE BROGLIE. — *Le positivisme et la science expérimentale.*
CONDILLAC. — *Traité des sensations.*
DE MARGERIE. — *Taine.*
RAVAISSON. — *La philosophie en France au XIX° siècle.*
RIBOT. — *Psychologie anglaise contemporaine.*
STUART MILL. — *Philosophie de Hamilton.*

Articles de revues

R. P. GARDEIL. — *L'évolutionnisme et les principes de saint Thomas.* (Revue Thomiste.)
MAUXION. — *Sur le nativisme et l'empirisme.* (Revue Thomiste, 1893, II, 79).
ROURE. — *H. Spencer et l'évolution mentale et sociale.* (Étud. relig., 1895.)

CHAPITRE XVI

ORIGINE DES IDÉES

Importance du problème de l'origine des idées. — Nature des idées. — Distinction de l'idée et de l'image. — Classification des idées. — En quoi consiste le problème de l'origine des idées. — Méthode à suivre. — Origine des notions premières. — Origine des principes.

Importance du problème de l'origine des idées. — Le problème de l'origine des idées qui avait déjà beaucoup préoccupé les philosophes de l'antiquité et du moyen âge est devenu à partir de Locke la question capitale de la philosophie. C'est sur ce problème que s'est porté au commencement de ce siècle le grand débat entre les derniers disciples de Condillac et les premiers maîtres de la renaissance spiritualiste, et, depuis, il est resté le centre autour duquel gravite la spéculation philosophique. A cela rien d'étonnant. Une théorie de la connaissance n'est-elle pas la préface obligée de toute philosophie ? Et n'est-ce pas de la solution donnée au problème de l'origine des idées que dépend la valeur qu'on accorde aux grandes vérités qui sont l'objet de la métaphysique, voire même le jugement qu'on porte sur sa légitimité ? Mais avant de chercher quelle est l'origine de nos idées, il faut d'abord constater leur nature et leurs différentes espèces.

Nature des idées. — L'esprit humain, nous l'avons établi, ne débute pas dans la connaissance, comme on serait tenté de le croire par des idées isolées qu'il rapprocherait ensuite en les comparant. L'esprit humain débute par des affirmations spontanées, par des jugements concrets. Ensuite, il analyse ces jugements et distingue les éléments qui les composent. C'est alors seulement qu'il est en possession de l'idée proprement dite qui est non pas la forme primitive, mais la forme la plus simple de la pensée. Cette simplicité même a fait que beaucoup de philosophes, entre autres les logiciens de Port-Royal, ont cru qu'il était impossible de définir l'idée. Toutefois, comme ce mot a été pris dans des acceptions différentes et pour écarter le sens qu'il a reçu dans la philosophie de Platon et dans celle de Malebranche, nous pouvons définir l'idée : la représentation mentale d'un objet.

Distinction de l'idée et de l'image. — Il ne faut pas confondre l'idée avec l'image. L'image est la forme sensible sous laquelle l'esprit se représente un objet. C'est la copie, la reproduction affaiblie d'une sensation antérieure, abstraction faite de toute opération intellectuelle qui en analyse les éléments ou les rapporte à une cause. Telle est l'image restée dans mon esprit d'un triangle tracé sur le tableau. L'idée résulte des différentes opérations intellectuelles par lesquelles l'esprit distingue dans les objets, les éléments qui les composent, rapproche ces éléments, les généralise, les combine ou les explique. Ainsi, l'idée du triangle, c'est l'idée d'une figure plane limitée par trois lignes droites qui se coupent deux à deux, dont les angles sont égaux à deux droits.

De plus, l'image ne se rapporte qu'aux choses sensibles. L'esprit conçoit les idées de qualités et d'êtres qui ne tombent pas sous les sens, par exemple les idées de vertu, de l'âme, de Dieu. Même dans les représentations des choses sensibles, l'idée s'étend beaucoup plus loin que l'image. Je ne puis imaginer un polygone de mille côtés, je puis très bien le concevoir.

Enfin, l'image est toujours particulière. L'idée a une portée universelle et peut s'appliquer à un nombre indéfini d'objets. « Toutefois, dit Bossuet, encore que ces deux choses soient distinctes, elles se mêlent toujours ensemble. L'entendement ne se forme point l'idée du triangle ou du cercle que l'imagination ne s'en figure un. Il se mêle des images sensibles dans la considération des choses les plus spirituelles, par exemple de Dieu et des âmes. »

Classification des idées. — On peut classer les idées en différents groupes, suivant les différents points de vue que l'on considère.

1. Au point de vue de leur objet, les idées sont *contingentes* ou *nécessaires*. Les idées contingentes sont celles dont l'objet

(être, qualité ou rapport) pourrait ne pas être; par exemple,
l'idée de corps, l'idée de couleur. Les idées nécessaires sont
celles dont l'objet ne peut pas ne pas être : par exemple, l'idée
de cause première, l'idée de causalité ; — *concrètes* ou *abstraites.*
Les idées concrètes sont celles qui ont pour objet des êtres
réels avec leurs éléments constitutifs : par exemple, l'idée
d'homme, l'idée de Dieu. Les idées abstraites sont celles qui
ont pour objet des éléments, des qualités, des rapports, isolés
des êtres auxquels ils appartiennent : par exemple, l'idée d'étendue, l'idée de pensée ; — *sensibles, psychologiques* ou *métaphysiques.* Les idées sensibles sont celles qui se rapportent aux
corps et à leurs propriétés : par exemple, les idées de résistance,
de son... Les idées psychologiques ou morales sont celles qui
se rapportent à l'âme, à ses facultés ou à ses phénomènes : par
exemple, l'idée du moi, l'idée de sentiment. Les idées métaphysiques sont celles dont l'objet dépasse la portée de l'expérience :
par exemple, l'idée de l'immortalité de l'âme, l'idée de Dieu.

2. Au point de vue de leur extension, les idées sont *singulières, particulières* ou *générales.* L'idée singulière ou individuelle est l'idée d'un seul objet : par exemple, l'idée de Socrate.
L'idée particulière est l'idée d'une partie indéterminée d'une
classe ou d'un genre : par exemple, l'idée de quelques hommes.
L'idée générale est l'idée de toute une classe : par exemple,
l'idée de philosophe, l'idée de savant. On peut rapprocher des
idées singulières, les idées collectives qui ont pour objet un
groupe d'êtres ou de faits : par exemple, l'idée d'une armée.

3. Au point de vue de leur compréhension, les idées sont
simples ou *composées.* L'idée simple est celle qui a pour objet
une seule qualité, un seul point de vue ; elle est le résultat de
l'analyse, par exemple l'idée d'étendue. L'idée composée est
celle qui a pour objet un ensemble de qualités ; elle est le résultat d'une synthèse : par exemple, l'idée de tempérament, l'idée
de caractère. Plus une idée est complexe, moins elle est claire.

4. Au point de vue de leur mode ou de la manière dont elles
nous font connaître les objets, les idées sont *claires* ou *obscures,
distinctes* ou *confuses, adéquates* ou *inadéquates.* Une idée est
claire, dit Leibnitz, lorsqu'elle suffit à faire reconnaître son
objet ; elle est obscure dans le cas contraire. L'homme qui
souffre d'une névralgie, conçoit à cette occasion deux idées

bien différentes : l'une très claire, celle de la douleur, l'autre très obscure, celle de l'altération organique qui en est la cause. Mais de ce qu'une idée suffit pour permettre de discerner son objet, elle n'est pas nécessairement distincte ; elle peut même être très confuse ; par exemple, un pêcheur peut avoir une idée tout à la fois claire et confuse des différents poissons. Cette idée au contraire est distincte chez le naturaliste qui connaît l'anatomie de l'espèce poisson. Une idée distincte est celle dont les éléments composants sont connus par l'esprit. Il y a des degrés dans la distinction. Si l'analyse est incomplète, l'idée est inadéquate ; si l'analyse est complète, si elle épuise la compréhension de l'idée, l'idée est adéquate ; il ne reste rien en elle qui ne soit distinctement représenté à l'esprit.

On distingue quelquefois encore les idées vraies et les idées fausses. Mais comme on l'a souvent observé, l'idée ne comporte ni vérité, ni erreur. Seuls, les jugements sont susceptibles d'être vrais ou faux. Ce qu'on nomme une idée fausse ne peut être qu'une idée incomplète, confuse ou obscure, ou encore une idée qu'on rapporte faussement à un objet.

En quoi consiste le problème de l'origine des idées. — Rechercher l'origine des idées, ce n'est pas rechercher l'époque à laquelle les idées font leur apparition dans l'esprit. Une telle recherche est très difficile ; car l'enfant acquiert ses idées sous des influences nombreuses, et la mémoire est impuissante dans la suite à retrouver le moment précis où il les a acquises. Rechercher l'origine des idées, c'est rechercher comment les différentes idées apparaissent dans l'esprit de l'homme, par quelle faculté il peut les acquérir. Nous viennent-elles du dehors par les sens ? nous viennent-elles du dedans par le développement spontané de nos aptitudes intellectuelles ? Quelles sont les principales circonstances de leur formation ?

Nous avons fait l'historique du problème en exposant les théories de la raison, et en réfutant les diverses formes de l'empirisme, et de cet exposé et de cette réfutation résulte une solution qu'il nous faut résumer et, s'il y a lieu, compléter.

Méthode à suivre. — Une méthode n'est légitime qu'à la condition d'aller du connu à l'inconnu. En ce qui concerne le problème qui nous occupe, le connu, c'est l'existence des idées avec leurs caractères ; l'inconnu, c'est l'origine de ces idées. Par conséquent, commencer comme Condillac par poser comme origine de nos idées la sensation, sans examiner d'abord quels sont les caractères actuels de nos idées, c'est aller de l'inconnu au connu, c'est le renversement de la méthode légitime.

Par l'observation psychologique, nous constatons dans notre esprit deux grandes classes d'idées dont les caractères sont absolument différents et irréductibles : les unes sont contingentes, les autres sont nécessaires.

Pour les idées contingentes, il n'y a pas de difficulté, elles ont leur origine dans l'expérience, aussi les appelle-t-on souvent idées expérimentales. Elles ont pour objet le monde extérieur ou notre âme, de là une double expérience : l'expérience des sens et l'expérience de la conscience, celle-ci condition de celle-là. Mais les idées expérimentales même les plus élémentaires ne s'acquièrent pas sans l'intervention de l'esprit dont l'activité se manifeste à tous les degrés de la connaissance. Toutes ces idées sont à l'origine, dans les jugements spontanés et concrets qui nous les fournissent, plus ou moins vagues ou confuses. Pour s'en rendre maître, pour les préciser, les distinguer, les généraliser, l'esprit a recours à différents procédés qu'on appelle les opérations intellectuelles.

C'est sur les idées nécessaires que porte le débat. Nous trouvons dans notre esprit des notions premières ou idées nécessaires telles que l'idée d'absolu, l'idée de cause première, et des vérités premières ou principes qui offrent le même caractère de nécessité. D'où nous viennent ces notions premières ? Quelle est l'origine de ces principes ?

Origine des notions premières. — Il est impossible que les notions premières nous viennent de l'expérience des sens ou de la conscience. Tous les objets des sens et de la conscience ont pour caractère commun d'être contingents, de pouvoir ne pas être, tandis que ces notions dont nous cherchons l'origine, ont pour objet le nécessaire, ce qui ne peut pas ne pas être. Les données des sens sont des étendues, des couleurs, des saveurs. Qu'y a-t-il de commun entre ces données et les idées d'absolu et de cause première ? Les données de la conscience sont des états de notre âme. La conscience constate en nous la

présence des idées nécessaires, mais elle ne les produit pas.
En vain voudrait-on par l'abstraction ou la généralisation
dégager les idées nécessaires des données de l'expérience qui
ne les contiennent pas; l'esprit ne peut faire sortir le nécessaire
du contingent, l'infini du fini, l'absolu du relatif.

Il faut donc admettre l'existence en nous d'une faculté supérieure qui atteint par un acte qui lui est propre le nécessaire et
l'absolu. C'est à cette faculté qu'il faut rapporter toutes les
notions premières, c'est elle que Platon a décrite à sa manière,
que saint Thomas après Aristote, nomme l'intellect actif et
qu'avec les philosophes modernes nous appelons la raison.

Mais, remarquons-le bien, c'est l'idée contingente qui provoque la conception de l'idée nécessaire. Celle-ci n'est pas tirée
de l'expérience, mais elle est produite avec le concours et à
l'occasion de l'expérience. Une chose contingente ou relative
étant donnée, l'esprit en cherche naturellement la raison dans
une autre. Mais si celle-ci est contingente et relative comme la
première, elle a aussi sa raison dans une autre et ainsi de suite
indéfiniment. Tant que l'esprit ira de choses relatives et contingentes en choses relatives et contingentes, il ne trouvera jamais
de raison satisfaisante. C'est alors qu'il est amené par sa nature
même à concevoir une raison qui n'a point de raison au-dessus
d'elle, une raison nécessaire et absolue. « Cette explication, dit
M. Janet, paraît la plus simple, la moins conjecturale et la plus
rapprochée des faits : c'est aussi la seule qui semble s'accorder
avec la nature de notre âme, née pour vivre dans un corps et
lui être intimement unie. » « *Impossibile est*, dit saint Thomas,
intellectum secundum præsentis vitæ statum quo passibili cor-
pori conjungitur aliquid intelligere in actu, nisi convertendo se
ad phantasmata. »

Origine des principes. — Les principes sont universels et
nécessaires; par conséquent, ils ne peuvent venir directement
de l'expérience, ni des sens, ni de la conscience, puisque toute
expérience est particulière et contingente. Bien loin que
les principes soient le fruit de l'expérience, ils en sont la
condition.

Dira-t-on qu'ils viennent indirectement de l'expérience, qu'ils
sont des conclusions d'inductions expérimentales? On constate-
rait d'abord certains rapports, et dans la suite ces rapports

généralisés formeraient les principes. Mais l'expérience, même généralisée, nous donne ce qui est, non ce qui doit être. Tous les exemples qui confirment une vérité générale, dit Leibnitz, ne suffisent pas pour établir la nécessité universelle de cette vérité. De plus, la valeur des conclusions de l'induction dépend de l'exactitude des observations qui en sont le point de départ. Par conséquent, elle est relative. La valeur des principes est immédiatement conçue au contraire comme absolue. Enfin, l'induction expérimentale à l'aide de laquelle nous formulons des lois suppose un principe *a priori*, le principe d'ordre. A supposer que les autres principes résultent d'inductions expérimentales, il resterait encore à savoir quelle est l'origine du principe qui sert de fondement à l'induction.

Inutile d'ajouter que la déduction ne peut nous fournir les principes rationnels, puisque elle-même a pour fondement un de ces principes, le principe d'identité.

« La raison, avons-nous dit, n'est pas seulement la faculté de connaître ; elle est la faculté de comprendre, c'est-à-dire de saisir les conditions nécessaires des choses. Or les principes de raison expriment les conditions nécessaires de toute existence. Pourquoi donc la raison ne pourrait-elle pas concevoir par sa vertu propre ces vérités absolues ? Pour qu'elle puisse ainsi s'élever de l'ordre sensible à l'ordre intelligible, du contingent au nécessaire, il suffit qu'il y ait entre ces deux ordres, si différents qu'ils soient, une connexion logique, et cette connexion existe. Pour la saisir, la raison n'a pas besoin d'un travail lent et pénible, comme pour arriver à déterminer les lois contingentes de la nature, elle analyse un seul jugement particulier, celui-ci par exemple : le meurtre suppose un meurtrier ; elle comprend que les deux termes du rapport pouvant changer indéfiniment, le rapport même subsiste, universel et nécessaire. Ce rapport est celui de l'effet à la cause ; elle l'exprime ainsi. Tout effet a une cause. » Ce procédé supérieur par lequel la raison s'élève à la connaissance des vérités premières, a quelquefois reçu le nom d'induction rationnelle.

« Notions et vérités premières ne se développent donc qu'à la condition de certaines données expérimentales. En d'autres termes (et nous nous rapprochons ici de la doctrine de Leibnitz) c'est toujours à l'occasion du relatif que nous percevons l'ab-

solu à l'occasion du contingent que nous percevons le nécessaire, à l'occasion du fini que nous remontons à l'infini. Par où
l'on voit que, dans l'ordre de leur développement, les données
rationnelles sont postérieures aux données expérimentales,
bien que, logiquement, elles soient antérieures et que même
aucune connaissance ne soit possible sans quelque donnée
rationnelle présente à notre esprit[1]. »

Ouvrages à consulter

Voir les chapitres précédents.

1. P. REGNAULT. — *Cours de philosophie*, 113.

TROISIÈME PARTIE

L'ACTIVITÉ. — LA VOLONTÉ

L'activité est le fonds commun de nos différentes facultés. On ne peut l'opposer à la sensibilité et à l'intelligence que dans la volonté qui est, non pas toute l'activité psychologique, mais la forme principale de cette activité. Être, c'est agir, disait Leibnitz ; cela est vrai surtout de l'âme qui n'est jamais absolument passive et qui prend conscience de son activité dans ses diverses puissances : *Mens est vis sui conscia.*

Il est inutile de définir l'activité ; nous la connaissons par une expérience de tous les instants. Nous avons conscience de notre activité comme nous avons conscience de notre existence personnelle ; nous sentons que notre âme sent, pense, veut ou fait effort : ce sont là autant de manifestations de notre activité. Il n'y a pas un seul phénomène psychologique qui ne suppose au moins une réaction de l'âme et par conséquent de l'activité.

Différentes espèces d'activité. — On peut considérer l'activité humaine dans ses effets ou dans ses formes.

1º Au point de vue de ses effets, l'activité est *organique* ou *psychologique.*

L'activité organique comprend tous les mouvements qui s'accomplissent dans le corps ou par le corps : fonctions de *nutrition*, telles que la digestion, la respiration, la circulation du sang ; fonctions de *relation*, telles que les mouvements des pieds et des mains et des différents organes qui nous mettent en rapport avec le monde extérieur. Ces mouvements peuvent être volontaires.

L'activité psychologique est le principe des différentes opérations de l'âme : elle s'étend à tous les faits de sensibilité et d'intelligence, mais elle se révèle à son plus haut degré dans les efforts de la volonté libre.

2° Au point de vue de ses formes, l'activité est *instinctive, volontaire* ou *habituelle*.

D'abord, spontanée et irréfléchie, l'activité produit des actes dont elle ignore la fin. Cette forme d'activité précède toutes les autres. L'enfant commence par agir comme l'animal, sans conscience du but qu'il cherche et sans la moindre prévision des résultats : c'est l'instinct.

Dans la suite, l'activité devient peu à peu réfléchie. Avant d'agir, elle se rend compte du but qu'elle poursuit ; elle choisit les moyens, elle prévoit les conséquences, elle se détermine elle-même par un effort dont elle a la libre initiative : c'est la volonté.

Enfin, l'exercice assidu de la volonté appliquée aux mêmes actes en rend l'accomplissement plus facile et augmente la tendance à les répéter. Plus les actes volontaires se répètent, plus la réflexion et l'effort diminuent. Peu à peu l'activité redevient automatique et comme instinctive : c'est l'habitude.

CHAPITRE I

L'INSTINCT

Définition de l'instinct. — Classification des instincts. — Caractères de l'instinct. — Origine de l'instinct. — Théorie de Descartes : l'instinct, pur mécanisme. — Critique de la théorie de Descartes. — Théorie de Condillac : l'instinct, habitude individuelle. — Critique de la théorie de Condillac. — Théorie de Spencer : l'instinct, habitude héréditaire. — Critique de la théorie de Spencer. — Conclusion.

Définition de l'instinct. — L'instinct est une tendance innée et aveugle à rechercher certaines fins par des moyens non prémédités. Il se manifeste par des mouvements spontanés liés à l'exercice des fonctions organiques. La marche, le vol, sont chez les animaux des effets de l'instinct. C'est par instinct aussi que l'oiseau construit son nid, l'abeille sa ruche, le castor ses digues, que l'araignée tisse sa toile, que le chien poursuit le gibier, etc. Chez l'homme, la première enfance appartient tout entière à l'instinct. C'est l'instinct qui porte le nouveau-né à prendre sa première nourriture. Plus tard la réflexion et la volonté se substituent presque entièrement à l'instinct. Toutefois on peut encore rapporter à l'instinct certains actes, certains mouvements que l'homme accomplit spontanément, par exemple, pour éviter une chute ou un danger qui le menace.

On appelle quelquefois instinct toute tendance primitive et naturelle de l'âme; dans ce sens, l'amour de soi, la sympathie, la curiosité, l'amour du beau et du bien, le sentiment de l'infini sont des instincts. Mais c'est là un sens trop large du mot instinct. L'instinct proprement dit, l'instinct tel qu'on le rencontre chez l'animal, pur de tout mélange, est une impulsion qui porte vers certains actes absolument déterminés et invariables; c'est tout à la fois un *besoin naturel* et un *savoir-faire naturel*.

Classification des instincts. — Les instincts sont *indivi-duels*, *domestiques* ou *sociaux*. Les instincts individuels ont pour fin la conservation de l'individu, par exemple les instincts qui permettent aux animaux de trouver leur nourriture. Les instincts domestiques ont pour but la conservation de l'espèce, par exemple les industries des oiseaux pour la construction de leurs nids, leurs précautions pour la ponte de leurs œufs. Les instincts sociaux sont ceux qui donnent naissance aux sociétés animales, telles qu'on en rencontre chez les abeilles, les fourmis, les oiseaux voyageurs.

Caractères de l'instinct. — L'instinct offre certains caractères essentiels qui se retrouvent toujours sous toutes les variétés des fins qu'il recherche.

1° Il est *inné*, c'est-à-dire antérieur à toute expérience et à toute éducation; c'est un des caractères qui le séparent de l'habitude. L'animal l'apporte avec lui en naissant comme un héritage de ses ancêtres, comme le patrimoine commun de l'espèce.

De là l'*uniformité* de l'instinct chez tous les individus de la même espèce. Chaque espèce d'oiseaux fait son nid, les abeilles construisent leurs cellules, les araignées tissent leurs toiles de la même manière. De là aussi la *perfection immédiate* de l'instinct. Tandis que les facultés humaines se forment progressivement et par degrés, l'instinct animal est du premier coup sans tâtonnement et sans apprentissage ce qu'il doit être.

2° Il est *aveugle*. L'animal qui agit sous l'impulsion de l'instinct ne se rend compte ni de la fin qu'il poursuit, ni des moyens qu'il emploie. Par là s'explique la *fatalité* et la *spécialité* de l'instinct. L'animal subit ses instincts, il ne les dirige pas. Certains actes instinctifs lui deviennent-ils inutiles ou même nuisibles? il n'y renonce pas et continue à les accomplir. Au moment où l'ammophile se prépare à clore le terrier dans lequel elle a déposé son œuf sur la proie qu'elle a si habilement paralysée, écartez-la un instant pour dérober l'œuf et la proie; revenue à son terrier qu'elle a trouvé vide, elle ne l'en clôt pas moins avec le plus grand soin bien que ce travail soit absurde. L'instinct est par là même spécial. Il n'est pas comme la raison « un instrument universel qui peut servir en toutes sortes de rencontres, » ce n'est pas une aptitude générale qui puisse s'appliquer à mille fins. Il n'y a pas d'instinct universel, il n'y a que des instincts particuliers. L'oiseau, l'abeille, le castor, n'ont pas l'instinct général de construction, mais l'instinct de construire, le premier des nids, la seconde des ruches, l'autre des digues, même tel nid, telle ruche, telle digue. « L'abeille est admirable, dit Voltaire, mais c'est dans sa ruche; hors de là, l'abeille n'est qu'une mouche. »

3° Il est *stationnaire* et *imperfectible*; il reste à travers les siècles ce qu'il était tout d'abord. « Les abeilles, dit Reid, recueillent leur miel et leur cire, construisent leurs rayons, élèvent de nouveaux essaims ni mieux ni plus mal qu'au temps où Virgile chantait si doucement leurs travaux. » L'activité humaine au contraire est infiniment perfectible. « Qui verra seulement, dit Bossuet, que les animaux n'ont rien inventé depuis l'origine du monde et qui considérera d'ailleurs tant d'inventions, tant d'arts et de machines par lesquelles la nature humaine a changé la face de la terre, verra aisément par là combien il y a de grossièreté d'un côté et de génie de l'autre. »

Toutefois, si le milieu et les circonstances changent, les actes instinctifs peuvent insensiblement subir des modifications et s'adapter aux nouveaux milieux et aux nouvelles circonstances. C'est ainsi que certains oiseaux, comme le loriot, qui autrefois faisaient leurs nids avec des brins d'herbe, l'ont fait dans la suite avec des crins de cheval. C'est ainsi que les castors qui se construisaient des huttes sur les berges des fleuves, se creusent maintenant des terriers sur les bords de ces mêmes fleuves. Mais l'instinct en lui-même reste invariable. « Ces actions constituent des adaptations et non des progrès ; progresser, c'est aller du mal au bien, du bien au mieux; s'adapter, c'est changer de manière d'agir pour conserver le même bien-être. Changer de vêtements selon les saisons, c'est s'adapter. Ceci ne veut pas dire que l'animal ne peut progresser en rien, mais seulement qu'il ne le peut en ce qui dépend seulement de l'instinct. [1] »

Origine de l'instinct. — Il est évident qu'on ne peut identifier l'instinct à l'intelligence, comme l'a fait Montaigne dans

----

1. FONSEGRIVE. — *Psychologie.*

ses *Essais.* Il y a, comme nous le dirons plus loin, entre l'ins-
tint de l'animal et l'intelligence de l'homme non seulement une
différence de degrés, mais une différence de nature. « Si l'animal faisait par esprit ce qu'il fait par instinct, dit Pascal, et s'il
parlait par esprit ce qu'il parle par instinct pour la chasse ou
pour avertir ses camarades que la proie est trouvée ou perdue,
il parlerait aussi bien pour des choses où il a plus d'affection,
comme pour dire : rongez cette corde qui me blesse et où je
ne puis atteindre. »

Théorie de Descartes. — L'instinct, pur mécanisme.
— Pour Descartes qui rapporte à l'instinct tous les actes des
animaux, l'instinct n'est qu'un mécanisme. L'animal est un
automate, une machine admirablement faite. Tous les mouvements qui se produisent en lui s'expliquent par la structure des
organes, surtout du système nerveux. Les objets et les circonstances extérieures ne font que donner le branle aux ressorts et
aux rouages qui composent la machine.

Critique de la théorie de Descartes. — Il est incontestable que l'instinct est dans une relation très étroite avec l'organisme. Mais on ne peut en conclure qu'il se ramène à un pur
mécanisme. L'animal éprouve des sensations internes ou
externes; il est capable de plaisir et de douleur. Ce sont ces
sensations dont l'animal a conscience qui donnent le branle à
son organisme, et l'animal a conscience aussi des actes qu'il
exécute par instinct. Or la conscience est irréductible au mécanisme.

De plus, Cuvier suppose non sans raison que l'animal imagine par avance le plan de ses œuvres et qu'en vertu d'une
association innée, les images des actes qu'il doit accomplir se
suggèrent les unes les autres dans sa conscience. « On ne peut,
dit-il, se faire une idée claire de l'instinct qu'en admettant que
les animaux ont dans leur sensorium des images et sensations
innées et constantes qui les déterminent à agir comme les sensations ordinaires et accidentelles déterminent communément.
C'est une sorte de rêve ou de vision qui les poursuit, et dans
tout ce qui a rapport à leur instinct, on peut les regarder
comme des *espèces de somnambules.* »

**Théorie de Condillac. — L'instinct, habitude indivi-
duelle. —** Pour Condillac, l'instinct naît de l'expérience indi-

viduelle. Les animaux commencent par agir avec réflexion, puis insensiblement ils contractent des habitudes qui les dispensent de cette réflexion et deviennent des instincts. Les instincts sont identiques chez les animaux d'une même espèce, parce que ces animaux ont les mêmes organes, les mêmes besoins, et par conséquent les mêmes expériences et les mêmes habitudes. Les animaux sont comme des vieillards qui vivent de leur passé et sont devenus esclaves de la routine. A cette théorie s'appliqueraient très bien ces paroles de Pascal : « La coutume, dit-il, est une seconde nature. J'ai bien peur que cette nature ne soit elle-même une première coutume. »

Critique de la théorie de Condillac. — Les faits démentent la théorie de Condillac. L'habitude est acquise et se forme par degrés. L'instinct est inné et complet du premier coup. A peine sorti de l'œuf, le jeune canard va droit à l'eau.

De plus, il y a tant d'art dans certains instincts qu'il paraît impossible de les expliquer par la réflexion et l'expérience individuelle. Dira-t-on que l'ammophile acquiert par l'exercice de son intelligence propre l'étonnante habileté dont elle fait preuve? La larve de l'ammophile a besoin pour nourriture de la chair vivante d'un gros vers gris ; il faut qu'elle le maintienne dans le terrier où elle doit déposer son œuf, à la fois vivant et incapable de nuire à sa larve. Que fait-elle? elle plonge son aiguillon dans les neuf centres nerveux qui s'échelonnent le long du corps du ver et y produit une sorte d'engourdissement. Sur le cerveau, le coup serait mortel. L'ammophile se contente de mâchonner légèrement la tête du ver jusqu'à ce qu'elle ait déterminé une paralysie complète, sans amener la mort. Comment soutenir que cet art merveilleux est l'œuvre de la réflexion, et, s'il était l'œuvre de la réflexion, pourquoi l'ammophile est-elle assez absurde pour fermer son terrier lorsqu'on a enlevé l'œuf et le ver?

Théorie de Spencer. — L'instinct habitude héréditaire. — Pour Lamarck, Darwin et Spencer, l'instinct est une habitude héréditaire. Inné dans l'individu, il a été acquis progressivement par l'espèce, grâce aux expériences accumulées de génération en génération. Des accidents à l'origine purement individuels, perpétués et fixés par l'espèce, sont devenus des caractères essentiels.

Critique de la théorie de Spencer. — Il y a incontestablement des instincts secondaires, comme certains instincts des
animaux domestiques, qu'on peut expliquer par l'hérédité.
Ainsi le trot du cheval est un instinct acquis. Mais il est impossible d'expliquer tous les instincts de cette manière.

Il faut d'abord remarquer que les modifications qu'on rencontre dans les instincts animaux sont la plupart du temps
l'œuvre de l'homme.

De plus, il y a des instincts qui, limités à un seul acte, ne
sont pas susceptibles de degrés. Il y en a d'autres qui diffèrent
profondément des parents à leurs descendants comme chez les
animaux à métamorphoses. Comment les expliquer par une
habitude héréditaire?

En outre, si les instincts se transmettent d'une façon uniforme
et régulière, la transmission des habitudes individuelles est
loin d'offrir cette uniformité et cette régularité.

Pourquoi d'ailleurs ne constatons-nous aujourd'hui aucun
changement essentiel dans les instincts spécifiques, si les
espèces se sont créé dès l'origine leurs instincts?

Enfin et surtout, comment dans cette théorie ont pu vivre les
premiers animaux? N'ayant pas encore d'habitudes héréditaires, ils ne pouvaient avoir d'instincts. Mais l'instinct est
absolument nécessaire à la conservation de l'animal. Si l'explication transformiste peut rendre compte de quelques instincts,
elle ne rend pas compte de l'instinct.

Conclusion. — L'instinct sans être un pur mécanisme
diffère de l'intelligence; et ni l'hérédité, ni l'habitude ne peuvent l'expliquer. Où faut-il donc en chercher l'origine? On ne
peut séparer l'instinct de la vie, et un des caractères essentiels
de l'être vivant, comme nous le verrons, c'est la *finalité*. Pour
trouver l'explication de l'instinct, il faut donc dépasser l'expérience et s'élever aux vérités d'ordre métaphysique. L'origine
de l'instinct est dans la sagesse divine. C'est elle qui opère
dans les animaux les merveilles que nous y voyons. « Admi-
rons, dit Bossuet, non point leur finesse et leur industrie, car
il n'y a point d'industrie où il n'y a pas d'invention, mais la
sagesse de celui qui les a construits avec tant d'art qu'ils
semblent même agir avec art. »

Ouvrages à consulter.

BLANCHARD. — *Métamorphoses, mœurs et instincts des insectes.*
CHARDON. — *Les merveilles de l'instinct chez les abeilles.*
DARWIN. — *La descendance de l'homme.*
ESPINAS. — *Les sociétés animales.*
FABRE. — *Souvenirs entomologiques.*
FLOURENS. — *De l'instinct.*
JOLY. — *L'instinct.*
    —   *L'homme et l'animal.*
LEMOINE. — *L'habitude et l'instinct.*
LUBBOCK. — *Les fourmis, les guêpes et les abeilles.*
    —   *Les sens et l'instinct chez les animaux.*
PÉREZ. — *Les abeilles.*
ROMANES. — *L'intelligence des animaux.*

Articles de revues.

DE BONNIOT. — *L'instinct et le transformisme* (Étud. relig., 1888).
DE KIRWAN. — *L'homme et l'animal* (Revue thomiste, mai 1895).

CHAPITRE II

LA VOLONTÉ

Définition de la volonté. — Au-dessus de l'instinct, il y a dans l'homme une autre activité, c'est l'activité volontaire ou simplement la volonté qu'on peut définir le pouvoir qu'a l'âme de se gouverner elle-même ou de se déterminer à l'action.

Distinction de l'activité volontaire et de l'activité spontanée. — L'activité volontaire suppose l'activité spontanée, car, pour se déterminer à l'action, il faut savoir qu'on peut agir, et comment le savoir si l'on n'a pas encore agi. Mais l'activité volontaire se distingue de l'activité spontanée par les caractères suivants :

1° L'activité volontaire est *réfléchie*. Dans l'activité spontanée, nous n'avons conscience ni du but de notre action, ni des moyens pour l'atteindre. Dans l'activité volontaire, nous avons conscience du but et des moyens. C'est toujours pour quelque raison que nous nous déterminons à l'action.

2° L'activité volontaire est *libre*. Dans l'activité spontanée, nous allons fatalement au but, nous ne sommes pas maîtres de produire ou non nos actes instinctifs. La volonté au contraire est comme une prise de possession de nous-mêmes, c'est un pouvoir dont nous avons la libre initiative.

3° L'activité volontaire est *imputable*. Comment l'activité instinctive serait-elle imputable puisqu'elle est irréfléchie et fatale? Dans l'activité volontaire, nous sommes responsables, et responsables dans la mesure où nos actes sont réfléchis et libres.

Analyse de l'acte volontaire. — L'acte volontaire est tout entier dans une détermination, dans une résolution qui est notre œuvre. Mais une résolution se produit généralement dans un ensemble complexe de faits qui l'accompagnent, la précèdent ou la suivent et dont il importe de la distinguer. Prenons un exemple. Un ami m'a confié en dépôt une somme d'argent. Il meurt subitement. Les héritiers ignorent et personne ne sait d'ailleurs que je détiens une partie de l'héritage. De plus, je suis dans la misère. Si j'écoute ma conscience, elle me dit qu'il faut rendre le dépôt. Si j'écoute ma misère et peut-être celle d'êtres qui me tiennent à cœur, je suis vivement tenté de conserver le dépôt. Un instant j'hésite, mais bientôt la voix de la conscience l'emporte, je juge que je dois rendre aussitôt le dépôt; je me décide à le faire et je le fais. Si nous analysons cet exemple ou un autre analogue, nous y trouvons trois phases successives : la délibération, la détermination et l'exécution.

1° La délibération. — La délibération suppose d'abord la conception d'un certain acte, ou plutôt de deux actes contraires, de deux alternatives entre lesquelles il faut choisir. Conserverai-je le dépôt ou le rendrai-je? L'advertance est une condition nécessaire de l'acte volontaire : *Nil volitum nisi præcognitum.* Pour qu'un acte soit vraiment voulu, il faut qu'il soit connu. Faute d'advertance, une action mauvaise en elle-même peut ne pas être imputable à son auteur, par exemple dans le cas d'ignorance invincible.

La délibération suppose ensuite la conception des motifs, pour ou contre les actes qui en sont l'objet. Les motifs sont des raisons d'agir ou de ne pas agir. Il y en a de deux sortes : les motifs d'ordre sensible qu'on appelle mobiles, par exemple : l'affection que je porte aux miens, et les motifs d'ordre intellectuel ou motifs proprement dits, par exemple : l'idée du devoir. Motifs et mobiles agissent sur la volonté sans la contraindre. Pour qu'un acte soit vraiment voulu, il faut qu'on ait une certaine connaissance des motifs. La valeur d'un acte dépend non seulement de la nature même de l'acte, mais encore et surtout de l'intention.

En présence de motifs opposés, l'esprit les examine et les compare. C'est la délibération qu'on peut définir : l'acte par lequel l'esprit apprécie les motifs d'action. La délibération peut durer un temps plus ou moins long. Quelquefois elle se fait avec une rapidité qui donne à l'acte volontaire l'apparence de la spontanéité. Quoi qu'il en soit, plus un acte est délibéré, plus il est volontaire.

La délibération a pour conséquence un jugement. Après avoir examiné les motifs d'action, l'esprit juge que tel ou tel d'entre eux a plus de valeur et doit l'emporter sur les autres. Dans l'exemple donné, il juge qu'il faut obéir au devoir et rendre le dépôt.

Tout ce qui précède : la conception de l'acte et des motifs, la délibération, le jugement, se rapporte à l'intelligence. Cela ne veut pas dire que la volonté ne joue aucun rôle dans la délibération. Il y a de la volonté dans l'examen comparatif des différents motifs d'action. C'est grâce à la volonté qu'on commence la délibération, qu'on peut la prolonger ou la reprendre après l'avoir suspendue. Et, en général, la volonté, sans se confondre avec les opérations de l'intelligence, en est une condition nécessaire.

2° **La détermination.** — La détermination qui peut s'appeler aussi décision, résolution, volition, n'est l'œuvre ni de la sensibilité, ni de l'intelligence. C'est l'acte propre de la volonté. Se déterminer, ce n'est pas juger. Le jugement, qui précède la détermination, ne la constitue pas. Je puis juger qu'il faut rendre le dépôt qui m'a été confié, et ne pas m'y décider. Se déterminer, ce n'est pas désirer. La volonté entre souvent en conflit avec le désir. Que de fois l'homme vertueux veut contre ses désirs, et l'acquiescement même de la volonté au désir n'est plus le désir. Qu'est-ce donc que se déterminer? Il est impossible de le définir, car on ne définit pas ce qui est simple. D'ailleurs, nous savons tous par notre expérience ce qu'il faut entendre par une détermination. Quand nous voulons, nous avons conscience d'une activité dont nous avons l'initiative et qu'aucune puissance ne peut nous empêcher d'exercer au fond intime de nous-mêmes.

3° **L'exécution.** — La détermination se produit lorsque après délibération, on prononce intérieurement les mots : je veux. Dans les cas ordinaires, l'exécution suit la détermination et la traduit extérieurement. Mais il n'est pas nécessaire pour qu'il y ait acte volontaire que la détermination se réalise au dehors. Cette réalisation peut dépendre de circonstances dont nous ne sommes pas les maîtres. Quelqu'un veut se dévouer même au péril de la vie pour sauver autrui; mais un obstacle vient subitement rendre l'exécution de son projet impossible. L'acte volontaire a été complet et son auteur en a tout le mérite. Toutefois, l'acte volontaire suppose toujours un effort, une sorte de mouvement intérieur qui prépare et commence l'exécution. C'est par cet effort qui dépend d'elle seule que s'affirme la volonté.

Telle est l'analyse de l'acte volontaire dans toutes les circonstances qui l'accompagnent. Mais il faut bien remarquer que l'ensemble de ces circonstances n'exige pour se produire qu'un temps très court. Dans certains cas, la détermination peut être si rapide qu'entre la conception et l'exécution de l'acte, il n'y a pas d'intervalle mesurable pour les témoins. Tel serait le cas d'un soldat assailli subitement par l'ennemi et mourant en héros. Mais l'auteur même de l'acte a pu d'un seul coup d'œil embrasser la situation avec assez de liberté pour que sa décision soit méritoire. En outre, les décisions soudaines peuvent s'expliquer par l'énergie de la volonté et par l'habitude. Les natures lâches, les caractères égoïstes en sont incapables, mais les natures généreuses, les caractères désintéressés y sont portés comme d'instinct. C'est une erreur de croire que les circonstances seules font les hommes, et que ceux-ci peuvent devenir tout d'un coup des héros. Les circonstances révèlent surtout les hommes, et pour qu'ils deviennent des héros lorsque l'occasion leur sera offerte, il faut qu'ils se soient fait d'avance une âme de héros par la pratique des efforts et des sacrifices que suppose la vertu.

La volonté et le désir. — Malebranche paraît confondre le désir et la volonté, lorsqu'il définit celle-ci la faculté de recevoir plusieurs inclinations. On rencontre cette confusion chez presque tous les sensualistes, en particulier chez Condillac qui fait de la volonté un désir dominant et absolu. On veut, dit-il, au moment où dans le conflit de plusieurs désirs, l'un triomphe des autres.

Il y a sans doute des rapports entre le désir et la volonté. Dans le langage courant, on dit souvent *je voudrais* pour signifier un simple désir. Le désir et la volonté sont l'un et l'autre des modes de l'activité psychologique et tendent à des fins. Le désir sollicite la volonté et toute volonté implique quelque désir; car tout ce qui est voulu apparaît désirable sous un point de vue ou sous un autre. La volonté n'est jamais plus énergique que lorsqu'elle est secondée par un vif désir, mais il n'en existe pas moins des différences essentielles entre le désir et la volonté.

1º Ils diffèrent dans *leurs caractères*. Le désir est fatal. Souvent il naît en nous sans nous. L'homme le plus honnête ne peut répondre qu'il ne s'élèvera jamais en lui quelque mauvais désir. La volonté au contraire est libre; elle est en nous par nous. Lorsqu'elle est conforme au désir, c'est par le consentement qu'elle y donne, mais le consentement au désir n'est plus le désir. Quand on parle de désirs coupables, on parle de désirs consentis et c'est la volonté qui est le principe de ce consentement.

2º Ils diffèrent dans *leurs objets*. Nous désirons même les choses impossibles, nous ne saurions les vouloir. Nous désirons souvent des choses que nous savons ne pas être en notre puissance. Nous pouvons vouloir aussi ce qui nous est en réalité impossible, mais ce que nous voulons, nous le croyons toujours possible. « Un père, dit A. Garnier, désire la bonne conduite de ses enfants, mais il ne peut avoir la volonté de leur bonne conduite. Un homme pourrait désirer de s'élever dans les airs, mais il ne lui arrivera jamais d'en avoir la volonté, parce qu'il sait que sa volonté n'a de prise que sur les actions qui lui sont possibles. » De plus, le désir peut avoir pour objet la fin sans les moyens. Un élève paresseux désire le succès sans le travail. La volonté a pour objet les moyens en même temps que la fin. L'élève laborieux, en voulant le succès, veut le travail.

3º Ils diffèrent dans *leurs conditions* : « Le désir, dit Cousin, est un élan aveugle qui sans aucune délibération s'élève ou tombe, croît ou diminue. » Aussi le même homme peut avoir au même moment des désirs contradictoires. La volonté est éclairée; car la réflexion en est la condition nécessaire. Deux volontés contradictoires ne peuvent coexister dans l'âme.

4º Ils diffèrent dans *leurs effets*. Plus l'homme s'abandonne aux entraînements du désir, moins il s'appartient, moins il se gouverne, moins il a de personnalité. Au contraire, plus l'homme veut, plus il est maître de lui-même, plus sa personnalité s'affirme. « L'enveloppement et l'absorption la plus complète de la personne ou du moi, dit Maine de Biran, correspondent au plus haut point d'exaltation du désir. Comment donc serait-il possible que la personnalité prît sa source dans le même mode de l'âme où elle s'absorbe et s'évanouit à un tel degré? »

La distinction du désir et de la volonté est confirmée par le fait qu'ils peuvent entrer et qu'ils entrent souvent en conflit. Que de fois la volonté s'oppose au désir! La lutte de la volonté contre le désir est même la condition essentielle de la moralité. La vertu est impossible sans le sacrifice de certains désirs.

La volonté et l'intelligence. — La volonté suppose l'intelligence : *Voluntas sequitur intellectum.* C'est l'intelligence qui conçoit l'action et les motifs de l'action, et la volonté est généralement précédée d'un jugement sur la valeur des motifs. Mais ce n'est pas une raison pour confondre la volonté avec le jugement, comme le fait Spinoza. Le jugement qui clôt la délibération n'est pas libre. Il ne dépend pas de nous d'affirmer que tel motif est de sa nature préférable à tel autre. Mais, quel que soit le jugement porté sur la valeur des motifs, nous restons maîtres de notre détermination, et c'est un fait que celle-ci n'est pas toujours conforme au jugement qui la précède. Aussi ne suffit-il pas de bien juger pour bien faire. Dire que la détermination ne diffère pas du jugement porté par l'intelligence, c'est méconnaître l'effort dont nous avons toujours conscience à quelque degré lorsque nous nous déterminons, et affirmer implicitement le déterminisme. L'intelligence est une condition essentielle de la volonté mais elle ne la constitue pas.

Rôle de la volonté. — On dit souvent que vouloir c'est pouvoir. C'est une exagération. Mais il n'en est pas moins vrai que plus on veut, plus on peut et que beaucoup de prétendues impossibilités viennent des défaillances de la volonté.

1° Par l'attention, la volonté exerce une grande influence sur toutes les opérations intellectuelles. On peut dire que la science est l'œuvre de la volonté autant que de l'intelligence; car elle a pour condition des efforts continus et persévérants.

2° La volonté a prise sur la sensibilité. Les Stoïciens exagéraient le rôle de la volonté lorsqu'ils prétendaient qu'elle pouvait anéantir les passions. Ceux qui réduisent la volonté à une impuissance absolue sont aussi dans l'erreur. Sans doute, nous ne pouvons pas à notre gré supprimer nos désirs, mais nous pouvons d'abord leur refuser notre consentement et empêcher leurs manifestations extérieures. Nous pouvons ensuite les affaiblir en détournant notre pensée vers des objets différents de ceux qui provoquent ces désirs. C'est surtout par l'intermédiaire de l'intelligence que la volonté agit sur la sensibilité. Ce qui entretient et nourrit les passions, c'est l'attention appliquée à l'objet de la passion. Pour la combattre, il faut diriger l'attention vers d'autres objets.

3° La volonté agit sur l'activité motrice. L'action de la volonté s'exerce directement, non sur les fonctions de nutrition, mais sur les fonctions de relation. Maine de Biran a mis en pleine lumière ce rôle de la volonté. Par l'effort musculaire, la volonté provoque et dirige les mouvements des organes locomoteurs. « C'est ainsi, dit Bossuet, que l'âme se fait un corps plus souple et plus propre aux opérations intellectuelles » et devient « maîtresse du corps qu'elle anime. »

Le résultat total de la volonté, c'est la formation de la personnalité. On oppose généralement les personnes aux choses. Les choses s'ignorent et ne sont point maîtresses d'elles-mêmes. Les personnes se connaissent et se gouvernent. La personnalité croît et décroît dans l'homme suivant l'usage qu'il fait de sa volonté. « Plus un homme, dit Jouffroy, a d'empire sur soi et régit puissamment ses facultés, plus par cela même il est homme, moins il est chose, plus aussi ses capacités naturelle sont à lui et méritent le nom de facultés. L'homme se rapproche des choses quand il délaisse cet empire qu'il dépend de lui de prendre, quand au lieu de s'approprier ses facultés il les abandonne à leurs propres mouvements et reste paresseusement endormi au milieu d'un mécanisme dont il lui a été donné de gouverner tous les ressorts. » C'est ce pouvoir personnel qui engendre la responsabilité et nous fait entrer dans le règne de la moralité.

Ouvrages à consulter

BLONDEL. — *L'action.*
GARDAIR. — *Les passions et la volonté.*
LEIBNITZ. — *Essais de théodicée.*
PAYOT. — *Éducation de la volonté.*
RIBOT. — *Maladies de la volonté.*

Articles de revues

RIBOT. — *La volonté comme pouvoir d'arrêt.* (Revue philos., XVI.)
RONDELET. — *La formation de la volonté* (Annales de philosophie chrétienne, mars 1886).

CHAPITRE III

LE LIBRE ARBITRE

Différents sens du mot liberté. — Un des attributs essentiels de la volonté est la liberté. Mais le mot de liberté est employé dans des sens bien différents. Il importe pour ne pas donner lieu à l'équivoque de préciser ce qu'on entend dire quand on dit que la volonté est libre.

Il ne s'agit pas ici de ce qu'on appelle quelquefois les libertés naturelles, c'est-à-dire des droits que l'homme tient de sa nature, tels que le droit de faire usage de ses facultés, le droit de propriété, le droit de fonder une famille.

Il ne s'agit pas de la liberté physique, c'est-à-dire du pouvoir extérieur d'agir sans obstacle ni contrainte. Un paralytique n'a pas la liberté d'action et cependant sa volonté est libre, un fou peut l'avoir et cependant sa volonté n'est pas libre.

Il ne s'agit ni de la liberté civile, c'est-à-dire du pouvoir de disposer de sa personne et de ses biens dans la limite des lois, ni de la liberté politique, c'est-à-dire du pouvoir de prendre part à la formation et à l'action du gouvernement. Ces libertés, qui sont la consécration ou la garantie des libertés naturelles peuvent faire défaut sans que la liberté de la volonté soit atteinte.

Il ne s'agit pas non plus de ce qu'on appelle quelquefois la liberté de perfection, identique à la vertu et qui s'oppose à l'esclavage du vice. L'homme vertueux est libre et maître de lui-même; l'homme vicieux ne s'appartient pas, il est esclave des passions qui le dominent. La liberté de perfection est un idéal que chacun de nous doit s'efforcer de réaliser; c'est là le but vers lequel nous devons tendre.

Définition du libre arbitre. — La liberté en tant qu'attribut de la volonté est une liberté de choix. C'est le libre arbitre que nous définissons : le pouvoir qu'a la volonté de se déterminer par son propre choix entre plusieurs partis, sans y être contrainte, ni par une force intérieure ni par une force extérieure.

Preuves du libre arbitre. — Les preuves du libre arbitre sont tirées du témoignage de la conscience et des faits de l'ordre moral et de l'ordre social.

1. Preuve tirée du témoignage de la conscience. — « Que chacun de nous s'écoute et se consulte soi-même, dit Bossuet, il sentira qu'il est libre comme il sentira qu'il est raisonnable... En effet, nous mettons une grande différence entre la volonté d'être heureux et la volonté d'aller à la promenade. De même nous délibérons et nous consultons en nous-même si nous irons en promenade ou non, et nous résolvons comme il nous plaît l'un ou l'autre. Mais nous ne mettons jamais en délibération si nous voulons être heureux ou non, ce qui montre que, comme nous sentons que nous sommes nécessairement déterminés par notre nature à désirer d'être heureux, nous sentons aussi que nous sommes libres de choisir les moyens de l'être. »

Lorsque je me détermine, j'ai conscience d'un acte qui m'est propre, et dont je suis la cause; j'ai conscience que je puis choisir entre la détermination que je prends et une détermination opposée; j'ai conscience que je puis même ne prendre aucune détermination. Reprenons l'exemple que nous avons employé dans l'analyse de l'acte volontaire. Lorsque je me détermine à rendre le dépôt qui m'a été confié, j'ai conscience que je pourrais me déterminer à ne pas le rendre et que je pourrais remettre ma détermination à un autre jour. Ajoutons que, plus l'acte accompli exige d'efforts, plus il révèle à l'esprit sa liberté.

Lorsque je délibérais avant ma détermination, j'avais déjà conscience que je pouvais choisir entre l'un et l'autre parti en présence. Je n'attendais pas, spectateur passif et impuissant que le conflit se dénouât par le triomphe de l'un ou de l'autre.

J'avais conscience que de moi seul dépendait en définitive ma résolution. Pourquoi d'ailleurs aurais-je délibéré si je n'y pouvais rien ? « Qui délibère, dit Bossuet, sent qu'il est libre. On ne se consulte pas sur les choses nécessaires, par exemple si l'on doit mourir un jour. »

Lorsqu'après m'être déterminé, je réalise ma détermination, j'ai encore conscience que j'ai pris librement cette détermination, que j'aurais pu en prendre librement une autre. L'acte que j'accomplis, je le considère comme la conséquence d'une résolution, dont je suis le véritable auteur, la seule et unique cause. Ce sont là des faits attestés avec une évidence qui faisait dire à Descartes : « Nous sommes tellement assurés de notre liberté morale, qu'il n'y a rien que nous connaissions plus clairement », et à Bossuet : « Tout homme qui n'a pas l'esprit gâté n'a pas besoin qu'on lui prouve son franc arbitre ; car il ne sent pas plus clairement qu'il voit ou qu'il oit ou qu'il raisonne qu'il se sent capable de délibérer et de choisir. »

Objections. — 1. — Hobbes et Stuart Mill contestent que l'homme ait le sens intime de son libre arbitre. A leurs yeux, le libre arbitre ne peut pas être objet de conscience. « Avoir conscience de son libre arbitre, dit Stuart Mill, signifie avoir conscience avant d'avoir choisi, d'avoir pu choisir autrement. Or la conscience me dit simplement ce que je fais ou ce que je sens, non ce que je suis capable de faire. La conscience n'est pas prophétique. Nous avons conscience de ce qui est, non de ce qui sera ou de ce qui peut être. »

On répond à cette objection en distinguant le pouvoir du simple possible. Nous n'avons conscience que de ce qui est actuellement, et le possible n'étant pas actuellement nous ne pouvons en avoir conscience. Mais avoir conscience du libre arbitre, c'est avoir conscience d'un pouvoir. Or le pouvoir est dans notre âme quelque chose de réel et d'actuel, il peut donc être objet de conscience. Lorsque je prends une détermination, je n'ai pas conscience de la détermination contraire à celle que je prends, mais du pouvoir de prendre cette détermination contraire. Et c'est du sentiment de ce pouvoir que naît chez moi la croyance à la possibilité de la détermination contraire.

2. — Hobbes, Spinoza, Leibnitz et Bayle soutiennent que le

sentiment du libre arbitre est une illusion qui s'explique par l'ignorance des causes ou des motifs qui agissent sur notre volonté. Cette illusion est d'autant plus facile qu'elle flatte notre amour-propre. Nous ressemblons, selon Bayle, à une girouette douée de conscience, qui croirait se mouvoir elle-même dans la direction qu'elle désire, dans celle du Nord par exemple, parce qu'elle ne sentirait pas l'action du vent qui la pousse. « Une toupie fouettée par des enfants, dit Hobbes, si elle avait conscience de son mouvement, croirait que ce mouvement procède de sa volonté, à moins qu'elle ne sentît qui la fouette. Ainsi fait l'homme dans ses actions, parce qu'il ne sent pas les fouets qui déterminent sa volonté. » Leibnitz emploie la comparaison d'une aiguille aimantée, qui croirait se diriger librement vers le pôle, ignorant la force magnétique qui l'entraîne malgré elle.

Remarquons d'abord qu'il y a dans ces exemples une confusion entre le pouvoir de se déterminer, et celui d'exécuter sa détermination. Le premier seul est libre, le second dépend des circonstances. Peu importe que la girouette tourne réellement vers le Nord ; la question n'est pas là. Il s'agit de savoir si au moment où le vent la pousse du côté du Nord, elle peut se déterminer à tourner du côté opposé, et faire dans ce sens un effort intérieur, inefficace peut-être, mais suffisant pour prouver son libre arbitre. Or telle est notre volonté. Elle se croit libre, parce qu'elle a le sentiment intérieur du pouvoir de se déterminer par son propre choix entre plusieurs partis.

Ensuite, l'explication qu'on propose est contraire aux faits. S'il était vrai que notre croyance au libre arbitre vînt de l'ignorance des causes ou des motifs qui agissent sur notre volonté, la croyance au libre arbitre dans nos diverses déterminations serait en raison inverse de la connaissance de ces motifs et de ces causes. Plus cette connaissance serait grande, moins nous croirions à notre libre arbitre. Plus elle serait faible, plus nous croirions à notre libre arbitre. Quand elle serait nulle, dans le cas de l'ignorance absolue de nos motifs d'action, nous serions pleinement convaincus de notre libre arbitre. Mais il n'en est rien. Moins nous avons conscience de nos motifs d'action, moins nous nous croyons libres, et nous cherchons une excuse dans l'ignorance de ces motifs, persuadés que cette ignorance diminue notre liberté et notre responsabilité. Plus notre délibération a été réfléchie, plus notre liberté s'affirme. Un acte prémédité est jugé plus libre qu'un acte sans préméditation ; on n'hésite pas à se l'attribuer, à en assumer toute la responsabilité.

Est-ce à dire que l'illusion de la liberté ne puisse se produire dans certains cas particuliers ? Nullement. Le fou, le rêveur, l'homme ivre, l'hypnotisé se croient libres et ils ne le sont pas. Mais ce n'est pas aux cas anormaux ou morbides qu'il faut demander la vérité sur l'âme humaine. D'ailleurs, le fou, le rêveur, l'homme ivre, l'hypnotisé pourraient-ils se croire libres, s'ils ne l'avaient jamais été ? Descartes voyait dans l'idée même que nous avons de notre liberté, une preuve de son existence. Si nous n'étions pas vraiment libres, d'où nous serait venue cette idée, qui est absolument opposée à ce que nous constatons dans la nature physique, où tout est régi par des lois fatales ?

2. Preuves morales. — Les principes et les faits de l'ordre moral supposent tous que nous sommes libres de choisir entre le bien et le mal. Il faut donc nier toute la morale ou reconnaître l'existence en nous du libre arbitre.

La morale tout entière repose sur l'idée du devoir, sur l'idée de l'obligation de faire le bien et d'éviter le mal. Mais le devoir implique le pouvoir « je dois, donc je puis, » car, si l'homme n'était pas libre, la loi qui lui commande certains actes et qui lui en défend d'autres serait inutile ou absurde, inutile si l'homme accomplit nécessairement la loi morale, absurde s'il la viole nécessairement. « A l'impossible nul n'est tenu. »

La responsabilité, le mérite et le démérite, la vertu et le vice, le respect, l'estime et le mépris, les joies de la conscience et le remords, ont pour condition nécessaire le libre arbitre. Nous ne sommes responsables que des actes dont nous sommes la cause libre. Si l'homme n'est pas libre, il n'a pas plus de mérite ou de vertu que la fleur qui exhale son parfum ou que l'arbre qui porte de bons fruits ; il n'a pas plus de démérite ou de vice que l'arsenic qui empoisonne ou que le loup qui dévore l'agneau. Si nos actes sont régis par une inflexible nécessité, le respect, l'estime et le mépris sont des contre-sens. Respectons-nous, estimons-nous un homme qui fait le bien malgré lui ? Méprisons-nous un homme qui fait le mal sans le vouloir? Lorsque après une mauvaise action nous éprouvons du remords, ce sentiment vient de la pensée que nous pouvions, si nous l'avions voulu, nous abstenir de cette mauvaise action. De même la satisfaction de la conscience n'a sa raison d'être après une bonne action que si l'on pouvait ne pas faire le bien qu'on a fait. Le libre arbitre, comme l'a bien montré Kant, est indispensable à la morale. La moralité et le libre arbitre sont connexes.

3. Preuves sociales. — Un grand nombre de faits de l'ordre social, et la plupart des usages et des institutions jugées nécessaires au maintien des sociétés, supposent la croyance au libre arbitre. Les récompenses et les peines, édictées par les lois positives, en particulier, ne se comprennent pas sans le libre arbitre. Leibnitz prétend écarter cette preuve par une théorie de la peine qu'ont reprise de nos jours les déterministes.

a. La peine, disent-ils, est un moyen de défense pour la société. « Il faut convenir qu'il est permis de tuer un furieux quand on ne peut s'en défendre autrement. On avouera aussi qu'il est permis, souvent même nécessaire, de détruire des animaux venimeux et nuisibles, quoiqu'ils ne soient pas tels par leur faute. »

b. La peine est un moyen de correction. « On inflige des peines à une bête, quoique destituée de raison et de liberté, quand on juge que cela peut servir à la corriger. C'est ainsi qu'on punit les chiens et les chevaux, et cela avec beaucoup de succès. »

c. La peine est un moyen d'intimidation par l'exemple. « On infligerait encore aux bêtes la peine capitale, si cette peine pouvait servir d'exemple. Rorarius dit qu'on crucifiait les lions en Afrique, pour éloigner les autres lions, et qu'il avait remarqué en passant par le pays de Tolède, qu'on y pendait des loups, pour mieux assurer les bergeries. Et ces procédures seraient bien fondées, si elles servaient. »

« Donc, conclut Leibnitz, puisqu'il est sûr et expérimenté, que la crainte des châtiments, et l'espérance des récompenses, sert à faire s'abstenir les hommes du mal, et les oblige à tâcher de bien faire, on aurait raison et droit de s'en servir, quand même les hommes agiraient nécessairement. »

Cette théorie de la peine ne prouve qu'une chose, c'est que la peine pourrait être utile, même si l'homme n'était pas libre. Mais elle dénature l'idée de la peine comme celle de la récompense, car ces deux idées sont inséparables de l'idée de justice. Une peine n'est vraiment une peine que si elle est méritée, et une récompense imméritée n'est plus une récompense. « La peine, dit Kant, doit se justifier tout entière, indépendamment de toutes ses conséquences, par des considérations tirées de la conduite de celui qui la subit... La punition, comme telle, doit être juste par elle-même, c'est-à-dire que celui qu'on punit doit avouer qu'il a mérité sa punition, et que son sort est parfaitement approprié à sa conduite. » L'intérêt même général ne peut absoudre à lui seul aucune mesure pénale, et l'exercice de la justice humaine, en dehors de toute considération relative à la responsabilité et par conséquent au libre arbitre des personnes, ne serait plus que l'exercice du droit du plus fort.

Faut-il ajouter pour confirmer ces preuves que tous les hommes croient à la liberté, et que ceux qui théoriquement la mettent en doute agissent comme s'ils n'en doutaient pas. « Cette croyance, dit J. Simon, est naturelle et invincible. Je n'ai pas besoin qu'on m'apprenne que je suis libre, il suffit pour que je le sache d'avoir agi. Le sauvage croit à sa liberté, comme le citoyen d'une cité civilisée, l'enfant comme le vieillard. Cette croyance nous suit dans tous les actes de notre vie. Il n'en est pas de plus difficile à déraciner. Celui qui, à force de méditer, s'est créé un système où la liberté ne trouve pas sa place, parle, sent, et vit, comme s'il croyait à la liberté. Il ne doute pas, il s'efforce de douter, et c'est tout le résultat de sa science. Trouvez un fataliste qui n'ait ni orgueil, ni remords. Ou il faut dire que l'homme est libre, ou il faut dire qu'il a été créé pour croire invinciblement l'erreur. »

Ouvrages à consulter

Bossuet. — *Traité du libre arbitre.*
Boutroux. — *Contingence des lois de la nature.*
Fonsegrive. — *Essai sur le libre arbitre.*
Fouillée. — *La liberté et le déterminisme.*

D'HULST. — *Conférences de Notre-Dame*, 1891.

JOUFFROY. — *Cours de droit naturel.*

LÉON XIII. — *Encyclique sur la liberté humaine.*

MAINE DE BIRAN. — *Œuvres inédites.*

MARION. — *Solidarité morale.*

NAVILLE. — *Le libre arbitre.*

PIAT. — *La liberté.*

RENOUVIER. — *Psychologie.*

SCHOPENHAUER. — *Essais sur le libre arbitre.*

SECRÉTAN. — *La philosophie de la liberté.*

SAINT THOMAS. — *Somme théologique*, I, qu. 82, 83, I-II, qu. 8, 9, 10.

Articles de revues

ACKERMANN. — *Notion de la liberté chez les grands philosophes* (Annales de phil. chrét., 1890-91).

BOUSSINESQ. — *Le déterminisme mécanique et la liberté* (Revue phil., VII, 51).

DOMET DE VORGES. — *Les ressorts du libre arbitre* (Annales de phil. chrét., 1894).

GARDAIR. — *Le libre arbitre* (Annales de phil. chrét., 1889).

DE MARGERIE. — *Le libre arbitre* (Revue de Lille, 1893).

SÉAILLES. — *Lequier, Renouvier, Secrétan* (Revue des cours, 94-95).

— *Les philosophies de la liberté* (Revue de métaphys. et de morale, mars 1897).

CHAPITRE IV

LE DÉTERMINISME

Le libre arbitre est attesté par la conscience psychologique, la morale l'exige rigoureusement, et la justice sociale le suppose. Il semble donc qu'aucune vérité ne soit plus évidente, et cependant aucune n'a été plus souvent et plus habilement combattue. Des adversaires se sont élevés contre elle au nom de la science, de la psychologie et de la métaphysique. On peut donc grouper sous trois catégories les arguments par lesquels on a contesté le libre arbitre. Le fatalisme ou le déterminisme est le nom commun de toutes les doctrines contraires au libre arbitre. Nous confirmerons les preuves du libre arbitre par la réfutation des trois formes principales du déterminisme : le déterminisme scientifique, le déterminisme psychologique, et le déterminisme métaphysique.

I — LE DÉTERMINISME SCIENTIFIQUE

Les déterministes modernes se placent surtout sur le terrain de la science. Ils prétendent que la thèse déterministe, ou thèse de la nécessité, est la seule qui puisse s'accorder avec les résultats incontestés de la science positive. Ils invoquent tour à tour contre le libre arbitre, la statistique et la loi de la conservation de la force.

1. Les actes qui passent pour être libres, disent les déterministes, obéissent à des lois constantes. La statistique établit que le nombre des suicides, des meurtres, des vols, des crimes de toute espèce, aussi bien que celui des mariages ou des

divorces, est à peu près le même dans un même pays pour une période de temps déterminée, par exemple pour une année. Si le libre arbitre existait, ce nombre différerait d'année en année, et les prévisions qu'on tire des statistiques seraient sans cesse contredites.

Nous pouvons d'abord répondre que les lois de la statistique ne sont pas rigoureusement exactes; elles ne donnent que des approximations. La statistique n'est pas infaillible, et il y a dans les faits qu'elle prétend soumettre à une régularité indéfectible des circonstances bien différentes qui échappent à toute détermination et à toute prévision. Par exemple, est-ce que tous les meurtres se ressemblent? Est-ce tous les ans au même lieu, au même moment, de la même manière qu'ils s'accomplissent? Dans cette indétermination des circonstances, il y a assez de place pour le libre arbitre.

De plus, supposons que les moyennes soient exactes, et qu'on puisse prévoir à coup sûr le nombre et les circonstances des faits, cela ne prouve rien contre le libre arbitre. En effet, s'agit-il d'un crime, « si le crime est déterminé, le criminel l'est-il? Il y a un criminel sur mille habitants. Le un sur mille est un criminel idéal, que la statistique laisse indéterminé. Pourquoi ne serait-ce pas lui-même qui se détermine? Les neuf cent quatre-vingt-dix-neuf innocents sont également indéterminés. Pourquoi ne serait-ce pas leur libre arbitre qui les détermine à rester honnêtes [1]? »

En somme, les résultats de la statistique, qui sont l'expression de ce qu'on appelle quelquefois la loi des grands nombres, ne régissent que le collectif et non le particulier, et il est souvent très dangereux de se régler sur ces résultats. « Le médecin, dit Cl. Bernard, n'a que faire de ce qu'on appelle la loi des grands nombres, loi qui, suivant l'expression d'un grand mathématicien, est toujours vraie en général, et fausse en particulier; ce qui veut dire que la loi des grands nombres n'apprend jamais rien pour un cas particulier. »

2. Une des lois les plus générales et les plus incontestées de la science positive contemporaine, disent encore les déterministes, est la loi de la conservation de la force, et elle

---

1. FONSEGRIVE. — *Essai sur le libre arbitre.*

entraîne comme conséquence, l'existence de la nécessité universelle. Affirmer le libre arbitre, c'est donc ruiner du même coup l'édifice de la science. « Le principe de la conservation de l'énergie, dit Dubois-Raymond, signifie que la force ne se produit et ne se détruit pas plus que la matière. L'état du monde entier, y compris celui d'un cerveau quelconque, est à chaque instant le résultat mécanique absolu de son état précédent, et la cause mécanique absolue de son état dans l'instant suivant. On ne saurait admettre que deux événements ni deux pensées soient également possibles dans un temps donné. Les molécules cérébrales ne peuvent se disposer que d'une seule manière, comme les dés ne peuvent tomber que d'une manière, dès qu'ils sont sortis du cornet. Une molécule quittant sa place, ou sortant de sa route sans raison suffisante, serait un aussi grand miracle que si Jupiter, sortant de sa voie elleptique, jetait la perturbation dans le système planétaire. Dès lors, si nos déterminations volontaires sont des phénomènes qui accompagnent nécessairement, quoique d'une manière incompréhensible, les mouvements et les dispositions de notre substance cérébrale... il est évident qu'il n'y a pas de libre arbitre... Le monde est une machine, et dans une machine, il n'y a pas de place pour la liberté. »

Admettons avec beaucoup de psychologues contemporains, ce que suppose d'abord cette argumentation : qu'il y a une corrélation constante entre les états de l'esprit, et les mouvements de la substance cérébrale. Admettons en outre la valeur rigoureusement scientifique de la loi de la conservation de l'énergie. Ce n'en est pas moins un sophisme d'en conclure l'impossibilité du libre arbitre, car on passe indûment d'un genre à un autre. La loi de la conservation de l'énergie rend compte des phénomènes physiques et mécaniques. Dans le monde inorganique rien ne se perd et rien ne se crée; les forces se transforment les unes dans les autres; la quantité de force totale, reste constante. En est-il de même dans le domaine de la biologie ? Cela n'est pas prouvé, et ne le sera problablement jamais. Mais transportei au monde de la pensée elle-même, aux forces mentales, une loi qui régit les forces matérielles, c'est sans aucun doute une hypothèse gratuite, que rien absolument ne justifie. Les phénomènes physiques ou physiologiques, et les phénomènes psychologiques sont irréductibles les uns aux autres. L'esprit est d'une nature tout autre que le corps. Affirmer que ce qui est vrai de l'un s'applique à l'autre, c'est dépasser les données de l'observation, et substituer à l'esprit scientifique l'esprit de système.

Mais, diront les déterministes, si le libre arbitre peut à son gré introduire dans le monde des forces nouvelles, que va devenir la science? La prévision qui en est le caractère distinctif, est rendue impossible. — Nullement; la prévision est compatible avec le libre arbitre, et la science reste ce qu'elle est. Les lois scientifiques sont en effet toujours hypothétiques. Elles affirment des rapports invariables entre certains antécédents et certains conséquents. Mais elles n'affirment rien de la production des antécédents. Lorsque le savant annonce un phénomène, il en subordonne toujours l'apparition à l'existence d'un antécédent déterminé. Si tel phénomène est donné, dit-il, tel autre sera donné. Une cause quelconque, le libre arbitre ou toute autre cause, vient-elle à supprimer ou à modifier l'antécédent, la loi n'en sera pas violée, car aucune loi n'exige que l'effet reste le même, alors que la cause change. Par conséquent, que les volontés humaines soient libres ou qu'elles ne le soient pas, cela ne porte aucun préjudice à la science. Elle continuera à se constituer, et à déterminer les lois de la nature, abstraction faite des causes étrangères, libre arbitre ou autres, qui peuvent agir sur elle et la modifier.

D'ailleurs, la force créée par le libre arbitre sera toujours très petite, comparée à la force totale du monde, et les variations qu'il peut amener dans l'univers seront toujours insensibles dans l'ensemble. Mais variation insensible ne veut pas dire variation nulle. Ajoutons que plusieurs savants, pour concilier le libre arbitre avec le déterminisme scientifique, distinguent dans la force la quantité et la direction. En accordant que le libre arbitre ne crée pas de force dans la nature, on peut soutenir qu'il la dirige, et cela suffit pour qu'il trouve sa place dans le monde. La volonté ressemblerait, disent-ils, à un aiguilleur qui fait passer le train sur une voie, mais ne peut l'arrêter une fois passé.

II. — LE DÉTERMINISME PSYCHOLOGIQUE

Le déterminisme psychologique a trouvé son expression la plus nette dans la doctrine de Leibnitz. Pas de volonté sans motifs, dit Leibnitz, et la volonté suit toujours le motif le plus fort; car une volonté sans motifs, ou une volonté qui ne suivrait pas le motif le plus fort, serait une volonté sans raison suffisante. Les motifs agissent sur la volonté comme les poids sur les plateaux d'une balance.

Des philosophes, Reid en particulier, ont répondu à cette argumentation en soutenant que la volonté peut se déterminer sans motifs, et ils ont appelé ce pouvoir de la volonté, *liberté d'indifférence* ou *d'équilibre*. Pour eux, la liberté consiste surtout dans l'indifférence de la volonté relativement aux motifs qui la sollicitent. J'ai, dit Reid, une dette d'une guinée à payer, et devant moi une bourse qui contient plusieurs guinées. Je n'ai aucun motif de prendre l'une plutôt que l'autre, si j'en prends une, c'est la preuve que je puis vouloir sans motifs.

1. On peut accorder que, dans les cas insignifiants, il est souvent difficile de découvrir le motif qui détermine la volonté. Mais dans les actes de quelque importance il y a délibération et par conséquent des motifs.

2. De ce que nous n'avons pas toujours une conscience claire des motifs qui nous déterminent, il ne s'ensuit pas que notre détermination soit sans motifs. Les motifs sensibles en particulier échappent facilement à la conscience, mais la réflexion finit par les découvrir.

3. L'exemple allégué par Reid, repose sur une confusion. La détermination libre de ma volonté porte sur l'emploi que je veux faire d'une guinée, non sur le choix d'une guinée plutôt que d'une autre. Je veux payer ma dette; je ne veux pas payer avec telle guinée plutôt qu'avec telle autre, parce que je n'ai aucun motif de le vouloir. Voilà pourquoi je ne choisis pas; je prends au hasard. C'est l'excuse que je donnerais si dans la suite on me reprochait d'avoir payé avec une mauvaise guinée.

La liberté d'indifférence est donc démentie par l'analyse

psychologique. Mais à supposer qu'elle existât, elle ne serait
pas sans conséquences fâcheuses pour la dignité et la valeur
morale du libre arbitre. Dire que la perfection de la liberté
consiste dans une détermination sans motifs, c'est dire qu'elle
consiste dans une détermination sans raison. Mais outre qu'un
acte vraiment libre est un acte réfléchi et suppose par conséquent la raison, il y a incontestablement pour l'homme plus de
perfection, à régler ses déterminations sur la raison, qu'à se
déterminer sans raison. De plus, le libre arbitre a été donné à
l'homme dans un but moral ; aussi l'appelle-t-on souvent liberté
morale. La responsabilité suppose non seulement le libre
arbitre, mais encore la connaissance du bien et du mal. Pour
qu'une détermination soit moralement bonne, il faut qu'elle
soit libre, et qu'elle ait en même temps pour motif le devoir.
Ce qui fait surtout la valeur morale de l'action, c'est l'intention
et par conséquent le motif.

Il faut donc admettre avec les déterministes et contre les partisans de la liberté d'indifférence que la volonté ne se détermine
pas sans motifs. Mais peut-on accorder que les déterminations
de la volonté résultent de la force des motifs aussi nécessairement que l'abaissement des plateaux d'une balance résulte de
la force des poids ?

Trois cas peuvent s'offrir, disent les déterministes. Ou bien
la volonté se trouve en présence d'un seul motif ; alors elle obéit
nécessairement à ce motif. Ou bien elle se trouve en présence
de deux ou plusieurs motifs opposés mais égaux ; dans ce cas
elle est indécise. Ou bien elle se trouve en présence de deux ou
plusieurs motifs opposés et inégaux ; alors c'est le plus fort
qui la détermine.

D'abord la comparaison de la volonté et de la balance est
inexacte. La balance est inerte, la volonté est active. Les plateaux de la balance ne peuvent résister aux poids, la volonté
agit sur les motifs. C'est une balance qui meut elle-même ses
plateaux. Les poids ont une valeur déterminée et invariable ;
la valeur des motifs est relative et par conséquent variable. Tel
motif peu important pour moi sera décisif pour un autre. Tel
motif insignifiant au point de vue de l'intérêt est capital au point
de vue du devoir.

Ensuite, des trois cas possibles d'après l'hypothèse, les deux premiers sont chimériques. Il n'arrive jamais que la volonté se trouve en présence d'un seul motif, ou de deux ou plusieurs motifs absolument égaux. Mais admettons la possibilité de ces deux cas ; les choses se passeront-elles, comme le prétendent les déterministes? Supposons la volonté en présence d'un seul motif. Sans doute d'ordinaire, elle se déterminera dans le sens de ce motif. Mais elle pourra aussi s'abstenir de toute détermination. Supposons la volonté en présence de deux motifs opposés et égaux, croit-on qu'elle restera indécise? Je veux marcher, et je n'ai aucune raison d'avancer d'abord un pied plutôt que l'autre. S'ensuit-il que je n'avancerai pas. On connaît l'exemple fameux faussement attribué à Jean de Buridan. Un âne est placé entre deux bottes de foin égales. Va-t-il rester là sans manger et se laisser mourir de faim? Malgré l'embarras du choix, il se décidera et mangera d'abord de l'une.

Reste le troisième cas, le seul réel. En présence de deux ou de plusieurs motifs inégaux, c'est le plus fort, disent les déterministes, qui détermine la volonté. Mais qu'entend-on par le motif le plus fort? Dire après la détermination, que le motif le plus fort est celui qui l'a emporté sur les autres, c'est ne rien dire ; car si un motif opposé au premier l'avait emporté, on dirait de même qu'il est le plus fort. Il faudrait pouvoir dire avant la détermination, quel est le motif le plus fort. Mais cela est impossible ; car, pour porter ce jugement qui suppose une comparaison des motifs, il serait nécessaire que les motifs fussent tous de même nature. Or, ils sont dans la plupart des cas de nature différente. Quel est le motif le plus fort de l'intérêt et de l'honneur, du sentiment et du devoir? Il n'y a pas de terme de comparaison entre ces divers motifs d'action. On ne peut donc dire a *priori* quel est le motif le plus fort.

Le motif le plus fort, diront les uns, c'est le motif que nous jugeons le plus conforme à nos intérêts. — Mais l'homme de bien sait souvent sacrifier l'intérêt au devoir, et que de fois les âmes vulgaires le sacrifient au plaisir.

Le motif le plus fort, diront d'autres, est celui qui produit en nous le plus vif désir. — Mais nous savons que la volonté n'obéit pas nécessairement au désir, et que le triomphe de la volonté sur certains désirs, est la condition essentielle de la vertu.

Soutiendra-t-on que le motif le plus fort est celui que la raison juge le meilleur ? — Mais nos déterminations ne sont pas toujours dictées par la raison. C'est le cas de répéter le mot d'Ovide :

> *Video meliora proboque,*
> *Deteriora sequor.*

Le motif le plus fort, disent surtout les déterministes, est celui qui répond le mieux à notre caractère; aussi suffit-il généralement de connaître le caractère d'un homme, pour prévoir ses déterminations dans telle et telle circonstance.

Il est vrai que nos déterminations sont dans la plupart des cas, conformes à notre caractère. Mais cela n'arrive pas toujours; l'homme agit quelquefois contrairement à son caractère, et les prévisions fondées sur la connaissance du caractère ne sont pas infaillibles.

Elles seraient infaillibles, disent les déterministes, si cette connaissance était complète, si aucun des antécédents de l'action n'étaient ignoré. — Cette affirmation est gratuite, car rien ne s'oppose à ce qu'on range au nombre de ces antécédents l'intervention de la liberté. D'ailleurs, quoi qu'en disent les déterministes, notre caractère n'est pas uniquement l'œuvre de notre nature originelle et des circonstances. Notre caractère est un ensemble de tendances dont les unes sont naturelles et les autres acquises. Si les premières sont indépendantes de notre volonté, elles peuvent du moins en subir l'influence. Quant aux secondes, elles ont leur cause véritable dans la volonté; ce sont des habitudes librement prises. Par conséquent, de ce que la plupart de nos déterminations s'expliquent par notre caractère, on ne peut rien en conclure contre notre liberté, puisque le caractère est en somme ce que l'a fait la liberté.

III — LE DÉTERMINISME MÉTAPHYSIQUE

Nous ne nous arrêterons pas à réfuter les objections du fatalisme proprement dit. Ce fatalisme qui est au fond de la plupart des religions anciennes et qui a été repris par les Mahométans, qu'il soumette les destinées des hommes à une puissance imper-

sonnelle et aveugle comme dans l'antiquité, ou aux arrêts irré-
vocables de la volonté d'Allah, comme dans la religion de
Mahomet, n'est pas nécessairement la négation du libre
arbitre. C'est sur l'action qu'il pèse, et non sur la liberté intérieure. Ce sont les événements extérieurs qu'il détermine et
non les volontés. Il fait, par exemple, qu'Œdipe devient le
meurtrier de son père, il ne fait pas qu'il veuille l'être. Œdipe
tue son père sans le savoir ou le vouloir. Ce fatalisme aboutit
à la conclusion appelée par les anciens *le sophisme paresseux*
(λόγος ἀργός). Suis-je malade? S'il est écrit que je mourrai de
cette maladie, j'ai beau appeler le médecin, je mourrai quand
même. S'il est écrit que je n'en mourrai pas, je guérirai alors
même que je n'appellerais pas le médecin. De toutes manières,
il est inutile d'appeler le médecin.

Nous n'insisterons pas non plus sur les objections formulées
contre le libre arbitre, au nom de doctrines panthéistes ou matérialistes.

Il n'y a qu'une substance qui est Dieu, dit Spinoza, le principal représentant du panthéisme dans les temps modernes.
Cette substance est douée d'une infinité d'attributs dont nous
ne connaissons que deux : l'étendue et la pensée. Ces attributs
se développent nécessairement et parallèlement en une infinité
de modes finis. Les corps sont des modes de l'étendue divine ;
les âmes sont des modes de la pensée divine. Dans l'inflexible
nécessité qui est la loi de toute chose, il n'y a pas de place pour
le moindre acte de liberté.

Malgré son grand effort de déduction, Spinoza n'a pas montré
que tout dérivait nécessairement de la nature de Dieu. Le panthéisme, quelque forme qu'il revête, renferme dans sa notion
fondamentale une contradiction, puisqu'il identifie l'être parfait
et absolu avec la nature qui est essentiellement imparfaite et
relative. Il est démenti par le témoignage de la conscience qui
nous atteste notre causalité libre et notre personnalité dans le
sentiment de l'effort. D'ailleurs, si la liberté est en Dieu, pourquoi ne pourrait-elle pas être dans quelqu'une de ses œuvres?
Enfin, les principes de la morale sont incompatibles avec le panthéisme, car, en même temps qu'il nie la liberté, il supprime
la distinction du bien et du mal. A moins de dire que Dieu est
l'auteur du mal comme du bien, si tout est divin, tout est bien.

Tous les actes des hommes ont leur raison dernière, disent les matérialistes, dans leur constitution physique, dans leur tempérament. On ne se fait pas son tempérament, on le reçoit et on le subit. Le moral n'est que l'envers du physique, et les lois qui régissent le premier ne sont que la traduction dans un langage différent des lois fatales qui régissent le second. Cette doctrine est le fond de beaucoup de productions contemporaines qui enseignent le déterminisme des appétits, la fatalité de la passion, et prétendent justifier tous les excès par la nécessité.

Sans doute, il ne faut pas nier l'influence du corps sur l'âme, mais cette influence, dont on doit tenir grand compte surtout dans l'éducation, est loin d'être irrésistible et d'anéantir le libre arbitre. Pour établir leur thèse, les matérialistes accumulent en les exagérant les faits qui prouvent l'influence du physique sur le moral, mais ils oublient les faits non moins nombreux qui établissent l'influence du moral sur le physique, l'action de l'âme et en particulier de la volonté sur le corps. La passion ne se développe pas en nous sans nous. Ce n'est que progressivement et avec la complicité de la volonté qu'elle acquiert une grande puissance, et jamais elle n'est absolument nécessitante et irrésistible. « Supposez, dit Kant, que quelqu'un prétende ne pouvoir résister à sa passion, est-ce que, si l'on dressait un gibet devant lui, pour l'y attacher immédiatement après qu'il aurait satisfait à son désir, il soutiendrait encore qu'il est impossible d'y résister ? »

En dehors des systèmes panthéistes et matérialistes, on a opposé à la doctrine du libre arbitre beaucoup de difficultés métaphysiques dont les principales sont tirées de l'apparente incompatibilité du libre arbitre et de certains attributs de Dieu.

1. Comment concilier le libre arbitre avec la *prescience divine ?* Dieu, l'être infiniment parfait, sait tout, l'avenir comme le présent et le passé, et sa science est infaillible. Tout arrivera donc comme Dieu l'a prévu, par conséquent nos actes futurs sont dès maintenant déterminés, ils ne seront pas libres.

A. La prescience divine est incontestable, car elle se déduit de l'infinie perfection de Dieu, et le libre arbitre est attesté par la conscience et exigé par la raison. Si la nature limitée de notre esprit ne nous permet pas d'apercevoir l'accord de ces deux vérités, nous n'avons pas le droit de rejeter l'une ou l'autre. « Quiconque connaît Dieu, dit Bossuet, ne peut douter que sa providence aussi bien que sa science ne s'étende à tout, et quiconque fera un peu de réflexion sur lui-même, connaîtra sa liberté avec une telle évidence, que rien ne pourra obscurcir l'idée et le sentiment qu'il en a. Et l'on verra clairement que deux choses qui sont établies sur des idées si nécessaires ne peuvent se détruire l'une l'autre, car la vérité ne détruit point la vérité... C'est pourquoi la première règle de notre logique, c'est qu'il ne faut jamais abandonner les vérités une fois connues, quelques difficultés qui surviennent, quand on veut les concilier, mais qu'il faut au contraire, pour ainsi parler, tenir fortement les deux bouts de la chaîne, quoiqu'on ne voie pas toujours le milieu par où l'enchaînement se continue. »

B. Il ne faut pas confondre connaissance et causalité. Prévoir même infailliblement, » ce n'est pas contraindre. Lorsqu'un astronome prédit un phénomène céleste, ce n'est pas sa prédiction qui produit le phénomène. Le phénomène n'arrive pas parce qu'il était prédit, mais il était prédit parce qu'il devait arriver. De même, les déterminations des hommes n'ont pas leur cause dans la prescience divine. Elle n'arrivent pas parce que Dieu les prévoit ; Dieu les prévoit parce qu'elles arriveront.

C. Au fond, il est inexact de parler de prescience divine. Dieu n'est pas dans le temps ; il n'y a pour lui ni passé ni futur. Par conséquent, à parler rigoureusement, Dieu ne prévoit pas et ne se souvient pas. Il voit tout dans un éternel présent. Il connaît actuellement, et dans une même intuition, ce qui est nécessaire comme nécessaire, ce qui est libre comme libre, de même que nous pouvons d'un même regard voir un homme qui se promène librement sur le bord d'un fleuve, et l'eau de ce fleuve qui suit fatalement son cours.

Il n'y a donc pas contradiction entre la prescience divine et le libre arbitre des hommes, bien que leur accord soit un mystère pour notre intelligence. C'est un mystère parce que nous ne comprenons pas une vision intemporelle de choses temporelles. Mais on n'a pas le droit de tirer d'une vérité qu'on ne comprend pas, un argument contre le libre arbitre. C'est comme si l'on faisait comparaître devant un tribunal qui n'entendrait que le français des témoins qui ne le parleraient pas. On peut donc opposer à l'objection de la prescience divine, une fin de non recevoir.

2. Comment, dit-on encore, concilier le libre arbitre avec *la toute-puissance divine?* Dieu tout-puissant, peut faire tout ce qu'il veut. Mais si l'homme est libre, il pourra faire des actes que Dieu ne veut pas, et contrarier ainsi la volonté divine. Le libre arbitre est donc incompatible avec la toute-puissance de Dieu.

Il faut se garder de confondre le pouvoir de vouloir et celui d'exécuter. Le libre arbitre est un pouvoir tout intérieur, le seul nécessaire d'ailleurs pour fonder la responsabilité. Le pouvoir d'agir à l'extérieur nous est souvent refusé parce que l'exécution peut dépendre de circonstances dont nous ne sommes pas les maîtres. Notre libre arbitre ne contrarie donc pas la toute-puissance divine, en tant que celle-ci s'applique aux événements extérieurs du monde. « L'homme s'agite, dit Fénelon, Dieu le mène. »

Mais, insiste-on, Dieu n'est pas tout-puissant, s'il ne peut agir sur la volonté même de l'homme afin de la déterminer selon sa propre volonté.

Il est certain que Dieu peut agir efficacement sur la volonté même de l'homme, par des moyens naturels ou surnaturels. Mais cette action divine, pour être efficace, n'est pas nécessitante, car toujours elle suppose ou produit le consentement libre de la volonté.

Ajoutons que notre libre arbitre, loin de porter atteinte à la toute-puissance divine, en est une preuve, car où se manifeste-t-elle plus que dans la création d'un être libre? Ce n'est donc pas en admettant le libre arbitre qu'on borne la toute-puissance divine, c'est en refusant à Dieu ce pouvoir par lequel il a créé l'homme maître de ses actes. Enfin, si Dieu laisse l'homme se gouverner lui-même dans cette vie, il s'est réservé de le récompenser ou de le punir dans l'autre vie, selon l'usage qu'il aura fait de sa liberté. Un jour la toute-puissance divine reprendra tous ses droits.

3. Comment, dit-on enfin, concilier le libre arbitre avec la *bonté divine?* Le libre arbitre implique le pouvoir de faire le mal, et par conséquent nous expose à démériter, et à subir des

châtiments. Peut-on admettre que la bonté divine ait donné à l'homme un pouvoir d'où sorte son malheur, et surtout son malheur éternel ?

D'abord, si le libre arbitre implique le pouvoir de faire le mal, il implique aussi celui de faire le bien. Si l'homme peut travailler à son malheur parce qu'il est libre, il peut aussi travailler à son bonheur qui sera d'autant plus réel et plus grand qu'il aura été plus mérité.

Enfin, le pouvoir de faire le mal n'est pas chez l'homme une nécessité ; il n'est même pas essentiel au libre arbitre. Si l'homme emploie tous les moyens mis à sa disposition, il peut éviter le mal, et plus l'habitude du bien se fortifie en lui, moins sa liberté implique le pouvoir du mal. C'est ce que nous remarquons chez les hommes arrivés à un haut degré de vertu et de sainteté ; ils restent libres, mais il y a en eux une sorte d'impossibilité à faire le mal ; l'idée même d'une honte ou d'une bassesse finit par n'avoir plus même d'accès dans leur pensée ; l'habitude persévérante du bien rend le mal moralement impossible à la volonté libre. L'homme est donc seul responsable de ses fautes et de son malheur, il n'a pas le droit d'en accuser la bonté divine.

Conclusion. — Aucune objection déterministe ne peut donc infirmer les preuves du libre arbitre. « La liberté reste le plus irrécusable des faits. Elle se manifeste en nous à travers toutes les formes et toutes les conséquences de l'activité réfléchie. Loi morale, sentiment de la responsabilité, remords, mérite et démérite, louange et blâme, sanction naturelle et positive, exercice de la pensée spéculative elle-même, conscience de pouvoir faire autre chose que ce que nous faisons en réalité, ne sont que des rayons épars à travers la vie individuelle et sociale d'un foyer central qui est la liberté, et l'acte initial de la liberté, c'est l'effort voulu. Voilà le vrai, et si l'on s'en écarte, ce n'est qu'en faussant les données fondamentales de la conscience humaine pour les assouplir aux exigences d'hypothèses qui ne sont ni démontrées, ni démontrables[1]. »

Nature et degré de la liberté. — De notre étude sur la liberté, nous pouvons tirer les conséquences suivantes :

1. Piat, *La liberté*, 295.

1. Les déterminations de la volonté ne sont pas des actes isolés de l'ensemble de la vie mentale. Elles ont leur raison d'être dans des motifs. Elles sont liées à des représentations, à des inclinations qui les rendent possibles et les préparent. Mais ces représentations et ces inclinations sollicitent la volonté sans la nécessiter. De ce que la volonté dépend toujours de motifs d'ordre intellectuel ou sensible, elle n'en est pas moins libre, car les motifs d'après lesquels nous nous déterminons sont nos motifs. En leur obéissant, c'est à nous que nous obéissons, c'est nous-mêmes qui leur conférons le pouvoir qu'ils ont de nous déterminer. Les motifs et les mobiles peuvent être liés à leur tour à certaines conditions physiologiques. Mais il ne faut pas en conclure que la volonté n'est que l'expression des états nerveux du corps. Si ces états ne sont pas sans influence sur la volonté, ils ne portent aucune atteinte à notre libre arbitre.

2. Bien que l'acte libre soit un et indivisible, puisqu'il consiste essentiellement dans un choix entre deux partis, et par conséquent identique dans tous les cas, la liberté n'en a pas moins des degrés et n'est pas la même chez tous les hommes, car le champ où elle s'exerce varie ainsi que les limites qui la resserrent. Les motifs entre lesquels le choix peut se faire diffèrent suivant les individus ; ils diffèrent par le nombre et la qualité. L'homme ignorant est libre comme l'homme instruit. Mais tandis que celui-ci peut, pour gagner sa vie par exemple, choisir entre un grand nombre de moyens, l'autre ne dispose que d'un petit nombre. Chez l'homme habitué aux défaillances morales, les passions gagnent en arrogance ce que la volonté perd en vigueur, et si la liberté n'est pas détruite, elle finit par être comme atrophiée. « En regard de ces types dégradés, placez l'homme de bien, placez le saint... Chaque degré qu'il monte est un progrès de sa liberté. Au sommet, il trouve l'affranchissement total. S'il ressent encore les sollicitations de la nature mauvaise, les éblouissements de l'orgueil, les frémissements de la colère, ce n'est plus dans sa chair soumise, dans son esprit discipliné qu'un frisson fugitif. Dès que la conscience a senti la passion tressaillir, la volonté a resserré son étreinte, il n'y a pas eu de combat et la victoire est acquise. C'est la perfection du libre arbitre. Entre ces deux extrêmes, voici

l'armée humaine qui s'échelonne. Chacun est libre dans la mesure où il s'est volontairement affranchi, et dans cette mesure, il est homme[1]. »

Ouvrages à consulter

Les mêmes que pour le chapitre précédent, et :
DE BROGLIE. — *Le positivisme et la science expérimentale.*
FOUILLÉE. — *Critique des systèmes de morale contemporaine.*
RENOUVIER. — *Essai d'une classification des systèmes philosophiques.*
    —   *Critique philosophique.*

Articles de revues

DELBŒUF. — *Déterminisme et liberté.* (Rev. philos., XIII.)
FOUILLÉE. — *Causalité et liberté.* (Rev. philos., XVI.)
FOUILLÉE et TANNERY. — *La liberté et le temps.* (Rev. philos., XV.)
DE REGNON. — *Travaux contemporains sur la question du libre arbitre.* (Étud. relig., 1888.)
SECRÉTAN. — *Évolution et liberté.* (Rev. philos., XX.)

1. D'HULST. — *Conférences de Notre-Dame,* 3ᵉ, 1891.

APPENDICE

LA LIBERTÉ DANS LE CRITICISME

Il nous semble utile d'exposer sommairement les solutions données dans l'école criticiste au problème de la liberté. Nous résumerons successivement la théorie de Kant et celle de M. Renouvier, le chef du néo-criticisme.

1. Théorie de Kant. — D'une part, Kant affirme que le libre arbitre est incompatible avec la nécessité qui enchaîne rigoureusement les phénomènes de la nature les uns aux autres. « Un acte libre, dit-il, serait une violation du principe de causalité et du déterminisme de la nature. En effet, un acte libre, c'est un acte qui ne résulte pas suivant la loi nécessaire de causalité, des phénomènes antérieurs. Donc, un acte libre constituerait une solution de continuité, un commencement absolu, un miracle dans la nature. » Et si l'on admet le miracle et l'acte libre, que deviendra la science ? D'autre part, le devoir est un fait qu'il est impossible de révoquer en doute. Si l'homme n'était pas libre, le devoir n'aurait pas de sens. Affirmer le devoir, c'est affirmer implicitement le libre arbitre. Le libre arbitre est donc aussi incontestable que l'obligation morale.

Il y a là, comme on le voit, une antinomie. L'obligation morale postule le libre arbitre ; et le principe de causalité, condition nécessaire de la science, postule le déterminisme.

Kant croit pouvoir maintenir tout ensemble le déterminisme et le libre arbitre en distinguant le monde des phénomènes et le monde des noumènes, ou choses en soi. Dans le monde des phénomènes règnent la causalité et le déterminisme. Dans le monde des noumènes, il y a place pour la liberté, nécessaire à la moralité. Déterminisme et liberté sont vrais l'un et l'autre, mais pour deux mondes distincts. L'homme n'est pas libre, en tant qu'il fait partie du monde phénoménal. Il l'est, en tant qu'il appartient au monde nouménal. Essayons de traduire la pensée de Kant. Qu'est-ce à dire, être libre dans le monde nouménal ?

Cela veut dire être libre hors du temps, hors de la pensée qui ne dépasse pas le domaine des phénomènes et dont le temps est une loi nécessaire. Je suis libre hors du temps, c'est-à-dire que mon existence n'est assujettie aux conditions phénoménales que d'une manière accidentelle et transitoire. Je suis actuellement, et je serai jusqu'à ma mort une série de phénomènes. Mais il y a eu pour moi avant, il y a pendant, il y aura après cette existence phénoménale une autre existence. Je n'étais pas avant ma naissance phénoménale; je ne serai plus après ma mort phénoménale une série de phénomènes. Le fond de mon être est étranger à l'existence phénoménale, au temps et au déterminisme. Libre hors du temps, je suis entré dans le temps avec une décision libre dont les effets se déroulent dans le temps, c'est-à-dire dans la vie phénoménale. En d'autres termes, avant de naître à la vie phénoménale, l'âme a fait librement un effort avec lequel elle est entrée dans cette vie phénoménale; et la valeur morale de celle-ci est proportionnelle à cet effort antérieur à la naissance. La somme de mérite et de démérite, que j'ai, pendant ma vie phénoménale, est une sorte de reflet, dispersé dans le temps, d'un acte libre fondamental qui a précédé mon entrée dans la vie phénoménale. D'où il suit, qu'en sortant de cette vie, je serai moralement le même que j'étais en y entrant. J'aurais donc aussi bien fait de ne pas naître [1].

Critique de la théorie kantienne. — 1. L'antinomie du libre arbitre et du déterminisme n'est qu'apparente. L'acte libre, pas plus que le miracle, n'est une violation du principe de causalité et il ne fait pas obstacle à la science. En vertu du principe de causalité, tout ce qui commence a une cause, et cette cause pour être vraiment cause doit contenir en elle la raison de l'effet. Si Dieu produit un phénomène dans le monde, c'est le cas du miracle, comment soutenir que le phénomène produit n'a pas de cause? Il n'a pas sa cause dans d'autres phénomènes, mais il l'a à coup sûr suffisante en dehors des phénomènes. De même, si un acte libre intervient dans la série des phénomènes psychologiques, il a sa cause proprement dite non dans cette série de phénomènes, mais dans la volonté d'où il

1. V. EGGER. — *Cours inédit.*

émane. La volonté ne viole pas dans son exercice le principe de causalité parce qu'elle est elle-même une cause, mais une cause dont la nature est d'être libre. La liberté est un mode supérieur et le type même de la causalité. Quant aux difficultés qui pourraient naître du libre arbitre pour la science, nous avons montré qu'elles sont chimériques. Loin de porter préjudice à la science, le libre arbitre est l'attribut d'une faculté qui en est un des facteurs essentiels.

2. La théorie de Kant est contraire aux faits et dangereuse pour la morale. D'abord, qu'avons-nous à faire d'une liberté qu'il nous est maintenant impossible d'exercer? Que nous importe d'être libres dans un monde mystérieux absolument fermé, où notre pensée n'atteint pas? C'est dans le monde des phénomènes que nous vivons, que nous agissons, que le devoir s'impose à nous. C'est dans ce monde qu'il nous faut être libres et que nous avons conscience de l'être. De plus, à moins de soutenir que nous sommes le jouet d'une perpétuelle illusion, comment expliquer tous nos jugements moraux et tous nos sentiments moraux? Pourquoi déclinons-nous la responsabilité de certains actes? Parce que nous les jugeons fatals. Pourquoi assumons-nous la responsabilité d'autres actes? Parce que nous les jugeons libres. Pourquoi cette distinction, si tous les actes de notre vie sont nécessairement ce qu'ils sont? Étant donné l'acte intemporel de la liberté nouménale, dont notre vie n'est que la conséquence, suivant que cet acte libre primitif a été bon ou mauvais, notre vie tout entière est irrévocablement bonne ou mauvaise. Alors à quoi bon l'impératif catégorique du devoir? A quoi bon les préceptes généraux ou particuliers de la morale, puisque nous ne pouvons rien contre le déterminisme de notre vie phénoménale? La morale tout entière, celle de Kant aussi bien que les autres, n'est plus qu'une morale purement théorique. Elle cesse absolument d'être pratique, c'est-à-dire au fond qu'elle n'est plus une morale.

2. Théorie de M. Renouvier. — Tout en restant fidèle à la pensée maîtresse du kantisme : la domination de la morale sur les ruines de la métaphysique, M. Renouvier, un des fondateurs du néo-criticisme, a voulu tout à la fois simplifier le système de Kant, et le débarrasser de certaines contradictions. Suivant M. Renouvier, il faut bannir de la philosophie comme de vieux restes de l'ancienne métaphysique, les noumènes ou choses en soi que Kant considérait comme des exigences de la pensée. Plus de substances, rien que des phénomènes, qui s'unissent par les lois nécessaires de l'esprit. Le criticisme de M. Renouvier est un *criticisme phénoméniste*.

Théoriquement le dogmatisme et le scepticisme se valent. C'est la pratique seule qui peut décider de la vérité. En face des obscurités et des contradictions de la métaphysique, les vérités morales brillent d'un éclat incomparable. La certitude du devoir est absolue, absolue aussi celle de tout ce qui est nécessaire à l'existence et à la réalisation du devoir. Si le premier devoir de l'homme est de croire au devoir, le second qui en est le corollaire est de croire à la liberté. La liberté est le postulat et la pierre angulaire de la morale.

C'est à Jules Lequier que M. Renouvier doit, dit-il, d'avoir compris le problème de la liberté, l'idée qu'il faut s'en faire et dans quels termes il doit être posé. D'abord il ne faut pas croire, comme le pensait Kant, que le libre arbitre s'exerce une fois pour toutes, et qu'ensuite tous les actes de la vie se déroulent avec une détermination inflexible. N'admettant aucune autre existence que celle des phénomènes, M. Renouvier ne pouvait reléguer le libre arbitre dans le monde des noumènes. D'autre part, on ne peut faire la preuve expérimentale du libre arbitre, ni la déduire de quelque vérité métaphysique antérieure, puisque la métaphysique est illégitime. En définitive, le libre arbitre n'est pas démontrable. Mais la nécessité ne l'est pas plus, quoi qu'en aient dit certains savants. Il faut choisir entre la croyance à l'un ou la croyance à l'autre. « La vérité non pas prouvée mais réclamée et digne d'être choisie, dit Lequier, est celle qui pose un fondement pour la morale, et aussi pour la connaissance pratique, indépendamment de laquelle on ne peut avoir la science. »

Pour découvrir cette vérité qui donne la plus petite dépense de croyance et le plus grand résultat, Lequier a construit une sorte de dilemme que s'est approprié M. Renouvier.

Dilemme de Lequier. — Ou c'est la nécessité qui est la vérité, ou c'est la liberté ; et l'affirmation de la nécessité ou de la liberté peut être nécessaire ou libre. D'où deux suppositions dans chaque hypothèse : l'affirmation nécessaire de la nécessité et l'affirmation nécessaire de la liberté; l'affirmation libre de la nécessité et l'affirmation libre de la liberté.

1. Dans l'hypothèse où c'est la nécessité qui est la vérité :

A. L'affirmation nécessaire de la nécessité fait croire à celui qui fait cette affirmation que celui qui affirme au contraire la liberté l'affirme nécessairement. Dès lors il doit reconnaître que sa propre affirmation contient une contradiction; car la nécessité qu'il affirme doit être pour lui la cause qui fait affirmer à l'autre la liberté. La même cause produit nécessairement deux affirmations contradictoires : l'affirmation de la nécessité, et l'affirmation de la liberté. S'il réfléchit, il doit abandonner le dogmatisme et tomber dans le scepticisme, puisque l'erreur est aussi nécessaire que la vérité.

B. L'affirmation nécessaire de la liberté offre l'avantage qu'elle permet de croire à la morale et de faire des efforts pour accomplir le devoir. Mais on ne peut pas l'admettre, car elle aboutit à la même contradiction que la thèse précédente et de plus elle renferme une seconde contradiction : l'affirmation simultanée de la nécessité et de la liberté.

2. Dans l'hypothèse où c'est la liberté qui est la vérité :

A. L'affirmation libre de la nécessité, outre que dans l'hypothèse elle est une erreur, puisque c'est la liberté qui est la vérité, et qu'elle ne peut exclure le doute, renferme une contradiction évidente.

B. L'affirmation libre de la liberté échappe à la contradiction, tandis que les trois thèses précédentes en impliquent une ou plusieurs. De plus, le caractère libre de l'affirmation permet de comprendre comment un autre peut affirmer la nécessité et se contredire; c'est par un acte de son libre arbitre. Il n'y a plus rien qui entraîne au scepticisme.

« Définitivement, dit Lequier, deux hypothèses : la liberté ou la nécessité. A choisir entre l'une et l'autre, avec l'une ou avec l'autre. Je ne puis affirmer ou nier l'une ou l'autre que par le moyen de l'une ou de l'autre. Je préfère affirmer la liberté et affirmer que je l'affirme au moyen de la liberté. Ainsi je renonce à imiter ceux qui cherchent à affirmer quelque chose qui les force d'affirmer. Je renonce à poursuivre l'œuvre d'une connaissance qui ne serait pas la mienne. J'embrasse la certitude dont je suis l'auteur. »

La liberté est donc pour Lequier et M. Renouvier le fondement de la science comme de la morale. « Nous faisons l'erreur et la vérité en nous. La formule de la science est : *faire et en faisant se faire.* »

Critique de la théorie de M. Renouvier. — Que vaut cette doctrine et que penser d'abord du dilemme qui sert à l'établir?

1. Commençons par dire qu'on pourrait donner au dilemme une forme beaucoup plus claire. Il est très difficile de suivre ce raisonnement parce que le contenu des propositions qui le composent est identique à la condition subjective de leur position. On confond facilement le contenu et la condition. Il eût mieux valu exprimer le contenu des propositions par une lettre ou tout autre signe. A par exemple représenterait la nécessité, non A la liberté. On aurait alors les propositions suivantes :

Nécessairement j'affirme A.

Nécessairement j'affirme non A.

Librement j'affirme A.

Librement j'affirme non A.

2. Le dilemme prête à l'équivoque, parce que la nécessité peut être universelle ou particulière, et il en est de même de la liberté. En général, les partisans du libre arbitre ne réclament pas pour le libre arbitre un domaine universel, et ils font une part au déterminisme dans les actions des hommes. Seuls les partisans de la nécessité veulent étendre à tout cette nécessité. Pour qu'il y ait vraiment dilemme, Lequier et M. Renouvier devraient d'abord définir les mots nécessité et liberté, et dire s'ils entendent opposer les propositions contraires, — rien n'est libre, tout est libre — ou les propositions contradictoires — rien n'est libre, quelque chose est libre. — Dans ce dernier cas seulement, il y a dilemme. Une des deux alternatives est fausse si l'autre est vraie, ou vraie si l'autre est fausse.

3. Le dilemme ne comprend pas toutes les suppositions possibles. Deux cas sont omis : celui où la nécessité serait affirmée nécessairement, et la liberté affirmée librement, et celui où la nécessité serait affirmée librement et la liberté nécessairement. Il faudrait donc donner au dilemme la forme logique suivante :

A $\begin{cases} \text{L'affirmation nécessaire que rien n'est libre.} \\ \text{L'affirmation nécessaire que quelque chose est libre.} \end{cases}$

B $\begin{cases} \text{L'affirmation libre que rien n'est libre.} \\ \text{L'affirmation libre que quelque chose est libre.} \end{cases}$

C $\begin{cases} \text{L'affirmation nécessaire que rien n'est libre.} \\ \text{L'affirmation libre que quelque chose est libre.} \end{cases}$

D $\begin{cases} \text{L'affirmation nécessaire que quelque chose est libre.} \\ \text{L'affirmation libre que rien n'est libre.} \end{cases}$

On pourrait aisément montrer que seule la quatrième alternative est l'expression de la réalité. La nécessité est la forme intellectuelle de la vérité; la liberté ne peut être que la forme de l'erreur. Nous ne faisons pas la vérité, mais nous pouvons faire l'erreur en nous.

4. Enfin et surtout les raisons sur lesquelles Lequier et M. Renouvier fondent la nécessité de recourir au dilemme ne sont pas acceptables. Il est faux que la doctrine de la nécessité et celle du libre arbitre soient absolument assimilables et que le parti pris ou une sorte de pari soit nécessaire pour décider du choix entre l'une et l'autre. Et plus généralement il est faux que le dogmatisme et le scepticisme aient la même valeur théorique. Le scepticisme, nous le montrerons en métaphysique, est forcé de se contredire, et le dogmatisme non seulement échappe à la contradiction, mais s'appuie sur des preuves solides. D'ailleurs, l'homme qui prétendrait faire la vérité à sa guise passerait à juste titre pour un insensé. Sans doute, comme nous l'avons remarqué, la liberté intervient dans la construction de la science, mais celle-ci n'est pas plus que la morale, pas plus que la liberté même, un produit de la liberté[1].

1. FONSEGRIVE. — *Essai sur le libre arbitre.*

CHAPITRE V

L'HABITUDE

Définition de l'habitude. — L'habitude est une tendance acquise par la répétition à conserver ou à reproduire avec une facilité croissante les états ou les actes antérieurs. L'habitude est tout à la fois cause et effet de la répétition. Plus un état est reproduit, plus un acte est répété, plus s'accroît la tendance à la répétition et par conséquent, plus il y a de chances pour que les mêmes états et les mêmes actes se répètent, ce qui faisait dire à Malebranche que les actes produisent l'habitude et que l'habitude produit les actes.

Il va de soi que l'habitude n'explique aucun premier acte; elle ne peut agir qu'en second lieu. Toutes les fois qu'un acte se produit pour la première fois, il vient d'un principe différent de l'habitude, mais aussitôt que le premier acte a été produit, les actes semblables qui se produisent dans la suite peuvent s'expliquer par l'habitude, lorsqu'il n'y a pas de raison spéciale de les attribuer à d'autres causes.

Origine de l'habitude. — Au premier abord, l'habitude paraît être l'unique effet de la répétition; il n'en est rien. L'habitude commence avec le premier acte. Le premier acte engendre une disposition à faire un second acte semblable. Si l'habitude ne commençait pas avec le premier acte, celui-ci n'ayant laissé aucune disposition à le reproduire, le second serait comme s'il était le premier et n'aurait pas plus d'effet. Le troisième serait comme le second et ainsi de suite. On aurait beau répéter l'acte un très grand nombre de fois, jamais

il ne se formerait d'habitude. L'habitude est donc en germe
dans le premier acte. La répétition ne l'engendre pas, elle ne
fait que la développer. C'est d'ailleurs un fait d'expérience qu'il
y a beaucoup d'habitudes qui naissent d'un seul coup. Toutefois, pour qu'un acte puisse créer une habitude, il faut qu'il ne
soit pas contradictoire aux lois essentielles de l'être. On n'habi-
tuera pas une pierre à s'élever dans les airs, un animal à ne
pas manger ou dormir. De plus il faut que l'acte ne dépasse
pas certaines limites imposées par la nature, sinon, dit
A. Lemoine, la nature ne peut céder, elle se brise. Au delà de
certains exercices, le gymnaste ne peut plus se surpasser; au
delà d'une certaine quantité de boisson, l'alcoolique ne peut
plus boire.

De ce qui précède, il résulte que les habitudes sont en nous
aussi variées que les actes. Tout sentiment nouveau, toute idée
nouvelle, d'une manière générale, tout fait de conscience nouveau laisse en nous une tendance à le reproduire une seconde
fois. Tout ce que nous avons fait, nous tendons à le refaire. Il
y a donc en nous un nombre incalculable d'habitudes, mais
avec des degrés différents.

Degrés de l'habitude. — De quoi dépend à un moment
donné le degré d'une habitude, c'est-à-dire le degré de la disposition à reproduire un certain acte. Ce degré dépend de
quatre conditions dont trois sont positives et une négative.
L'âme est d'autant plus disposée à reproduire une manière
d'être que cette manière d'être a été plus fréquente et qu'elle a
été plus intense et plus durable, chaque fois qu'elle s'est produite. La tendance à la répétition est engendrée par un acte;
elle est plus grande si cet acte a été fréquent, s'il est resté longtemps dans la conscience, s'il a vivement saisi la conscience.
Le nombre, la durée, l'intensité des actes : telles sont les conditions positives de l'habitude.

Mais il y a une quatrième condition dont l'influence est
contraire; c'est la durée des intervalles entre les différentes
apparitions des actes habituels. Plus cette durée augmente, plus
la tendance à la répétition diminue. Il faut un intervalle entre
les actes habituels, car l'âme a besoin de se reposer d'un acte
par un autre, et un acte trop prolongé serait plutôt contraire
que favorable à l'habitude. Mais il y a un minimum d'intervalle

qui favorise la reproduction de l'acte. Une fois que l'âme s'est suffisamment reposée d'un acte, la reprise de cet acte ne peut tarder sans nuire à l'habitude.

Effets de l'habitude. — Les principaux effets de l'habitude sont les suivants :

1º Elle rend les actes habituels plus nombreux et plus nécessaires. Plus un acte s'est produit dans le passé, plus il se produira dans l'avenir si la volonté n'intervient pas pour empêcher les effets de l'habitude. Plus un buveur a bu, plus il aura besoin de boire. Le morphinomane doit sans cesse augmenter la dose de morphine pour contenter son désir. La sensation de moins en moins sentie devient de plus en plus nécessaire. L'habitude, dit Aristote, est comme une seconde nature. C'est là le châtiment des âmes adonnées aux plaisirs. Les raffinements qu'elles recherchent, continuent à les blaser, d'où le danger de habitudes mauvaises et la difficulté de les détruire.

2º Elle rend les actes habituels plus faciles et plus rapides. L'intensité et la durée des actes diminuent avec le nombre. Plus un buveur a bu, plus il boira, mais il boira plus vite et avec une sensation moindre. « Mon sachet de fleurs, dit Montaigne, sert d'abord à mon nez, puis il ne sert plus qu'au nez de mes voisins. » L'acte habituel est de moins en moins senti et tend vers l'inconscience. L'habitude enrichit l'âme d'actes fréquents, faciles et rapides, mais finalement presque insensibles. L'habitude laissée à elle-même, c'est la mort progressive des faits psychologiques ; toutefois la conscience peut échapper à cette mort. « Contre cet anéantissement graduel de la conscience, dit M. Egger, l'âme est défendue par l'expérience et l'imagination, puissances d'innovation et de renouvellement qui introduisent sans cesse en elle des éléments nouveaux doués avant tout effet de l'habitude, d'une intensité et d'une durée propre, et elle se défend elle-même par l'attention qui tantôt vivifie et renforce les états nouveaux en prolongeant leur durée et en augmentant leur intensité, tantôt restaure les états passés en leur conférant à chaque répétition une durée plus grande et une intensité plus forte. »

Comme on le voit, la volonté agit sur l'habitude de deux manières. L'attention peut se porter sur des faits nouveaux non habituels et leur conférer une force qui contrarie le développe-

ment des anciennes habitudes ou sur les faits habituels eux-
mêmes, maintenir leur intensité et leur durée et par conséquent la conscience qui les accompagne. Les effets de la
volonté peuvent s'ajouter à ceux de l'habitude ou les corriger.

**Espèces d'habitudes. — L'habitude passive et l'habi-
tude active.** — On distingue généralement deux sortes d'habitudes : l'habitude passive et l'habitude active. La première,
qui est une disposition à ressentir de moins en moins les
mêmes états de conscience, naît de manières d'être continuées
ou répétées qui ont des causes étrangères à l'être qui les
éprouve. La seconde, qui est une disposition à reproduire de
plus en plus les mêmes actes, naît d'actes qui ont leur principe
dans l'activité spontanée ou volontaire de l'être lui-même, ce
qui a permis à M. Ravaisson de dire que l'habitude exalte
l'activité et abaisse la passivité. « Si j'entends sans les écouter,
dit J. Simon, les bruits de la mer, de la ville, de la forêt, peu à
peu ma sensibilité s'émousse et je cesse de les entendre ou tout
au moins de remarquer que je les entends. Si, au contraire, je
m'étudie à les bien écouter, si je m'efforce de les interpréter et
de les comprendre, j'acquiers à la longue une perspicacité
merveilleuse. Le moindre bruit arrive à mon oreille, longtemps
avant que les étrangers puissent l'entendre; j'en distingue les
nuances, j'en connais la signification; c'est que si l'habitude
passive ne fait qu'user mes facultés, l'habitude active les
exerce. »

Il ne faudrait pourtant pas exagérer cette opposition de
l'habitude passive et de l'habitude active. L'âme n'est jamais ni
entièrement active, ni entièrement passive. Notre activité est
toujours mêlée de quelque passivité, parce qu'elle suppose des
résistances et il y a toujours quelque élément d'activité dans nos
états les plus passifs. De plus, que la modification habituelle
soit active ou passive, l'habitude, en l'incorporant à la constitution de l'être, la convertit toujours en tendance et la rend
toujours de moins en moins consciente. C'est ce que M. Ravaisson a très bien montré : « Partout, dit-il, en toute circonstance, la continuité ou la répétition affaiblit la passivité, exalte
l'activité, mais dans cette histoire des contraires, il y a un trait
commun, et ce trait explique tout le reste. Toutes les fois que
la sensation n'est pas une douleur, à mesure qu'elle se prolonge

où se répète, à mesure par conséquent qu'elle s'efface, elle devient de plus en plus un besoin ; de plus en plus, si l'impression nécessaire pour la déterminer vient à ne plus se reproduire, le trouble, le malaise, accusent dans la sensibilité le désir impuissant. D'un autre côté, à mesure que dans le mouvement l'effort s'efface, que l'action devient plus libre et plus prompte, à mesure aussi elle devient davantage une tendance, un penchant qui n'attend plus le commandement de la volonté, qui le prévient, qui souvent même se dérobe entièrement et sans retour à la volonté et à la conscience... Ainsi la continuité ou la répétition abaisse la sensibilité, exalte la mutabilité de la même manière, par une seule et même cause : le développement d'une spontanéité irréfléchie qui pénètre et s'établit de plus en plus dans la passivité de l'organisation, en dehors, au-dessous de la région de la volonté, de la personnalité et de la conscience. »

Les habitudes générales et les habitudes particulières. — En se plaçant à un autre point de vue, on peut distinguer les habitudes générales et les habitudes particulières. Faire tous les jours telle ou telle promenade, savoir jouer tel ou tel morceau de piano, exécuter tel ou tel chant, réciter telle ou telle poésie : voilà des habitudes particulières. Être marcheur, savoir jouer du piano, chanter, réciter de la poésie : voilà des habitudes générales. Il est évident qu'entre les habitudes les plus particulières et les habitudes les plus générales, il y a place pour un grand nombre d'habitudes de moins en moins particulières, de plus en plus générales.

Cette distinction sans être classique répond à des idées courantes qui ont leur expression dans le langage. On parle par exemple de corps assouplis, d'esprits souples. Un corps assoupli, c'est un corps dont les habitudes musculaires sont très générales, dont les muscles sont prêts à toutes sortes de mouvements. De même un esprit souple, c'est un esprit doué de ressources, qui n'est pas asservi à la routine, qui sait se plier à toutes sortes de sujets. Autre exemple. On dit que le marin est débrouillard ; qu'est-ce à dire, sinon qu'ayant été exercé dans beaucoup de métiers différents, il est capable de les faire tous et d'autres encore ? il sait se tirer d'affaire dans toutes circonstances. Tel n'est pas le soldat de terre ; toujours livré aux mêmes occupations, ne sortant pas du cercle étroit de certains exercices, il serait beaucoup plus embarrassé que le marin dans une foule de circonstances. On peut constater des différences de même genre parmi les ouvriers. Depuis l'invention des machines, l'ouvrier toujours attaché à la même machine n'a que des habitudes particulières; il est devenu lui-même une sorte de machine. Autrefois, il n'en était pas ainsi; obligé de faire face aux nécessités les plus diverses, l'ouvrier avait besoin d'initiative; il acquérait des habitudes générales.

Supériorité des habitudes générales. — Remarquons surtout la supériorité des habitudes générales sur les habitudes particulières. Celles-ci ressemblent aux instincts des animaux, sauf qu'elles sont acquises et restent soumises à la volonté. Elles finissent par étouffer l'intelligence qui, non exercée, s'atrophie. L'homme fait très facilement l'acte habituel; mais s'il se rend esclave de l'habitude particulière, incapable d'initiative et d'invention, il devient routinier. Je sais, par exemple, jouer tel morceau de piano; je le joue en toutes circonstances; je le joue à merveille si l'on veut; puis-je dire que je sais le piano? Ce que j'en sais me suffit-il pour déchiffrer un nouveau morceau de piano? surtout suis-je capable d'improviser une exécution quelconque? Les habitudes générales, au contraire, insuffisantes pour produire un acte particulier, le préparent ainsi qu'une foule d'autres. Elles les rendent tous plus faciles; elles sont la base de l'esprit d'initiative et conduisent à l'invention. Celui qui a l'habitude générale du piano ne jouera pas parfaitement du premier coup tel morceau particulier, mais il saura s'en tirer, comme il saurait se tirer de tout autre morceau, et s'il faut un jour improviser, il le fera sans trop de peine.

Ce sont là des vérités d'observation qu'on pourrait formuler d'une manière apparemment paradoxale, en disant que l'esprit ne profite que de ce qu'il oublie, mais qui n'en exprime pas moins un grand principe pédagogique. Le maître qui vise à développer les facultés de ses élèves, qui cherche surtout à former leur jugement, s'inquiète assez peu s'ils oublient leurs leçons une fois qu'ils les ont comprises et apprises; il lui suffit qu'ils aient bien compris et bien su. Il leur fait ensuite apprendre d'autres leçons en les variant le plus possible, il leur fait prendre d'autres habitudes particulières, espérant que par leur fusion elles formeront dans l'esprit des élèves des habitudes générales : l'habitude générale de la mémoire, l'habitude générale du jugement.

Le génie, a dit Buffon, est une longue patience. N'est-ce pas surtout parce que le génie suppose des habitudes générales de l'intelligence, œuvres d'une volonté énergique et persévérante ? L'homme qui ne fait que se répéter, fera difficilement du nouveau ; les habitudes particulières l'enchaînent à la routine. Au contraire, celui qui a pris des habitudes générales sera toujours prêt à l'innovation. Quand il voudra faire du nouveau, s'élever à une conception nouvelle, il lui en coûtera peu pour s'affranchir de ses habitudes intellectuelles.

Est-ce à dire qu'il faille nier l'inspiration naturelle qu'on accorde aux hommes de génie ? Est-ce à dire que nos facultés sont seulement ce que l'habitude les a faites ? Non sans doute ; les hommes sont diversement doués et il y a pour l'esprit des illuminations soudaines. Mais, en règle générale, le passé prépare l'avenir, et c'est souvent dans de bonnes habitudes de l'esprit, dans des habitudes générales favorables à l'invention, qu'il faut chercher la raison d'être de ces conceptions qui paraissent de prime abord si extraordinaires. Nous le disions en parlant des résolutions héroïques ; elles sont préparées par l'habitude de la vertu et du désintéressement. Il en est de même dans l'ordre intellectuel. Les vues de génie sont surtout le fruit du travail réfléchi ; elles sont généralement préparées par des habitudes intellectuelles soustraites à la routine dans leur formation et dans leur développement [1].

Domaine de l'habitude. — Le corps peut prendre des habitudes ; il y a des habitudes organiques. La marche, l'escrime, la natation, la parole, l'écriture, en sont des exemples. L'organisme peut se faire à l'action du milieu où il vit, et même dans une certaine mesure à l'action de causes auxquelles il n'est pas naturellement adapté. On dit que Mithridate, pour avoir habitué graduellement son corps aux poisons, pouvait impunément en absorber de très violents. Il n'est aucun métier qui ne suppose quelques habitudes organiques, l'assouplissement de certains organes et de certains muscles dans un but spécial.

1. V. EGGER. — *Cours inédit.*

Toutes les facultés de l'âme peuvent prendre des habitudes ; il y a des habitudes psychologiques et des habitudes morales.

Les habitudes de l'intelligence sont aussi diverses que les opérations de cette faculté. Les opérations intellectuelles sont soumises aux lois de l'habitude aussi bien que les opérations sensitives. Chaque sens peut avoir ses habitudes propres. Les perceptions acquises résultent d'habitudes. La mémoire, avons-nous dit, est une habitude intellectuelle qui a pour condition une habitude cérébrale. On s'accoutume à abstraire, à généraliser, à raisonner. A côté de ces habitudes particulières, il y a des habitudes intellectuelles plus générales, qui caractérisent l'esprit du mathématicien, du physicien, du naturaliste. Cet esprit acquis dans la culture d'une science, le savant le portera partout avec lui, ce qui l'exposera, s'il n'y prend garde, à plus d'une erreur. C'est ainsi que s'est trompé Descartes et plus encore Spinoza, en estimant qu'on pouvait appliquer à toutes les sciences les procédés des sciences mathématiques. C'est ainsi que se trompent les positivistes en voulant étendre à toutes les sciences la méthode des sciences positives.

Les habitudes de la sensibilité sont aussi réelles que les habitudes de l'intelligence. Le plaisir et la douleur s'émoussent par la continuité et la répétition. Quant aux inclinations, il en est qui par l'habitude finissent par ne plus être senties ; d'autres sont d'autant plus exigeantes qu'on les satisfait davantage. Maine de Biran explique ces effets différents par le besoin. Le désir conscient est en raison inverse, le besoin inconscient en raison directe de l'habitude. Enfin toutes les passions sont des habitudes.

Il faut distinguer les habitudes volontaires et les habitudes de la volonté. Toutes les habitudes dues aux efforts de la volonté sont des habitudes volontaires. C'est ainsi que les habitudes corporelles, les habitudes intellectuelles, les habitudes de la sensibilité peuvent être et sont souvent des habitudes volontaires. Mais outre ces habitudes volontaires, il y a des habitudes de la volonté elle-même. La volonté peut être faible ou énergique, lente ou prompte, égoïste ou généreuse. Les vertus et les vices sont des habitudes de la volonté en même temps que des habitudes volontaires. C'est surtout par les habitudes de la volonté que se forme le caractère.

Rôle de l'habitude. — Il nous est facile maintenant de déterminer le rôle de l'habitude. L'habitude contribue à mettre de l'unité dans la vie humaine et elle est une des conditions du progrès.

1. Grâce à l'habitude, l'homme ne perd rien de ce qu'il a fait et il hérite sans cesse de lui-même. « Pour l'être capable d'habitudes, dit Albert Lemoine, il n'est pas vrai de dire que le passé n'est plus. » Accumulé et comme résumé dans le présent, il prépare l'avenir. C'est le cas de citer le mot fameux de Leibnitz. « Le présent est chargé du passé et il est gros de l'avenir. »

2. Le progrès dans les domaines divers de l'activité humaine et en particulier dans la moralité n'est possible que par l'habitude. Sans elle les actes exigeraient toujours les mêmes efforts, et il faudrait sans cesse tout recommencer. « S'il fallait, dit Albert Lemoine, que notre corps fût toujours aussi sensible qu'au premier jour à toutes les influences du dedans et du dehors, s'il fallait toujours ressentir avec la même violence toutes les douleurs physiques et morales, notre vie serait misérable et la mort suivrait de près la naissance. S'il fallait que la volonté fît toujours les mêmes efforts pour diriger les mouvements des membres, s'il ne restait aucune trace aujourd'hui de l'exercice d'hier, l'homme ne marcherait pas, il se traînerait à peine comme l'enfant en bas-âge; il ne parlerait pas, il bégayerait; il verrait sans regarder, il apprendrait sans jamais savoir. S'il lui fallait toujours vaincre les mêmes résistances des instincts et des passions, sans que la passion perdit de sa force, sans que la volonté s'accrût, le plus vaillant serait bientôt à bout d'énergie morale, il succomberait à cette lutte sans cesse renouvelée et la vertu ne serait qu'un mot. »

« C'est grâce à l'habitude que l'homme peut courir au lieu de ramper, que les sciences se construisent et s'enrichissent, que la vertu s'acquiert, qu'en toutes choses le progrès s'accomplit. A mesure que l'acte n'exige plus pour être répété qu'un moindre effort, l'excédent de puissance que la cause ne dépense pas pour le reproduire devient en quelque façon disponible pour des efforts nouveaux et supérieurs. »

Remarquons toutefois que l'habitude n'a ces effets heureux

que lorsqu'elle est corrigée et complétée par d'autres puissances initiatrices du progrès, par l'imagination active et la volonté. Si l'habitude absorbait l'activité de l'âme tout entière, elle ne serait plus que la routine, et loin d'aider au progrès, elle le rendrait impossible.

Ouvrages à consulter

DARWIN. — *Descendance de l'homme.*

DUGALD STEWART. — *Philosophie de l'esprit humain.*

DUMONT. — *De l'habitude.*

EGGER. — *Cours inédit de psychologie.*

FOUILLÉE. — *Tempéraments et caractères.*

GUYAU. — *Hérédité et éducation.*

LEMOINE. — *L'habitude et l'instinct.*

MAINE DE BIRAN. — *Influence de l'habitude sur la faculté de penser.*

MALEBRANCHE. — *Recherche de la vérité*, liv. II.

PAULHAN. — *Les caractères.*

RAVAISSON. — *De l'habitude* (réimprimé dans la Revue de métaphysique et morale, 1894).

REID. — *Essais sur les facultés actives de l'homme.*

RIBOT. — *L'hérédité.*

SAINT THOMAS. — *Somme théologique*, I-II, questions 48 à 55.

QUATRIÈME PARTIE

QUESTIONS COMPLÉMENTAIRES

CHAPITRE I

LES SIGNES ET LE LANGAGE

Le langage est un ensemble de signes par lesquels l'homme fait connaître ses états de conscience. Avant de parler du langage, il faut donc dire quelques mots des signes en général.

I — LES SIGNES

Définition du signe. — Un signe est un fait sensible qui éveille l'idée d'un autre fait qui par accident ou par nature ne tombe pas sous les sens. Ainsi la fumée est le signe d'un feu qu'on ne voit pas ; un cri plaintif est le signe d'une douleur qui est de sa nature invisible.

Trois éléments sont essentiels aux signes : le fait qui signifie, le fait signifié, et entre ces deux faits un rapport qui suppose une intelligence capable de le connaître.

Tout cas de signification est un cas d'association, mais tout cas d'association n'est pas un cas de signification. Un signe ne suggère pas seulement l'idée d'un objet, il en est la preuve. Les traits d'une personne me font penser à une autre personne ; on ne peut pas dire que la première personne soit le signe de la seconde. La fumée signe du feu, prouve l'existence du feu.

Espèces de signes. — Entre le signe et l'objet signifié, le rapport peut être naturel ou conventionnel. D'où deux espèces de signes : les *signes naturels,* par exemple l'éclair signe du tonnerre, la rougeur du visage signe de la honte ou de la timidité ; et les *signes conventionnels,* par exemple la notation algébrique, les signaux télégraphiques. Les signes qui intéressent la psychologie sont ceux qui signifient des phénomènes de conscience : sentiments, idées, ou volitions. Au sujet de ces signes deux questions se posent : comment sont-ils produits ? comment sont-ils compris ?

Production et intelligence des signes. — Pour les signes conventionnels, il n'y a aucune difficulté. C'est la volonté libre de l'homme qui les produit, et on les comprend quand on connaît la convention qui en est l'origine.

Pour les signes naturels, ils ont leur cause dans l'union de l'âme et du corps. C'est en vertu des rapports du physique et du moral que le phénomène physiologique de la rougeur du visage accompagne le phénomène psychologique de la honte ou de la timidité. Quant à l'intelligence de ces signes, quelques philosophes, les Écossais en particulier, et à leur suite Jouffroy et Garnier, la rapportent à une faculté spéciale, que les uns appellent faculté d'interprétation, les autres faculté expressive. Mais il semble bien qu'une faculté distincte soit inutile pour comprendre ces signes. Voyons, en effet, ce qui se passe chez l'enfant. Vient-il à souffrir ? il exprime naturellement sa souffrance par des cris ou des larmes. Ces cris et ces larmes ne sont pas d'abord pour lui des signes ; il crie et il pleure parce qu'il souffre, et non pour manifester sa souffrance. Mais le cri s'associe naturellement dans l'esprit de l'enfant à la souffrance qui le provoque, et cette association se fortifie à chaque répétition. Dès lors, lorsque l'enfant entendra les cris et verra les larmes d'autres personnes, le simple jeu de l'association des idées lui fera comprendre que ces personnes éprouvent de la souffrance. Il n'est donc pas besoin de recourir à une faculté spéciale pour rendre compte d'un phénomène qui peut s'expliquer si facilement par l'association des idées. Par conséquent, il est faux que les signes naturels soient compris d'instinct avant toute expérience ; mais l'expérience nécessaire à l'intelligence de ces signes s'acquiert dès les premiers jours de la vie.

Il y a des signes qui, naturels à l'origine, cessent de l'être pour devenir de plus en plus conventionnels. Ce sont même les signes les plus importants, comme le prouve l'étude des différentes sortes de langages.

II — LE LANGAGE

Le langage, avons-nous dit, est un système de signes par lesquels l'homme exprime ses états de conscience. Que l'on considère la nature des signes, ou la nature des rapports qui unissent les signes aux états de conscience, on peut distinguer plusieurs espèces de langages.

Diverses espèces de langage. — D'après la nature des signes, on distingue le langage d'action, le langage écrit et le langage oral.

1. *Le langage d'action.* — Le langage d'action consiste dans les gestes du corps, et dans les mouvements et les jeux de la physionomie. Il accompagne souvent la parole. Dans l'éloquence c'est l'action oratoire. On sait que la mimique avait une grande importance chez les anciens. Chez certaines tribus sauvages la parole ne peut se comprendre sans le geste. La mimique est surtout en usage chez les sourds-muets. Les sourds-muets ont à leur disposition deux sortes de langages : l'un conventionnel, dont ils se servent avec les autres hommes, et où chaque lettre de l'alphabet est représentée par un geste ; il a été inventé par l'abbé de L'Épée et l'abbé Sicard ; l'autre

composé de signes naturels dont ils se servent entre eux, et où chaque geste exprime directement une idée.

2. *Le langage écrit.* — Le langage écrit est un système de figures destinées à représenter la pensée aux yeux d'une manière durable. Il y a deux sortes d'écritures : l'*écriture idéographique* et l'*écriture phonétique.*

L'écriture idéographique représente directement les objets par des images ou des symboles. Elle est *figurative* ou *symbolique*, suivant qu'elle imite et dessine les objets, ou les exprime par des emblèmes en vertu d'analogie ; le chien, par exemple, désignera la fidélité, le renard la ruse, le lion le courage. Telle est l'écriture des Chinois. Cette écriture a l'avantage de pouvoir être comprise par des hommes qui ne parlent pas la même langue. Mais le nombre des mots est illimité. Un Chinois peut passer toute sa vie à apprendre ses lettres. L'arithmétique est une écriture idéographique.

L'écriture phonétique représente non plus les objets et les idées, mais les sons. Les caractères sont des signes de signes. L'écriture phonétique est *syllabique* ou *alphabétique*. Dans l'écriture syllabique les signes représentent des sons complexes, ceux d'une syllabe. L'écriture des Assyriens était syllabique. La plupart des systèmes de sténographie sont du même genre. Dans l'écriture alphabétique les signes représentent des sons simples, voyelles ou consonnes. Découverte par les Phéniciens, elle est maintenant usitée chez tous les peuples de l'Europe. De toutes les écritures c'est la plus simple et la plus commode.

L'écriture *hiéroglyphique* que l'on trouve sur les ruines des monuments égyptiens, est un mélange de diverses sortes d'écritures. Elle comprend des images, des symboles et des signes phonétiques.

3. *Le langage oral.* — Le langage oral consiste dans une combinaison de sons, surtout de sons articulés. C'est le langage qui offre le plus d'avantages. Le langage d'action et le langage écrit ne peuvent être employés dans l'obscurité. On entend les sons la nuit comme le jour. Ils sont d'ailleurs très variés et leur rapidité est très grande. Nous étudierons spécialement la parole qui est un ensemble de sons articulés.

Le langage naturel et le langage artificiel. — D'après

le rapport des signes aux états de conscience, on distingue le langage naturel et le langage conventionnel ou artificiel. Le premier se compose de signes dont les hommes se servent spontanément pour exprimer leur pensée ; il comprend le langage d'action et les sons inarticulés. Le second se compose de signes convenus ; le langage de la chimie et celui de l'algèbre sont des langages conventionnels. Les différentes langues, bien qu'elles aient de profondes racines dans les facultés naturelles de l'homme, sont des formes de langage artificiel.

Ces deux formes de langage ont des caractères distincts.

Le langage naturel est universel. Tous les hommes l'emploient et le comprennent. Un langage conventionnel ne peut pas être universel. Pour le comprendre et l'employer il faut un certain degré d'instruction.

Le langage naturel est de sa nature synthétique. D'un seul geste, un chef d'armée peut indiquer le mouvement qu'il commande, la direction de ce mouvement, les troupes qui doivent se mettre en marche, et la volonté ferme qu'il a de se faire obéir. Le langage conventionnel est plutôt de sa nature analytique ; pour exprimer la pensée, il la décompose en ses éléments divers.

Enfin le langage naturel est expressif et émotionnel. Il exprime à merveille les sentiments et les passions ; un cri d'angoisse, par exemple, ne laisse pas de doute sur le sentiment qui le provoque. Le langage conventionnel est surtout conceptuel. Seul il peut énoncer la pensée abstraite, la pensée générale. Il serait difficile de démontrer les plus simples théorèmes de géométrie par gestes ou sons inarticulés.

III — LA PAROLE

La parole, ensemble de sons articulés, est le langage par excellence. Deux questions principales se posent au sujet de la parole : la question de l'origine de la parole, et celle des rapports de la parole et de la pensée.

Origine de la parole. — La question de l'origine de la parole peut être envisagée à un double point de vue, au point de vue historique et au point de vue philosophique.

Au point de vue historique, si loin qu'on remonte dans le passé. On trouve l'humanité en possession de la parole. L'hypothèse d'une époque primitive de mutisme d'où l'homme serait peu à peu sorti est contraire au témoignage des Livres saints qui nous montrent le premier homme faisant usage de la parole aussitôt après la création. L'histoire profane d'autre part se tait sur l'inventeur prétendu du langage et sur l'époque de l'invention ; et la tradition paraît bien s'opposer à cette explication de l'origine du langage, lorsqu'elle nous parle d'un âge d'or où l'homme conversait familièrement avec la divinité.

La philologie à son tour, d'après Max-Müller, déposerait en faveur d'une langue primitive, relativement parfaite dès le principe. « Rien de nouveau, dit-il, n'a été ajouté à la substance du langage primitif. Les changements n'ont porté que sur la forme ; et de même que dans le monde des corps pas un atome n'a pu être ajouté à la matière, de même dans le monde des esprits pas un seul élément primitif n'a été inventé, pas une seule racine n'a pu être ajoutée au langage. Dans un sens parfaitement exact nous pouvons dire que les mots dont nous nous servons sont ceux qui furent employés par le premier homme, lorsqu'il fut appelé à donner lui-même un nom aux animaux. » Ces conclusions sont contestées par d'autres philologues, en particulier par Michel Bréal et Withney.

Mais à côté de la question historique, il y a une question philosophique. L'homme pouvait-il par ses propres forces inventer le langage ? et s'il le pouvait, comment cette invention était-elle possible ? Plusieurs opinions sont en présence ; voici les principales.

1. *La parole invention artificielle.* — Une première opinion attribuée à Démocrite, soutient que le langage fut à l'origine une invention tout artificielle. Il aurait été trouvé dans la primitive humanité par un homme plus intelligent, et les autres l'auraient adopté comme moyen de communication entre eux, après une convention plus ou moins expresse.

C'est là une opinion peu vraisemblable. D'une part, l'homme est un être sociable, et on ne comprend pas une société d'hommes sans un certain langage. D'autre part, comprend-on mieux un homme inventant le langage en dehors de la société et le faisant adopter aux autres sans un langage préalable ?

D'ailleurs cette opinion n'a plus aujourd'hui de partisans. Comment soutenir, en effet, que l'invention du langage est de même nature que l'invention de la notation musicale, ou de la nomenclature chimique ?

2. *La parole révélation de Dieu.* — Une seconde opinion est celle de de Bonald et des traditionalistes qui expliquent le langage par une révélation divine. Dieu, en créant l'homme, lui a donné une langue toute faite, et en même temps l'intelligence des mots qui la composent. C'est en parlant à l'homme que Dieu lui aurait appris à parler.

De Bonald cherche un fait primitif qui puisse servir de base aux grandes vérités métaphysiques. Ce fait, c'est pour lui le don extérieur fait par Dieu au premier homme de la parole. Si la parole est un don de Dieu, elle implique l'intervention de Dieu, et un commerce primitif de Dieu avec l'homme. Donc Dieu existe ; donc aussi les idées dont la parole de Dieu a été l'expression sont divines dans leur origine comme la parole, et par conséquent absolument certaines. Quelle conclusion en tirer, sinon qu'il faut placer le fondement de la certitude pour l'humanité actuelle dans la tradition qui transmet et conserve ces idées ? D'où le nom de traditionalisme donné au système.

Toute la valeur du système, on le voit, dépend de la solution apportée à la question de l'origine de la parole. De Bonald soutient que l'invention du langage est absolument au-dessus des forces de l'homme. « Il est nécessaire, dit-il, d'avoir l'expression de la pensée pour penser, car l'homme pense sa parole avant de parler sa pensée. » La parole est la condition de la pensée. Le langage articulé est un mécanisme complexe, assujetti à des règles qu'il est impossible de connaître sans beaucoup de réflexion. L'usage de cette réflexion ne se comprend que dans une intelligence très développée ; et ce développement de l'intelligence suppose la parole. En somme, il y aurait contradiction entre l'extrême faiblesse intellectuelle de l'homme ne parlant pas, et la force d'intelligence qu'il lui faudrait pour inventer une langue. L'invention humaine de la parole est donc absolument impossible.

A cette raison principale de Bonald en ajoute d'autres. L'homme est un être sociable ; or la parole est essentielle à l'état social ; Dieu a donc dû donner à l'homme dès l'origine la parole. — Les faits prouvent que la parole s'apprend par la parole. Les sourds-muets ne sont muets que parce qu'ils sont sourds ; ils ne peuvent pas parler parce qu'ils n'entendent pas la parole. — Enfin, à diverses époques on aurait trouvé des hommes isolés de leurs semblables, absolument dépourvus de tout langage articulé.

Nous réfuterons en logique la thèse du traditionalisme, relative au fondement de la certitude. Quant à l'impossibilité de l'invention humaine de la parole, la raison principale qu'en donne de Bonald, n'est pas admissible. Il est faux que l'homme ne puisse pas penser sans paroles. La parole est un signe conventionnel dont on ne peut acquérir l'intelligence qu'au moyen du langage naturel. Le langage naturel préexiste donc à la parole. Or, la pensée préexiste au langage naturel qui l'exprime. De plus, c'est un fait d'expérience qu'on peut avoir une idée sans trouver de mots pour l'exprimer, et il y a des idées nouvelles pour lesquelles on invente des néologismes. En outre, la parole n'ayant de valeur que comme signe, ne suppose-t-elle pas logiquement la perception d'un rapport avec l'objet signifié, c'est-à-dire la pensée ? Et si elle suppose la pensée, peut-on soutenir qu'elle l'engendre ? Enfin comment l'enfant pourrait-il apprendre à parler, s'il n'avait antérieurement à la parole quelques pensées ? Les mots n'ont par eux-mêmes aucune valeur propre à produire dans son esprit les premières idées. De ce que l'homme est un être essentiellement sociable, on peut conclure qu'il a toujours parlé, mais c'est trop conclure d'affirmer que Dieu lui a révélé la première langue. Restent les deux derniers faits allégués par de Bonald ; mais ils sont contredits par d'autres.

D'ailleurs, fait observer Maine de Biran, « que Dieu ait révélé le langage ou que l'homme l'ait inventé, la difficulté reste la même, c'est-à-dire, qu'il faut savoir quelles facultés ont dû concourir à l'institution du premier langage. Le son articulé ne devient signe que lorsqu'il est devenu un acte volontaire. Si Dieu apprenait à l'homme que tel son signifie telle idée, il faudrait que l'homme comprît ce rapport. Or, comprendre ce rapport d'un son à une idée, c'est instituer soi-même le son à titre de signe. »

3. *La parole instinct spécial.* — Une troisième opinion sou-

tenue par les Écossais et leurs disciples, ainsi que par Renan et Max Müller, rapporte la parole à un instinct spécial. A l'origine chaque idée suggérait naturellement un mot et le même mot à tous les hommes. Cet instinct a disparu avec le temps. On peut rapprocher cette opinion de la précédente. Que Dieu ait révélé la parole à l'homme ou qu'il lui ait donné l'instinct de parler, cela revient au même, et l'invention du langage est indépendante de l'intelligence et de la volonté humaine.

Les considérations philologiques sur lesquelles Renan et Max Müller appuient cette opinion sont contestées par d'autres philologues. M. Bréal en particulier soutient que les éléments communs ou racines que Renan et Max Müller avaient cru reconnaître dans toutes les langues, ne sont pas des éléments primitifs, mais des résidus de mots antérieurs et l'expression d'idées générales et non individuelles. De plus, expliquer la parole primitive par un instinct, c'est renoncer à toute explication. Pourquoi d'ailleurs cet instinct de la parole a-t-il disparu ? Et comment rendre compte de la diversité des langues dans les différents pays et dans la suite des temps ? Enfin soutenir l'innéité d'une langue dans l'esprit de l'homme, ne conduit-il pas à soutenir l'innéité de toutes les idées correspondantes aux mots de cette langue ? Quel partisan de l'innéité oserait aller jusque là ?

4. *La parole élaboration lente et progressive du langage naturel*. — Une quatrième opinion qui est celle de la plupart des philosophes contemporains ne voit dans la parole qu'une élaboration lente et progressive du langage naturel. Ce qui porte à croire impossible l'invention du langage par l'homme, c'est qu'on suppose les langues primitives aussi parfaites que celles des anciens peuples historiques. Mais rien ne prouve qu'il en ait été ainsi. Les langues primitives ont dû être très imparfaites, et dès lors il semble qu'on puisse les expliquer par le développement naturel des facultés de l'homme.

On trouve, en effet, chez l'homme tout ce qui est nécessaire pour parler. Il est doué d'un organe vocal qui lui permet d'émettre des sons articulés. Rien de plus naturel qu'il se serve de ce moyen pour exprimer ses états de conscience. Vivant en société, il éprouve le besoin de communiquer ses pensées à ses semblables. Capable de percevoir des rapports et de généraliser, il a l'intelligence des signes, et peut en étendre volontairement la signification.

C'est le langage naturel qui a fourni les premiers éléments. L'homme a commencé par reproduire intentionnellemet des interjections naturelles pour signifier les émotions qui en avaient été la cause, ou certains bruits de la nature pour désigner les objets capables de les produire. N'est-ce pas ainsi que procèdent les enfants et les sauvages ? Puis l'homme, percevant certains rapports entre les objets qu'il a déjà nommés et d'autres objets, applique à ceux-ci le nom de ceux-là. Mais les analogies sont innombrables, soit entre les différents objets, soit entre les propriétés des objets et les modifications de la voix ; et on comprend comment les interjections et les onomatopées sont devenues les premières racines des langues, et ont pu faire dans la suite souche de mots. La psychologie infantile apporte encore une confirmation à cette hypothèse. Dites à un enfant le nom d'un objet ; il appliquera naturellement ce nom à tous les objets semblables, alors même que l'analogie serait très lointaine. Il faut ajouter que le langage est une chose vivante. C'est une sorte d'organisme qui se développe suivant certaines lois, les unes générales, les autres particulières que détermine la philologie. Mais c'est par la généralisation que s'explique surtout l'évolution du langage. Si l'animal ne parle pas, c'est parce qu'il ne généralise pas.

M. Rabier résume ainsi la question de l'origine et de l'évolution du langage :

1. « Emploi intentionnel d'un cri qui était d'abord simple signe naturel.

2. « Passage de l'emploi d'un signe particulier à l'idée du signe en général.

3. « Reproduction et imitation des interjections spontanées, et de tous les sons extérieurs pour désigner les états intérieurs ou les objets extérieurs causes de ces interjections ou de ces sons.

4. « Extension du sens des mots ainsi formés à d'autres objets par voie d'applications analogiques, d'où résulte en même temps la diversification des mots.

« Tels sont les quatre stades successifs et les quatre opérations essentielles que l'on peut distinguer dans la création du langage. »

Rapports de la parole et de la pensée. — Constatons d'abord l'union intime de la parole et de la pensée. Dès qu'un mot se présente à notre esprit, il éveille une idée ; un mot sans idée n'est réellement plus un mot. D'autre part, nous ne pensons presqu'aucune idée sans l'exprimer, ne serait-ce que par la parole intérieure. La réflexion solitaire est comme un monologue dans lequel nous parlons intérieurement notre pensée. On a souvent comparé cette union de la pensée et de la parole à l'union de l'âme et du corps. La pensée est comme l'âme du mot, et le mot comme le corps de la pensée. Pour mieux préciser ces rapports de la parole et de la pensée, nous considérerons tour à tour l'influence de la pensée sur la parole, et l'influence de la parole sur la pensée.

1. *Influence de la pensée sur la parole.* — Tout d'abord la parole est l'œuvre de la pensée. Le mot n'est pas le générateur de l'idée, comme le prétend de Bonald ; c'est l'idée qui engendre le mot. Supprimez l'idée, le mot est un son vide, une simple émission de voix sans aucun sens. C'est la pensée qui donne aux mots leur signification, qui la modifie, l'étend ou la restreint. Certains mots peuvent avoir des sens différents, suivant la pensée de celui qui les prononce. Le mot honneur, par exemple, n'a pas le même sens dans toutes les bouches. Il y a un petit et un grand sens des mots. C'est encore la pensée qui invente des mots nouveaux pour des idées nouvelles. Ce qu'on appelle la vie du langage n'est que le reflet de la vie de la pensée.

Les variations de la syntaxe comme celles du vocabulaire suivent les variations de la pensée. Les lois de la syntaxe reproduisent les lois de la pensée. Dans toute grammaire il y a une logique. La grammaire générale n'est qu'une traduction des règles essentielles et invariables de l'activité intellectuelle. Les grammaires particulières ont pour objet les éléments accidentels et variables qui correspondent dans les diverses langues aux modifications que subit la pensée sous des influences de diverse nature. Le style, c'est l'homme, parce que l'homme se révèle par sa parole et ses écrits. « Spontanée et synthétique chez le poëte, réfléchie et analytique chez le savant, commune et sans caractère déterminé chez le vulgaire, la pensée revêt tour à tour des formes poétiques, scientifiques et vulgaires :

Richesse, éclat, abondance, teintes pittoresques, vives couleurs, c'est la langue du poète ; clarté, simplicité, analogie, c'est la langue du savant ; signes ordinaires et communs sans aucune saillie caractéristique, c'est la langue du vulgaire[1]. » Chaque peuple aussi se révèle par sa langue. « Formes immédiates de la pensée, dit Darmesteter, instruments créés par elle pour la traduire, les langues sont autant de miroirs où viennent se réfléchir les habitudes d'esprit et la psychologie des peuples. »

2. *Influence de la parole sur la pensée.* — Si la pensée exerce une grande influence sur la parole, la parole à son tour réagit sur la pensée. Intermédiaire entre deux pensées, la parole exprime la pensée de celui qui parle, et éveille une pensée chez celui qui l'entend. D'où une double utilité de la parole, d'abord comme expression de la pensée, ensuite comme moyen de communication de la pensée.

A. **Comme expression de la pensée.** — La parole sert à fixer, à préciser et à simplifier la pensée.

Elle *fixe* la pensée. Nous avons déjà dit qu'il serait difficile à l'esprit de conserver les idées générales sans les mots qui les expriment, et il en est à peu près de même de toutes les idées. Mais une fois qu'elles ont été associées à des mots, elles se gravent comme les mots dans la mémoire. Par la parole l'idée prend un corps qui l'empêche de s'évanouir aussitôt que conçue.

Elle *précise* la pensée. Tant qu'on n'a pas exprimé la pensée, elle reste plus ou moins vague et indécise. Avec les mots elle prend une forme nette, des contours bien arrêtés. C'est pour cette raison que les mots sont appelés termes par les grammairiens. Ils limitent en effet et circonscrivent la pensée. Aussi est-il nécessaire de parler non seulement pour dire sa pensée, mais pour la mieux connaître soi-même. Selon la parole de Montesquieu, on ne sait bien ce que l'on a voulu dire que lorsqu'on l'a dit. Pour bien posséder une science, il faut l'enseigner. Celui qui enseigne est obligé de bien se rendre compte de ses idées, et c'est en les exposant qu'il y introduit de la clarté. Ne nous arrive-t-il pas, lorsque dans la réflexion notre pensée ne se produit pas avec netteté, de mettre involontaire-

1. Albert Farges.

ment en jeu l'organe vocal? Nous articulons les mots, les phrases, et cela nous aide à éclaircir notre pensée.

La parole précise et éclaircit la pensée parce qu'elle lui impose sa forme analytique. Les langues ne sont pas sans doute des méthodes analytiques au sens où l'entendait Condillac; mais elles n'en sont pas moins de précieux instruments d'analyse. La nécessité de prononcer successivement les mots, nous oblige à considérer l'un après l'autre les divers éléments de notre pensée. Le discours, en décomposant les idées de l'esprit, les présente sous une forme plus distincte.

Elle *simplifie* la pensée. Par la substitution des mots aux idées, la parole facilite les opérations de l'esprit. Celles-ci, au lieu de se faire sur la pensée même qui est de sa nature fuyante se fait sur les mots qui la remplacent sans le même inconvénient. Cela est surtout manifeste dans les raisonnements mathématiques. Qu'on essaye de raisonner sur les idées abstraites de l'arithmétique ou de l'algèbre sans le secours des mots, on n'y réussira pas. Même dans les raisonnements ordinaires et dans le langage courant, l'attention est souvent fixée sur le mot plutôt que sur l'idée ; et il n'est pas rare que l'idée disparaisse même de la conscience, et qu'on ne pense en réalité que des mots.

B. **Comme moyen de communication de la pensée.** — C'est par la parole surtout que nous pouvons communiquer nos idées et recevoir celles des autres hommes. Sans le langage parlé ou écrit, chacun n'aurait d'autre maître que lui-même, et comment alors pourrait se faire la science? La presque totalité de nos connaissances n'a d'autre origine que l'enseignement et les livres. C'est l'écriture qui transmet à chaque génération les découvertes des générations précédentes. Elle est comme la mémoire de l'humanité, et c'est grâce à elle surtout que suivant le mot de Pascal « l'humanité peut être considérée comme un seul homme qui subsiste toujours et qui apprend continuellement. »

Remarquons de plus que le langage, en nous communiquant la pensée d'autrui, contribue à former la nôtre. L'étude d'une langue nous initie aux habitudes de pensée de ceux qui la parlent. Apprendre leur langue, c'est apprendre non seulement leurs pensées, mais à penser comme eux. « Tous les conquérants l'ont bien su qui n'ont rien eu plus à cœur en tout temps et partout où la force a fondé leur empire, que d'interdire aux populations qu'ils s'étaient annexées, l'usage de la langue maternelle. Mais inversement les populations ne l'ont pas moins bien su, elles aussi qui n'ont pas cru qu'aussi longtemps qu'elles demeureraient fidèles à cette même langue, rien fût encore désespéré. C'est qu'en effet, parler la même langue, c'est penser, c'est associer ou combiner ses idées de la même manière, c'est sentir ensemble ; c'est éprouver les mêmes impressions des mêmes choses ; là est la raison du culte que tous les grands peuples ont professé pour leur littérature[1]. »

L'influence de la parole sur la pensée est donc très grande. L'homme ne pense pas parce qu'il parle, comme le prétend de Bonald ; une science n'est pas seulement une langue bien faite, comme le soutient Condillac. C'est d'une science bien faite que vient une langue bien faite, c'est parce qu'il pense que l'homme parle. De Bonald et Condillac prennent l'effet pour la cause. Mais si la parole et la langue sont d'abord l'effet de la pensée et de la science, elles en sont ensuite la cause. Les progrès de la parole et de la langue sont les conditions des progrès de la pensée et de la science. Et, en définitive, sans la parole l'homme penserait, mais il penserait mal ; sans la parole l'homme pourrait acquérir des connaissances, mais sa science serait bien imparfaite, et de la science elle n'aurait guère que le nom.

Les langues. — Une langue est un système plus ou moins complet de mots dont un peuple se sert pour exprimer sa pensée. Les langues sont très nombreuses et très diverses, et les causes de cette diversité très complexes. La différence des lieux, des climats, de la moralité, de la religion, de la civilisation, le génie propre des nations, ce sont là autant de causes qui entrent comme facteurs dans cette diversité. Toutefois la linguistique ramène toutes les langues à trois types principaux : les langues isolantes ou monosyllabiques, les langues agglutinantes ou polysynthétiques, et les langues flexionnelles ou déclinables.

1. *Les langues isolantes.* — Les langues isolantes sont com-

1. BRUNETIÈRE. — *L'idée de patrie.* 19-20.

posées de mots racines d'une seule syllabe, qui expriment chacun une idée abstraite et générale, et qui selon l'ordre dans lequel ils sont placés indiquent les diverses modifications ou combinaisons d'idées. Le chinois, l'annamite, le siamois, le birman, le thibétain, sont des langues à mots isolés et à racines pures.

2. *Les langues agglutinantes.* — Les langues agglutinantes sont composées de racines dont les unes expriment les idées importantes, les autres les idées accessoires désignées dans les langues flexionnelles par le genre, le nombre, le temps et le cas. Ces racines s'ajoutent ensemble, s'agglutinent de manière à exprimer dans un seul mot long et compliqué, soit les modifications d'une idée principale, soit une combinaison d'idées principales et d'idées secondaires. Les langues agglutinantes sont parlées dans toute l'Amérique et l'Océanie, dans une grande partie de l'Asie et de l'Afrique, et dans quelques régions de l'Europe. La langue basque est une langue agglutinante.

3. *Les langues flexionnelles.* — Les langues flexionnelles sont composées de mots dont chacun exprime une idée principale modifiée par une idée accessoire, et dans lesquels la terminaison se modifie, s'infléchit pour exprimer les diverses modifications de l'idée principale. Telles sont les langues indo-européennes, par exemple les langues germaniques, le grec et le latin, les langues néo-latines : français, italien, espagnol, et les langues sémitiques : l'arabe, le phénicien, l'hébreu classique, l'assyrien, le syriaque.

Beaucoup de philologues supposent assez naturellement que les langues agglutinantes, sont dérivées de langues monosyllabiques plus anciennes par l'addition des racines accessoires aux racines principales, et que les langues à flexion sont dérivées de langues agglutinantes plus anciennes par la fusion des racines accessoires avec les racines principales.

Langues analytiques et langues synthétiques. — D'une manière plus générale, on peut diviser les langues en langues analytiques et en langues synthétiques. Dans toutes les langues on rencontre sans doute les deux procédés généraux de l'esprit humain ; mais il y a des langues qui poussent plus loin l'analyse, et où le procédé analytique l'emporte sur le procédé synthétique ; il y en a d'autres où c'est la synthèse qui

domine. Les langues analytiques diffèrent des langues synthétiques dans la formation des mots et dans la construction des
phrases.

1. Dans la *formation des mots*, les langues synthétiques
tendent à exprimer plusieurs idées par un seul mot. On y
trouve beaucoup de mots composés et de flexions grammaticales. Le latin et le grec sont des langues synthétiques. Ainsi
λυθήσομαι renferme l'idée de délier, l'idée de la première personne
du singulier, l'idée du passif et celle du futur. Les langues
analytiques tendent à exprimer chaque idée par un mot distinct.
En général les langues modernes, français, anglais, italien...
sont analytiques. On y trouve sans doute des racines d'où se
forment les mots dérivés, mais elles n'ont guère de mots composés ni de flexions grammaticales.

2. Dans la *construction des phrases*, les langues synthétiques
ont une syntaxe qui tient grand compte de l'importance subjective des idées et des sentiments qui les accompagnent.
L'ordre inversif y est fréquent. Le rôle des mots déjà indiqué
par les flexions grammaticales n'a pas besoin de l'être par la
place qu'ils occupent dans la phrase. Au contraire, la syntaxe
des langues analytiques recherche avant tout l'ordre logique,
abstraction faite de l'importance subjective des idées et des
sentiments, et l'inversion y est rare. D'où la construction simple
de la phrase française : sujet, verbe, attribut. Cette construction
est presque seule possible à cause du petit nombre des flexions.

Les langues synthétiques ont l'avantage de la richesse des
formes. Elles conviennent surtout à la poésie et à l'éloquence,
parce que leur logique est la logique du sentiment et de la
passion. Les langues analytiques ont l'avantage de la précision
et de la clarté. Leur logique est la logique de la pensée ; aussi
conviennent-elle surtout à la science et à la philosophie.

Projet d'une langue universelle. — La langue d'un
peuple est l'image la plus fidèle de son développement intellectuel et moral. Aussi, quand on veut connaître le degré de civilisation d'un peuple, on étudie avant tout ses œuvres littéraires.
La langue contribue aussi pour une large part à l'unité nationale,
et on a pu dire non sans raison qu'un peuple qui renonce à sa
langue est un peuple qui se tue. La diversité des langues n'est
donc pas sans avantages. Toutefois, elle offre l'inconvénient

d'établir entre les peuples une ligne de démarcation qui gêne leurs relations surtout intellectuelles et scientifiques. Frappés de cet inconvénient, de grands esprits : Bacon, Pascal, Leibnitz entre autres, ont rêvé de créer une langue universelle. Selon eux, il faudrait tout d'abord déterminer les éléments irréductibles de nos pensées, et les rapports variés que l'esprit peut établir entre ces divers éléments. Puis on constituerait pour les uns et les autres des signes distinctifs, qu'il suffirait de combiner pour exprimer toute pensée.

Mais une langue universelle, théoriquement possible, en pratique est une chimère comme la paix universelle. Sans parler des difficultés de la création de cette langue, supposez-la créée, comment la faire adopter par tous les peuples? Supposez-la adoptée, elle ne resterait pas longtemps sans altérations. Enfin, ce serait enlever aux peuples une part très importante de leurs traditions, et par conséquent un des éléments de leur nationalité.

Il n'y a ni les mêmes difficultés, ni les mêmes inconvénients pour la création ou l'usage d'une langue universelle, restreinte à un objet spécial, la science par exemple, ou la diplomatie. C'est ainsi que le latin a été longtemps la langue scientifique des peuples de l'Occident, et le français est, depuis le traité de Nimègue, la langue de la diplomatie chez ces mêmes peuples.

Ouvrages à consulter.

De Bonald. — *Législation primitive.*

Darmesteter. — *La vie des mots.*

E. Egger. — *Le langage chez les enfants.*

V. Egger. — *La parole intérieure.*

Jouffroy. — *Mélanges philosophiques.*

Ledos — *La physionomie humaine.*

Maspéro. — *Histoire ancienne des peuples d'Orient.*

Max Muller. — *Leçons sur la science du langage.*

Regnaud. — *Origine du langage.*

Renan. — *Origine du langage.*

A. Smith. — *Essai sur l'origine du langage.*

Withney. — *La vie du langage.*

Articles de revues.

Regnaud. — *Évolution phonétique du langage* (Revue phil., 1889; I, 262).

Taine. — *De l'acquisition du langage chez les enfants et les peuples primitifs* (Revue phil., I, 5).

Vacant. — *Parole et langage* (Annales de philos. chrét., 1890).

CHAPITRE II

Dans la critique de la raison pure, Kant appelle esthétique l'étude de la sensibilité. Mais le sens usuel de ce mot depuis Baumgarten qui le premier l'employa, est celui de science du beau. L'esthétique comprend deux parties, l'une théorique qui a pour objet le beau, l'autre pratique qui a pour objet l'art.

I — LE BEAU

Qu'est-ce que le beau ? Il est difficile d'en donner une définition précise. *Facilius intelligi quam explanari potest*, dit Cicéron. Commençons par analyser les effets que produit le beau dans notre âme. Cette analyse nous aidera à déterminer les caractères qui le constituent dans les objets.

Effets du beau. — Le beau produit en nous un effet tout à la fois sensible et intellectuel, une émotion et un jugement. Lequel est la condition de l'autre ? Est-ce le jugement qui est déterminé par le sentiment ? Est-ce le sentiment qui naît du jugement ? Ceux qui prétendent que le sentiment esthétique est la conséquence du jugement esthétique allèguent comme raison qu'on ne peut aimer et admirer ce qu'on ne connaît pas, *ignoti nulla cupido*, et que le jugement porté sur la beauté des objets est indépendant de l'émotion esthétique. L'objet que nous qualifions beau est celui que nous jugeons conforme à notre idéal.

Ceux qui donnent au contraire la priorité au sentiment esthétique disent qu'un objet ne peut nous paraître beau sans nous faire éprouver le plaisir du beau et que ce plaisir du beau nous suffit souvent pour motiver le jugement esthétique. Nous jugeons qu'un objet est beau parce que nous le sentons tel.

Il est incontestable que le sentiment esthétique, comme tout autre sentiment, ne va pas sans une certaine connaissance. Mais cette connaissance peut être vague et confuse et différer beaucoup d'un jugement réfléchi, résultat d'une comparaison entre l'objet perçu et un idéal réellement conçu. Quoi qu'il en soit, si le beau ne s'adresse pas uniquement à la sensibilité, il ne se comprend pas, abstraction faite de l'émotion esthétique, et définir le beau, c'est d'abord définir cette émotion.

Le sentiment esthétique. — D'abord cette émotion n'est pas une sensation, c'est un sentiment. L'émotion esthétique, en effet, peut être provoquée dans l'âme sans qu'aucun objet extérieur agisse sur les sens. Cela arrive lorsque l'artiste conçoit en l'absence de toute perception un idéal. Il peut éprouver une très vive émotion, et cependant il n'y a rien de physique qui excite en lui cette émotion et par conséquent il n'y a pas de sensation.

Si l'émotion esthétique était une sensation, tous les sens devraient la provoquer ; or c'est dans l'exercice des sens dont les sensations sont les moins vives, la vue et l'ouïe, que se produit l'émotion esthétique. Le toucher, l'odorat et le goût ne sont à peu près pour rien dans la production de cette émotion. Parle-t-on jamais de belles odeurs et de belles saveurs ? Un objet beau peut sans doute être en même temps agréable au toucher, à l'odorat et au goût, mais il est beau en tant qu'on le regarde, il ne l'est plus en tant qu'on le touche, qu'on le goûte ou qu'on le flaire.

De plus l'émotion esthétique et la sensation sont ordinairement en raison inverse. Une sensation trop forte étouffe l'émotion esthétique. Une dissonance en musique produit une sensation très vive, mais elle blesse l'oreille. Des tableaux d'un coloris médiocre peuvent nous émouvoir bien plus que des œuvres plus séduisantes aux sens, mais en vérité moins belles. « Qu'un habile pianiste, dit Ch. Lévêque, me joue une sonate de Mozart sur une misérable épinette aux sons maigres et perçants, j'éprouverai une émotion esthétique délicieuse et une sensation de l'ouïe pénible. Qu'un pianiste médiocre me fasse entendre un morceau vulgaire, platement exécuté sur un piano d'Érard, la sensation physique de l'ouïe sera agréable, l'émotion esthétique nulle ou pénible. Voilà deux faits décisifs où la sensation et l'émotion esthétique se séparent profondément. »

Caractères du sentiment esthétique. — L'émotion esthétique est donc un sentiment; mais c'est un sentiment *désintéressé*. Un objet peut être tout ensemble beau et utile; mais autre est le sentiment de l'utile qui excite le désir de la possession, autre le sentiment du beau qui excite l'admiration. L'utile et le beau sont souvent séparés. Des choses utiles peuvent être laides et des choses belles ne sont pas toujours utiles. « Une maison, dit M. Marion, peut être utile et belle en même temps, mais une maison peut aussi être utile sans être belle et belle sans être utile. Et quand elle est belle et utile à la fois, ce n'est pas en tant qu'elle est utile qu'elle est belle; ce qui la fait belle est d'un autre ordre que ce qui la rend utile. » Aussi les hommes qui s'entendent le mieux aux choses utiles sont rarement des artistes, et les artistes ne sont pas toujours ce qu'on appelle des hommes pratiques. Ces deux sentiments semblent se contrarier dans l'âme. Mettez dans la même campagne un laboureur et un paysagiste, ils la considéreront avec des sentiments bien différents. « Le beau, dit Kant, est une finalité sans fin. »

L'émotion esthétique est un sentiment *universel*, favorable aux affections sympathiques et à la sociabilité. Il n'en est pas, en effet, de l'émotion esthétique comme de certains autres sentiments qui sont exclusifs de leur nature. Quand nous l'éprouvons, non seulement nous ne voulons pas nous la réserver à nous-mêmes, mais nous désirons qu'elle soit partagée par tous les autres. Nous affirmons même qu'il doit en être ainsi. Nous admettons qu'on nous contredise lorsque nous disons que telle saveur ou telle odeur est agréable. Nous n'admettons pas qu'on le fasse lorsque nous disons qu'un objet est beau. D'où le caractère sociable de l'émotion esthétique.

Kant qui, dans sa critique du jugement, essaye d'établir les bases d'une théorie du beau, résume les caractères que nous venons d'énumérer dans la définition suivante : « Le beau est l'objet d'une satisfaction désintéressée universelle et nécessaire. »

Mais Kant s'en tient à l'analyse des effets du beau. Il l'explique par des caractères tout subjectifs. Or une telle explication est incomplète. Il faut une cause objective à l'émotion esthétique. C'est cette cause qu'il s'agit de déterminer pour donner une définition du beau.

Conditions objectives et nature du beau. — On a souvent rapproché l'idée du beau de l'idée du vrai et de l'idée du bien. Le vrai, le beau, le bien, sont en effet trois aspects essentiels de la réalité, et dans l'absolu ils s'identifient. Mais c'est dans l'absolu seulement, et il n'en faut pas moins distinguer l'idée du beau, de l'idée du vrai et de l'idée du bien, sous peine de confondre l'art, la science et la morale. Chacune de ces idées a son domaine propre.

Le beau et le vrai. — Le beau n'est pas le vrai. Tout ce qui est beau n'est pas nécessairement vrai; il y a de belles fictions. Tout ce qui est vrai n'est pas nécessairement beau. Rien de plus vrai qu'un axiome mathématique ; nous ne disons pas qu'il est beau. Le beau ne s'adresse pas à la raison seule. Ce n'est pas qu'il ne puisse être uni au vrai; « mais si l'on peut dire jusqu'à un certain point qu'une théorie scientifique, une découverte, une analyse sont belles, c'est en pensant à la puissance d'esprit du savant, à la pénétration du philosophe et en sympathisant avec eux. Ce qui nous donne dans ce cas l'émotion esthétique, ce n'est pas la vérité en elle-même; c'est le génie de l'homme qui la découvre [1]. »

Le beau et le bien. — Le beau n'est pas le bien. Il y a en effet de belles choses qui n'ont pas de rapports directs avec la moralité; et la beauté morale n'est qu'un cas particulier de la beauté. De plus il y a des actions moralement bonnes qui ne sont pas nécessairement de belles actions. « Ce qui est beau, c'est de faire son devoir coûte que coûte et plus que son devoir. Celui qui, pour être juste (car cela même est parfois difficile), qui, pour pousser la justice jusqu'au scrupule, immole tout égoïsme ; celui surtout qui pour la dépasser s'oublie lui-même et trouve sa joie dans le sacrifice, celui-là atteint au beau moral et nous en donne l'impression, et il nous la donne d'autant plus forte que les circonstances de son action concou-

---

1. MARION. — *Article de la grande encyclopédie.*

rent à la rendre plus saisissante pour notre imagination et plus émouvante pour notre sympathie [1]. »

Le vrai et le bien sont donc beaux à certaines conditions. Il y a de belles vérités, de belles actions. Mais ce ne sont pas les actions ordinaires, quoique bonnes, ce ne sont pas les vérités banales, qui sont belles. Ce sont celles qui revêtent un certain éclat. D'où ces définitions : le beau est la *splendeur du vrai*, le beau est la *splendeur du bien*. La première a été faussement attribuée à Platon, car on ne la trouve dans aucun de ses ouvrages. La seconde est plus conforme à ses doctrines. Ni l'une ni l'autre ne conviennent à tout le défini. Cette définition est donc incomplète.

Le beau et la puissance. — Le beau, a-t-on dit, c'est la grandeur, c'est la puissance. La grandeur peut sans doute ajouter à la beauté d'un objet, mais elle ne la constitue pas. Dans cette théorie, de deux choses, la plus grande serait nécessairement la plus belle. Le laid, en devenant plus laid, deviendrait beau. Il y aurait de beaux meurtres, de beaux crimes, ce qui est manifestement faux. Parce que ses forfaits dépassent toute proportion, dira-t-on que Néron a la beauté d'un héros ou d'un saint? Toutefois il faut distinguer la force, l'habileté déployée dans l'exécution d'un crime, du crime même. Cette force et cette habileté peuvent être admirées, abstraction faite de leur usage. C'est ainsi qu'à certaines conditions, la représentation d'un crime par la peinture ou la poésie peut être belle, en tant que représentation fidèle, en tant que manifestation du talent de l'artiste ou du poète.

Le beau et l'ordre. — Le beau, a-t-on dit, c'est l'ordre ou l'unité dans la variété. L'ordre ou l'unité dans la variété peut être une condition du beau, mais elle n'en est pas la condition suffisante. « Ces mots, dit Ch. Lévêque, n'apprennent rien à qui les entend, car ils ne signifieraient quelque chose que si l'on expliquait quelle est l'unité et quelle est la variété qui caractérisent le beau. Dans le vague où on les laisse, ils s'appliquent aussi bien à un objet quelconque et même à un objet laid. Une caisse d'emballage en bois de sapin n'est pas belle et pourtant elle a l'unité, puisque c'est une seule caisse, et elle a la

1. MARION.

variété, puisqu'elle a six parois dont quatre sont d'une grandeur et deux d'une autre. Une personne très laide est une unité, puisqu'elle est un individu distinct; elle a aussi la variété, car elle a quatre membres et une tête. Une définition n'est bonne que quand elle convient au seul objet défini. Or celle-ci convient non seulement à autre chose que l'objet défini qui est le beau, mais même à son contraire qui est le laid. »

Le beau et l'expression. — Le beau, a-t-on dit encore, c'est l'expression de l'âme par le corps, de l'idée par la matière, de l'intelligible par le sensible. Il y a, en effet, une beauté expressive qui réside moins dans la forme des choses que dans leur sens caché, que dans les idées ou les sentiments qu'elles évoquent en notre âme. Le visage de Socrate était naturellement difforme, mais lorsque Socrate parlait de l'immortalité de l'âme, son visage revêtait aux yeux de ses disciples une beauté incomparable. Le Moyen Age a produit certaines œuvres d'une exécution très imparfaite, mais admirables par l'expression. Mais à supposer que la définition de la beauté par l'expression s'étendît à tous les cas, ce qu'on peut contester, cette définition manquerait de précision; elle serait universelle sans être propre. Elle conviendrait à tout le défini, mais non au seul défini; car toute expression n'est pas belle. Le visage de certains criminels est-il beau, parce qu'il exprime la passion du crime? l'attitude de certains animaux est-elle belle, parce qu'elle exprime la stupidité ou la férocité?

Le beau splendeur de l'ordre. — Aristote définissait le beau la grandeur de l'ordre : τὸ γὰρ καλὸν ἐν μεγέθει καὶ τάξει ἐστί. Il nous semble qu'il a bien vu deux conditions essentielles de la beauté. Rien n'est beau qui ne soit dans l'ordre. L'ordre peut ne pas paraître d'abord, mais s'il fait absolument défaut dans un objet, cet objet ne sera pas beau. Ce qui est manifestement désordre, ce qui manque d'harmonie, de proportion, de convenance, est étranger à la beauté. Mais l'ordre ne suffit pas pour constituer la beauté. Toute action honnête est dans l'ordre sans être nécessairement belle. Un visage très régulier peut être insignifiant. L'idée de beau suppose quelque chose de grand, qui dépasse l'ordinaire soit dans les choses de la nature, soit dans les œuvres de l'intelligence et de la volonté. La beauté physique, c'est une vie puissante et ordonnée. La beauté intellectuelle, c'est une intelligence puissante et ordonnée. La beauté morale, c'est une volonté puissante et ordonnée.

Et encore! Cette puissance et cet ordre, pour produire en nous l'émotion esthétique, doivent revêtir un certain éclat. Pour être beau, il faut que l'ordre resplendisse. Le beau, c'est la *splendeur de l'ordre*. Tout ce qui est vraiment beau offre ce caractère. Pourquoi le monde physique est-il beau? C'est parce que l'ordre y éclate de toutes parts. D'où vient la beauté des chefs-d'œuvre de Racine, de Raphaël, de Mozart, sinon d'un degré supérieur et éclatant d'harmonieuse grandeur? N'en est-il pas de même de la beauté morale? Si nous appelons belle la vie d'un saint Vincent de Paul, c'est parce qu'elle resplendit de l'éclat de tous les dévouements. « Cette définition permet, dit Ch. Lévêque, d'apprécier le degré de beauté de chaque objet et par suite de le mettre à son rang dans la série des beautés de l'univers. Si, en effet, le beau est dans tous les genres d'être, l'action puissante et ordonnée de la force ou de l'âme, il s'ensuit naturellement qu'à un degré supérieur de puissance et d'ordre correspond un degré supérieur de beauté, et que certains êtres, bien que réalisant tout entier le type de leur genre, peuvent néanmoins le céder en beauté à des êtres de genre différent et même n'avoir qu'une beauté très restreinte et presque nulle, si la puissance de leur genre est très petite et si l'ordre en est pauvre et borné. Ainsi se graduent et s'échelonnent par rapport à la puissance qu'elles déploient et à l'ordre qu'elles réalisent toutes les forces et toutes les âmes dont l'ensemble compose ce que nous appelons le monde. »

Cette doctrine est conforme à celle de saint Thomas qui exige pour le beau trois conditions: l'intégrité, la proportion et l'éclat. *Ad pulchritudinem tria requiruntur primo quidem integritas sive perfectio, quæ enim diminuta sunt, hoc ipso turpia sunt; et debita proportio sive consonantia, et iterum claritas.*

Ces caractères du beau permettent de comprendre qu'il s'adresse à l'homme tout entier et émeut toutes ses puissances à la fois. « L'ordre, dit Bossuet, est ami de la raison et son propre objet; il ne peut être entendu ni mis dans les choses que par elle. » Lorsque la grandeur s'ajoute à l'ordre, comment le cœur pourrait-il y rester indifférent? Et lorsque l'union de ce qui frappe et émeut avec ce qui satisfait l'intelligence, prend une forme éclatante, comment ne se prêterait-elle pas à l'activité libre de l'imagination? C'est même dans ce libre déploiement de l'activité que beaucoup de philosophes, à la suite de Schiller, voient une des conditions les plus essentielles de l'émotion esthétique. Par là ils rapprochent l'émotion esthétique du plaisir du jeu. De même que le jeu est l'épanouissement libre d'une énergie vitale qui s'exerce pour le seul plaisir de s'exercer, de même l'émotion esthétique ne se produit pas sans le libre jeu de nos énergies mentales s'exerçant en même temps et jouissant d'elles-mêmes. Est beau tout objet qui provoque ce libre déploiement de nos puissances.

Le joli, le sublime, le laid. — Le joli est une espèce inférieure du genre beauté. « La seule différence essentielle qui sépare le joli ou le charmant du beau, dit Ch. Lévêque, réside dans le degré de la puissance. Le joli, c'est encore le beau, mais le beau moins la grandeur complète, moins l'ampleur, moins l'éclat de l'énergie largement déployée. Le joli ou le charmant, la puissance s'accroissant ou se complétant, égalerait la grande beauté elle-même. » On n'appellera pas le Mont-Blanc une jolie montagne, l'Océan une jolie mer, mais on dira d'une fleur, d'un papillon qu'ils sont jolis.

Pour beaucoup de philosophes, le sublime c'est le beau à un degré supérieur, c'est le beau « avec une grandeur qui surpasse toute mesure des sens ou de l'imagination, et un ordre qui se dérobe aux sens soit par sa grandeur indéterminée, soit par l'apparence du désordre, soit par l'un et l'autre à la fois. » Kant fait du sublime un genre à part. « Le beau, dit-il, a toujours une forme déterminée, le propre du sublime, c'est l'*illimitation*. Le beau est accompagné d'un sentiment mêlé de charme, le sublime d'un sentiment mêlé de douleur et d'*accablement*. Enfin le beau paraît en proportion avec nos facultés d'imaginer et d'entendre, le sublime paraît *discordant* avec ces facultés. » Remarquons que si le spectacle du sublime heurte en quelque manière nos facultés inférieures, dans l'idée même de l'infini dont il est comme l'expression sensible, la raison prend conscience de sa propre puissance. C'est de là surtout que naissent les profondes jouissances qui accompagnent ce genre de spectacle.

Kant distingue le sublime *mathématique* qui est l'expression de la grandeur sans limites, par exemple, le ciel, la mer, la pensée de l'éternité, et le sublime *dynamique* qui est l'expression de la puissance sans limites, par exemple l'océan soulevé par la tempête, une force morale extraordinaire.

Le laid est le contraire du beau. Mais il n'implique pas nécessairement l'absence de tous les éléments qui contribuent à constituer le beau. Tantôt c'est la puissance qui fait défaut; tantôt c'est l'ordre, l'harmonie, la proportion. Tantôt il y a laideur parce que la chose exprimée est ridicule ou immorale. Certaines laideurs excitent le rire, d'autres l'indignation.

II — L'ART

Définition de l'art. — Par opposition à la nature, l'art est l'œuvre de l'homme. Par opposition à la science spéculative, l'art est la science pratique; il a pour objet non ce qui est, mais ce qui doit être; il cherche à établir non des lois, mais des préceptes. Par opposition au métier qui a pour objet l'utile, l'art a pour objet le beau. C'est dans ce sens restreint que nous l'entendons ici. L'art a pour but de représenter le beau sous des formes sensibles d'invention humaine.

Classification des arts. — Il y a deux sens, avons-nous dit, dont les perceptions peuvent provoquer l'émotion esthétique : la vue et l'ouïe. D'où la distinction de deux sortes d'arts, les arts de la vue ou arts *plastiques*, et les arts de l'ouïe ou arts *phonétiques*. Les différents arts sont réunis sous le nom commun de *beaux-arts*.

Les arts plastiques, ainsi appelés parce qu'ils emploient les formes, sont l'architecture, la sculpture, la peinture, auxquelles on peut ajouter l'art des jardins et la pantomime. On leur donne quelquefois le nom d'arts de l'espace, parce que c'est dans l'espace que se déploient les œuvres qu'ils produisent. La beauté de ces œuvres réside plutôt dans l'ordre, dans la forme que dans l'expression, et lorsqu'elles sont expressives leurs moyens d'expression sont limités.

Les arts phonétiques, ainsi appelés parce qu'ils emploient les sons, sont la musique et la poésie. On leur donne quelquefois le nom d'arts du temps, parce que c'est dans le temps que se déploient les œuvres qu'ils produisent. La beauté de ces œuvres réside plutôt dans l'expression que dans la forme. Elles peuvent exprimer les nuances innombrables des sentiments les plus divers.

Toutefois la poésie peut être rapprochée des arts plastiques par les images dont elle fait un continuel usage. Elle est une peinture en même temps qu'une musique.

« L'art s'élève et grandit, dit Ch. Lévêque, comme grandissent et s'élèvent les beautés exprimées, et les signes qui expriment ces beautés. » Partant de ce double principe, on peut classer les beaux-arts dans l'ordre ascendant qui suit : l'architecture, la sculpture, la peinture, la musique, la poésie.

L'architecture représente le beau par des lignes et des formes géométriques, et n'exprime nettement que la beauté physique.

La sculpture représente la beauté organique, et même avec la statuaire qui en est la forme la plus élevée, la beauté humaine. Mais ses moyens d'expression sont inférieurs à ceux de la peinture.

La peinture le cède à la sculpture en ce qu'elle ne dispose que de deux dimensions. Mais elle l'emporte beaucoup par la richesse et la variété de l'expression, et par les avantages qu'elle tire de la perspective et de la couleur.

La musique surpasse la peinture par sa vertu expressive. C'est l'art par excellence des sentiments. Mais elle émeut plus qu'elle n'éclaire, et sans le secours de la poésie, elle manque de précision.

La poésie l'emporte sur tous les autres arts, parce qu'elle a un domaine sans limites, et le moyen d'expression le plus étendu et le plus puissant, la parole. « La parole humaine, dit Cousin, a la profondeur et l'éclat de la note musicale, elle est lumineuse autant que pathétique ; elle parle à l'esprit comme au cœur. Elle est en cela inimitable, unique, qu'elle rassemble en elle tous les extrêmes et tous les contraires dans une harmonie qui redouble leur effet, et où tour à tour paraissent et se développent toutes les images, tous les sentiments, toutes les idées, toutes les facultés humaines, tous les replis de l'âme, toutes les faces des choses, tous les mondes réels et tous les mondes intelligibles[1]. »

On range quelquefois l'éloquence parmi les arts, mais « elle est plus qu'un art. Par le fond, par la logique du discours, elle est une science. Par le but qu'elle se propose, le triomphe du vrai, la pratique du bien, elle se distingue des arts dont la fin directe est la manifestation du beau. Pour l'éloquence, le noble plaisir qu'elle procure, ce n'est pas là fin, c'est le moyen : elle touche, elle plaît pour persuader[2]. »

Théories de l'art. — Réalisme et idéalisme. — Deux théories de l'art sont en présence : la théorie réaliste ou naturaliste et la théorie idéaliste. D'après la première théorie, l'art doit être l'imitation fidèle de la nature. Par conséquent il faut mettre dans les œuvres d'art, comme on le rencontre dans la nature, le laid à côté du beau, le difforme près du gracieux, le grotesque aussi bien que le sublime. Ne rien omettre, ne rien ajouter, s'interdire de choisir et de modifier, voilà toute la théorie. Que faut-il en penser?

Critique du réalisme. — Il est vrai que l'art a commencé par l'imitation. En un certain sens même, l'art est toujours une imitation. Car la création absolue n'appartient qu'à Dieu et c'est dans la nature que le génie prend les éléments qu'il met en œuvre : les couleurs, les formes, les sons..., etc. C'est de la nature qu'il s'inspire. C'est à elle qu'il doit toujours se conformer sous peine de s'égarer. Mais si l'imitation était le dernier mot de l'art, c'est à produire l'illusion que devraient tendre tous les efforts de l'artiste. Le chef-d'œuvre de la peinture, ce seraient les raisins de Zeuxis que les oiseaux du ciel venaient becqueter. Il n'en est pas ainsi. « Lorsque l'illusion va trop loin, dit Cousin, le sentiment de l'art disparaît pour faire place à un sentiment naturel mais insupportable. Si je croyais qu'Iphigénie est en effet sur le point d'être immolée par son père à vingt pas de moi, je sortirais de la salle en frémissant d'horreur. »

Il est vrai encore que souvent l'imitation est une source d'émotion esthétique. Un objet qui dans la réalité nous laisse

1. COUSIN, *Du beau*, 9ᵉ leçon.
2. P. CLAIR, *Le beau et les beaux-arts*, p. 41.

indifférent peut nous plaire s'il est bien représenté. Souvent aussi le défaut d'imitation est un obstacle à l'émotion esthétique. Une œuvre d'art qui s'éloigne trop de la nature peut nous déplaire. Mais outre que toute émotion esthétique n'a pas sa source dans l'imitation, le plaisir produit par l'imitation peut être annulé dans bien des cas pour diverses causes, par exemple lorsque l'objet reproduit est trop insignifiant, ou trop laid, ou trop immoral pour que l'image n'en soit pas indifférente, hideuse ou répugnante. Boileau nous paraît se tromper lorsqu'il dit :

> Il n'est pas de serpent, ni de monstre odieux
> Qui, par l'art imité, ne puisse plaire aux yeux.

Il est vrai enfin qu'il y a des arts appelés arts d'imitation, comme la peinture, la sculpture, le théâtre. Mais même dans ces arts, l'imitation ne peut pas être la fin, ce n'est qu'un moyen. Et dans les autres arts, dans l'architecture, la musique, la poésie, l'imitation ne joue qu'un rôle très secondaire. Quand ils rappellent la nature, ce n'est souvent qu'en vertu de conventions. Le principe exclusif de l'imitation de la nature condamne l'art à une infériorité inévitable, car il y a dans la nature mille délicatesses que l'art ne pourra jamais imiter. Comment, en particulier, reproduire la vie qui l'anime ? La réalité est chose trop complexe et trop mobile pour que l'artiste puisse l'embrasser tout entière et la fixer. « Si l'art, dit Cousin, est un écolier servile, il est condamné à n'être jamais qu'un écolier impuissant. » Si l'art n'avait pour objet que l'imitation de la nature, il n'aurait pas sa raison d'être. Mieux vaut s'arrêter à la contemplation de l'original qu'à celle d'une copie nécessairement imparfaite.

Remarquons d'autre part que les beautés de la nature sont souvent incomplètes. Le beau y est mélangé à toutes sortes d'éléments étrangers ou insignifiants qui en altèrent la pureté. Tout être n'exprime pas toujours et en toutes circonstances toute la beauté de son idée. C'est parce que la beauté réelle est toujours imparfaite, limitée et mélangée dans la nature, que l'école idéaliste veut que l'artiste ne se borne pas à la reproduire, mais cherche à la dépasser en s'appliquant à réaliser l'idéal qu'il conçoit de chaque chose. Toutefois, ici comme partout, il faut fuir les extrêmes et ne pas tomber dans l'exagération de certains idéalistes qui, sous prétexte que la nature est un obstacle à l'émotion esthétique, la bannissent de leurs œuvres. « Reproduire la réalité, dit Jouffroy, sans se faire scrupule de la modifier pour rendre plus claire l'expression de l'invisible ; rendre l'expression de l'invisible plus claire sans modifier toutefois la réalité, au point qu'elle puisse être méconnue, adopter ainsi une méthode intermédiaire entre les méthodes exclusives des deux écoles de l'idéal et de l'imitation, tel a été le but des vrais artistes. »

Ajoutons que l'imitation fidèle de la nature est impossible pour une raison d'ordre subjectif, mais décisive. Les choses ne nous apparaissent jamais qu'au travers de notre esprit, et tous les hommes ne les voient pas de la même manière. Chacun met nécessairement de sa pensée et de ses sentiments dans les objets perçus. Confiez à deux peintres qui font profession de réalisme la reproduction d'un même spectacle de la nature : leurs œuvres ne seront pas identiques. Une œuvre d'art, quelle que soit l'intention de l'artiste, n'est jamais la simple copie d'un objet. Elle est toujours à quelque degré la manifestation et l'expression d'une âme. C'est le sens de ce mot de Bacon : *Ars homo additus naturæ.*

L'idéal et la fiction. — L'école idéaliste a donc raison contre l'école réaliste. L'art ne peut pas et ne doit pas imiter la nature. A tout artiste, il faut un idéal. L'idéal, nous l'avons vu, est une création de l'esprit. Mais il doit être distingué de la fiction. La fiction est une création de l'esprit dans l'unique but de plaire à l'imagination. C'est un rapprochement, une combinaison souvent arbitraire ou capricieuse d'éléments empruntés à la réalité. La fiction peut être invraisemblable et contraire aux lois de la nature.

Création de l'esprit comme la fiction, l'idéal n'est contraire ni aux lois de la raison, ni aux lois de la nature. L'idéal d'un être se compose des éléments essentiels qui constituent cet être. Sa beauté lui vient de la grandeur et de l'ordre de ces éléments. Sans doute l'artiste emprunte ces éléments à la nature, car l'imagination ne crée qu'en imitant; mais il les grandit, il les élève au plus haut degré possible et il les combine dans un ordre nouveau, supérieur à l'ordre réel. En un certain sens on peut donc dire que l'idéal est plus vrai que le réel même, puisque c'est la nature avec toute la perfection et par conséquent avec toute la vérité qu'elle comporte.

Ajoutons que si les arts ne peuvent se passer de l'idéal, la fiction ne leur est pas indispensable. Souvent même elle leur est nuisible. Cela est vrai surtout lorsqu'il s'agit de peindre la vie humaine comme dans les romans de mœurs. Autant l'idéal est utile, autant la fiction est dangereuse. L'un nous place en face d'un but sublime, mais possible et raisonnable. L'autre nous jette souvent dans un monde chimérique où tout est sacrifié jusqu'au devoir.

Fin et effets de l'art. — La fin immédiate de l'art, c'est l'expression du beau. Exprimer le beau, tel est le but que se proposent directement les vrais artistes. Tous les hommes ont à des degrés divers l'idée et le sentiment du beau. L'artiste les a à un degré tel que c'est un besoin pour lui de les réaliser. Charmé et ravi par la contemplation intérieure de l'idéal qu'il conçoit, il aspire à lui donner un corps, à le rendre sensible pour faire partager aux autres sa propre jouissance et son admiration.

Est-ce à dire que l'art puisse être indépendant du vrai et du bien? Nullement. Car, faux ou immoral, l'art ne produira pas la satisfaction esthétique. « Le vrai et le beau, dit M. Rabier, sont pour l'artiste ce que les axiomes sont pour le géomètre, c'est-à-dire non pas les principes féconds qui l'inspirent, mais les limites qu'il ne saurait dépasser sans choquer la raison ou scandaliser la conscience et par conséquent sans manquer le beau. Ainsi, que l'art cherche le beau, mais dans les limites du vrai et du bien, voilà tout ensemble et sa fin et sa loi. » Voilà en quel sens aussi on peut accepter la théorie de l'art pour l'art. Si on entend par là que l'art a un objet propre, une sphère où il peut se mouvoir librement, en respectant les droits du vrai et du bien, cette théorie est incontestable. Mais elle est fausse si l'on prétend que l'artiste doit avoir pour but exclusif de plaire sans se soucier d'autre chose et en particulier de la moralité. Il faut distinguer l'art et la morale, mais non les séparer. La moralité est une loi universelle, qui s'impose à l'art comme à toutes les manifestations de l'activité humaine. L'homme répond des œuvres de l'artiste.

Puisque l'artiste est un agent moral, il a le droit de se proposer par delà la satisfaction esthétique un but moral ou religieux. D'ailleurs l'art véritable, le grand art a toujours indirectement un effet moral. Il détache l'âme des préoccupations égoïstes, il la purifie, il l'agrandit, il l'élève. « Quand je suis devant un chef-d'œuvre, dit Ch. Blanc, j'éprouve le besoin de mettre mon âme à l'unisson ; si j'avais le sentiment de mon indignité, l'admiration serait pour moi un malaise, un reproche. Je me sentirais humilié de toute pensée basse ; je ferais donc un effort, une fois rentré en moi-même, pour effacer de ma nature ces taches qui me seraient apparues à cette vive lumière que projette la beauté. » — « L'art, dit Stuart Mill, quand il est réellement cultivé et non pratiqué d'une manière nécessaire, maintient l'idée d'une beauté idéale. Par cette conception, il nous entraîne à ne jamais nous contenter de l'imperfection en nous-mêmes et dans nos œuvres, à idéaliser autant que possible tout ce que nous faisons et par-dessus tout notre caractère et notre vie. »

Ouvrages à consulter

BANVILLE. — *Traité de versification française.*
BATTEUX. — *Les beaux-arts réduits à un même principe.*
BLANC. — *Grammaire des arts du dessin.*
BRUNETIÈRE. — *Le roman naturaliste.*
CHAIGNET. — *Les principes de la science du beau.*
CHERBULLIEZ. — *L'art et la nature.*
P. CLAIR. — *Le beau et les beaux-arts.*
COUSIN. — *Le vrai, le beau, le bien.*
DIDIOT. — *Saint Thomas d'Aquin.* Chap. XVI.
GRIVEAU. — *Les éléments du beau.*
GUYAU. — *L'art au point de vue sociologique.*
    — *Les problèmes de l'esthétique contemporaine.*
HEGEL. — *Système des beaux-arts.*
HENNEQUIN. — *La critique scientifique.*
JOUFFROY. — *Esthétique.*
KANT. — *Critique du jugement.*
KRANTZ. — *L'esthétique de Descartes.*
LAMENNAIS. — *Esquisse d'une philosophie*, tome III.
LÉVÊQUE. — *Science du beau.*
LUCRÈCE. — *De la nature des choses*, livre V.
P. REGNAULT. — *Cours de philosophie.*

RICARDOU. — *L'idéal.*
SÉAILLES. — *Le génie dans l'art.*
SOURIAU. — *Théorie de l'invention.*
  — *L'esthétique du mouvement.*
  — *La suggestion dans l'art.*
SULLY-PRUDHOMME. — *L'expression dans les beaux-arts.*
TAINE. — *L'idéal dans l'art.*
VALLET. — *L'idée du beau dans la philosophie de saint Thomas.*

Articles de revues.

SÉAILLES. — *Origine et destinée de l'art.* (Revue philos., XXII, 337.)
SOURIAU. — *Les éléments de la science du beau.* (Revue des Cours et Conf., 1894-95.)

CHAPITRE III

RAPPORTS DU PHYSIQUE ET DU MORAL

Influence du physique sur le moral. — Influence du moral sur le physique, par la sensibilité, par l'imagination, par la volonté. — États anormaux de l'âme humaine. — Le sommeil. — L'hallucination. — La folie. — Le somnambulisme. — L'hypnotisme.

Dans la question des rapports du physique et du moral, dit M. Janet, « on appelle moral ce qui est pour chacun de nous l'objet de sa propre conscience, et physique ce qui est l'objet de l'observation externe. » La question est double. Il y a d'abord une question de fait qui relève de la psychologie expérimentale et de la physiologie. Il y a ensuite un problème métaphysique : comment s'expliquent les rapports du physique et du moral ? Quelle est la nature de l'union de l'âme et du corps ? Nous ajournons ce problème pour nous borner à la question de fait.

Montaigne parle quelque part « de l'étroite couture de l'esprit et du corps s'entre communiquant leur fortune. » C'est en effet une vérité, attestée par l'expérience et mise chaque jour plus en lumière par les découvertes de la science que le physique et le moral exercent l'un sur l'autre une influence réciproque.

1. Influence du physique sur le moral. — D'abord dans les limites de notre expérience actuelle, l'organisme paraît être la condition générale et le système nerveux la condition immédiate de la conscience. Toute modification de la conscience suppose une modification nerveuse et principalement une modification cérébrale. Rien ne montre mieux que la sensation l'influence du physique sur le moral. Prenons pour exemple une sensation de lumière. Quelles sont les conditions de ce phénomène ? Il faut d'abord un corps lumineux et une transmission de la lumière par l'air jusqu'à l'œil. Arrivée à l'œil, la vibration lumineuse se continue en subissant une réfraction à travers la cornée. Elle subit une nouvelle réfraction dans le cristallin et atteint le fond de l'œil où se trouve la rétine composée de cellules sensibles. Là le phénomène physique meurt, et il est remplacé par le phénomène nerveux qui n'en est, il est vrai, qu'une variété. Le phénomène nerveux se continue dans le nerf optique, puis de là dans le cerveau. Le phénomène psychologique de la vision est contemporain non de l'impression de la rétine, non de l'impression du nerf optique, mais du dernier phénomène qui se produit dans le cerveau. A ne considérer que le fait de la sensation de lumière, le rapport du physique et du moral est celui-ci : d'abord un phénomène physique, la vibration lumineuse ; ensuite un phénomène physiologique non nerveux, la vibration dans la cornée et le cristallin ; puis un phénomène physiologique nerveux, l'impression de la rétine, du nerf optique et du cerveau ; enfin le phénomène psychologique de la vision.

Certaines parties du système nerveux et du cerveau sont à l'état normal les conditions de certains modes de la conscience. Sans doute la science n'a pas confirmé les localisations de Gall, de Spurzheim et des phrénologistes qui prétendaient qu'à chaque faculté correspondait une protubérance cérébrale, signe infaillible de cette faculté. Tel avait à la lettre la bosse des mathématiques, tel autre la bosse de la philosophie. Toutefois on ne peut mettre en doute que certaines facultés aient plus particulièrement leurs conditions dans certaines portions du cerveau. Nous savons que la mémoire est soumise à des conditions de ce genre. Les physiologistes font généralement dépendre les sensations et les appétits des parties inférieures du cerveau, (du cervelet, de la moelle allongée, des corps striés, des lobes optiques, des tubercules quadrijumeaux) et les opérations intellectuelles des parties supérieures du cerveau (des hémisphères cérébraux). Broca a localisé la faculté du langage dans la troisième circonvolution frontale gauche du cerveau. La mémoire auditive des mots est localisée dans la partie postérieure de la première circonvolution temporale gauche. Les sujets qui ont une lésion de cette partie de l'écorce cérébrale sont atteints de ce qu'on appelle la surdité verbale. La mémoire des mouvements de l'écriture est localisée dans le pied de la deuxième circonvolution frontale gauche. Les sujets qui ont une lésion de cette partie sont atteints d'agraphie. Mais un fait capital établi par Vulpian est venu ruiner la théorie de la localisation exclusive des facultés. C'est ce fait que les diverses parties du cerveau peuvent se suppléer, et qu'il ne faut que très peu de matière cérébrale pour remplir au besoin la totalité des fonctions physiologiques qui correspondent aux fonctions psychiques.

Ces indications nous permettent de comprendre, comment les formes générales de l'organisme agissent sur la conscience. D'où l'influence des âges, des sexes, des tempéraments, de l'hérédité. Ainsi, en ce qui concerne les tempéraments, le tempérament sanguin prédispose aux accès de colère et à la sensualité; le tempérament bilieux à la haine et aux passions violentes; le tempérament mélancolique à l'inquiétude et à la jalousie; le tempérament lymphatique à la mollesse; le tempérament nerveux à l'inconstance. Nous pouvons comprendre aussi comment les variations accidentelles de l'organisme provoquent des variations correspondantes dans la conscience. D'où l'influence du régime, de la santé, de la maladie. Ainsi l'anémie prédispose à la mollesse; la dyspepsie à la susceptibilité et à la tristesse. (Voir États anormaux de l'âme humaine.)

2. **Influence du moral sur le physique.** — L'action du moral sur le physique s'exerce surtout par la sensibilité, l'imagination et la volonté.

A. **Par la sensibilité.** — Nous l'avons dit au sujet des passions, toute émotion modifie plus ou moins l'organisme dont elle excite, entrave ou paralyse les fonctions. Darwin décrit ainsi les symptômes physiologiques de la colère : « Les battements du cœur s'accélèrent, la face rougit ou prend une pâleur cadavérique, la respiration est laborieuse, la poitrine se soulève, les narines frémissantes se dilatent. Souvent le corps entier tremble, la voix s'altère, les dents se serrent ou se frottent les unes contre les autres, et le système musculaire est généralement excité à quelque acte violent, presque frénétique. Les gestes représentent plus ou moins parfaitement l'acte de frapper ou de lutter contre l'ennemi. » Les expressions : sécher d'ennui, pâlir de crainte, rougir de colère, être rongé de remords, consumé de tristesse, indiquent bien la croyance commune au retentissement des passions dans l'organisme. Les troubles produits dans le corps peuvent être assez grands pour suspendre apparemment la vie comme dans les syncopes, et même pour la détruire. On a vu des hommes mourir de joie ou d'épouvante.

B. **Par l'imagination.** — L'action de l'imagination sur l'organisme est très remarquable. Il suffit quelquefois d'imaginer avec force une sensation pour l'éprouver. La seule pensée d'un mets qui répugne peut provoquer des nausées. La seule image d'un danger qu'on a couru ou qu'on va courir peut donner le frisson ou le vertige. On connaît l'expérience de Chevreul ; si l'on imagine vivement le mouvement d'un pendule qu'on tient entre ses doigts, ce pendule paraît se mouvoir de lui-même. On a essayé d'expliquer les tables tournantes par ce principe. Tous les médecins savent le rôle immense que joue l'imagination dans beaucoup de maladies. Un malade qui désespère est un malade perdu. Celui qui espère vivement guérir est dans les meilleures conditions pour recouvrer la santé.

C. **Par la volonté.** — La volonté agit sur les muscles par l'intermédiaire des nerfs moteurs, et c'est ainsi qu'elle est le principe de certains mouvements du corps. Rien ne montre mieux que le mouvement volontaire l'action de l'âme sur le corps. L'ordre des phénomènes est ici l'inverse de celui que nous avons constaté dans la sensation. Il y a d'abord une volition. Vient ensuite un ébranlement des fibres du cerveau, qui se communique aux nerfs moteurs ou centrifuges, puis un mouvement de certaines parties du corps. Il peut y avoir enfin un mouvement physique, par exemple si je lance une pierre dans l'espace. Donc, à ne considérer que le fait du mouvement volontaire aboutissant à un acte extérieur, le rapport du moral et du physique est celui-ci : d'abord un phénomène psychique, ensuite des phénomènes physiologiques nerveux, puis des phénomènes physiologiques non nerveux, enfin un phénomène physique. Le premier phénomène nerveux, celui qui se passe dans les fibres du cerveau, est contemporain du phénomène psychique ; il n'y a pas du moins d'intervalle mesurable entre ces deux phénomènes.

Si la volonté peut produire certains mouvements dans le

corps, elle peut en empêcher d'autres. C'est alors un pouvoir d'arrêt.

D'une manière plus générale, la volonté influe indirectement sur le physique par l'attention. C'est ainsi qu'elle avive les sensations ou les affaiblit, qu'elle évoque les souvenirs ou les écarte, et comme les sensations et les souvenirs ont des conditions physiologiques, l'attention n'est pas sans influence sur ces conditions. M. Ribot qui a étudié de près le mécanisme de l'attention, soutient qu'elle ne se produit jamais sans mouvements musculaires. « L'attention, dit-il, contracte le frontal ; ce muscle tire à lui le sourcil, l'élève, et détermine des rides transversales sur le front. Dans les cas extrêmes, la bouche s'ouvre largement. Chez les enfants et chez beaucoup d'adultes, l'attention vive produit une protusion des lèvres, une espèce de moue [1]. »

Si la volonté agit sur les fonctions de relation, elle n'est pas non plus sans quelque influence sur les fonctions de nutrition. « Combien de fois, dit Maine de Biran, n'ai-je pas observé sur moi-même qu'un travail intellectuel entrepris en faisant violence à l'inertie la plus marquée des organes ou à un état affecté de troubles, de malaise et de souffrances, amenait après des efforts opiniâtres et prolongés, un état d'activité, de sérénité, de calme et de bien-être extérieur. »

En résumé, les organes du corps sont pour l'homme, du moins à l'état normal des moyens d'instruction et des moyens d'action. C'est par l'intermédiaire de modifications organiques que l'âme est avertie de ce qui se passe dans le monde extérieur. C'est encore par l'intermédiaire de mouvements produits dans le corps qu'elle agit sur le monde extérieur suivant ses propres pensées. Le langage suffirait à le prouver. Leibnitz formulait ainsi ces rapports. « L'âme exprime le corps, le corps exprime l'âme, ce sont comme deux miroirs qui se réfléchissent l'un l'autre. »

Remarquons que la science des rapports de l'âme et du corps, suppose deux sciences acquises : la psychologie et la physiologie, surtout la physiologie nerveuse. Or, si la psychologie est une science qui n'a cessé de faire des progrès depuis que l'homme

1. RIBOT, *Mécanisme de l'attention.*

s'observe, la physiologie nerveuse n'en est qu'à ses débuts. La psycho-physiologie doit donc encore attendre pour se présenter comme une science bien constituée.

États anormaux de l'âme humaine. — Après avoir étudié les rapports du physique et du moral surtout dans leurs généralités, on peut les considérer dans certains états particuliers ou anormaux de l'âme humaine, comme le sommeil, l'hallucination, la folie, le somnambulisme et l'hypnotisme.

I — LE SOMMEIL

Le sommeil peut être étudié à deux points de vue, au point de vue physiologique et au point de vue psychologique.

1. **Au point de vue physiologique.** — Le sommeil est caractérisé par des signes extérieurs bien connus. Les organes de la vue et de l'ouïe se ferment, les mouvements du corps s'alanguissent, la tête s'incline, tout le corps s'affaisse, les membres deviennent inertes... Mais comment expliquer cet état ? Est-il dû à une simple fatigue du système nerveux ou à la diminution de la provision d'oxygène qui s'accumulerait pendant le sommeil pour se dépenser pendant la veille ? Est-ce comme le soutient Preyer, une intoxication transitoire des centres supérieurs du cerveau par l'accumulation des déchets de la combustion vitale ? Faut-il l'attribuer avec Durham et Claude Bernard à la raréfaction du sang dans le cerveau, à une anémie cérébrale, comme semblerait le prouver la pâleur, pendant le sommeil, de cerveaux mis à nu par des blessures, ou avec d'autres, à l'afflux du sang au cerveau, à une congestion cérébrale ? Ces deux dernières hypothèses ne sont pas inconciliables. Le sang peut tout à la fois s'accumuler au centre de l'encéphale et y produire de la congestion et se raréfier à la périphérie et y produire de l'anémie. Quoi qu'il en soit, on sait que pendant le sommeil il y a une tendance au refroidissement principalement des extrémités et un certain accroissement des fonctions inférieures de la vie organique. Aussi, c'est dans le sommeil que s'accomplissent les métamorphoses auxquelles sont sujets certains animaux.

2. **Au point de vue psychologique.** — Il n'y a probable-

ment pas de sommeil absolu, mais dans tout sommeil, surtout dans le sommeil profond comme l'est ordinairement le premier sommeil, il y a un affaiblissement général de toutes les facultés de l'âme, excepté de l'imagination qui au contraire se donne libre carrière, s'exalte et se dérègle. On constate en particulier l'affaiblissement ou l'absence totale des perceptions externes, principalement de la vue, d'où l'impossibilité de contrôler les fantômes de l'imagination; l'affaiblissement ou la suspension de la volonté qui perd son empire sur les organes du corps ou sur l'intelligence qu'elle ne dirige plus. Les facultés d'ensemble sont désagrégées, éparpillées, impuissantes. Les autres continuent leur course, mais sans guides, leur jeu, mais sans régulateur.

Nature du rêve. — Nous ne gardons aucun souvenir des états de conscience du sommeil profond. Mais au sommeil profond succède bientôt le demi sommeil dont les pensées peuvent être plus ou moins vaguement remémorées. Les pensées du sommeil portent le nom de rêves. Quelle est la caractéristique des rêves? Lorsque nous ne dormons plus, à quoi reconnaissons-nous que nous avons rêvé? Comment distinguer le rêve de la veille? La plupart des auteurs considèrent comme signe distinctif du rêve *l'incohérence.* « Il n'y a pas cohérence, dit M. Egger, il n'y a pas liaison, il n'y a pas rapports mutuels entre les rêves et l'état de veille, entre les différents rêves, entre les éléments constitutifs d'un même rêve, on pourrait ajouter entre nos rêves et les rêves de nos semblables au même moment. Au contraire deux périodes d'état de veille, séparées par une période de sommeil, se raccordent naturellement l'une à l'autre, les sensations et les pensées, immédiatement postérieures au réveil, faisant suite aux sensations et aux pensées immédiatement antérieures au sommeil. Les sensations et les pensées d'une même période d'état de veille se suivent régulièrement l'une l'autre dans un ordre normal, conforme à ce qu'on nomme dans le langage vulgaire : raison, expérience, habitude. Les sensations et les pensées simultanées, formant un même groupe, sont réunies d'une manière également conforme à la raison, à l'expérience, à l'habitude. Les sensations et les pensées de nos états de veille s'accordent généralement avec les sensations et les pensées de nos semblables dans

le même état, et trouvent leur confirmation dans cet accord. »
En résumé les éléments psychologiques de l'état de veille
forment un système cohérent. Le rêve est un chaos. C'est une
succession d'images incohérentes et hallucinatoires. C'était
déjà la pensée du vieil Héraclite, lorsqu'il disait : « Il y a un
seul et même monde pour les hommes éveillés ; mais chaque
homme endormi se détournant du monde commun, va dans un
monde qui lui est propre. »

Cette incohérence du rêve est la réponse aux sceptiques qui
s'appuient sur le rêve pour mettre en doute la valeur de nos
perceptions. On peut encore répondre que la distinction de la
veille du rêve est naturelle et se fait spontanément. Jamais il
n'arrive à un homme bien éveillé de se demander sérieusement
s'il rêve. L'attention confirme cette distinction. Lorsque l'attention s'introduit dans le sommeil, le rêve s'évanouit aussitôt.
Au contraire, plus l'attention est grande dans la veille, plus la
perception se précise. Il faut enfin ajouter que les conceptions et
les combinaisons du rêve sont formées d'éléments empruntés
aux perceptions et aux pensées de l'état de veille, que par
conséquent elle le suppose. La preuve, c'est qu'avec nos idées
et nos sensations, nos rêves se modifient. Après la perte de
la vue, l'aveugle finit par n'avoir plus en rêve que des
auditions.

Mais dira-t-on, pourquoi celui qui dort croit-il vivre dans
un monde réel ? Pourquoi objective-t-il ses conceptions ? C'est
faute de contraste. L'homme qui veille maintient les conceptions de son imagination au rang de pures conceptions, parce
que les perceptions présentes l'avertissent sans cesse de ce
qu'il doit considérer comme extérieur à lui. Un perpétuel
contraste lui permet de distinguer ses conceptions comme
telles. Dans le sommeil, les facultés, dont l'action est inhibitive
sur les images, étant suspendues, celui qui dort objective
naturellement ces dernières.

Causes du rêve. — Les causes du rêve sont nombreuses
et diverses. Signalons les principales :

1. *Les dernières pensées de la veille* qui peuvent se continuer
plus ou moins dans cet état transitoire où l'on n'est ni éveillé,
ni endormi, par les hallucinations appelées hypnagogiques,
puis par les hallucinations plus complètes du rêve. Quelquefois

les rêves de toute une nuit se rattachent aux pensées que nous avions en nous endormant.

2. *Nos inclinations et nos préoccupations habituelles.* L'avare rêve de trésors, l'ambitieux d'honneurs, le criminel de crimes. C'est là ce qui explique la reproduction du même rêve plusieurs nuits de suite.

3. *Les dispositions corporelles et l'état de l'organisme.* « Les rêves, dit saint Augustin, varient avec les infirmités et les tempéraments. » Un malaise peut être l'occasion d'un affreux cauchemar. Une couverture est-elle trop lourde ? Nous rêvons qu'on nous étouffe. Nos oreilles bourdonnent-elles ? C'est l'orage qui gronde. Reid, souffrant d'une migraine, rêve qu'il est scalpé par des sauvages. Les maladies de cœur provoquent en songe des angoisses et des peurs soudaines. Il y a des rêves précurseurs et symptomatiques dont les médecins tiennent compte.

II — L'HALLUCINATION

« Un homme, dit Esquirol, qui a la conviction intime d'une sensation actuellement perçue, alors que nul objet extérieur, propre à exciter cette sensation, n'est à la portée de ses sens, est dans un état d'hallucination. » L'hallucination est donc une perception sans objet. L'halluciné objective une image purement interne. Les hallucinations sont toujours l'indice d'un état pathologique. Elles peuvent se rapporter à tous les sens, et les hallucinations d'un sens provoquent celles des autres sens.

Les hallucinations de la vue sont les plus fréquentes chez les gens sains. Elles ne viennent qu'en second lieu chez les fous. Terrifiantes dans certains cas, elles peuvent prendre quelquefois un caractère agréable, comme dans les intoxications par l'opium.

Les hallucinations de l'ouïe sont les plus fréquentes chez les fous. Le malade croit entendre des voix qui le menacent ou l'insultent. C'est de là que naît souvent le délire des persécutions. Quelquefois même, des voix semblent sortir du corps du malade et lui donnent l'idée qu'il est double.

Les hallucinations de l'odorat et du goût sont les plus rares.

Les malades croient sentir des odeurs nauséabondes ou s'imaginent qu'ils répandent eux-mêmes ces odeurs.

Les hallucinations du tact sont externes ou internes. On voit des fous qui se croient déchirés dans leurs organes intérieurs par des serpents ou des oiseaux.

Le plus souvent, l'hallucination trouble la raison et empêche le jugement. Quelquefois l'esprit n'en est pas dupe. Il peut la reconnaître. Il y a des hallucinations avec conscience.

On a essayé plusieurs explications de l'hallucination. Voici celle que donne M. Janet, après Despine. « Le phénomène qui se produit, dit-il, est exactement l'inverse de celui qui se passe lors de la perception régulière. Quand un objet frappe l'un de nos sens, les nerfs sensoriels transmettent au cerveau l'impression qu'ils ont reçue. Ici, au contraire, c'est le centre cérébral qui renouvelle spontanément cette impression et la communique, par une sorte de choc en retour, à l'organe sensoriel. Celui-ci, excité comme il l'est d'ordinaire par l'action des objets extérieurs, renvoie au cerveau l'impression qu'il en a reçue et, selon la loi commune, une perception se produit. »

Il faut distinguer l'illusion de l'hallucination. L'illusion est une fausse interprétation d'une sensation. Dans l'illusion on se trompe sur la nature de l'objet, non sur sa réalité. « L'illusion, dit Lasègue, est à l'hallucination ce que la médisance est à la calomnie. L'illusion s'appuie sur la réalité, mais elle la brode. L'hallucination invente de toutes pièces; elle ne dit pas un mot de vrai. » On est dans l'illusion quand on croit brisé un bâton plongé obliquement dans l'eau. Le bâton est réel, mais il n'est pas brisé. Les illusions de la vue sont les plus fréquentes. Elles précèdent généralement dans la folie, les hallucinations.

Les sceptiques ont tiré des états hallucinatoires des objections contre la valeur de nos perceptions. Comment prouver, disent-ils, que nos perceptions ne sont pas des hallucinations ? Mais le fait primitif, naturel, normal, c'est la perception. L'hallucination est un état anormal et morbide qui emprunte tous ses éléments à la perception. La preuve en est que l'aveugle-né et le sourd de naissance n'ont pas d'hallucinations de la vue et de l'ouïe. L'hallucination de ces sens suppose donc un état normal antérieur. Ce qui le confirme, c'est qu'il n'en est pas de même de l'aveugle et du sourd par accident. Ils peuvent avoir des hallucinations de la vue et de l'ouïe.

III — LA FOLIE

La folie est un désordre partiel ou général des facultés. Il y a de très nombreuses formes de folies et on les a classées de bien des manières. La classification la plus généralement adoptée est celle d'Esquirol.

1. La *lypémanie* ou *mélancolie*, qui est une perturbation générale de la raison avec prédominance d'idées tristes et de terreurs. Les mélancoliques sont à peu près constamment hallucinés. Ils entendent sans cesse des voix qui les accusent et les menacent, ou assistent à des scènes qui les jettent dans l'épouvante.

2. La *manie*, qui est une excitation désordonnée, incohérente des idées, des sentiments et des actes. Les maniaques sont impuissants à fixer, à prolonger, à diriger leurs pensées ou leurs mouvements. Ils sont sujets à des impulsions instantanées, portés à déchirer, à briser, à renverser, et doués dans leurs accès d'une grande force musculaire.

3. La *monomanie*, qui est caractérisée par un petit nombre d'idées délirantes, invariables, se rapportant au même sujet et très ingénieusement systématisées entre elles. La folie des grandeurs est une monomanie.

4. La *démence* qui est une déchéance progressive et générale de toutes les facultés.

Dans ces diverses formes de folie, le fou ignore le désordre de ses facultés. Mais il y a d'autres formes de folie où le fou reconnaît son état. Les principales formes de la folie avec conscience sont : la folie du doute, l'hypocondrie morale, les impulsions homicides et l'agoraphobie.

La *folie du doute* est caractérisée par l'impossibilité où sont les malades, de se convaincre, même par l'évidence. Ils reviennent sans cesse sur les mêmes idées, répètent plusieurs fois les mêmes actes sans être sûrs de les avoir bien exécutés. Pour calmer leur indécision, ils sollicitent une affirmation étrangère qui souvent ne leur suffit pas.

L'*hypocondrie morale* est caractérisée par le dégoût de toute occupation et de toutes choses, et par l'obsession de l'idée de suicide.

Les *impulsions homicides* constituent une forme de folie souvent héréditaire. Dans cet état les malades peuvent tuer malgré eux et en sachant bien qu'ils commettent un acte de folie. Il leur arrive quelquefois lorsqu'ils sentent venir leur accès impulsif de demander qu'on les mette dans l'impossibilité de nuire.

Dans l'*agoraphobie* ou peur des espaces, le malade craint que le sol lui manque. Il se croit partout entouré d'abîmes. Il ne traverse une place que s'il est au bras de quelqu'un, s'il a une canne, s'il rase les murs,... etc...

Causes de la folie. — La folie, comme l'hallucination, est toujours accompagnée d'un état morbide du cerveau. C'est une maladie en même temps qu'un désordre mental. Mais cette maladie a des causes physiques ou morales. Parmi les causes physiques ou physiologiques il faut citer : l'hérédité, c'est un fait bien établi que la folie peut être héréditaire, l'alcoolisme, l'empoisonnement par le mercure ou l'opium, l'insolation, des coups violents sur la tête,... etc... Les causes morales sont plus fréquentes. Ce sont de grandes tristesses, l'abus des veilles, les passions violentes et surtout le libertinage.

IV — LE SOMNAMBULISME

D'après l'étymologie le somnambule est celui qui se promène en dormant. Mais il n'est pas nécessaire de se promener pendant le sommeil pour être somnambule. Que ce soient, au lieu des jambes, les bras ou la langue qui s'agitent, le phénomène est le même. Tandis que le rêve simple est tout en contemplation, le somnambulisme est un *rêve en action*.

L'hérédité prédispose au somnambulisme. Il a des causes de diverse nature et peut être provoqué par des fatigues excessives, de continuelles préoccupations, des passions violentes, de grandes tristesses. On l'observe rarement chez les vieillards. Les enfants y sont plus sujets. C'est pendant le premier sommeil qu'il se produit. Voici l'aspect ordinaire du somnambule. La marche est silencieuse, les mouvements sont brusques, les gestes automatiques, les bras pendants, la tête fixe, les sourcils contracturés, les yeux généralement ouverts, la pupille élargie, la paupière immobile, la voix sépulcrale. L'ensemble a quelque chose de fantastique.

Outre la motricité, les caractères principaux qui distinguent le somnambulisme du sommeil ordinaire sont les suivants :

1. Le somnambule est un mono-idéiste. Son rêve est généralement exclusif. En dehors de la préoccupation qui l'obsède, il ne voit, n'entend, ne sent rien. « L'activité du somnambule, dit Despine, n'est surexcitée que sur certains points, que sur un certain nombre de faits, d'actes qui se rattachent précisément au rêve dont il est occupé... Il y a confiscation de toute l'activité au profit d'une idée. Il dort pour tout ce qui n'est pas le sujet de son rêve. L'esprit perd la faculté de percevoir un certain nombre de choses à la fois. Il se concentre sur un seul objet. S'il y a exaltation de certaines fonctions nerveuses, c'est aux dépens d'autres. Il y a anesthésie en différents points, parce qu'il y a hyperesthésie sur d'autres. » — « En dehors de ce qui a trait à son rêve, le somnambule est extérieurement fermé à toutes les impressions. Les seuls sens qu'il mette en jeu sont ceux qui lui sont strictement nécessaires pour l'accomplissement de son rêve. Il est vrai que leur exaltation peut être considérable et partant compensatrice [1]. » On raconte dans l'*Encyclopédie* l'histoire d'un somnambule qui se levait, allumait une bougie pour travailler. Si l'on venait à souffler sa bougie et à en allumer une autre, il se croyait dans l'obscurité et rallumait la sienne.

2. La mémoire est souvent surexcitée dans le somnambulisme. Parfois des choses, depuis longtemps oubliées, émergent tout à coup, qu'on prendrait pour merveilleuses si on n'en retrouvait la filière ou l'origine. Nous avons cité le cas de cette servante qui prononçait dans ses accès somnambuliques de longues tirades d'hébreu qu'elle avait entendues plusieurs années auparavant lorsqu'elle était au service d'un pasteur ou d'un rabbin. En revanche les somnambules à leur réveil ne conservent généralement aucun souvenir de ce qui s'est passé pendant l'accès. Si cet accès est brusquement interrompu par un

_____

1. Despine. — *Étude scientifique sur le somnambulisme.*

réveil accidentel, ils ne comprennent rien à leur situation. Mais ce souvenir revient dans une nouvelle crise.

V — L'HYPNOTISME

L'hypnotisme est de la même famille que le somnambulisme. Entre le premier et le second, il n'y a que la différence de l'art et de la nature. L'hypnotisme est un somnambulisme artificiel. Il a pu donner lieu à beaucoup de supercheries. Mais les faits hypnotiques sont indéniables.

Observé vers le milieu du siècle par Braid et Azam, l'hypnotisme fut mis en vogue par la fameuse querelle de l'école de Paris dont le chef était Charcot et de l'école de Nancy dont les principaux représentants sont les docteurs Liébault, Beaunis, Liégeois et surtout le docteur Bernheim.

Les enfants sont très hypnotisables. Certaines maladies, particulièrement les maladies nerveuses, prédisposent au sommeil hypnotique. Sur cent individus pris au hasard, quinze sont rebelles. Autant peuvent devenir de parfaits somnambules. On a beaucoup discuté la question de savoir si l'on peut endormir quelqu'un malgré lui. Il est hors de doute qu'on peut obtenir le sommeil hypnotique à l'insu du sujet. Mais contre un refus net et positif, l'hypnotiseur ne peut rien. « J'ai magnétisé environ trente mille personnes, dit Donato, et j'affirme qu'il est impossible d'endormir une personne contre son gré. »

Procédés d'hypnotisation. — Il existe bien des procédés pour provoquer le sommeil hypnotique. Le plus anciennement connu consiste à regarder fixement le sujet. Mais il est plus simple de lui faire fixer un objet brillant. Le docteur Luys se sert d'un miroir aux alouettes. On peut aussi lui frotter doucement les globes oculaires en prononçant avec énergie des phrases impératives qui commandent le sommeil. Bien des sujets peuvent s'endormir eux-mêmes en fixant un objet. Mais ce ne sont là que des causes occasionnelles. La cause déterminante c'est une sensation monotone, une attention pénible et prolongée avec l'idée suggérée qu'on peut et qu'on va dormir. Pour provoquer le réveil, il suffit souvent de dire au sujet : réveillez-vous. A quelques-uns, il faut répéter l'injonction en

l'accentuant. L'insufflation sur les yeux est quelquefois nécessaire.

L'école de Paris. — Les trois phases de l'hypnotisme.
— Dans le grand hypnotisme qui ne peut être obtenu que sur
des sujets souvent exercés, Charcot distingue trois états successifs : la *catalepsie*, la *léthargie* et le *somnambulisme*.

La catalepsie est produite par un bruit intense et inattendu,
ou par la fixation d'un objet brillant. Le sujet en catalepsie
reste impassible. Les muscles très souples conservent toutes
les positions qu'on leur fait prendre, quelque incommodes
qu'elles soient. Le geste réagit sur la physionomie et inversement. Si on communique à la physionomie l'expression du
dédain ou de l'admiration, les membres prennent une attitude
correspondante. Si l'on met le sujet à genoux comme dans la
prière, son visage se recueille, ses mains se joignent.

Pour faire passer un sujet de l'état cataleptique à l'état
léthargique, il suffit de lui fermer les yeux. Le sujet ne sent, ne
voit, n'entend, ne comprend plus rien. Intelligence, mémoire,
conscience, tout paraît aboli. Mais le phénomène caractéristique est la surexcitation du système névro-musculaire. Le
moindre frôlement de la peau détermine la contraction des
tissus sous-jacents, même des muscles soustraits à l'empire de
la volonté, ceux de l'oreille entre autres.

Une légère friction, une simple pression sur le sommet de la
tête amène le troisième état de l'hypnose, l'état somnambulique,
qui s'annonce habituellement par une profonde inspiration. Le
sujet est devenu insensible à la douleur, mais la vraie marque
de son état, c'est l'exaltation de la force musculaire et des
sens. Il écarte les obstacles avec une vigueur supérieure à sa
force habituelle. La vue, l'ouïe acquièrent une grande activité ;
c'est dans cet état que l'hypnotisé est le plus facilement
impressionné par la suggestion.

Ainsi, d'après l'école de Paris, l'hypnotisme est un sommeil
morbide, à trois phases, favorable à la suggestion, mais non
constitué par elle.

L'école de Nancy. — Telle n'est pas l'opinion de l'école
de Nancy qui soutient que la succession des phénomènes ne se
montre telle que chez les sujets savamment formés. D'après
l'école de Nancy, l'hypnotisme n'est pas un sommeil morbide,

et il n'est pas réductible à trois phases déterminées. Sans doute il augmente la suggestibilité, mais il est lui-même un effet de la suggestion qui produit aussi tous les autres phénomènes hypnotiques.

Sans entrer dans la discussion des arguments que font valoir les deux écoles, il faut accorder à l'école de Nancy que presque tous les faits hypnotiques s'expliquent par la suggestion. Mais il en est qui viennent uniquement de la maladie, et, en règle générale, la névrose accroît l'étendue et l'intensité de la suggestion. C'est ce qu'a mis en lumière l'école de Paris. En somme, l'explication de l'hypnotisme par l'école de Paris est surtout physiologique ; celle que donne l'école de Nancy est surtout psychologique.

Les phénomènes hypnotiques. — Les phénomènes provoqués par la suggestion sur les hypnotisés ont rapport soit au présent, soit à l'avenir, soit au passé. D'où les noms de suggestions intrahypnotiques, posthypnotiques et rétroactives.

1° Les suggestions intrahypnotiques peuvent affecter la sensibilité générale ou des sens particuliers et la motricité, et produire des hallucinations de toutes sortes. L'analgésie est un des premiers effets du sommeil hypnotique. Ni les pincements violents, ni le chatouillement des narines, ni les piqûres par les épingles, ni même les décharges électriques ne font sourciller un bon sujet. Affirmez-lui qu'il fait froid, il grelotte, qu'il fait chaud, il s'éponge. Présentez-lui comme une fleur suave un flacon d'ammoniaque, il en aspire le parfum. On peut lui interdire de voir telle personne, de faire tel mouvement, et il ne voit plus cette personne et ne fait plus ce mouvement. Lui dites-vous qu'il est général d'armée, il donne des ordres à ses soldats ou les passe en revue. Non seulement l'hypnotiseur peut modifier son sujet et lui persuader qu'il est changé en un autre ou produire en lui deux existences alternantes, son pouvoir irait même quelquefois jusqu'à juxtaposer dans le même individu deux personnages, l'un réel, l'autre suggéré, tantôt ignorés l'un de l'autre, tantôt indifférents ou même hostiles l'un à l'autre, vivant leurs vies simultanées et parallèles, le sujet serait alors dédoublé.

2° Chez certains sujets, l'hypnotisme a le pouvoir de retarder la suggestion et de la reporter après le réveil à plusieurs jours et même à plusieurs mois de distance. L'idée de l'acte à faire reste comme endormie dans la mémoire; mais à l'heure dite, le sujet qui auparavant était dans un état normal, se trouve inquiet, paraît sous le coup d'une violente obsession, et obéissant à une impulsion irrésistible, il fait l'acte commandé. L'hypnotisé est ainsi sous l'entière dépendance de l'hypnotiseur.

3° On peut convaincre certains sujets hypnotisés qu'à tel moment, ils ont vu tel événement, entendu telle parole, commis tel acte, que personne ne leur a suggéré cette scène, et ce souvenir illusoire s'impose à leur esprit comme une réalité. Au réveil, la moindre occasion l'évoque, et n'en connaissant point l'origine, ils croient que c'est arrivé et aucune dénégation ne peut leur arracher cette conviction.

Tels sont les faits; quant à l'explication, on l'a rattachée à cette loi de la psychologie expérimentale que « toute représentation tend à s'objectiver et s'objective en effet, si elle n'est pas contredite. » Toute image de mouvement, d'acte, tend à réaliser ce mouvement, cet acte, et le réalisera si elle est seule dans la conscience, ou si les images d'actes et les tendances contraires sont supprimées. Ainsi s'expliqueraient les actions de l'hypnotisé et ses paralysies suggérées et ses attitudes. Mais l'explication est loin d'être définitive, et la question reste ouverte aux hypothèses et aux discussions.

On a fait de nombreuses applications thérapeutiques de l'hypnotisme. La suggestion peut guérir les maladies imaginaires et certaines maladies fonctionnelles, surtout les maladies nerveuses. Elle n'a pas de puissance directe sur les lésions internes ou externes. Elle peut rendre quelques services à la chirurgie.

Est-il nécessaire d'ajouter que l'hypnotisme peut donner lieu à de graves abus et qu'on ne doit ni hypnotiser, ni ne laisser hypnotiser sans motif raisonnable, et dans le cas où l'hypnotisme est légitime, il faut en user avec les plus grandes précautions.

Ouvrages à consulter

BAIN. — *L'esprit et le corps.*
BOSSUET. — *Connaissance de Dieu et de soi-même.*
CARO. — *Le matérialisme contemporain.*

Coconnier. — *L'âme humaine.*

Farges. — *Le cerveau, l'âme et les facultés.*

Gardair. — *Corps et âme.*

Janet. — *Le matérialisme contemporain.*

Lenoine. — *L'âme et le corps.*

Luys. — *Le cerveau et ses fonctions.*

Maine de Biran. — *Mémoire sur les rapports du physique et du moral.*

Maudsley. — *Physiologie de l'esprit.*

Schneider. — *L'hypnotisme.*

Surbled. — *Le cerveau.*

Articles de revues

Coconnier. — *Articles sur l'hypnotisme.* (Revue Thomiste.)

Dugas. — *Le sommeil.* (Revue phil. Avril 1897.)

Egger. — *Le sommeil et la certitude.* (Critique philosophique, 1888.)

Ferrand. — *Le sommeil et le rêve.* (Ann. de phil. chrét. Oct. 1895.)

Fouillée. — *Le physique et le mental.* (Revue des Deux-Mondes, 15 mai 1891).

Joly. — *La neurasthénie.* (Quinzaine, 1er fév. 1897.)

Portalié. — *L'hypnotisme au moyen-âge.* (Études relig., 1892.)

CHAPITRE IV

NOTIONS SOMMAIRES DE PSYCHOLOGIE COMPARÉE

Définition et objet de la psychologie comparée. — Utilité de la psychologie comparée. — Méthode de la psychologie comparée. — L'enfant. — L'homme sauvage. — L'homme et l'animal. — Opinion de Descartes. — Critique de l'opinion cartésienne. — Les animaux ont une âme. — Opinion de Montaigne. — Critique de l'opinion de Montaigne. — Nature de l'animal. — Les ressemblances avec l'homme. — Les différences essentielles. — Conclusion.

Définition et objet de la psychologie comparée. — La psychologie comparée a pour objet les variétés que présentent les faits psychologiques, soit dans l'homme, soit dans les espèces animales. Elle comprend :

1° L'étude de l'âme humaine dans les phases successives de son développement. L'état psychologique de l'enfant n'est pas le même que celui du jeune homme. Celui de l'homme mûr diffère de celui du jeune homme et de celui du vieillard.

2° L'étude de l'âme humaine dans les différents sexes, dans les différents peuples, dans les différentes races, aux différentes époques de l'humanité. Les âmes, a-t-on dit, n'ont pas de sexe. Mais chaque sexe n'en a pas moins son caractère propre. La psychologie du Français n'est pas de tout point identique à celle de l'Allemand ou de l'Anglais. Celle du nègre offre quelques divergences avec celle du blanc. L'homme à l'état sauvage n'est pas l'homme civilisé, et il y a bien quelques différences entre l'homme des temps modernes et celui du moyen âge ou de l'antiquité.

3° L'étude de l'âme humaine dans ses états anormaux et morbides. Pourquoi la psychologie n'imiterait-elle pas la physiologie, qui pour mieux connaître l'état anormal de l'organisme, l'étudie non seulement dans ses fonctions régulières, mais dans ses anomalies ?

4° L'étude comparative de l'homme et de l'animal. L'homme n'est ni ange, ni bête. Il a des facultés inférieures qui le rapprochent de l'animal, mais il a de plus des facultés supérieures qui l'en séparent absolument. Faire ressortir ces traits de ressemblance et surtout ces différences essentielles, c'est là un des objets de la psychologie comparée.

Utilité de la psychologie comparée. — Ainsi entendue, la psychologie comparée ne peut qu'offrir de grands avantages. On sait de quelle utilité est la méthode comparative dans les sciences biologiques. C'est par elle que Cuvier a découvert la loi des *corrélations organiques*, et reconstruit un grand nombre d'espèces animales disparues, que Geoffroy Saint-Hilaire a découvert la loi des *connexions organiques* qui domine toute l'anatomie. Dans les sciences morales, elle ne joue pas un rôle moins utile. C'est elle qui a donné naissance à l'histoire comparée et à la grammaire comparée, qui jettent de vives lumières sur la philosophie de l'histoire et sur les lois du langage. Pourquoi la méthode comparative serait-elle moins féconde, appliquée à la psychologie? Si l'on n'étudie l'âme humaine que chez l'homme sain, adulte, civilisé, on s'expose à faire une psychologie qui manque de généralité, et à donner de l'âme humaine une définition trop étroite. Comment d'ailleurs sans psychologie comparée, déterminer l'origine et suivre le développement de nos diverses facultés? Et le meilleur moyen de marquer la nature des facultés inférieures de l'homme, n'est-ce pas de les étudier dans l'animal, où elles règnent en maîtresses, sans subir l'influence des facultés supérieures?

Méthode de la psychologie comparée. — La psychologie comparée n'est possible qu'à la condition d'être précédée de l'observation personnelle. Lorsque nous avons traité la question de la méthode en psychologie, nous avons montré que « psychologie bien entendue commence par soi-même. » Nous ne connaissons les âmes des autres que par le dehors, et cette connaissance consiste dans une interprétation de signes, impossible sans une connaissance préalable de soi-même par la conscience. C'est de la même manière que nous pouvons connaître les animaux. « C'est une illusion de croire, dit M. Charles, qu'on peut préluder à la connaissance de l'homme par celle de l'animal et étudier ainsi la vie morale depuis son obscur commencement jusqu'à son épanouissement complet. Nous ne jugeons l'animal que d'après nous, et c'est en nous qu'il faut d'abord observer ce que c'est que l'instinct, l'intelligence, la volonté, le langage pour essayer de découvrir s'il agit, pense, veut et parle. » Seulement dans cette inférence qui va de l'homme à l'animal, il ne faut attribuer à l'animal que les facultés nécessaires à l'explication de ses actes. Il ne faut pas multiplier les causes sans nécessité.

En traitant la question des rapports du physique et du moral et plus spécialement celle de quelques états anormaux ou morbides de l'âme humaine, nous avons déjà fait de la psychologie comparée. Plusieurs remarques relatives à ce genre de psychologie ont trouvé leur place dans diverses parties du cours. Avant d'aborder l'étude comparative de l'homme et de l'animal, nous dirons quelques mots de l'enfant et de l'homme sauvage.

L'enfant. — C'est seulement depuis une vingtaine d'années que les recherches de psychologie infantile ont été faites dans un but scientifique, et « quoique le recueil des observations déjà publiées soit très ample, dit B. Perez, la psychologie de l'enfant ne peut avoir encore qu'un caractère provisoire, et le moment n'est pas venu de faire la synthèse de ces matériaux. » Nous nous bornerons aux faits généraux, les plus connus.

Pendant les premières semaines de son existence, la vie de l'enfant est pour ainsi dire tout animale et il ne sait guère qu'exprimer les douleurs qu'il éprouve par des gémissements. Vers le quarantième jour, ses sourires et ses larmes paraissent manifester des sensations d'un ordre plus élevé et même l'éveil du sentiment et de l'intelligence. Il commence à distinguer plus ou moins vaguement les objets, mais sans avoir la vraie notion de leur distance. Les sensations visuelles deviennent pour lui une source de jouissances et sans cesse il tourne les yeux vers les parties éclairées de l'endroit où il se trouve. Tout ce qui est brillant est l'objet de ses préférences.

Ses premiers bégaiements se font entendre vers le dixième mois. Ce ne sont d'abord que des imitations assez informes de certains bruits auxquels on l'a rendu familier. Il apprend péniblement les sons articulés et ce n'est que vers la troisième année qu'il prononce distinctement tous les mots et peut répéter tout ce qu'on lui dit. Il possède d'ailleurs au plus haut degré l'instinct d'imitation qu'il faut mettre à profit pour son éducation. Nombreuses et vives sont les impressions de toutes sortes qu'il reçoit à cet âge des personnes et des choses, et qui forment les premiers matériaux de son intelligence naissante. Mais il est incapable d'une attention prolongée. La mobilité et le changement sont des besoins de son esprit aussi bien que de son corps. De plus il est curieux et impulsif. Il a sans cesse des pourquoi à la bouche et il passe de l'idée à l'acte sans réfléchir.

C'est seulement vers six à sept ans que la réflexion se fait jour dans l'esprit de l'enfant et qu'il se trouve apte aux opérations intellectuelles. A partir de cet âge, il faut mener vigoureusement en même temps que l'instruction, l'éducation des sentiments et de la volonté. Former le jugement de l'enfant est sans doute chose essentielle. Mais il importe non moins, sinon plus, d'élever ses sentiments et de fortifier sa volonté. D'ailleurs, nous l'avons laissé entendre, l'éducation morale ne doit pas être retardée jusqu'à cet âge, « elle doit commencer avec l'éducation physique ou pour mieux dire, elle en est inséparable. Elle s'opère souvent à l'insu, quelquefois même contre le gré de ceux qui surveillent l'enfant. Elle est le résultat des circonstances qui l'environnent, des objets qui peuvent agir sur lui, mais surtout des exemples dont on l'entoure [1]. »

L'homme sauvage. — C'est une hypothèse sans aucune preuve que l'état sauvage est l'état primitif de l'humanité et que les peuples civilisés ne sont sortis de cet état que par des progrès lents et continus et à la suite de nombreux siècles d'efforts. Pour que cette hypothèse pût se soutenir, il faudrait prouver que le progrès est la loi nécessaire de l'humanité et que l'homme est incapable de décadence. Or il n'en est rien. Les peuples comme les individus peuvent déchoir et l'histoire nous offre de nombreux exemples de décadence, les Grecs, les Romains, les Espagnols, les Musulmans. Qui nous dit que l'état actuel des sauvages ne vient pas de la faiblesse des volontés qui n'ont pas su garder les qualités et les habitudes primitives ? Qui nous dit qu'il n'est pas le fruit de vices se perpétuant et s'aggravant de génération en génération ? Il y a un

1. P. REGNAULT, *Cours de philosophie*, 191.

24

certain nombre de peuples sauvages aujourd'hui bien inférieurs à ce qu'ils étaient autrefois.

D'ailleurs il est plus conforme à toutes les traditions de ne voir dans les peuples sauvages que des peuples dégénérés et dégradés. Et certaines coutumes absurdes, immorales ou barbares des sauvages actuels sont difficilement conciliables avec ce que la Bible dit du premier homme.

L'homme et l'animal. — On a émis sur les animaux deux opinions extrêmes. Descartes en fait de pures machines ; Montaigne les élève au niveau de l'homme.

Opinion de Descartes. — Pour Descartes, les animaux sont des automates. Leur instinct est un mécanisme. Or l'animal n'agit que par instinct, il n'a ni sensibilité, ni intelligence, ni volonté. Parmi les partisans déclarés de l'automatisme il faut citer surtout Malebranche et les solitaires de Port-Royal. Descartes appuie sa thèse par trois arguments :

1. Si les actions des animaux étaient faites par intelligence, il faudrait leur attribuer une intelligence supérieure à celle de l'homme. Or cela est impossible ; car en dehors des actes instinctifs qu'ils accomplissent avec une perfection étonnante, ils ne montrent qu'ineptie et stupidité.

2. Les animaux sont incapables de composer des signes pour s'en servir ; ils sont incapables de parler. Or c'est la parole qui prouve l'existence de la pensée.

3. En donnant une âme à l'animal comme à l'homme, Descartes craint de rabaisser l'homme au niveau de la bête ou d'accorder à l'animal l'immortalité.

Dès le XVIIe siècle, la théorie des bêtes-machines rencontra d'ardents adversaires qui plaidèrent avec le sens commun la cause des bêtes.

Dans le cinquième chapitre du *Traité de la Connaissance de Dieu et de soi-même*, Bossuet incline manifestement à se séparer de Descartes pour se ranger à l'opinion de ceux qui accordent aux animaux ce que l'École appelle les opérations sensitives de l'âme, et leur refusent les opérations intellectuelles.

Malgré toutes ses sympathies pour Descartes, Madame de Sévigné proteste contre l'automatisme et plaisante sa fille, Madame de Grignan, sur les bêtes-machines. « Des machines qui aiment, qui ont une élection pour quelqu'un, des machines qui sont jalouses, des machines qui craignent, allez, allez, vous vous moquez de nous. Jamais Descartes n'a prétendu nous le faire croire. »

La Fontaine qui montre tant d'admiration pour Descartes, « ce mortel dont on eût fait un dieu chez les païens, » réclame aussi avec beaucoup d'esprit en faveur des animaux dans les fables intitulées : *Les Souris et le Chat-Huant.* — *Les Deux rats, le Renard et l'Œuf.* Il attribue à l'animal :

> Non point une raison selon notre manière,
> Mais beaucoup plus aussi qu'un aveugle ressort.

Critique de l'opinion cartésienne. — On peut répondre aux arguments de Descartes :

1. Les animaux n'agissent pas toujours par instinct. Par conséquent la conclusion que Descartes tire de leurs actes instinctifs ne vaut pas pour leurs autres actions qui témoignent de facultés, sinon comparables à celles des hommes, du moins irréductibles au mécanisme. « C'est une double loi en mécanique, dit A. Farges, qu'il y ait toujours quelque rapport entre la cause et l'effet, et que la même cause dans les mêmes circonstances produise toujours le même effet. En est-il ainsi dans les opérations des animaux ? Prenons un exemple. Un berger qui voit une brebis s'écarter du troupeau qu'il garde n'a qu'à dire un mot à son chien et le voilà parti comme un trait pour ramener la brebis au troupeau. Y a-t-il ici proportion entre l'ébranlement de l'air produit par la voix du berger et les bonds rapides du chien vers la brebis ? De plus, qu'un autre profère le même mot que le berger, avec la même force de voix, le chien restera immobile. D'où vient cette différence de résultat, l'impulsion donnée aux organes restant la même ? Évidemment l'animal n'est pas un pur automate. »

2. Il est contestable que les animaux soient incapables de combiner quelques signes pour s'en servir ; et de ce qu'ils ne parlent pas on peut conclure qu'ils sont incapables de généraliser et de raisonner, mais non de sentir, de se souvenir et d'imaginer.

3. La troisième raison alléguée par Descartes n'a pas de valeur. Les vraies preuves de l'immortalité de l'âme sont les preuves psychologiques et les preuves morales tirées, les unes

des aspirations supérieures de notre nature, les autres de la nécessité d'une sanction équitable. Or, ces aspirations supérieures manquent à l'animal, et n'étant pas libre, il est incapable de moralité, de mérite et de démérite. Il n'y a donc pas pour les animaux d'*immortalité personnelle*. Quant à savoir si l'immortalité de la substance doit leur être accordée, c'est une question plus curieuse qu'utile. Cette immortalité n'est pas une conséquence nécessaire de l'immatérialité. « Encore que l'âme des bêtes soit distincte du corps, dit Bossuet, il n'y a pas d'apparence qu'elle puisse être conservée séparément parce qu'elle n'a point d'opérations qui ne soient totalement absorbées par le corps et par la matière. »

Les animaux ont une âme. — Il est facile d'établir contre Descartes et son école que les animaux ont une âme.

1. Les animaux, du moins les animaux supérieurs, ont des organes semblables à ceux de l'homme. Ils ont des yeux, des oreilles, des nerfs. Les mêmes moyens appellent les mêmes fins. Si ces organes procurent aux hommes des sensations, pourquoi n'en procureraient-ils pas aux animaux?

2. Si le cri de l'enfant qui se brûle la main est un signe de douleur, pourquoi le cri du chien qui se brûle la patte ne serait-il pas un signe du même genre? Les mêmes effets font naturellement supposer les mêmes causes. Soutenir avec les cartésiens qu'on ne peut conclure des cris de l'animal aux sensations qu'il éprouve, c'est ébranler les fondements de l'induction par laquelle nous attribuons aux autres hommes des sentiments, des pensées, des volontés sur la foi de signes qui nous les manifestent. La méthode objective de la psychologie n'est qu'une méthode d'interprétation.

Mais jusqu'à quel point peut-on assimiler l'âme animale à l'âme humaine? C'est ce qu'il faut maintenant examiner.

Opinion de Montaigne. — Montaigne, à la suite de Plutarque, de Celse et de Porphyre met l'animal au niveau de l'homme et soutient que l'animal est aussi intelligent que l'homme, peut-être même plus à certains égards. « Plutarque qui paraît si grave en quelques endroits, dit Bossuet, a fait un traité entier du raisonnement des animaux qu'il élève, ou peu s'en faut, au-dessus des hommes. C'est un plaisir de voir Montaigne faire raisonner son oie qui, se promenant dans sa basse-cour, se dit à elle-même que tout est fait pour elle, que c'est pour elle que le soleil se lève et se couche, que l'homme est fait pour prendre soin d'elle et que si enfin il égorge quelquefois des oies, ainsi fait-il envers ses semblables. »

Critique de l'opinion de Montaigne. — « Mettre en parallèle l'homme et l'animal, dit Pascal, c'est une exagération poétique, la boutade d'un sceptique, qui se plaît à humilier la raison et à précipiter l'homme dans la bête. Ce n'est pas une doctrine sérieuse. » Contre Montaigne, le premier argument de Descartes garde toute sa valeur. L'ineptie des animaux en dehors des actes instinctifs, prouve bien que ces actes merveilleux ne sont pas l'œuvre de la raison. S'ils étaient l'œuvre de la raison « instrument universel qui peut servir en toutes sortes de rencontres, » l'habileté qu'ils manifestent ne serait pas aussi étroitement spécialisée, elle s'étendrait aux objets les plus divers.

Nature de l'animal. — La nature de l'animal n'est donc pas de tous points identique à la nature de l'homme. S'il y a des ressemblances frappantes, il y a aussi de profondes différences. Essayons d'établir les unes et les autres.

Les ressemblances avec l'homme. — Les animaux éprouvent des sensations. Ils sont capables de plaisir et de douleur, et à la suite du plaisir et de la douleur s'éveillent en eux des appétits et des passions, mais qu'ils subissent sans pouvoir y résister. Ils possèdent donc ce qu'on appelle quelquefois la sensibilité physique. Quant aux sentiments proprement dits, ils n'en ont que l'apparence. On rencontre bien chez certaines espèces des rudiments de sentiments sociaux, un certain instinct de sociabilité, une tendance à l'attachement... Mais ces faits peuvent s'expliquer par l'unique attrait du plaisir, et il ne peut être question de leur accorder les sentiments supérieurs, comme l'amour du vrai ou du bien.

Les animaux peuvent percevoir les objets extérieurs et leurs qualités, car ils ont des sens. Il y a même des espèces animales, chez lesquelles certains sens sont plus parfaits que chez l'homme, la vue plus perçante, l'oreille plus fine, l'odorat plus délicat. Mais si les sens de l'homme sont quelquefois inférieurs à ceux des animaux sous le rapport de la sûreté ou de la puissance, en retour, ils sont plus en harmonie les uns avec les autres, et par l'éducation ils peuvent acquérir une délicatesse merveilleuse qui permet à l'homme de saisir mille nuances que l'animal ne saura jamais distinguer.

On ne peut refuser aux animaux une certaine conscience psychologique, sans laquelle il n'y a pas de sensations possibles. Mais cette conscience toute spontanée ne peut être que vague et obscure. Ils sont doués de mémoire et d'imagination passive. Ils conservent les images des sensations et des perceptions ; et ces images peuvent s'associer en eux de mille manières.

L'activité de l'animal se manifeste surtout sous la forme de l'instinct. Tandis que l'instinct existe à peine chez l'homme, à moins qu'on ne comprenne dans l'instinct toutes les inclinations naturelles, il est le trait saillant de l'animal. Mais sous le rapport de l'instinct il y aura toujours entre l'animal et l'homme une différence essentielle. L'intelligence de l'animal est subordonnée à l'instinct, elle en est l'auxiliaire. Chez l'homme au contraire, l'intelligence est affranchie de l'instinct qui lui est subordonné. L'animal est aussi capable d'habitudes, mais ses habitudes ne sont pas volontaires. Il ne les prend pas, on les lui fait prendre.

Les différences essentielles. — Il faut donc accorder à l'animal les *opérations sensitives*. Mais dans ces opérations communes à l'homme et à l'animal, il se produit chez l'homme des divergences qui ont leur principe soit dans les divergences de l'organisme, soit surtout dans l'intervention des facultés supérieures.

Les opérations sensitives sont dans une étroite dépendance de l'organisme. Or bien que semblable en plusieurs points à celui des animaux supérieurs, l'organisme humain atteint dans son ensemble un degré de perfection qu'on ne rencontre chez aucun animal, et qui influe sur les opérations qui en dépendent. Sans parler de la supériorité que donnent à l'homme la beauté de la forme humaine, la parfaite symétrie des différentes parties du corps, la station droite, et ce visage tourné vers le ciel comme pour lui rappeler ses hautes destinées :

Os homini sublime dedit, cælumque tueri
Jussit et erectos ad sidera tollere vultus

les systèmes musculaires et nerveux ont chez lui une grande finesse de texture. Son cerveau, en particulier, est proportionnellement plus volumineux et plus pesant que celui de tout autre animal ; les plis sont plus profonds, les circonvolutions plus nombreuses, la surface plus étendue.

L'animal n'exerce jamais les facultés qu'il partage avec l'homme que sous une forme spontanée, tandis que l'homme peut exercer toutes ses facultés sous une forme réfléchie. La réflexion suffit à elle seule pour distinguer radicalement la nature humaine de la nature animale. « Les animaux, dit Flourens, sentent, connaissent, pensent. Mais de tous les êtres, l'homme est le seul à qui il a été donné de se replier sur lui-même, de sentir qu'il sent, de connaître qu'il connaît, de penser qu'il pense. »

Quant aux *opérations intellectuelles* qui constituent l'intelligence proprement dite, peut-on les accorder en quelque mesure aux animaux ?

Il faut reconnaître que les animaux offrent une certaine imitation de l'intelligence. On ne peut leur refuser l'association des idées, qui, nous l'avons remarqué après Leibnitz, supplée quelquefois l'intelligence, au point que les philosophes associationnistes ont pu la confondre avec elle. Il y a une apparence d'abstraction dans une sensation dominante, de généralisation dans une synthèse toute passive d'images, de jugement dans un rapprochement d'états de conscience ; et les associations d'idées peuvent imiter le raisonnement en provoquant le phénomène de l'attente. Mais ce n'est là qu'un simulacre de l'intelligence, ce n'est pas l'intelligence proprement dite.

L'animal est, en effet, incapable de dégager des données sensibles les rapports qu'elles impliquent, et c'est la perception des rapports qui caractérise l'intelligence. Il ne voit pas l'un dans le multiple, la ressemblance commune dans la variété des différences, l'élément universel dans les réalités individuelles. Incapable d'abstraire, de généraliser, de juger, de raisonner, l'animal n'a pas les idées de cause, de loi et de fin. Il n'y a pour lui ni notions premières, ni vérités nécessaires. N'ayant pas l'intelligence proprement dite, il a encore bien moins la raison qui en est le principe. Privé de raison et de réflexion, l'animal ne peut ni inventer ni apprendre. On le dresse, on le plie à tel ou tel exercice, on ne l'enseigne pas.

De la volonté libre comme de l'intelligence l'animal n'a que l'apparence. Le balancement des désirs ressemble à une délibération, le triomphe d'un désir à une détermination, mais la liberté en est absente. Dénué de libre arbitre, l'animal n'a ni personnalité, ni responsabilité ; ce n'est pas un être moral.

Conclusion. — Les opérations intellectuelles sont irréductibles aux opérations sensitives. Nous l'avons établi en réfutant l'empirisme et le déterminisme. Il faut donc conclure qu'il y a entre l'homme et l'animal une différence non seulement de degrés, mais de nature.

Ouvrages à consulter

Voir le chapitre de l'instinct, et :

DE BONNIOT. — *La bête comparée à l'homme.*
FOUILLÉE. — *Tempérament et caractère.*
MAILLET. — *Psychologie de l'homme et de l'enfant.*
PAULHAN. — *Esprits logiques et esprits faux.*
PÉREZ. — *Divers ouvrages sur l'enfance.*

TABLE DES MATIÈRES

———— ✦ ————

DEUXIÈME PARTIE

L'INTELLIGENCE

CHAPITRE I
LA PERCEPTION EXTERNE

CHAPITRE II
OBJECTIVITÉ DES PERCEPTIONS
FONDEMENT DE LA CROYANCE A LA RÉALITÉ DU MONDE EXTÉRIEUR

CHAPITRE III
LA CONSCIENCE

CHAPITRE II

LA VOLONTÉ

CHAPITRE III

LE LIBRE ARBITRE

CHAPITRE IV

LE DÉTERMINISME

CHAPITRE V

L'HABITUDE

QUATRIÈME PARTIE

QUESTIONS PARLEMENTAIRES

CHAPITRE I

LES SIGNES ET LE LANGAGE

CHAPITRE II

NOTIONS SOMMAIRES D'ESTHÉTIQUE, LE BEAU ET L'ART

CHAPITRE III

RAPPORTS DU PHYSIQUE ET DU MORAL

CHAPITRE IV

NOTIONS SOMMAIRES DE PSYCHOLOGIE COMPARÉE

Paris. — Imp. DEVALOIS, avenue du Maine, 144.

PHILOSOPHIE

Paris. — Imp. DEVALOIS, avenue du Maine, 141.

Lightning Source UK Ltd.
Milton Keynes UK
UKHW020813201121
394268UK00006B/1504